LES
GRANDS ÉCRIVAINS
DE LA FRANCE

NOUVELLES ÉDITIONS

PUBLIÉES SOUS LA DIRECTION
DE M. AD. REGNIER
membre de l'Institut

SUR LES MANUSCRITS, LES COPIES LES PLUS AUTHENTIQUES
ET LES PLUS ANCIENNES IMPRESSIONS
AVEC VARIANTES, NOTES, NOTICES, PORTRAITS, ETC.

J. DE LA FONTAINE

TOME III

PARIS
LIBRAIRIE HACHETTE ET Cⁱᵉ
BOULEVARD SAINT-GERMAIN, 79

M DCCC LXXXV

LES
GRANDS ÉCRIVAINS
DE LA FRANCE
NOUVELLES ÉDITIONS

PUBLIÉES SOUS LA DIRECTION

DE M. AD. REGNIER

Membre de l'Institut

ŒUVRES

DE

J. DE LA FONTAINE

TOME III

PARIS. — IMPRIMERIE A. LAHURE
Rue de Fleurus, 9

OEUVRES

DE

J. DE LA FONTAINE

NOUVELLE ÉDITION

REVUE SUR LES PLUS ANCIENNES IMPRESSIONS
ET LES AUTOGRAPHES

ET AUGMENTÉE

de variantes, de notices, de notes, d'un lexique des mots
et locutions remarquables, de portraits, de fac-simile, etc.

PAR M. HENRI REGNIER

TOME TROISIÈME

PARIS
LIBRAIRIE HACHETTE ET Cie
BOULEVARD SAINT-GERMAIN, 79

1885

LIVRE DIXIÈME.

FABLE I.

L'HOMME ET LA COULEUVRE.

Livre des lumières, p. 204-209. — Bidpaï, tome II, p. 276-283, *l'Homme et la Couleuvre*. — Camerarius, fab. 238, *Serpens vinctus*. — P. Candidus (Weiss), fab. 23, *de Rustico, Serpente et Vulpe*. — *Le Castoiement d'un père à son fils*, conte III, *Ci conte d'un Vilein tigneus et boçu* (Barbazan-Méon, tome II, p. 64-73); voyez aussi le conte IV (*ibidem*, p. 73-75), *de l'Homme et du Serpent*. — Luther, *Tischreden* (Francfort, 1568, in-fol., p. 56), fable citée par Michelet dans le tome III des *Mémoires de Luther*, 1835, p. 275-277. Nous la donnons à l'*Appendice*.

Comparez la fable XIII du livre VI, ayant mêmes personnages : *le Villageois et le Serpent*, mais tout autre du reste.

Saint-Marc Girardin, dans sa IVe leçon (tome I, p. 113-126), fait précéder la fable de la Fontaine, qu'il cite en entier, d'une suite d'apologues orientaux tirés du *Pantchatantra*, qui s'entrelacent, à la façon de ce recueil, les uns dans les autres, et dont le dernier surtout, *le Brahme, le Crocodile, l'Arbre, la Vache et le Renard* (Dubois, p. 49-54), offre une grande analogie avec notre fable, bien que le Serpent y soit remplacé par le Crocodile. On lit, à la page 342 du *Pantchatantra* de Dubois que nous venons de citer : « C'est la coutume parmi les Indiens qui se querellent de prendre le premier venu pour arbitre de leur différend. » Aussi cet arbitrage, qui fait l'intérêt de la fable, est-il, aux yeux de Benfey (Introduction, § 36, p. 113 et suivantes), une preuve de son origine indienne. M. E. Cosquin, dans ses *Contes populaires lorrains* (VIIe partie, p. 329), rapproche, pour un épisode de consultation semblable, un conte recueilli au pied de l'Himalaya par M. Minaef (n° 16);

les arbitres consultés, tous fort laconiques, sont une Vache, un Brahmane, un Ours, un Lion.

A ce même point de vue, du recours à l'arbitrage, on pourrait à ce rapprochement en joindre beaucoup d'autres : par exemple, celui de la fable xviii de Philelphe, *d'un Villageois, d'un Paysan et d'un Ours* (p. 103 de la traduction de J. Baudoin), dans laquelle un Ours, sauvé par un Homme, voulant le dévorer, on s'en rapporte successivement au Cheval, au Chien, puis à un Vieillard ; de la fable 71 du Minnesinger de Zurich ; d'un conte arabe, *le Cavalier et le Serpent*[1], où les arbitres sont un Palmier, une Fontaine et un Renard ; d'un conte grec moderne[2], où la contestation est également entre l'Homme et le Serpent. Dans les trois dernières pièces, ce n'est pas de lui-même, comme dans notre fable, que l'Homme se décide à tuer, quoi qu'on lui ait dit, le Serpent ; c'est, comme déjà dans la version orientale de Bidpaï et, pour le Crocodile du *Pantchatantra* de Dubois, d'après le conseil perfide du Renard, qui persuade à la bête de se livrer stupidement, sans défense, à la discrétion de la partie adverse. Même traîtrise, mais, pour finir, châtiment du Renard (il est tué, comme dans l'apologue des *Tischreden*), dans la très-longue fable de Burkhard Waldis (la 99e du livre IV), où une sorte de Dragon fabuleux est substitué au Serpent.

M. Taine (p. 273-280), après avoir transcrit le commencement de la fable de Bidpaï, n'a pas de peine à montrer comment chez la Fontaine toutes les parties se subordonnent à la conclusion et y conduisent bien plus naturellement que chez l'auteur oriental : « Au fond, et en somme, ce qui l'a frappé, c'est une idée, ou plutôt un sentiment de l'injustice ; de ce sentiment a découlé toute sa fable ; c'est ce sentiment qui a retranché le maladroit début du conteur indien ; c'est ce sentiment qui a choisi les personnages, approprié les discours, relié les détails, soutenu le ton, apporté les preuves, l'ordre, la colère et l'éloquence ; c'est ce sentiment qui a

---

1. Tiré par M. Cherbonneau d'un recueil manuscrit intitulé *le Conteur d'anecdotes*, où se trouvent d'autres fables à comparer à celles de la Fontaine ; une, dans le nombre, *le Coq et le Renard*, à la xve du livre II : voyez le *Journal officiel* du 1er août 1880.

2. Le xviiie de la série publiée à Copenhague, avec notes de M. Jean Pio. M. Gidel l'a analysé dans la *Revue politique et littéraire* du 26 février 1881.

mis dans la fable l'unité avec l'art. » Voyez, ci-après, les notes 4 et 6.

« Après la pièce précédente, dit Chamfort, si confuse et si embrouillée (voyez tome II, p. 457), voici une fable remarquable par l'unité, la simplicité et l'évidence de son résultat. A la vérité, il n'est pas de la dernière importance, puisqu'il se réduit à faire voir la dureté de l'empire que l'homme exerce sur les animaux et sur toute la nature; mais c'est quelque chose de l'arrêter un moment sur cette idée, et la Fontaine a d'ailleurs su répandre tant de beautés de détail sur le fond de cet apologue, qu'il est presque au niveau des meilleurs et des plus célèbres. » C'est toujours, on le voit (comparez tome II, p. 448 et 451), à « l'importance du résultat » que Chamfort tient avant tout; sa préoccupation, si mal fondée, devient, on peut le dire, vraiment ridicule. — Geruzez a le bon goût de nous dire sans restriction : « Cette fable est au premier rang parmi celles de la Fontaine; les discours de la Vache, du Bœuf et de l'Arbre sont pleins de force et d'éloquence. »

Un Homme vit une Couleuvre[3] :
« Ah ! méchante, dit-il, je m'en vais faire une œuvre
  Agréable à tout l'univers ! »
    A ces mots, l'animal pervers
(C'est le Serpent que je veux dire,   5
Et non l'Homme : on pourroit aisément s'y tromper[4]),
A ces mots, le Serpent, se laissant attraper,

3. Tout le monde sait aujourd'hui que la couleuvre est un serpent non venimeux, et l'on s'étonne que le fabuliste la traite de « méchante », d' « animal pervers », et n'ait pas plutôt choisi pour acteur la vipère, par exemple. Il faut dire qu'autrefois le mot *couleuvre* était beaucoup plus compréhensif qu'à présent. Dans la classification des Ophidiens de Linné, « les vipères.... n'avaient d'autre nom générique que celui de *Coluber* » (*Dictionnaire d'histoire naturelle* de d'Orbigny, tome IV, p. 297).

4. « Il se commente subitement, en se reprenant, dit M. Taine (p. 52-53), et, à ce qui semble, par pure bonhomie, pour nous éviter une méprise : c'est pour nous jouer un tour et nous dire une méchanceté. » — Nous avons rapproché ces deux vers du vers 96 du *Discours à Mme de la Sablière* (tome II, p. 467, note 49) :

  Je parle des humains, car quant aux animaux....

Est pris, mis en un sac; et, ce qui fut le pire,
On⁵ résolut sa mort, fût-il coupable ou non.
Afin de le payer toutefois de raison⁶,   10
    L'autre lui fit cette harangue :
« Symbole des ingrats⁷ ! être bon aux méchants,

5. A remarquer cet emploi de l'indéterminé *on*, pour un sujet déterminé. C'est comme si, pour éviter la reprise, ici impossible, du mot *l'Homme* ou de son substitut *il*, la phrase était tournée par le passif : « sa mort fut résolue. » Au vers 11 et au vers 27, c'est *L'autre* qui, par un artifice analogue de style, remplace ce même sujet.

6. Au livre XII, fable v, vers 3 :
    Et payant de raisons le Raminagrobis.
— Voyez tome I, p. 88, les remarques de Chamfort sur la fable x du livre I, qui s'appliquent ici avec une parfaite justesse. — « Supposons, dit M. Taine (p. 275), que notre poëte, ayant relu sa fable du *Loup et de l'Agneau*, ne l'ait pas trouvée assez forte et cherche un autre exemple afin de mieux prouver que
    La raison du plus fort est toujours la meilleure.
Pour cela, il faut que le personnage tyrannique soit vingt fois réfuté, et n'en soit pas moins tyrannique. Considérons toutes ces réfutations et tous ces actes de tyrannie.... Nous voyons que l'homme est un despote, car il résout la mort de son adversaire, « qu'il « soit coupable ou non. » Nous voyons que l'homme est un hypocrite, car, s'il se justifie, « c'est simplement pour le payer de « raisons. » Et, poursuivant son appréciation, le spirituel critique analyse (p. 276-280) « la comédie juridique, » le procès « jugé à tous les tribunaux, en première instance, en appel, en cassation, » et nous montre que tout cela est vain pour le tyran, qui, en fin de compte, ne reconnaît d'autre loi que son bon plaisir, comme dit le Serpent, au vers 21.

7. C'est comme une allusion au Serpent de la fable XIII du livre VI (voyez l'épilogue de cette fable, tome II, p. 43), et à l'autre, « traître et pernicieux », de la fable intercalée dans la IXᵉ de ce livre-ci, vers 33-47. — Le mot *symbole*, qui signifie proprement « figure ou image employée comme signe d'une chose, » a ici et au vers 25 une extension de sens ou du moins une application peu ordinaire. Le nom d'un être qu'une qualité distingue devient la désignation commune de quiconque a cette qualité.

C'est être sot[8]; meurs donc : ta colère et tes dents
Ne me nuiront jamais. » Le Serpent, en sa langue,
Reprit du mieux qu'il put : « S'il falloit condamner   15
   Tous les ingrats qui sont au monde,
   A qui pourroit-on pardonner ?
Toi-même tu te fais ton procès[9] : je me fonde
Sur tes propres leçons; jette les yeux sur toi.
Mes jours sont en tes mains, tranche-les; ta justice, 20
C'est ton utilité, ton plaisir, ton caprice[10] :
   Selon ces lois, condamne-moi;
   Mais trouve bon qu'avec franchise
   En mourant au moins je te dise
   Que le symbole des ingrats   25
Ce n'est point le Serpent, c'est l'Homme[11]. » Ces paroles
Firent arrêter[12] l'autre; il recula d'un pas[13].

8. Au livre III, fable XIII, vers 25 :

 .... Il faut faire aux méchants guerre continuelle.

Dans le conte III du *Castoiement*, que nous avons cité, toute différente est la morale du père, qui dit à son fils (p. 72-73) :

   Beax filz, ne rent pas mal por mal,
   Por estre au mauvais pas igal.

9. Locution et tour identiques au livre IX, fable XI, vers 25-26.

10. « Quel hardi censeur de l'homme que ce Serpent ! remarque Nodier. Il vient de dire là tout le secret de la société. » Notons seulement, cela importe, que *tout* n'est pas juste. Que de faux jugements, de vains rêves de réformes naissent de cette vue incomplète de la société, où, grâce à Dieu, tout n'est point mal, où le bien a aussi sa place !

11. Coupe expressive, à moitié d'hémistiche, qui fait bien ressortir, en y arrêtant la pensée, la conclusion : « C'est l'Homme. »

12. Voyez la note 13 de la page 322 du tome II.

13. « C'est la surprise de l'Homme, dit Chamfort, qui est cause de sa patience et qui l'oblige à écouter le Serpent. » Dans le mot : *l'autre*, dont il est déjà parlé note 5, il y a je ne sais quoi

Enfin il repartit : « Tes raisons sont frivoles.
Je pourrois décider, car ce droit m'appartient[14] ;
Mais rapportons-nous-en[15]. — Soit fait, » dit le Reptile. 30
Une Vache étoit là : l'on l'appelle ; elle vient :
Le cas est proposé. « C'étoit chose facile[16] :
Falloit-il pour cela, dit-elle, m'appeler ?
La Couleuvre a raison : pourquoi dissimuler ?
Je nourris celui-ci depuis longues années ; 35
Il n'a sans mes bienfaits passé nulles journées :
Tout n'est que pour lui seul ; mon lait et mes enfants[17]
Le font à la maison revenir les mains pleines[18] :
Même j'ai rétabli sa santé, que les ans
    Avoient altérée ; et mes peines 40

---

de méprisant ; Homme et Serpent se valent. Pas plus de respect ci-après, vers 35, dans le *celui-ci* de la Vache.

14. En ma qualité de maître et seigneur des animaux, comme dit Pline parlant de l'enfant (livre VII, chapitre 1, § 3) : *animal ceteris imperaturum.*

15. Rapportons-nous-en à la décision d'un arbitre ; l'ellipse se supplée aisément. Voyez, au tome II, la note 18 de la page 187 ; et comparez encore un autre exemple sans *en* de la fable 1 du livre XII, vers 72 : « Je me rapporte aux yeux, etc. » ; et celui-ci, avec *en*, mais, comme le nôtre, sans autre complément (*lettre au duc de Vendôme*, 1689, tome III *M.-L.*, p. 425) :

    S'ils ont raison, je m'en rapporte.

16. Les mots : « C'étoit chose facile », font bien partie du discours de la Vache, mais ce discours ne devient vraiment direct qu'au vers suivant. Les deux imparfaits *étoit* et *falloit* n'ont pas même valeur temporelle. Le premier membre de phrase équivaut à : « Elle dit que c'était chose facile. » Comparez ci-après (vers 53-62, 68-78) les imparfaits du discours indirect du Bœuf et de l'Arbre ; ci-dessus, livre VII, fable XVI, vers 18 ; et *passim.*

17. A rapprocher, entre autres nombreux exemples, de *femme* et *fils* des vers 1 et 27 de la fable XIV du livre VIII.

18. Virgile a dit de même, au sens négatif (églogue 1, vers 36) :

Non unquam gravis ære domum mihi dextra redibat.

Ont pour but son plaisir ainsi que son besoin.
Enfin me voilà vieille; il me laisse en un coin
Sans herbe : s'il vouloit encor me laisser paître[19]!
Mais je suis attachée; et si j'eusse eu pour maître
Un Serpent, eût-il su jamais pousser si loin   45
L'ingratitude[20]? Adieu : j'ai dit ce que je pense. »
L'Homme, tout étonné d'une telle sentence[21],
Dit au Serpent : « Faut-il croire ce qu'elle dit?
C'est une radoteuse; elle a perdu l'esprit.
Croyons ce Bœuf. — Croyons, » dit la rampante bête[22].

19. « Le discours de la Vache est plein de raison et d'intérêt, dit Chamfort. Tous les mouvements en sont d'une simplicité touchante :

                Il me laisse en un coin
Sans herbe;

ce dernier mot rejeté à l'autre vers, et ce vœu si naturel :

        S'il vouloit encor me laisser paître!

tout cela est parfait. » — Dans la fable de Bidpaï, l'accusation est toute contraire : bien loin de vouloir empêcher la Vache de paître, l'Homme l'a mise dans un pré; mais c'est pour l'engraisser, « dans l'espérance de lui faire couper la gorge par un boucher, à qui déjà il l'a vendue. »

20. On a relevé cet enjambement, un peu hardi jadis, et produisant, pour le sens, un de ces effets dont la langue poétique est aujourd'hui privée, même chez beaucoup des maîtres, parce qu'ils passent inaperçus au milieu de la liberté générale des coupes, telle que l'entend, sans y attacher nulle raison d'harmonie imitative, un système commode de métrique, qui paraît se répandre de plus en plus.

21. C'est qu'en effet l'Homme n'avait accepté un arbitre que pour légitimer sa violence; et il est d'autant plus étonné qu' « il n'a pas même contre lui sa conscience, dit M. Taine (p. 278). Il l'a mise du côté de son vice; il a fini par croire aux vertus qu'il s'attribue; l'habitude de la puissance a consacré l'habitude de l'injustice, et son hypocrisie est presque de la bonne foi. »

22. Au livre IV, fable III, vers 5 :

    .... Un vil et rampant animal.

Ainsi dit, ainsi fait. Le Bœuf vient à pas lents[23].
Quand il eut ruminé tout le cas en sa tête[24],
   Il dit que du labeur des ans
Pour nous seuls il portoit les soins les plus pesants,
Parcourant sans cesser ce long cercle de peines[25]   55
Qui, revenant sur soi, ramenoit dans nos plaines
Ce que Cérès nous donne, et vend aux animaux[26];
   Que cette suite de travaux
Pour récompense avoit, de tous tant que nous sommes[27],
Force coups, peu de gré[28]; puis, quand il étoit vieux, 60
On croyoit l'honorer chaque fois que les hommes
Achetoient de son sang l'indulgence des Dieux[29]. »

23. « D'un pas tranquille et lent, » comme dit Boileau, dans ce passage du chant II du *Lutrin* (vers 131) qui est connu de tous pour son harmonie imitative. — Pour le commencement du vers, comparez tome I, p. 207; et tome II, p. 445 : « Aussitôt fait que dit. »

24. Même figure dans les vers 14 de la fable xx du livre IV, et 167 du conte III de la IVᵉ partie, mais là appliquée à l'homme; ici, métaphore à la fois et mot propre, elle fait image, et nous peint l'animal ruminant ses pensées, ainsi qu'il rumine ses aliments.

25. Le labeur que tous les ans ramènent. Les vers 55-56 rendent et expliquent bien l'idée exprimée par Virgile (*Géorgiques*, livre II, vers 401) :

   …. Redit agricolis labor actus in orbem.

26. Les deux verbes sont opposés de même l'un à l'autre dans ces vers bien connus (11-12) de *Philémon et Baucis* :

   Il lit au front de ceux qu'un vain luxe environne
   Que la Fortune vend ce qu'on croit qu'elle donne.

27. Voyez, au tome II, la note 93 de la page 478. L'édition de 1729 a la faute étrange : « de tous tems ».

28. Peu de reconnaissance : comparez le vers 34 de la fable xiv du livre I.

29. M. Taine (p. 324-325) appelle l'attention sur l'ampleur de la période du Bœuf. De cette période, si pesante à dessein, il s'amuse à briser la mesure, pour faire sentir ce que l'unité grammaticale et l'unité logique doivent à l'unité musicale, et « montrer que l'instinct d'un poëte, même bonhomme, est aussi savant que la réflexion d'un philosophe. »

Ainsi parla le Bœuf. L'Homme dit : « Faisons taire
  Cet ennuyeux déclamateur[30];
Il cherche de grands mots, et vient ici se faire, 65
  Au lieu d'arbitre, accusateur.
Je le récuse aussi. » L'Arbre étant pris pour juge,
Ce fut bien pis encore[31]. Il servoit de refuge
Contre le chaud, la pluie, et la fureur des vents ;
Pour nous seuls il ornoit les jardins et les champs ; 70
L'ombrage n'étoit pas le seul bien qu'il sût faire :
Il courboit[32] sous les fruits. Cependant pour salaire
Un rustre l'abattoit : c'étoit là son loyer[33];
Quoique, pendant tout l'an, libéral il nous donne,
Ou des fleurs au printemps, ou du fruit en automne, 75
L'ombre l'été, l'hiver les plaisirs du foyer.
Que ne l'émondoit-on[34], sans prendre la cognée ?

30. Après avoir fait remarquer le « ton noble et poétique, quoique naturel et vrai, » de ce discours, Chamfort ajoute : « La Fontaine tire un parti ingénieux du ton qu'il vient de prêter au Bœuf; c'est de le faire appeler déclamateur par l'Homme, qui lui reproche de chercher de grands mots. Tout cela est d'un goût exquis. » Le plaideur convaincu d'ingratitude n'avait pas tiré moins bon parti de l'aveu de la Vache, qui s'était dite vieille : « C'est une radoteuse. »

31. « La Vache, dit encore très-justement M. Taine (p. 278-279), avait prononcé assez vite; » le second juge, le Bœuf, avait été « plus réfléchi;... l'Arbre prouve à l'Homme qu'il est un meurtrier, d'un ton simple, qui ne laisse place à aucun subterfuge. » Et, dit-il plus haut (p. 277) des trois juges : « Ce sont des faits qu'ils allèguent, des faits dont ils sont témoins, qu'ils ont soufferts,... que tout le monde sait, que l'Homme ne peut nier, qu'ils souffrent maintenant encore. »

32. Littré, 3º, cite deux autres exemples de *courber* au sens neutre, pris au propre, comme ici, l'un de Corneille, et un second de notre auteur.

33. Sa récompense : voyez livre VI, fable XIII, vers 9; et livre XII, fable XXII, vers 5.

34. Comparez le vers 10 de la fable XX du livre XII; et voyez l'*Essai* de M. Marty-Laveaux, p. 6-7.

De son témpérament [5], il eût encor vécu.
L'Homme, trouvant mauvais que l'on l'eût[36] convaincu,
Voulut à toute force avoir cause gagnée. 80
« Je suis bien bon, dit-il, d'écouter ces gens-là[37] ! »
Du sac et du Serpent aussitôt il donna
 Contre les murs, tant qu'il tua la bête.

  On en use ainsi chez les grands :
La raison les offense[38] ; ils se mettent en tête 85
Que tout est né pour eux, quadrupèdes et gens,
  Et serpents[39].
  Si quelqu'un desserre les dents[40],

35. Grâce au tempérament qu'il avait, par sa forte constitution.
36. Nous avons vu, au vers 31, un semblable voisinage de *l'on* et de *l'* ; il est aux deux endroits, comme au vers 1 de la fable III du livre II, nécessité par la mesure, mais, en prose comme en vers, on se faisait autrefois moins de scrupule qu'à présent de ce petit défaut d'harmonie.
37. « Le despotisme n'est jamais si redoutable, dit Chamfort, que quand on vient de le convaincre d'absurdité. » — Pour le nom de *gens* appliqué aux arbitres, y compris l'Arbre, voyez, au tome II, p. 271, la note 9 de la fable XII du livre VIII. Il est à remarquer que cinq vers plus bas, le mot *gens* revient au sens propre, humain.
38. Rapprochons de cette vérité le conseil pratique qu'en déduit Rabelais (chapitre xxx du V⁰ livre, tome III, p. 127) : « Puis nous aduertirent cordialement qu'eussions à espargner verité, tant que possible nous seroit, si voulions paruenir en court de grans Seigneurs. »
39. « Ce petit vers ne fait pas mal, dit Nodier, parce qu'il ramène au sujet de l'apologue, » où l'Homme se fait arbitre du sort du Serpent, comme s'il était « né pour lui, » pour qu'il en pût faire ce qu'il voudrait. Nous craindrions qu'il fût trop subtil de penser qu'avec l'expression « nés pour eux » l'addition pût se prêter à ce sens que les serpents, les méchants sont à l'usage des grands de la terre, faits pour être leurs instruments, et soufferts auprès d'eux par intérêt.
40. La même expression : « en desserrant les dents, » se retrouve au vers 30 de la fable suivante.

C'est un sot. — J'en conviens : mais que faut-il donc faire ?
— Parler de loin⁴¹, ou bien se taire⁴². 90

41. De manière à n'être pas entendu, ou à une distance où l'on se sache et se sente à l'abri, comme autrefois, par exemple, les réfugiés en Hollande.

42. Cette morale trop prudente, lorsqu'on veut prendre au mot la malice du bonhomme, inspire à Saint-Marc Girardin (IVᵉ leçon, tome I, p. 129) ce mouvement d'éloquente indignation qui, au point de vue où se place la Fontaine, l'eût assurément étonné et fait sourire : « *Parler de loin, ou bien se taire*, voilà donc, selon la sagesse de la fable, le devoir de l'homme en face de l'oppression. Ah ! où est le *Tu es ille vir* des prophètes[a], *C'est toi qui es cet homme?* Où est la généreuse liberté de ces inspirés de Dieu et du désert ? Ceux-là ne se taisaient pas, ceux-là ne parlaient pas de loin ; ils allaient dans la solitude chercher l'esprit de Dieu, qui n'est point dans la foule et dans les villes ; et quand ils avaient trouvé cet esprit, ils revenaient hardiment au milieu des hommes, pour annoncer, de près et face à face, au peuple et au roi, les arrêts que Dieu avait prononcés contre les oppresseurs des faibles et des petits. » Ailleurs, nous lisons, dans la même leçon, sténographiée [b], ce jugement étendu à tout l'ensemble des fables et dès lors plus facile à accepter : « Dans la morale de la Fontaine il est une chose qui me frappe et que j'ai souvent remarquée : c'est que cette morale n'est pas élevée, forte, énergique. La Fontaine ne prêche pas le martyre, la résistance. Non : il prêche, au contraire, la résignation et la patience ; mais le Diable n'y perd rien. En effet, il s'arrange toujours de manière à nous faire haïr les persécuteurs. Il n'est pas assez héroïque pour se mettre du côté des persécutés, mais il n'aime pas non plus les persécuteurs. Aussi, sommes-nous pour l'Homme dans la fable que je viens de lire ? Non certes : nous sommes pour la Couleuvre. C'est là le principal caractère de la Fontaine et de sa morale : la Fontaine n'a pas les sentiments qui résistent, mais il a les sentiments qui font détester la persécution et l'injustice. »

[a] La fameuse parole de Nathan à David, dans le livre II des *Rois*, chapitre XII, verset 7.

[b] Voyez notre tome II, p. 234.

FABLE II.

LA TORTUE ET LES DEUX CANARDS.

Livre des lumières, p. 124-126. — Bidpaï, tome II, p. 112-123, *les deux Canards et la Tortue*. — *Pantschatantra*, de Benfey, tome I, p. 239-241, et tome II, p. 90-91, *la Tortue indocile;* de M. Lancereau, p. 100-102 et p. 366, *la Tortue et les deux Cygnes*[1]; de Dubois, p. 109-114, *les deux Aigles, la Tortue et le Renard*. (Dans la version du sud, traduite par Dubois, où, par suite sans doute d'un fort gauche mélange de la donnée orientale et de la donnée ésopique, des Aigles sont substitués aux Canards, Cygnes ou Oies, l'histoire est allongée par l'intervention du Renard, qui trompe la Tortue, puis est trompé par elle à son tour.) — *Hitopadésa*, p. 172-177, *la Tortue et les deux Cygnes*. — *Avadânas*, traduction de Stanislas Julien, tome I, p. 71-73, *les deux Oies et la Tortue*. — Ésope, fab. 61, Χελώνη καὶ Ἀετός (Coray, sous deux formes, p. 37; M. Weber, *Indische Studien*, p. 339, montre combien la conception du sujet dans la fable grecque l'emporte en vraisemblance). — Babrius, fab. 115, *même titre*. — Abstemius, fab. 108, *de Testudine ab Aquila in altum sublata*. — Avianus, fab. 2, *Aquila et Testudo*. — Neckam, *Novus Avianus*, sous trois formes (édition de M. Éd. du Méril, p. 263, 264, 265). — *Novus Avianus Vindobonensis* (ibidem, p. 269). — *Astensis poetæ novus Avianus* (ibidem, p. 273). — Camerarius, fab. 60, *Testudo et Aquila*. — G. Cognatus, p. 36, *de Testudine et Aquila*. — P. Candidus, fab. 117, *de Volucribus; Aquila Testudinem docet volare*. — J. Walchius, *Decas fabularum*, etc. (1609), fab. 2. — Haudent, Ire partie, fab. 183, *d'un Lymaçon et d'un Aigle*. — Baïf, *les Mimes*, etc. (Toulouse, 1612), fol. 24. — Doni, *la Filosofia morale*, livre II, fol. 38. — Verdizotti, fab. 36, *la Testuggine et l'Aquila*.

Mythologia æsopica Neveleti, p. 140, p. 455, p. 580.

M. Soullié (p. 38-47 et p. 50) suit cette fable à travers les âges :

1. Le mot sanscrit qu'on rend d'ordinaire par *cygne*, signifie également *oie* et de plus *flamant* ou *phénicoptère*.

il cite et compare les auteurs indiens et les auteurs grecs « si différents de forme et de fond, » et montre le parti qu'en a tiré la Fontaine, prenant aux uns « la matière ou le corps de la fable, » aux autres « l'âme ou la moralité, et fondant le tout dans un ensemble harmonieux et supérieur à ses modèles. » — Saint-Marc Girardin, dans sa IVe leçon (tome I, p. 104-108), rapproche de notre fable celle des *deux Oies et la Tortue*, qui est indiquée plus haut, comme tirée des *Avadânas*, et ce rapprochement entre la Tortue indienne et celle de la Fontaine lui suggère de plaisantes réflexions sur les « tortues de contrées diverses » que lui-même a rencontrées en voyage. — Voyez aussi la comparaison de M. Taine, citée dans la note 3.

Une Tortue étoit, à la tête légère[2],
Qui, lasse de son trou, voulut voir le pays[3].
Volontiers on fait cas d'une terre étrangère;
Volontiers gens boiteux haïssent le logis.[4]

2. *A la tête légère*, contraste plaisant avec la lourdeur et de tout son être et de son allure.

3. Dans la plupart des fables indiennes, c'est soit le dessèchement de l'étang où ils vivent, soit la venue menaçante de pêcheurs sur ses bords, qui font émigrer les deux Volatiles et la Tortue. Dans plusieurs même, ce n'est pas elle qui demande le voyage; on l'offre à la pauvre voisine par amitié et compassion : ce touchant début est omis dans la version adoptée par notre auteur; mais la morale y gagne infiniment. La Tortue indienne, dit M. Taine (p. 271), est fort excusable, puisqu'elle ne quitte son étang que par misère et pour suivre ses amis. « Il fallait, pour donner une leçon morale, en faire « une imprudente, une babillarde, une cu-« rieuse; » il fallait préparer la sotte réponse qu'elle fera du haut de l'air aux gens émerveillés. » — Dans la fable d'Haudent, c'est un Limaçon qui, las de ramper, se montre « très-curieux » d'être transporté dans les airs. Comme la Tortue dans la fable de Babrius, il promet monts et merveilles en échange de ce service.

4. « La répétition de ce mot « Volontiers » est pleine de grâce, dit Chamfort, et ce vers :

Volontiers gens boiteux haïssent le logis,

fait voir comment la Fontaine sait tirer parti des plus petites circonstances. »

Deux Canards, à qui la commère⁵ 5
    Communiqua ce beau dessein,
Lui dirent qu'ils avoient de quoi la satisfaire.
   « Voyez-vous ce large chemin ?
Nous vous voiturerons, par l'air, en Amérique⁶ :
    Vous verrez mainte république, 10
Maint royaume, maint peuple ; et vous profiterez
Des différentes mœurs que vous remarquerez.
Ulysse en fit autant⁷. » On ne s'attendoit guère
   De voir⁸ Ulysse en cette affaire.

5. Voyez au tome II, la fin de la note 3 de la page III.

6. Ici Chamfort ne loue plus : « Il ne fallait point particulariser, dit-il, ni nommer l'Amérique : du moins fallait-il ne nommer qu'une contrée de l'ancien hémisphère. Toute action qui forme le nœud ou l'intérêt d'un apologue est supposée se passer dans les temps fabuleux, au temps, comme dit le peuple, où les bêtes parlaient. Il y a, pour chaque genre de poésie, une vraisemblance reçue, une convenance particulière, dont il ne faut pas s'écarter. » Toujours des limites, des règles étroites, restrictives. L'apologue est de tous les temps et de tous les lieux, et la fantaisie voyage et fait voyager acteurs et lecteurs où elle veut.

7. Après la critique, Chamfort, avec plus de justice, revient à l'éloge : « Voilà un de ces traits qui caractérisent un poëte supérieur à son sujet : nul n'a su s'en jouer à propos comme la Fontaine. » — C'est une application, fort inattendue (le poëte ne peut s'empêcher de nous le dire), d'un des premiers vers de l'*Odyssée* même (le 3ᵉ) :

Πολλῶν δ'ἀνθρώπων ἴδεν ἄστεα καὶ νόον ἔγνω,

et de ces deux passages, bien connus, d'Horace :

Dic mihi, Musa, virum, captæ post tempora Trojæ,
Qui mores hominum multorum vidit et urbes.
           (*Art poétique*, vers 141-142.)

Utile proposuit nobis exemplar Ulyssem,
Qui, domitor Trojæ, multorum providus urbes
Et mores hominum inspexit....
           (Livre I, épître II, vers 18-20.)

8. *S'attendre de* était un tour autrefois fort usité. Racine, pour

La Tortue écouta la proposition.
Marché fait⁹, les Oiseaux forgent une machine
        Pour transporter la pèlerine ¹⁰.
Dans la gueule, en travers, on lui passe un bâton.
« Serrez bien, dirent-ils, gardez de lâcher prise. »
Puis chaque Canard prend ce bâton par un bout.
La Tortue enlevée, on s'étonne partout
        De voir aller en cette guise ¹¹
        L'animal lent et sa maison ¹²,
Justement au milieu de l'un et l'autre Oison ¹³.
« Miracle! crioit-on : venez voir dans les nues
        Passer la reine des tortues.
— La reine! vraiment oui ? je la suis en effet;
Ne vous en moquez point ¹⁴. » Elle eût beaucoup mieux fait

ne renvoyer qu'à lui, l'emploie en poésie (*Bérénice*, acte III, scène 1, vers 713), et en prose (*Lettres*, tomes VI, p. 504-505, VII, p. 305; voyez la remarque de *Littré* à l'article ATTENDRE (S'), fin de 2°).

9. M. Taine nous fait voir (p. 151-152) comme notre auteur est conséquent dans la transformation de ses originaux : « .... Nous savons la cause de cette amplification éloquente; nos discoureurs avaient une raison pour citer Ulysse; on ne dépense pas tant de talent gratis. Les Canards indiens sont des amis obligeants. Les Canards français ne sont que des entrepreneurs de transports, » qui font valoir leurs services et qui vantent ce qu'ils vont faire.

10. Voyez tome II, p. 403, note 1.

11. De cette façon. Comparez d'autres emplois du mot *guise*, aux livres V, fable XIX, vers 4; X, fable XIII, vers 22; aux contes I de la IIe partie, vers 3; II de la IIIe, vers 212; v de la même, vers 45; et *passim*.

12. Voyez au tome II, p. 294, note 22; et tome III *M.-L.*, p. 87.

13. *Oison*, c'est à quoi ressemble en effet le canard, « petite oie »; la confusion est peu grave entre oiseaux si voisins, de même ordre et de même famille. Nous avons vu dans la notice que les versions orientales prennent pour porteurs, si l'on veut bien nous passer les termes techniques, des « palmipèdes lamellirostres » quelconques.

14. « Voilà un bien long discours, dit l'abbé Guillon, lorsqu'il ne faut à l'imprudente qu'un seul mot, que la seule action de desser-

De passer son chemin sans dire aucune chose ;
Car, lâchant le bâton en desserrant les dents,   30
Elle tombe, elle crève aux pieds des regardants[15].
Son indiscrétion[16] de sa perte fut cause.

Imprudence, babil, et sotte vanité[17],
  Et vaine curiosité,

rer les dents pour la précipiter et causer sa mort. » La remarque est rigoureusement vraie ; mais on n'y songe pas en lisant ces vers, et l'on trouve tout simple que le poëte achève ce que la sotte veut dire, ce que, avant d'ouvrir la bouche, elle s'est dit d'un trait, *in petto*. La Tortue des fables indiennes crie seulement : « Hé ! qu'est-ce que cette rumeur ? » A cette légère boutade de simple impatience M. Taine (p. 272) compare « la présomption soudaine et l'impertinence parfaite de la Tortue française. » — Dans une fable latine d'Abraham Bzovius (la XVIe, 1613), *Testudo volatica*, transcrite par Noël (voyez l'*Avertissement* du tome II), ce sont d'autres Tortues qui s'exclament à la vue de leur sœur volant dans les airs.

15. Participe employé à la façon des Latins, comme au tome II, p. 373, au conte 1 de la IVe partie, vers 13, et au tome III *M.-L.*, p. 304. — Voyez ce qui est dit, en tête de la fable, de son allongement par l'intervention d'un Renard, dans une des versions de l'Inde. Dans les ésopiques (Ésope, Babrius, Abstemius, Camerarius, etc.), c'est l'Aigle qui méchamment lâche la Tortue dans les airs, comme est lâchée celle qui fracasse le crâne d'Eschyle (fable XVI du livre VIII, vers 49-54). Chez Avianus, l'oiseau de proie la tue avec ses serres. Chez Haudent, la mort est la punition du non-accomplissement de la promesse, étrange pour un Limaçon, de donner pour salaire de l'argent ou de l'or : ce sont les trésors de la mer Rouge qu'offre la Tortue de Babrius.

16. *Indiscrétion*, manque de retenue, comme traduit Littré. Richelet explique le mot par le premier du vers suivant : « Imprudence ».

17. N'y a-t-il pas quelque ressemblance entre la « vanité » de cette Tortue et celle de maître Corbeau de la fable II du livre I, bien que ce dernier, qui se laisse prendre à une admiration feinte, en soit quitte pour la perte d'un fromage ? Ici l'étonnement, l'admiration des « regardants » ne sont pas feints, mais aussi le châtiment de l'orgueilleuse est cruel.

Ont ensemble étroit parentage[18].
Ce sont enfants tous d'un lignage[19].

18. *Parentage*, parenté : « .... Tous ceux, dit Malherbe, que le *parentage* ou l'alliance oblige à nous assister. » (*Traité des Bienfaits de Sénèque*, livre III, chapitre XVIII, tome II, p. 68.) Voyez livre IV, fable 1, vers 26, et *Poésies diverses* (tome V M.-L., p. 140). Nous rencontrons le même mot, non plus dans un sens abstrait, mais au sens de *parents*, dans cet autre exemple des *Poésies diverses* (ibidem, p. 5) :

> Comme vos yeux alloient tout embraser,
> Il fut conclu par votre parentage
> Qu'on vous feroit un couvent épouser.

19. « *Lignage*, tous les descendants d'une même famille ; tous ceux d'une même parenté. Il vieillit. » (*Dictionnaire de l'Académie françoise*, 1694.) Comparez le *Virelai sur les Hollandais* (tome V M.-L., p. 96) :

> .... De son heureux mariage
> Avec l'Infante du Tage
> Doit naître un puissant lignage.

Voyez *ibidem*, p. 27 et 30. — La morale de la fable indienne et de la fable ésopique est qu'il faut suivre les conseils de ses amis ou des personnes plus sages que soi : sinon on court à sa perte. — Dans la jolie fable de Babrius, la Tortue dit, en expirant : « Je meurs justement ; quel besoin avais-je de nuages ou d'ailes, moi qui me traîne péniblement sur la terre ? » — Abstemius, Avianus, Camerarius et Haudent voient dans cet apologue un avertissement aux hommes qui, aveuglés par leurs passions, méprisent les conseils de la prudence, ou aux ambitieux qui veulent s'élever trop haut. — Benserade n'a pas trouvé place dans son quatrain (le xcv^e) pour un châtiment et une morale sévère ; il se borne à faire ressortir le ridicule de la sotte vanité et à nous montrer la Tortue toute fière

> De se voir une fois au moins si près des astres.

FABLE III.

LES POISSONS ET LE CORMORAN.

Livre des lumières, p. 92-95. — Bidpaï, tome I, p. 357-368, *le Héron, l'Écrevisse et les Poissons.* — *Pantschatantra*, de Benfey, tome I, p. 174-179, et tome II, p. 58-61, *la Grue et l'Écrevisse;* de Lancereau, p. 66-69 et p. 363, *même titre;* de Dubois, p. 76-79, *le Cormoran, les Poissons et l'Écrevisse.* — *Hitopadésa*, p. 237-238, *la Grue et l'Écrevisse.* — Camerarius, fab. 232, *Vultur.* — J. Walchius, *Decas fabularum*, fab. 8. — Doni, *la Filosofia morale*, livre I, fol. 25.

Au travers de développements, comme d'ordinaire prolixes, la fable indienne est bien la même que celle de la Fontaine, si ce n'est qu'au dénouement le Héron (ou la Grue) est puni de sa perfidie par l'Écrevisse qui l'étrangle, au moment où, pour varier son festin, il allait aussi la manger. Au sujet de cette addition, voyez Weber, *Indische Studien*, tome V, p. 344. — Le petit drame de Camerarius est joué par d'autres personnages, mais il y a de l'analogie dans la morale : là ce sont de petits oiseaux qu'un Vautour convie à un festin pour célébrer le jour de sa naissance; lorsqu'il les voit tous rassemblés, il les transporte dans sa demeure pour les manger à loisir : tromperie qui rappelle à l'abbé Guillon celle de l'enlèvement des Sabines ; de même que l'idée lui vient de comparer les poissons de notre fable aux compagnons d'Ulysse entraînés dans l'antre de Polyphème. Jules Janin, dans l'édition de 1829, a eu soin de supprimer ces trop ingénieux rapprochements.

La Bruyère, pour railler l'empressement avec lequel les princes ligués accourent auprès de l'usurpateur Guillaume au congrès de la Haye (1691), raconte un petit apologue de même affabulation (*des Jugements*, tome II, p. 134) : « .... C'en est fait, ils se sont tous livrés à lui volontairement, à celui peut-être de qui ils devoient se défier davantage. Ésope ne leur diroit-il pas : « La gent volatile « d'une certaine contrée prend l'alarme et s'effraye du voisinage « du lion, dont le seul rugissement lui fait peur : elle se réfugie « auprès de la bête qui lui fait parler d'accommodement et la

« prend sous sa protection, qui se termine enfin à les croquer
« tous l'un après l'autre » ? — M. Taine (p. 134) croit voir, en
lisant cette fable, de bons bourgeois que le seigneur du pays a
longtemps taillés et foulés à merci. « C'est sur eux qu'il fondait
sa cuisine :

   Viviers et réservoirs lui payoient pension.

Mais le voilà vieux, et la pension se fait attendre ; en conséquence, il prend, tout d'un coup, le ton familier, et se fait populaire. Il tire à part l'Écrevisse, « sa commère, » et l'envoie chari-
tablement avertir les Poissons que, dans huit jours, le maître de
l'étang pêchera. Voyez le trouble de ce pauvre peuple, cet empressement, ce désordre d'esprit, ces questions accumulées, cette
confiance précipitée. Ces pauvres bonnes gens ne sont guère politiques : ils sont faits pour être mangés et le prouvent surabondam-
ment par leurs actions.... Ils se jetteraient volontiers dans son
bec, et s'y jettent en effet. »

 Chamfort croit devoir faire précéder cette fable de la remarque
suivante qui exprime une préférence, juste peut-être, pour les deux
premières fables, mais semble impliquer, pour toute la suite du
livre, une sévérité qui tranche un peu lestement : « Nous ne trou-
verons plus, dans ce dixième livre, de fable qui puisse être comparée
aux deux précédentes. Celle-ci n'en approche ni pour le fond ni
pour la forme. » Il y relève pourtant quelques vers qui lui paraissent plaisants (vers 7 et 42). Mais la réflexion qui termine la
fable lui semble être de trop : voyez plus bas, note 8.

Il n'étoit point d'étang dans tout le voisinage
Qu'un Cormoran n'eût mis à contribution :
Viviers et réservoirs lui payoient pension.
Sa cuisine alloit bien : mais, lorsque le long âge
  Eut glacé le pauvre animal,   5
  La même cuisine alla mal.
Tout Cormoran se sert de pourvoyeur lui-même.
Le nôtre, un peu trop vieux pour voir au fond des eaux,
  N'ayant ni filets ni réseaux,
  Souffroit une disette extrême.   10
Que fit-il ? Le besoin, docteur en stratagème,

Lui fournit celui-ci[1]. Sur le bord d'un étang
  Cormoran vit une Écrevisse.
« Ma commère, dit-il, allez tout à l'instant
  Porter un avis important   15
  A ce peuple : il faut qu'il périsse ;
Le maître de ce lieu dans huit jours pêchera. »
  L'Écrevisse en hâte s'en va
  Conter le cas. Grande est l'émute[2] ;
  On court, on s'assemble, on députe   20
  A l'Oiseau : « Seigneur Cormoran,
D'où vous vient cet avis ? Quel est votre garand[3] ?
  Êtes-vous sûr de cette affaire ?
N'y savez-vous remède ? Et qu'est-il bon de faire ?
— Changer de lieu, dit-il. — Comment le ferons-nous ? 25
— N'en soyez point en soin[4] : je vous porterai tous,
  L'un après l'autre, en ma retraite.
Nul que Dieu seul et moi n'en connoît les chemins :
  Il n'est demeure plus secrète.
Un vivier que Nature[5] y creusa de ses mains,   30
  Inconnu des traîtres humains,
  Sauvera votre république. »
  On le crut. Le peuple aquatique

1. Même idée aux vers 190-191 du *Discours à Mme de la Sablière* :

Nécessité l'ingénieuse
Leur fournit une invention.

2. Voyez livre VII, fable VIII, vers 1 et note 4.

3. Ce mot est écrit ainsi, par un *d*, dans les éditions de 1679, 1682, 1688, 1708, 1709. Nous avons trouvé, au tome II, dans le *Discours à Mme de la Sablière*, vers 118, l'orthographe *garend*.

4. En peine : locution fréquente au dix-septième siècle : voyez tome II, p. 327 et 361 ; et les divers *Lexiques* de la Collection.

5. Malherbe a employé de même le mot comme nom propre, sans article (*Poésie* XXXI, tome I, p. 132) :

.... C'est une œuvre où Nature a fait tous ses efforts.

Comparez aussi le conte II de la IIIe partie, vers 120, etc.

> L'un après l'autre⁶ fut porté
> Sous ce rocher peu fréquenté.   35
> Là, Cormoran, le bon apôtre⁷,
> Les ayant mis en un endroit
> Transparent, peu creux, fort étroit,
> Vous les prenoit sans peine, un jour l'un, un jour l'autre ;
> Il leur apprit à leurs dépens   40
> Que l'on ne doit jamais avoir de confiance
> En ceux qui sont mangeurs de gens⁸.
> Ils y perdirent peu, puisque l'humaine engeance⁹
> En auroit aussi bien croqué sa bonne part.
>
> Qu'importe qui vous mange ? Homme ou loup, toute
>   Me paroît une à cet égard¹⁰ ;   [panse
> Un jour plus tôt, un jour plus tard,
> Ce n'est pas grande différence.

6. Accord avec l'idée : le collectif *peuple* équivalant à un pluriel qui explique fort bien les mots : « L'un après l'autre ».

7. C'est l'épithète de *Grippeminaud* dans la fable XVI du livre VII : voyez au tome II, p. 190 et note 27 ; et pour *Cormoran*, nom propre, p. 408, note 4.

8. Comparez l'expédient du Chat-huant, livre XI, fable IX. — Nous retrouvons *mangeurs*, au figuré, dans la fable XIII du livre XII, vers 25, et, au sens propre, dans la fable XVI du livre IV, vers 17, et dans le conte VI de la IIIᵉ partie, vers 9. — « Il fallait s'arrêter là, dit Chamfort. La réflexion que la Fontaine ajoute à ce conseil de prudence ne sert qu'à en détourner l'esprit de son lecteur. L'idée de la mort absorbe toute autre idée. » Qu'importe au fabuliste, dirons-nous, à qui il plaît, passant de la bête à l'homme, de généraliser la pensée et d'en faire une énergique application ?

9. Nous avons déjà rencontré le mot, pris aussi en mauvaise part, sens le plus ordinaire aujourd'hui (voyez tome II, p. 315 et note 10). Il revient, sans nuance de blâme, au livre IV, fable I, vers 21.

10. Walckenaer coupe ainsi ces deux vers :
>   Qu'importe qui vous mange, homme ou loup ? Toute panse
>   Me paroît une à cet égard.

Notre ponctuation est celle des plus anciens textes.

FABLE IV.

L'ENFOUISSEUR[1] ET SON COMPÈRE.

Abstemius, fab. 169, *de Viro qui thesaurum compatre conscio abdiderat*. — *Democritus ridens*, p. 68, *Qui totum habere cupit, totum sæpe perdit*. — *Thrésor des récréations*, p. 182, *Celuy qui le tout veut avoir le tout perd*. — Garon, le *Chasse ennuy* (Paris, 1645, in-16), V^e centurie, 1, p. 410, *Acte remarquable d'un aveugle né qui fut plus fin que son compère*. — Lodovico Guicciardini, *l'Hore di ricreatione* (Venetia, 1572), p. 55, *Chi tutto vuole tutto perde*.

Mythologia æsopica Neveleti, p. 605.

« Peu d'observations, dit l'abbé Guillon, à faire sur cet apologue, remarquable toutefois par la vivacité du dialogue, la philosophie des réflexions, et la sagesse de sa morale. » — « Le résultat de cette fable est encore très-peu de chose, dit Chamfort ; mais, dans l'exécution, elle offre plusieurs vers très-bons. »

Comparez la fable XXVII du livre VIII (et note 3).

> Un Pincemaille[2] avoit tant amassé
> Qu'il ne savoit où loger sa finance[3].

1. Le mot *enfouisseur* n'est ni dans Richelet, ni dans Furetière, ni dans le Dictionnaire de Trévoux, ni dans celui de l'Académie, avant la dernière édition (1878).

2. *Pincemaille*, avare ; ce composé se rencontre dans Marot (épître II^{de} du *Coq à l'asne*, à Lyon Jamet, vers 49, édition Pierre Jannet, tome I, p. 223) ; et dans le *Trésor des sentences* de G. Meurier, cité par M. Delboulle. La maille était une petite monnaie de cuivre valant la moitié du denier : d'où la locution *sans sou ni maille*. — Le mot, sans égard à l'étymologie, est écrit *Pinsemaille* dans nos anciennes éditions : 1679-1729 ; et de même chez Marot et Meurier. Il n'est pas dans Richelet ; il est, avec l'orthographe *Pince-maille*, dans Furetière, dans le Dictionnaire de Trévoux, et dans celui de l'Académie, à partir de la seconde édition (1718).

3. Voyez la note 19 de la fable VI du livre VII, et ajoutez aux exemples cités *Belphégor*, vers 273.

L'avarice, compagne et sœur de l'ignorance⁴,
　　Le rendoit fort embarrassé
　　　Dans le choix d'un dépositaire;　　　　5
Car il en vouloit un, et voici sa raison :
« L'objet tente; il faudra que ce monceau s'altère⁵
　　Si je le laisse à la maison :
Moi-même de mon bien je serai le larron.
— Le larron? Quoi? jouir⁶, c'est se voler soi-même⁷? 10
Mon ami, j'ai pitié de ton erreur extrême.
　　Apprends de moi cette leçon :

4. De cette sorte d'ignorance qu'Horace reproche à son avare (satire 1 du livre I, vers 73) :

Nescis quo valeat nummus, quem præbeat usum.

Mais comment cette ignorance-là peut-elle rendre « embarrassé

　　　Dans le choix d'un dépositaire » ?

Il y a, chez l'avare, plutôt défaut de sens que défaut de science; mais qui manque de sens sait-il jamais bien ce qui est à faire?

5. *Altérer* marque tout changement en mal, donc, pour un tel monceau, diminution, appauvrissement. Voyez tome II, p. 246, note 19.

6. Une partie du tirage de 1679 et les textes de 1679 A et de 1682 portent: « quoy jolly, » qui n'a pas de sens; cette faute n'a pas été corrigée à l'*Errata*, mais bien dans les exemplaires cartonnés de 1679.

7. Comme le père le reproche au fils dépensier dans *la Belle plaideuse* de Bois-Robert (acte I, scène VIII) :

　　Tu travailles, méchant, à te voler toi-mêmeᵃ.

Tout autre est l'application de l'idée de *voler*, faite à l'avare, non par lui, dans ce passage de Phèdre (livre IV, fable XIX, vers 19) :

　　　Ipsum te fraudas cibo;

et dans la scène où Molière (acte III, scène 1, tome VII, p. 135) nous montre Harpagon dérobant lui-même l'avoine de ses chevaux.

ᵃ Voyez le tome VII de *Molière*, fin de la note 2 de la page 102.

Le bien n'est bien qu'en tant que l'on s'en peut défaire[8];
Sans cela, c'est un mal[9]. Veux-tu le réserver
Pour un âge et des temps qui n'en ont plus que faire ? 15
La peine d'acquérir, le soin de conserver,
Ôtent le prix à l'or, qu'on croit si nécessaire. »
    Pour se décharger d'un tel soin,
Notre homme eût pu trouver des gens sûrs au besoin.
Il aima mieux la terre; et, prenant son compère[10], 20
Celui-ci l'aide. Ils vont enfouir le trésor.
Au bout de quelque temps, l'homme va voir son or;
    Il ne retrouva que le gîte[11].

8. Pour ces paroles de bon sens sur l'avarice, comparez la fable xx du livre IV, particulièrement le début :

    L'usage seulement fait la possession, etc.,

et les rapprochements indiqués dans la note de ce vers.

9. Pour les raisons si bien mises en action dans *le Savetier et le Financier* (livre VIII, fable II), raisons qu'il va redire en quelques mots, et qu'Horace développe à l'endroit cité, qui se termine par ce vœu (vers 78-79) : *Horum*

    Semper ego optarim pauperrimus esse bonorum.

Ailleurs (livre XII, fable III, vers 4) la pensée revient, ainsi adoucie :

    Quand ces biens sont oisifs, je tiens qu'ils sont frivoles

10. Mot très-fréquent chez notre auteur, et qu'ici il a trouvé dans les deux vieux conteurs français cités à la notice (voyez ci-après la note 12). *Compère* marque soit très-familière amitié, soit simplement, et le plus souvent, relation fort habituelle et sans façon, de voisinage par exemple, comme dans ces mots, dits par une bête, mais tout à fait au sens humain (livre II, fable VIII, vers 13) :

    C'est mon voisin, c'est mon compère.

— A remarquer, pour la structure de la phrase, l'incise absolue : « prenant son compère, » sans rapport au sujet *Celui-ci.*

11. Au vers 21 de la fable, déjà citée (xx du livre IV), *nid*, au lieu de *gîte* :

    Notre Avare, un beau jour, ne trouva que le nid.

Soupçonnant, à bon droit, le compère, il va vite
Lui dire : « Apprêtez-vous; car il me reste encor   25
Quelques deniers : je veux les joindre à l'autre masse. »
Le compère aussitôt va remettre en sa place
   L'argent volé, prétendant bien
Tout reprendre à la fois, sans qu'il y manquât rien[12].

   Mais, pour ce coup, l'autre fut sage :   30
Il retint tout chez lui, résolu de jouir,
   Plus n'entasser, plus n'enfouir[13];
Et le pauvre voleur, ne trouvant plus son gage[14],
   Pensa tomber de sa hauteur.

Il n'est pas malaisé de tromper un trompeur[15].   35

12. *Vicinus, tanquam vulturius, prædæ huic omni inhians, quamprimum ad locum illum proficiscitur, et thesaurum ablatum reponit.* (*Democritus ridens.*) — « .... Le larron,... desireux d'avoir ce reste, s'en alla tout seul, et remit l'argent dérobé en sa place : où puis après venant celuy à qui l'argent appartenoit, emporta le sien en sa maison, et, se moquant de son compère, disoit : « Garde-toi, com-« père. » Et, depuis, ce proverbe en a couru par le monde. » (*Thrésor des récréations.*) — Dans *le Chasse ennuy*, où c'est un aveugle qui a caché le trésor, le conte se termine par ces mots : « Compère, l'aveugle a vu plus clair que celui qui a deux yeux. » — Après « va remettre », on s'attendrait à « qu'il y manque. » L'imparfait *manquât* est en rapport avec l'infinitif, pris au sens du conditionnel : « qu'il reprendrait. »

13. L'ellipse de la préposition *de*, qu'elle ait été, ou non, amenée par la mesure, prête une vive énergie à ce tour, dont elle fait comme une sorte d'impératif.

14. Remarquable emploi du mot *gage*, qui, ne signifiant proprement qu'une espèce particulière de dépôt, un dépôt pour garantie, est pris ici au sens de dépôt quelconque sur lequel on croit pouvoir compter. Littré, dans l'Historique, cite un exemple du quatorzième siècle, d'Oresme, où les deux substantifs semblent pris comme équivalents l'un de l'autre : « Son gage ou son dépôt. »

15. Parce que, comme nous lisons au livre III, fable III, vers 31 :

 Toujours par quelque endroit fourbes se laissent prendre

ce qui n'empêche pas Chamfort de dire, avec quelque raison :

« Cela n'est pas exactement vrai, et souvent c'est une chose très-difficile. J'aurais mieux aimé que la Fontaine eût exprimé le sens de l'idée suivante : « Heureux celui qu'un seul avertissement engage « à triompher de sa passion favorite ! » La morale que propose Chamfort ne nous paraît pas se bien déduire de l'ensemble du conte, de la tournure que lui a donnée l'auteur. Préférable peut-être, si elle n'avait déjà trouvé place à la fin de la fable xv du livre II, serait celle-ci :

.... C'est double plaisir de tromper le trompeur.

Chez Abstemius, l'affabulation est, comme ici, la facilité de la tromperie, mais non dans un sens général; il la fait paraître vraie, en la réduisant à l'avare, et, comme moyen, à l'appât de l'argent : *Fabula indicat quam facile sit virum avarum spe pecuniæ decipere.*

FABLE V.

LE LOUP ET LES BERGERS.

Ésope, fab. 318, Λύκος καὶ Ποιμένες (Coray, p. 211, tirée du *Banquet des sept sages*, de Plutarque, § 13). — Camerarius, fab. 349, *Pastores convivantes*. — Abstemius, fab. 9, *de Vulpe et Mulieribus gallinam edentibus*. — Marie de France, fab. 73, *dou Lox qui jura par serement*. — Haudent, 2° partie, fab. 70, *d'un Regnard voyant aulcunes Femmes menger une poulle*. — Hégémon, fab. 20, *des Pasteurs et du Loup*.
Mythologia æsopica Neveleti, p. 539.

Il prend fantaisie à Chamfort, à propos de cette fable (pourquoi précisément de celle-là plutôt que de tant d'autres jusqu'ici?), de comparer la manière d'Ésope à celle de la Fontaine, et de trouver la brièveté du premier « préférable aux ornements » du second. « Voici, dit-il, la fable d'Ésope : « Un loup, passant près de la « cabane de quelques bergers, les vit mangeant un mouton. Il leur « cria : « Que ne diriez-vous point, si j'en faisais autant ? » Il est évident que cet apologue vaut mieux que celui du fabuliste français. » — M. Taine (p. 252-253) rapproche aussi la fable grecque de la française; mais c'est pour montrer combien celle-ci l'emporte sur celle-là : « Libre à Lessing, dit-il, d'admirer cette concision. Elle pouvait convenir à l'origine de la fable, au temps de la poésie gnomique. Elle peut être un reste du style sentencieux des premiers sages. » Mais, au temps où écrivait la Fontaine, il fallait, en reprenant un tel sujet, savoir, par « les détails, qui sauvent du lieu commun, » lui donner « la vérité et l'intérêt. »

Chamfort n'est pas content non plus du « résultat moral » à tirer de l'apologue. Il le trouve vague, confus, ne valant pas la peine d'être exprimé; puis, prenant le ton plaisant, il se demande si le fabuliste veut « établir que c'est très-mal fait de manger les moutons. » Toujours, on le voit, même préoccupation, que l'on peut accuser d'étroit pédantisme.

Le Loup d'Hégémon n'a point fait vœu d'abstinence, comme le

nôtre ; mais, voyant des Bergers qui se partagent fort gaiement un agneau,

> Car le mangeant le disoient tendre,

comme lui il s'indigne par comparaison et leur crie :

> O quel bruit vous feriez, meschans,
> Si ie faisois ce que vous faites !
> Fautes d'autruy allez preschans,
> Mais des vostres conte n'en faites.

Chez Marie de France, le Loup, qui a fait vœu de ne pas manger de chair

> Es quarante jurs de quaresme,

n'attend pas, pour violer son serment, que les hommes lui donnent le mauvais exemple ; mais apercevant

> un mutun
> Cras è refet sous la toisun,
> Dunc à sei-mesme demanda :
> « K'est-ce, fet-il, que voi-jou là ?
> Chest un mutun, ce m'est avis ; »

et il se persuade aisément qu'il a fait une folie de prononcer un pareil vœu, car, s'il ne prend pas pour lui la proie, tel autre viendra qui se hâtera de l'emporter : aussi, bien avisé, il l'étrangle et la mange.

Haudent, à l'exemple d'Abstemius, remplace le Loup par un Renard, qui voit des femmes manger des poules :

> Un Regnard chemin tracassant
> Pour attraper quelque poullaille,
> Veist plusieurs Femmes en passant
> Qui mengeoient force de vollaille.
> « Ho, leur dict-il, que de chenaille
> I'auroye aprez moy, tout affin
> De me vanner mieux que la paille,
> Si ie mengoye un seul pouchin ! »

— La morale d'Abstemius est d'une naïve et très-résignée soumission : *Hæc fabula nos admonet ne putemus nobis in aliena licere quod propriis dominis licet.* Haudent la traduit ainsi :

> La fable au sens moral contient
> Que des biens mondains et terrestres

User à nous il n'appartient
Ainsi qu'à ceulx qui en sont maistres.

— Même recommandation, pieusement développée, dans *le Renard et les Femmes*, de Burkhard Waldis (livre II, fable XL). — Chez Camerarius, qui a gardé la version ésopique du *Loup et les Bergers*, point de précepte, mais le fait, non sans ironie : *Docemur hac fabula et potentes impune peccare, et horum delicta non facile reprehendi a quovis debere.*

Le fabuliste russe Kryloff a traité le sujet sous le même titre que la Fontaine, dans son livre VI, fable XIII.

De tout l'ensemble de l'apologue il faut rapprocher, dans le recueil de notre auteur lui-même, un long morceau (les vers 77-98) de sa fable I du livre XII. Voyez aussi, au tome II, la note 10 de la fable XI du livre IX.

    Un Loup rempli d'humanité
  (S'il en est de tels dans le monde[1])
    Fit un jour sur sa cruauté,
Quoiqu'il ne l'exerçât que par nécessité,
    Une réflexion profonde[2].   5

1. Ceci encore, ceci surtout, ne trouve pas grâce devant Chamfort. « Ce mot seul, dit-il à propos de ce second vers, fait la critique de cet apologue. Les meilleures fables sont celles où les animaux sont peints dans leur naturel, avec les goûts et les habitudes qui naissent de leur organisation. » Il oublie constamment que l'animal dans la fable est humanisé, que la tâche du fabuliste, telle que la conçoit notre auteur, est de fondre, dans une juste proportion, les deux natures, et il ne remarque pas avec quelle habileté sont faites les parts du double caractère. On peut voir, à ce sujet, la XXIIIe leçon de Saint-Marc Girardin (tome II, p. 243 et suivantes), et la comparaison avec l'apologue du *Loup moraliste*, déjà cité dans notre tome I, p. 211, note 5.

2. A propos de cette réflexion, si bien développée dans les vers suivants, M. Taine (p. 251-252) justifie, en ces termes, sa remarque sur « les détails, » personnels, appropriés, qui a été rapportée ci-dessus dans la notice : « En s'enfonçant ainsi en soi-même, le Loup y trouve des particularités qui n'appartiennent qu'à lui, et que seul il peut y trouver. Le discours prend aussitôt un tour particulier; il se distingue des autres, il est donc nou-

« Je suis haï, dit-il ; et de qui ? de chacun.
Le Loup est l'ennemi commun :
Chiens, chasseurs, villageois, s'assemblent pour sa perte ;
Jupiter est là-haut étourdi de leurs cris³ :
C'est par là que de loups l'Angleterre est déserte⁴,   10
On y mit notre tête à prix.
Il n'est hobereau⁵ qui ne fasse

veau et intéressant. Si le Loup veut montrer qu'on le persécute, il cite l'histoire de sa race, et raconte les mœurs du village, les proclamations du château, les contes de la chaumière, les noms spéciaux, pittoresques, qui peignent son entourage et ne conviennent qu'à cet entourage. »

3. Même expression au livre XII, fable xiv, vers 19-21 :

> Les Dieux en furent étourdis
> Et Jupiter et Némésis, etc.

Ailleurs (livre III, fable iv, vers 24) :

> Jupin en a bientôt la cervelle rompue.

4. Est vide de loups. Racine (*Remarques sur l'Odyssée*, tome VI, p. 144) a dit : « Cette île.... est déserte d'hommes. » — « Un.... événement remarquable de ce règne fut la destruction totale des loups en Angleterre, due à la police sage et industrieuse d'Edgar (ce prince régnait vers le milieu du dixième siècle). Il commença par donner assidûment la chasse à ces animaux voraces, et, lorsqu'il s'aperçut qu'ils se retiroient dans les montagnes et dans les forêts du pays de Galles, il changea le tribut d'argent imposé par Athelstan, son prédécesseur, aux princes gallois, en un tribut annuel de trois cents têtes de loups ; cet expédient donna tant d'ardeur pour les tuer, que bientôt il n'en reparut plus dans cette île. » (Hume, *Histoire d'Angleterre*, traduite par Mme [Belot], 1765, in-4°, tome I, chapitre ii, p. 123-124.) Voyez, au tome II, la notice et la note 10, déjà citée, de la fable xi du livre IX. Aussi, lorsque l'ambassadeur Portland vint en France en 1698, c'est la chasse au loup qui paraît l'avoir le plus intéressé, comme toute nouvelle pour lui. (*Letters of William III and Louis XIV*, dans le recueil de Grimblot, 1848, p. 193.) — Chamfort voit ici la même faute qu'il a relevée dans la fable de *la Tortue*, à l'occasion du mot *Amérique*.

5. Petit gentilhomme campagnard. Le mot désigne proprement un petit oiseau de proie qu'on employait surtout à la chasse des

Contre nous tels bans⁶ publier ;
Il n'est marmot osant crier
Que du Loup aussitôt sa mère ne menace⁷.   15
  Le tout pour un âne rogneux⁸,
Pour un mouton pourri, pour quelque chien hargneux,
  Dont j'aurai passé mon envie⁹.
Et bien ! ne mangeons plus de chose ayant eu vie :
Paissons l'herbe, broutons, mourons de faim plutôt¹⁰.   20
  Est-ce une chose si cruelle ?
Vaut-il mieux s'attirer la haine universelle ? »
Disant ces mots, il vit des Bergers, pour leur rôt,
   Mangeants¹¹ un agneau cuit en broche.
   « Oh ! oh ! dit-il, je me reproche   25
Le sang de cette gent¹² : voilà ses gardiens

alouettes. « Dans quelques-unes de nos provinces, dit Buffon, on donne le nom de *hobreau* aux petits seigneurs qui tyrannisent leurs paysans, et, plus particulièrement, au gentilhomme à lièvre qui va chasser chez ses voisins sans en être prié. » Et il ajoute en note : « Ce nom de *hobreau*, appliqué aux gentilshommes de campagne, peut venir aussi de ce qu'autrefois tous ceux qui n'étoient point assez riches pour entretenir une fauconnerie, se contentoient d'élever des hobreaux pour la chasse. » (*Histoire naturelle des oiseaux*, tome I, p. 278, Paris, 1770.)

6. *Bans*, proclamations qui se faisaient à cri public, ou à son de trompe, de tambour.

7. Rapprochez la fable xvi du livre IV.

8. « Rogne, gale invétérée, » dit le *Dictionnaire de l'Académie* (1694).

9. Littré, à ENVIE, 4°, cite cet exemple de Mme de Sévigné : « J'en passe mon envie. »

10. Le Loup de Marie de France se borne, nous l'avons vu (p. 28), à faire chrétiennement vœu d'abstinence pour le carême.

11. *Mangeans* et, au vers 27, *repaissans* sont les leçons de nos vieux textes (1679, 1682, 1688, 1708, 1709, 1729). Pour cet accord du participe présent, dont nous avons déjà rencontré divers exemples devant des régimes directs, voyez les *Lexiques* de la Collection, à l'*Introduction grammaticale*.

12. De cette race. A remarquer l'emploi de ce mot avec un simple déterminatif pronominal : *cette*. C'est plutôt avec des épi-

S'en repaissants eux et leurs chiens ;
Et moi, Loup, j'en ferai scrupule ?
Non, par tous les Dieux ! non ; je serois ridicule :
Thibaut l'agnelet[13] passera[14],
Sans qu'à la broche je le mette ;
Et non-seulement lui, mais la mère qu'il tette,
Et le père qui l'engendra[15]. »

thètes que d'ordinaire il s'emploie. Ainsi livres II, fables II, vers 7, et V, vers 14 ; III, fables IV, vers 7, VI, vers 36 (deux fois), et XVIII, vers 41 ; XII, fable XVIII, vers 9 ; *Psyché*, livre II (tome III *M.-L.*, p. 153), *Paraphrase du psaume XVII* (tome V *M.-L.*, p. 74), etc.

13. Rapprochez ce nom donné ici à un agneau quelconque de l'appellation individuelle de *Robin mouton*, de la fable XIX du livre IX. *Thibaut-Aignelet* est nom d'homme dans la farce de *Maistre Pierre Pathelin*, et y désigne le berger qui vole les moutons de son maître : voyez aussi Rabelais, chapitre VIII du quart livre, tome II, p. 297, où *agnelet* (*Aignelet*) est, comme ici, précédé de l'article.

14. C'est-à-dire « y passera, » ou plutôt « passera par mon gosier, je l'avalerai, et plus lestement, sans les mêmes façons et apprêts que ces bergers, sans qu'il soit, comme dit le vers 24, *cuit en broche*. » Cet emploi elliptique de *passera* est insolite, mais c'est le seul sens possible avec notre ponctuation, qui est celle de tous les anciens textes et de la plupart des récents. L'obscurité, après tout, n'est pas telle qu'on puisse se permettre de remplacer, par un point d'interrogation ou, comme on l'a fait, d'exclamation, le simple point qui suit *engendra*, pour que le tour interrogatif ou exclamatif : « j'en ferai scrupule ? » se continue, et que *passera* signifie « viendra à passer, passera à ma portée. » D'ailleurs l'expression : « sans que je le mette à la broche, » si spirituelle ici au propre, serait, au figuré, pour dire « sans que je le mange, que je m'en fasse un régal, » d'un goût plus que douteux, et les deux vers suivants : « Et non-seulement, etc. » se rattacheraient bien péniblement à la phrase. Comparez le vers 11 de la fable XII de ce livre.

15. Saint-Marc Girardin (p. 249, dans la leçon citée) dit au sujet de ces résolutions successives : « Le Loup de la Fontaine se repent en loup, et non en homme. A voir même ce repentir, peint si naturellement, nous sommes tentés de croire qu'il est sincère et que, sans ce malheureux agneau que rôtissent les Bergers, la conversion du Loup était faite. Mais comment épargner les agneaux

Ce Loup avoit raison. Est-il dit[16] qu'on nous voie
　　Faire festin de toute proie,
Manger les animaux; et nous les réduirons
Aux mets de l'âge d'or[17] autant que nous pourrons?
　　Ils n'auront ni croc ni marmite[18]?

　　Bergers, bergers! le Loup n'a tort
　　Que quand il n'est pas le plus fort[19] :
　　Voulez-vous qu'il vive en ermite?

pour les voir manger par les Bergers? Comment résister à cette tentation? Le Chien qui porte au cou le dîner de son maître, le Chien lui-même n'y résiste pas; il est le premier à prendre ce qu'il ne peut défendre, comme le Loup se résigne aussi à continuer de prendre les agneaux, pour ne pas les laisser manger aux Bergers. »

16. Emploi expressif de *dire*, resté très-fréquent, mais avec le futur : « Est-ce chose dite, arrêtée, comme toute simple et naturelle, et devant être telle sans qu'il y ait rien à objecter? » — Dans la suite de la phrase, il y a un passage, plein d'aisance, d'un tour à un autre : « et nous les réduirons », pour « et que nous les réduisions ».

17. A ceux dont, à l'âge d'or, se contentaient les humains, mais qui, à vrai dire, sont peu faits, tels qu'Ovide les décrit (livre I, vers 101-106), pour agréer aux loups.

18. Nodier chicane le poëte sur un « défaut d'harmonie » entre ce vers qui donne aux animaux jusqu'aux ustensiles humains, et le vers 31 où le Loup nous a si bien dit qu'il s'en passe. Malgré l'apparente contradiction, le *croc* et la *marmite* ne nous choquent pas plus ici que le *croc* au vers 8 de la fable VIII du livre V et au vers 36 de la fable IX du livre XII. — Comparez, p. 19, la « cuisine » du Cormoran; l' « assiette » du Renard et le « vase » de la Cigogne, tome I, p. 113; le « grenier » et l' « armoire » de la Fourmi, *ibidem*, p. 275, etc.

19. « Moralité détestable! » s'écrie Geruzez, oubliant encore que cette affabulation, comme tant d'autres, comme celle qu'il cite, du *Loup et l'Agneau* (livre I, fable x), constate simplement le fait sans approuver ni autoriser. *N'a tort* équivaut clairement à « on ne lui donne tort » ou, si l'on veut, « les faits ne lui donnent tort que quand, etc. » — Pour le vrai fond de la pensée du fabuliste toujours porté à prendre parti en faveur des animaux contre la tyrannie de l'homme, voyez ce qui est dit, avec renvoi à cette fable, à la fin de la note 10, déjà deux fois citée, de la fable XI du livre IX.

FABLE VI.

L'ARAIGNÉE ET L'HIRONDELLE.

Abstemius, fab. 4, *de Aranea et Hirundine*. — Camerarius, ab. 290, *Aranea et Hirundo*. — Haudent, 2ᵉ partie, fab. 65, *d'une Yraigne et d'une Herondelle*. — On verra dans les notes 10 et 19 que les trois auteurs rapprochés ici de la Fontaine, auxquels on peut joindre Burkhard Waldis (livre II, fable xxxv), ont donné au sujet une autre tournure que lui et en déduisent une moralité toute différente.

Mythologia æsopica Neveleti, p. 537.

Encore une fable qui n'a pas trouvé grâce, toute pleine qu'elle est de charmants détails, devant la critique de plus en plus sévère de Chamfort. « Cette action de *Philomèle*, dit-il, c'est-à-dire du *Rossignol*[1], enlevant d'abord les mouches de l'Araignée, et ensuite l'Araignée même avec sa « toile et tout, » cette action que prouve-t-elle? La loi du plus fort, soit. Mais est-ce une chose si bonne à répéter sans cesse? » Quand on trouverait l'observation juste, surtout après la fable précédente, de sens bien voisin, il faudrait remarquer avec quel talent le poëte échappe à la monotonie et sait varier l'expression de la pensée que sans cesse et partout lui suggèrent la nature et la société. Chamfort continue et lui reproche de « donner de fausses idées à son lecteur, » en paraissant confondre l'homme, doué de raison, avec l'animal, qui obéit forcément à un instinct. C'est le cas de répéter qu'ici encore ce qui ressort de l'apologue est purement le fait, présenté certes sans approbation ni excuse, et de manière à nous indigner plutôt et apitoyer si nous l'appliquons à l'homme. Un autre grief, que nous avons déjà vu et réfuté ailleurs, est le danger qu'une telle confusion, innocentant l'homme, ce dont il n'y a point ici trace, fait courir à « l'esprit des jeunes gens. » C'est toujours

1. Plus on est sévère, plus on devrait être attentif à ce qu'on juge. Il n'est pas besoin d'avertir qu'il ne s'agit point de Rossignol ou Philomèle, mais d'Hirondelle ou Progné.

l'idée fixe, toute gratuite et pourtant très-répandue, que la Fontaine, puisque nous faisons apprendre ses fables aux enfants, les a faites pour eux, que son objet bien arrêté, unique en quelque sorte, a été de leur enseigner la morale.

> « Ô Jupiter, qui sus de ton cerveau,
> Par un secret d'accouchement nouveau,
> Tirer Pallas², jadis mon ennemie³,
> Entends ma plainte une fois en ta vie !
> Progné⁴ me vient enlever les morceaux ; 5
> Caracolant⁵, frisant l'air et les eaux,

2. Ce « secret d'accouchement nouveau, » c'est le coup de hache que Jupiter, tourmenté d'un violent mal de tête, se fait donner par Prométhée ou Vulcain (Apollodore nous laisse le choix*a*), et à la suite duquel Minerve ou Pallas sort tout armée de la tête du roi des Dieux. Dans la *Théogonie*, source première de cette légende mythologique, Hésiode se borne à dire (vers 924), sans parler de coup de hache, que la Déesse sortit de la tête de Jupiter. Ovide, dans les *Fastes* (livre III, vers 841-842), dit moins brièvement :

> .... *De capitis fertur sine matre paterni*
> *Vertice cum clypeo prosiluisse suo.*

3. Arachné, jeune femme de la ville de Colophon, habile dans l'art de la broderie, de la tapisserie, les ouvrages de Minerve, *operum Minervæ*, comme les nomme Virgile (*Énéide*, livre V, vers 284), osa un jour défier la Déesse, qui accepta la lutte, mais ensuite, dans sa fureur jalouse, déchira l'œuvre de sa rivale et la frappa, trois ou quatre fois, de sa navette. Arachné se pendit de désespoir et fut métamorphosée en araignée. Voyez les *Métamorphoses* d'Ovide, livre VI, vers 1-145.

4. L'Hirondelle, sœur de Philomèle : voyez ci-après, au vers 15, et livre III, fable xv. — La locution : « enlever les morceaux, » implique idée de repas : « au moment même où je les mange, où je les vais manger. »

5. Volant rapidement de droite et de gauche ; c'est proprement un terme de manége. — Saint-Simon a dit, par une figure analogue (tome III, 1881, p. 291) : « Jusque-là Harlay avoit caracolé pour

---

a Livre I, chapitre III, 6.

Elle me prend mes mouches à ma porte[6] :
Miennes je puis les dire; et mon réseau
En seroit plein sans ce maudit oiseau :
Je l'ai tissu de matière assez forte[7]. »   10
　　Ainsi, d'un discours insolent[8],
Se plaignoit l'Araignée autrefois tapissière[9],
　　Et qui, lors étant filandière,
Prétendoit enlacer tout insecte volant[10].

éviter partout M. de Chaulnes. » — *Frisant*, c'est « touchant à peine, » *les eaux* à la surface, et *l'air* en tous sens, tant elle le fend vite. Virgile (*Énéide*, livre V, vers 217) emploie de même *radere*, « raser, » en parlant de l'espace traversé au vol par la colombe :

　　　Radit iter liquidum, celeres neque commovet alas.

Comparez tome V *M.-L.*, p. 186 :
　　　Elle sembloit raser les airs....

— Pline (livre X, chapitre xxxv) dit sans métaphore : *Volucrum soli hirundini flexuosi volatus velox celeritas;* et Marot (*Églogue au Roy*, 1539, tome I, p. 39) :

　　　Sur le printemps de ma jeunesse folle,
　　　Je ressemblois l'arondelle qui volle
　　　Puis çà, puis là.

6. Tout près de ma toile, de chez moi; locution appartenant, comme, plus haut (vers 5), « enlever les morceaux », à cette langue familière aimée de notre auteur. — *Mes mouches*, qui précède, et *miennes*, qui suit, sont un fort joli trait, tout humain, d'appropriation anticipée : « C'est vol que de me prendre ce qui allait, pouvait m'échoir. » Comparez les vers 9-10 de la fable xx du livre V.

7. Assez forte pour que la proie y soit arrêtée et ne puisse en sortir. — Nodier relève cet autre trait, de vanité, qui ne rappelle pas moins que le précédent le caractère humain, et que rend très-comique la prochaine et si facile rupture de « toile et tout » (vers 24).

8. Latinisme poétique : *de* avec valeur d'ablatif, comme deux fois, dans un tour plus usité, aux vers 18-19.

9. Voyez ci-dessus, note 3. Emploi d'acception analogue à celle du verbe au conte iv de la III⁰ partie (vers 132) :

　　　(Elle) tapissoit mieux qu'Arachne....

Nous avons vu *filandières*, appliqué aux Parques, au livre V, fable vi, vers 2, et le reverrons au livre XII, fable v, vers 20.

10. Dans les fables d'Abstemius, de Camerarius, d'Haudent, de

La sœur de Philomèle[11], attentive à sa proie, 15
Malgré le bestion[12] happoit mouches dans l'air[13],
Pour ses petits, pour elle, impitoyable joie[14],
Que ses enfants gloutons, d'un bec toujours ouvert,
D'un ton demi-formé, bégayante couvée,
Demandoient par des cris encor mal entendus[15]. 20
    La pauvre Aragne[16] n'ayant plus
Que la tête et les pieds, artisans superflus[17],
    Se vit elle-même enlevée :

Waldis, l'Araignée, bien autrement présomptueuse, tend ses rets à la porte ou à une fenêtre, par où entre souvent l'Hirondelle, afin de la prendre elle-même au passage. Le dénouement est le même : l'Hirondelle emporte à la fois les rets et l'Araignée, *retia cum textrice*, dit Abstemius.

11. Voyez la note 4.

12. Comparez livre III, fable VIII, vers 26, et la note ; et voyez l'*Essai sur la langue de la Fontaine*, de M. Marty-Laveaux, p. 39-41.

13. (*Hirundo*) *sola avium nonnisi in volatu pascitur*. (PLINE, livre X, chapitre XXXV.)

14. Imité, avec une heureuse originalité, de ce beau passage de Virgile (*Géorgiques*, livre IV, vers 16 et 17) :

Omnia nam late vastant, ipsasque volantes
Ore ferunt, dulcem nidis immitibus escam.

15. « Qui a mieux peint, dit M. Taine (p. 199), ce nid d'oisillons gloutons, affamés par le besoin de croître, avec leur bec jaune toujours ouvert...? » Alfred de Musset semble s'être souvenu de ces vers dans *la Nuit de mai*, à la célèbre description du Pélican et de ses petits :

....Déjà, croyant saisir et partager leur proie,
Ils courent à leur père avec des cris de joie.

Comparez le Lionceau, qui « s'instruit à la proie », du *Poëme de la captivité de saint Malc*, vers 485-488.

16. Voyez livre III, fable VIII, *passim*. — Araigne. (1682.) — *Aragne* ou *araigne* (nous avons vu *arachne* ci-dessus, note 9) est la forme ancienne et la vraie forme du mot ; *araignée* voulait dire proprement toile d'aragne ; la nouvelle langue, comme dit Littré, s'est appauvrie en confondant l'œuvre et l'ouvrière.

17. Pour mieux montrer à quel point l'Aragne est diminuée par la famine, ce vers lui ôte même de ses parties, ne tenant

L'Hirondelle, en passant, emporta toile, et tout,
Et l'animal pendant au bout[18].

Jupin pour chaque état mit deux tables au monde :
L'adroit, le vigilant, et le fort sont assis
A la première ; et les petits
Mangent leur reste à la seconde[19].

compte ni du corselet, qui est, il est vrai, d'une seule pièce réunie à la tête, ni de l'abdomen vide, réduit à rien. L'hémistiche, qui seul importe à l'auteur, est « artisans superflus ». Le travail de la toile, auquel bouche et pattes ont part, est vain, puisque le réseau ne prend plus rien.

18. Construction ingénieusement imitative : on voit la bête « pendant au bout ».

19. S'ils ne sont pas mangés eux-mêmes, comme l'Aragne, faute de force, tout adroits et vigilants qu'ils sont, comme elle. Ces vers encore montrent combien la Fontaine avait le sentiment des inégalités sociales ; s'ensuit-il qu'il eût un système, même un désir, de réforme ? Il pouvait bien être sur ce point, comme sur tant d'autres, d'une indifférence très-résignée. Il a exprimé à peu près la même idée qu'ici dans un passage du *Songe de Vaux* (tome III *M.-L.*, p. 207), où il fait dire à des poissons :

....Si les gros nous mangeoient, nous mangions les petits,
Ainsi que l'on fait en France.

La morale de Camerarius, d'Abstemius et d'Haudent est des plus simples : un conseil de prudence, ne prêtant à nulle objection ; ils concluent tous deux qu'il ne faut pas s'attaquer à plus fort que soi : *Vana est sine viribus ira*, dit Camerarius ; et Haudent :

La fable monstre sur ce pas
Que l'homme est fol lequel s'efforce
Vaincre un aultre ayant plus de force
Et plus de pouoir qu'il n'a pas.

FABLE VII.

LA PERDRIX ET LES COQS[1].

Ésope, fab. 10, Ἀλεκτρυόνες καὶ Πέρδιξ (Coray, p. 9 et p. 286, sous deux formes). — Tardif, *Facéties du Pogge*, xv. — P. Candidus, fab. 124, *Gallinæ et Perdix*. — Haudent, 1re partie, fab. 15, *d'une Perdrix et des Coqs*. — Corrozet, fab. 74, *de la Perdrix et des Coqs*. — *Le Théâtre des animaux* (Paris, 1595), p. 92, *la Perdrix et les Coqs*. *Mythologia æsopica Neveleti*, p. 94.

Ce sujet était représenté dans le *Labyrinthe* de Versailles, et Benserade en a fait son LXIe quatrain.

Burkhard Waldis l'a traité aussi (livre III, fable XXVIII).

Parmi de certains Coqs, incivils, peu galants[2],
    Toujours en noise[3], et turbulents[4],
    Une Perdrix étoit nourrie.
    Son sexe, et l'hospitalité,
De la part de ces Coqs, peuple à l'amour porté,   5
Lui faisoient espérer beaucoup d'honnêteté :
Ils feroient les honneurs de la ménagerie[5].

---

1. Nos anciennes éditions : 1679-1729, ont ici *Cocs*, au titre comme dans le corps de la fable ; plus haut, *Coqs*, livre VII, fable XIII.

2. Double épithète menant, avec fine malice, de la bête à l'homme, comme continuent de le faire, d'une manière charmante, les vers 6 et suivants. — Dans les anciennes éditions : 1679-1729, *galans*, sans *t* ni *d*.

3. Voyez livre IX, fable XIV, vers 20, et conte VII de la Ve partie, vers 139 et 162. Rabelais a le diminutif *noisette* : « Ces petites noisettes, ces riottes.... » (Chapitre XII du tiers livre, tome II, p. 65.)

4. Même adjectif dans la jolie description du Coq, du livre VI (fable V, vers 9-14), à laquelle ajoute encore quelques traits la fable XIII du livre VII.

5. Ce mot désignait autrefois tout lieu où l'on nourrissait soit des volailles, soit d'autres bêtes, et où se faisait le ménage de la

Ce peuple cependant, fort souvent en furie,
Pour la dame étrangère⁶ ayant peu de respec⁷,
Lui donnoit fort souvent d'horribles coups de bec.   10
   D'abord elle en fut affligée ;
Mais, sitôt qu'elle eut vu cette troupe enragée
S'entre-battre elle-même et se percer les flancs,
Elle se consola⁸. « Ce sont leurs mœurs, dit-elle ;
Ne les accusons point, plaignons plutôt ces gens :   15

campagne. C'était le nom propre d'une des annexes rurales du château de Versailles. Comparez livre III, fable XII, vers 1.

6. Voyez, au tome II, la note 9 de la page 271, où cet exemple-ci eût été fort bien aussi à sa place.

7. Telle est ici, pour la rime, l'orthographe du mot dans le texte original et tous les anciens textes ; de même que, dans les fables XI de ce livre, vers 19, et II du livre XII, vers 10, il y a *circonspec*, rimant avec *bec ;* ailleurs (livre XII, fable I, vers 24), avec le pluriel *Grecs*, *circonspects* garde son *t*, comme, au vers 948 des *Femmes savantes* de Molière, *respect* avec le singulier *grec*.

8. Voilà enfin qui, fort heureusement, satisfait, comme exemple à imiter, l'exigeant moraliste Chamfort : « Rien de si naturel, dit-il, que ce sentiment et la réflexion qui le suit. C'est ici que la résignation à la nécessité est établie avec les adoucissements qui lui conviennent. La soumission de la Perdrix est d'un très-bon exemple, et on est souvent dans le cas de dire comme elle : « Ce sont leurs mœurs. » — La Perdrix tient ici à peu près le même langage que Philinte, qui compare, expressément, comme le fait toujours, en idée, le fabuliste, l'homme à la bête (*le Misanthrope*, acte I, scène 1, tome V, p. 453) :

> Oui, je vois ces défauts dont votre âme murmure
> Comme vices unis à l'humaine nature ;
> Et mon esprit enfin n'est pas plus offensé
> De voir un homme fourbe, injuste, intéressé,
> Que de voir des vautours affamés de carnage,
> Des singes malfaisants et des loups pleins de rage.

Mais Philinte accepte ce qu'il voit avec un flegme assez indifférent, avec l'indulgence du mépris ; sa bonté n'en est pas émue et il ne plaint pas les méchants. La philosophie de la Perdrix est plus douce et plus compatissante :

> Ne les accusons point, plaignons plutôt ces gens.

LIVRE X.

    Jupiter sur un seul modèle
    N'a pas formé tous les esprits;
Il est des naturels de coqs et de perdrix[9].
S'il dépendoit de moi, je passerois ma vie
    En plus honnête compagnie.
Le maître de ces lieux en ordonne autrement;
    Il nous prend avec des tonnelles[10],
Nous loge avec des coqs, et nous coupe les ailes :
C'est de l'homme qu'il faut se plaindre seulement[11]. »

  9. Ce vers est devenu proverbe et s'y prête bien.
  10. *Tonnelle*, sorte de filet pour prendre les perdrix, soutenu, comme le *tonneau*, par des cercles de bois. Richelet (1680) nous en donne les dimensions : Il « ne doit pas avoir plus de quinze pieds de queue ou de longueur, ni guère plus de dix-huit pouces de largeur ou d'ouverture par l'entrée. »
  11. La Fontaine ne manque jamais, on le voit, l'occasion de prendre parti pour la bête contre l'homme. Haudent se borne à la morale d'Ésope :

        Ceste fable estrangiers aduise
        De prendre en gré s'ilz sont hays,
        Quand discorde souuent diuise
        Ceulx qui sont d'un mesme pays.

Corrozet ne se contente pas de recommander de « prendre en gré; » il va plus loin, trop loin, ce semble; il juge que c'est facile :

        L'iniure à porter est facile
        Du mauluais et l'iniurieux,
        Qui d'une coustume inciuile
        Est à tous ainsi furieux.

FABLE VIII.

LE CHIEN A QUI ON A COUPÉ LES OREILLES.

Cette fable est du très-petit nombre de celles qui n'ont ou du moins pour lesquelles nous n'avons trouvé ni source ni antécédents.

« Qu'ai-je fait, pour me voir ainsi
  Mutilé par mon propre maître[1]?
  Le bel état où me voici!
Devant les autres Chiens oserai-je parêtre[2]?
Ô rois des animaux, ou plutôt leurs tyrans,   5
  Qui vous feroit choses pareilles[3]? »
Ainsi crioit Mouflar[4], jeune dogue; et les gens,

1. « Nous avons déjà vu, dit Chamfort, quelques exemples de ce tour vif et animé, qui met d'abord le personnage en scène. » Voyez, entre autres, la fable VI de ce livre et la fable XIX du livre IX. Il remarque ensuite la gradation des sentiments, disons plutôt la réunion, complète en si peu de mots, de toutes les raisons de se plaindre : injustice du maître, indignation contre son ingratitude, ressentiment de la mutilation, de l'enlaidissement; « enfin l'amour-propre a son tour :

Devant les autres Chiens oserai-je parêtre?

Un homme n'aurait pas mieux dit. »

2. Les éditions de 1679-1729 (sauf 1709 qui a *maître* et *paraître*) écrivent « parêtre », quoiqu'il n'y ait pas ici la même demi-raison de rime qu'au vers 20 de la fable XIV du livre VIII, où cet infinitif rime à la fois avec *être* et *maître*.

3. Vive ellipse, bien française, de toute une proposition : que lui diriez-vous? que feriez-vous à celui qui...?

4. *Mouflar*, de *moufle*, qui s'est dit autrefois pour *mufle* : donc « ayant un gros mufle, une grosse tête », nom convenant bien à un dogue. Littré, selon l'orthographe ordinaire du suffixe, écrit *mouflard*. — « On croirait, dit, non sans emphase, l'abbé Guillon, se souvenant sans doute des vers 14-19 du *Cas de conscience*,

Peu touchés de ses cris douloureux et perçants,
Venoient de lui couper sans pitié les oreilles.
Mouflar y croyoit perdre. Il vit avec le temps 10
Qu'il y gagnoit beaucoup ; car, étant de nature
A piller⁵ ses pareils, mainte mésaventure
  L'auroit fait retourner chez lui
Avec cette partie en cent lieux altérée :
Chien hargneux a toujours l'oreille déchirée⁶. 15
Le moins qu'on peut laisser de prise aux dents d'autrui,
C'est le mieux. Quand on n'a qu'un endroit à défendre,
   On le munit, de peur d'esclandre⁷.
Témoin⁸ maître Mouflar armé d'un gorgerin⁹ ;

qu'un génie supérieur s'est présenté à la Fontaine pour lui dire : « Je vais amener devant toi les animaux, et tu leur donneras des « noms. » Il eût été plus simple, comme le remarque Solvet, de rappeler ici que ce mot se trouve, ainsi que *mouflin*, dans le *Pantagruel* de Rabelais, chapitre XII, tome I, p. 276, où il est employé adverbialement : « .... Bien luter et calciner ses pantoufles mouflin mouflart », c'est-à-dire « fortement », proprement « en enflant les joues ». Le nom de *Mouflar* a été reproduit par Florian dans une de ses plus jolies fables, la XIXᵉ du livre V : *le Chien coupable*.

5. Attaquer, se jeter sur, terme de vénerie : voyez, à la suite du livre IX, le *Discours à Mme de la Sablière*, vers 89, et la fable XIV de ce livre.X, vers 47.

6. Encore un vers devenu proverbe fort expressif. Ce proverbe est presque textuellement dans les *Curiosités françoises* d'Antoine Oudin (1656), p. 207 : « Chien hargneux a toujours les oreilles déchirées. » Il est ici suivi de deux phrases à retenir aussi, comme axiomes de vérité frappante.

7. Au vieux sens d'attaque, rixe. Il est employé, avec même acception, dans la fable III du livre III, vers 28, et dans les contes de la IIᵉ partie, X, vers 36, et XIV, vers 401.

8. Voyez ci-après, p. 74, la note 3 de la fable XIII de ce livre.

9. Ce mot, qui désignait proprement, comme l'étymologie l'indique, la pièce de l'armure qui protégeait la gorge, s'applique, par une très-naturelle extension, au collier de fer ou de cuir garni de pointes, qu'on met au cou du chien pour le protéger contre la dent de ses pareils, du loup, etc. Dans le poëme d'*Adonis* (vers 385),

Du reste ayant d'oreille autant que sur ma main :   20
Un loup n'eût su par où le prendre[10].

la Fontaine, sans employer le même terme, dit d'un mâtin « qui souvent aux loups donne la chasse » :

    Armé d'un fort collier qu'on a semé de clous,
    A l'oreille du monstre il s'attache en courroux.

10. « Les six vers dans lesquels la Fontaine exprime la moralité de cet apologue ont le défaut, dit Chamfort, de ne pas sortir de l'exemple de Mouflar. La vraie moralité de la pièce est dans la fable même :
    Il vit avec le temps
Qu'il y gagnoit beaucoup....

Ou il fallait ne pas mettre de moralité du tout, ou bien il fallait laisser là Mouflar, et dire que souvent d'un malheur qui nous a causé bien du chagrin, il est résulté des avantages inappréciables et imprévus. » Encore une chicane qu'on a vraiment peine à s'expliquer. Chamfort suppose bien peu d'intelligence au lecteur. Les leçons qui nous sont données ici sous le voile de l'allégorie sont très-claires. Les trois derniers vers reviennent au sujet de la fable, et la résument à l'appui de la moralité.

FABLE IX.

LE BERGER ET LE ROI.

Livre des lumières, p. 152-160. — Bidpaï, tome II, p. 214-225, *l'Ermite qui quitta les déserts pour aller vivre à la cour;* tome III, p. 123-173, *Histoire d'un Lion et d'un Renard nommé Férisé.* — Ser Giovanni, *il Pecorone*, giornata xxv, novella 2.
Dans les deux premiers de ces contes, l'Ermite s'enivre de sa puissance et finit par être mis à mort pour avoir fait périr un innocent. Dans le troisième, l'innocence et la droiture du renard Férisé sont reconnues; mais, vaincu par les prières du Lion, au lieu de quitter la cour, il y reste, et gouverne, jusqu'à sa mort, avec une sagesse et une modération qui réduisent l'envie au silence. — L'histoire de Férisé, moins le nom, forme la dixième section du *Specimen sapientiæ Indorum veterum* de Stark, p. 415-443. — On sait que Fénelon a traité, après la Fontaine, ce sujet qui convenait si bien à la délicatesse et au charme de son esprit; c'est l'*Histoire d'Alibée, Persan*, la 33e de ses fables et contes, qu'il composa pour l'éducation du duc de Bourgogne, dont il fut nommé précepteur en 1689. — Boursault a mis l'apologue en action dans sa comédie d'*Ésope à la cour*, acte V, scènes I-IV : voyez la comparaison que fait Saint-Marc Girardin (11e leçon, tome I, p. 58-59) entre la scène IV, dont nous donnons un extrait à l'*Appendice*, et notre conte. — Voltaire (*Connaissance des beautés et des défauts de la poésie et de l'éloquence*, article AMBITION, tome XXXIX des *OEuvres*, p. 152), après avoir cité le prologue de cette fable, s'écrie : « Voilà des vers parfaits dans leur genre. Heureux les esprits capables d'être touchés comme il faut de pareilles beautés, qui réunissent la simplicité et l'extrême éloquence! »
Chamfort, qui d'ailleurs admire cette narration, trouve déplacé « le récit de l'histoire du Serpent, formant une autre fable dans la fable. Outre qu'il rentre, dit-il, dans l'apologue du Serpent et du Villageois, au livre VI, il gâte un peu cette jolie pièce. Voulez-vous voir combien elle serait plus vive, plus rapide, et d'un plus

grand effet? Essayez de supprimer l'épisode du Serpent : supposez qu'après ces mots :

Ne produisent jamais que d'illustres malheurs,

supposez qu'en sautant vingt-deux vers la Fontaine eût dit :

Mille dégoûts viendront, etc.,

il me semble que cette suppression ferait un très-bon effet et donnerait à cette pièce une rapidité qui lui manque. » Nous sommes, nous, de l'avis de Nodier, et dirons avec lui : « Qu'on excuse même le défaut d'unité en faveur de ce joli apologue épisodique que des critiques fâcheux voudraient retrancher et que le lecteur serait si mécontent de perdre. » Ajoutons qu'il est très-naturel dans la bouche de l'Ermite : celui-ci ne se contente pas d'un bref conseil, de quelques sèches paroles ; il parle à son ancien voisin de l'abondance du cœur. Notons que dans les deux premiers récits indiens cet apologue se trouve également mêlé à la fable de *l'Ermite*[1] (on sait que ces insertions sont chose ordinaire dans les contes orientaux), et notre fabuliste, cette fois, a pris ensemble et le cadre et l'apologue intercalé. — Loiseleur Deslongchamps (p. 72, note 6) fait remarquer que la fable telle que la Fontaine l'a conçue « offre des rapports frappants avec l'anecdote du sultan Mahmoud de Gaznah et de son esclave Ayâz, » et renvoie à l'ouvrage de Ch. Stewart, intitulé *A descriptive Catalogue of the oriental library of the late Tippoo, sultan of Mysore*, Cambridge, 1809, in-4°, p. 57 ; et aux *Aventures de Kamrup*, traduites de l'hindoustani par Garcin de Tassy, Paris, 1834, in-8°, p. 142.

Deux démons[2] à leur gré partagent notre vie,

1. *Livre des lumières*, p. 156-158 ; Bidpaï, tome II, p. 220-223, *l'Aveugle qui voyageoit avec un de ses amis*. On peut rapprocher de cet apologue (de *l'Aveugle*) le 170ᵉ d'Ésope : Γεωργὸς καὶ Ὄφις (Coray, p. 104-105, sous deux formes), et celui de Phèdre : *Homo et Colubra* (livre IV, fable XVIII), plutôt que ceux de la Fontaine : *le Villageois et le Serpent* (VI, XIII), et *l'Homme et la Couleuvre* (X, 1), dont le dénouement est très-différent.

2. Emploi figuré dont Littré rapproche l'acception plus hardie qu'a le mot dans cette phrase de Balzac : « La peine et la récompense sont les deux démons qui gouvernent les choses humaines. » Cet exemple se trouve, avec d'autres plus hardis encore, dans un

Et de son patrimoine ont chassé la raison ;
Je ne vois point de cœur qui ne leur sacrifie :
Si vous me demandez leur état[3] et leur nom,
J'appelle l'un Amour, et l'autre Ambition. 5
Cette dernière étend le plus loin son empire ;
    Car même elle entre dans l'amour.
Je le ferois bien voir[4] ; mais mon but est de dire
Comme un Roi fit venir un Berger à sa cour.   [mes.
Le conte est du bon temps, non du siècle où nous som-
Ce Roi vit un troupeau qui couvroit tous les champs,
Bien broutant, en bon corps[5], rapportant tous les ans,

très-curieux passage du x⁰ discours du *Socrate chrétien* (OEuvres, tome I, 1665, p. 247-248), où l'auteur raille le purisme de certains prédicateurs qui employaient, au lieu du mot *diable*, celui de *démon*, comme « s'ils avoient dessein de flatter le Diable, en lui choisissant un nom qu'ils estiment plus doux et plus agréable que le sien. » — *Partagent*, en occupent et gouvernent chacun leur part. — Le *patrimoine* de la vie, c'est tout ce qui lui appartient, tout ce qui est la propriété des vivants.

3. Ce qu'ils sont. Les noms par lesquels ces démons vont être personnifiés impliquent bien l'idée d'état, l'idée de leur nature.

4. « L'auteur n'aurait pas eu grand'peine à l'époque où il vivait, dit Chamfort. L'amour, dans des mœurs simples, n'est composé que de lui-même, ne peut être payé que par lui, s'offense de ce qui n'est pas lui ; mais dans des mœurs raffinées, c'est-à-dire corrompues, ce sentiment laisse entrer dans sa composition une foule d'accessoires qui lui sont étrangers : rapports de position, convenances de société, calculs d'amour-propre, intérêt de vanité, et nombre d'autres combinaisons qui vont même jusqu'à le rendre ridicule. En France, c'est, pour l'ordinaire, un amusement, un jeu de commerce qui ne ruine et n'enrichit personne. » — On peut dire, plus simplement, que pour établir que sa pensée est vraie, vraie à toute époque, en toute contrée, il eût suffi au poëte de définir l'ambition. Si elle est « désir de gloire, d'honneur ou d'honneurs, de fortune, » quel amour, pour peu que l'âme y ait part, en est absolument exempt ? Combien y en a-t-il, parmi ceux qui se croient « amoureux » et à qui l'on en donne le nom, aux sentiments desquels rien de semblable ne se mêle ? — Comparez Pascal, début du *Discours sur les passions de l'amour* (p. 506 de l'éd. de M. Havet).

5. A rapprocher de la locution *en bon point*, qui est devenue

Grâce aux soins du Berger, de très-notables sommes.
Le Berger plut au Roi par ces soins diligents⁶.
« Tu mérites, dit-il, d'être pasteur de gens⁷ :   15
Laisse là tes moutons, viens conduire des hommes ;
   Je te fais juge souverain⁸. »
Voilà notre Berger la balance à la main⁹.
Quoiqu'il n'eût guère vu d'autres gens qu'un Ermite¹⁰,

nom composé (*embonpoint*), mais que nous lisons en trois mots au conte VIII de la IIᵉ partie, vers 157 :

   Grande de taille, en bon point, jeune et fraîche.

Voyez aussi les *Poésies diverses* (tome V *M.-L.*, p. 136). Il faut remarquer *bon corps*, au singulier, se rapportant au nom collectif *troupeau*.

6. Même expression au vers 11 de *la Laitière et le Pot au lait* (fable X du livre VII).

7. Cette métaphore si connue, dont le vers suivant continue le sens, est empruntée d'Homère, chez qui les mots grecs de même sens : ποιμὴν λαῶν, désignent souvent les rois, les chefs des peuples. — Au livre II des *Rois*, chapitre V, verset 2, le verbe *pascere* est employé au même sens figuré dans ces paroles adressées par le peuple à David : *Dixit Dominus ad te* : « *Tu pasces populum meum Israël.* » — On peut comparer l'expression analogue de l'Évangile, où le Sauveur dit à Pierre et à son frère Simon : *Faciam vos piscatores hominum.* (*Saint Marc*, chapitre I, verset 17.) — La locution revient au vers 30 de la fable suivante :

   Et vous, pasteurs d'humains et non pas de brebis,
    Rois, qui, etc.

8. *Souverain*, c'est-à-dire ayant pouvoir de juger sans appel. Avec le verbe, on disait en ce sens : « juger au souverain. »

9. C'est-à-dire juge, tenant en main, comme Thémis, la balance, attribut allégorique de la justice. — Au livre XII, fable XXV, vers 27-28 :

   Jamais le Juge ne tenoit
   A leur gré la balance égale.

10. Nous ne conservons pas et n'avons pas conservé plus haut (tome II, p. 108 et 188, et ci-dessus, p. 33), parce qu'elle n'est pas juste étymologiquement, la vieille orthographe de l'original : *Hermite*, bien que l'usage la tolère encore aujourd'hui même, comme le constate l'Académie (1878).

Son troupeau, ses mâtins, le loup[11], et puis c'est tout[12],
Il avoit du bon sens ; le reste vient ensuite[13] :
    Bref, il en vint fort bien à bout[14].
L'Ermite son voisin accourut pour lui dire :
« Veillé-je[15]? et n'est-ce point un songe que je vois?
Vous, favori! vous, grand! Défiez-vous des rois ;   25
Leur faveur est glissante[16] : on s'y trompe ; et le pire
C'est qu'il en coûte cher : de pareilles erreurs
Ne produisent jamais que d'illustres malheurs.
Vous ne connoissez pas[17] l'attrait qui vous engage :

11. Le loup n'est pas oublié dans la nomenclature que le poëte fait de ce petit monde : c'est que, comme le remarque l'abbé Guillon, dans le monde nouveau où va être transporté le Berger, « il trouvera encore le loup et avec des formes bien plus cruelles. »

12. Addition toute familière, mais expressive, appuyant sur le *ne.... que.*

13. Comparant ce trait, ici sérieux, à un trait comique de *l'Avocat Patelin*, tel qu'il a été rajeuni par Brueys, Chamfort, sans montrer, ce semble, assez le rapport des deux idées, se souvient de l'opinion de M. Guillaume s'appréciant lui-même. Patelin lui dit : « Quel dommage que vous ne vous soyez appliqué aux grandes choses! Savez-vous bien, Monsieur Guillaume, que vous auriez gouverné un Etat? — Comme un autre, » répond-il. (*Patelin*, acte I, scène v.)

14. C'est-à-dire s'acquitta fort bien de sa fonction de juge

15. Dans l'original *Veillai-je*, archaïsme d'orthographe, qui à la désinence accentuée du présent de l'indicatif substitue à tort celle du passé défini. Voyez les *Lexiques de Corneille*, tome I, p. 87; *de Racine*, p. 107.

16. *Gratia regum lubrica* est cité par Walckenaer comme une expression identique de Sannazar ; il est douteux que la Fontaine la lui ait empruntée. Chez Quinte-Curce (livre VII, § VIII), les ambassadeurs des Scythes, s'adressant à Alexandre, qualifient de même la Fortune : *Proinde fortunam tuam pressis manibus tene: lubrica est, nec invita teneri potest.* Notre poëte, dans une lettre à Saint-Évremond, du 18 décembre 1687 (tome III *M.-L.*, p. 400), applique cette même épithète à l'amour :

    Le chemin du cœur est glissant.

17. Dans votre vie passée, vous n'avez rien éprouvé ni même

Je vous parle en ami; craignez tout. » L'autre rit,　30
　　　　Et notre Ermite poursuivit :
« Voyez combien déjà la cour vous rend peu sage.
Je crois voir cet Aveugle à qui, dans un voyage,
　　　　Un Serpent engourdi de froid
Vint s'offrir sous la main : il le prit pour un fouet[18];　35
Le sien s'étoit perdu, tombant de sa ceinture.
Il rendoit grâce au Ciel de l'heureuse aventure,
Quand un passant cria : « Que tenez-vous, ô Dieux !
　« Jetez cet animal traître et pernicieux,　　　　[dis-je.
　« Ce Serpent.—C'est un fouet.—C'est un Serpent, vous
　« A me tant tourmenter quel intérêt m'oblige?
　« Prétendez-vous garder ce trésor? — Pourquoi non?
　« Mon fouet étoit usé; j'en retrouve un fort bon :
　　　« Vous n'en parlez que par envie. »
　　　　L'Aveugle enfin[19] ne le crut pas;　　　　45
　　　Il en perdit bientôt la vie :
L'animal dégourdi piqua son homme[20] au bras.

prévu qui y ressemble. — A rapprocher de ces vers (21-24) de l'*Élégie pour M. Foucquet* :

　　　Dans les palais des rois....
　　　On ne connoît que trop les jeux de la Fortune,
　　　Ses trompeuses faveurs, ses appâts inconstants;
　　　Mais on ne les connoît que quand il n'est plus temps.

Dans la même pièce (vers 19-20), *attrait*, avec même acception

　　　Voilà le précipice où l'ont enfin jeté
　　　Les attraits enchanteurs de la prospérité.

18. Nous avons vu au livre VI, dans les vers 29-30 de la fable xviii, *fouet*, qui rime ici avec *froid* et, au tome III *M.-L.*, p. 417, avec *droit*, rimer avec *souhait*.

19. *Enfin* équivaut ici à *bref*. — Remarquable aussi est, au vers suivant, la force de sens du pronom *en* : « par suite de cela, pour ne l'avoir pas cru. »

20. On pouvait s'attendre à la locution ordinaire : « *notre homme.* » Bien autrement significatif est ici le rapport au Serpent que ce rapport banal à l'auteur, au lecteur. Comparez tome II, p. 409 et note 10.

LIVRE X.

Quant à vous, j'ose vous prédire
Qu'il vous arrivera quelque chose de pire.
— Eh! que me sauroit-il arriver que la mort[21]?   50
— Mille dégoûts viendront, » dit le prophète Ermite[22].
Il en vint en effet; l'Ermite n'eut pas tort.
Mainte peste de cour fit tant, par maint ressort[23],
Que la candeur du juge[24], ainsi que son mérite,
Furent suspects au Prince. On cabale, on suscite   55
Accusateurs, et gens grevés[25] par ses arrêts :
« De nos biens, dirent-ils, il s'est fait un palais. »
Le Prince voulut voir ces[26] richesses immenses.
Il ne trouva partout que médiocrité[27],
Louanges du désert et de la pauvreté[28] :   60

21. Semblable ellipse dans la fable III du livre VII, vers 27-28.
22. Sur cette apposition, voyez, au tome II, la note 9 de la page 282. Ici, avec la double majuscule de l'original (*Prophète Hermite*), il y aurait peut-être quelque amphibologie. Nous croyons qu'il faut prendre *prophète* pour qualificatif apposé à l'autre nom *Ermite* : « l'Ermite qui prophétisait bien en ce moment. »
23. Même figure au vers 43 d'*Athalie* (acte I, scène I) :

Pour vous perdre il n'est point de ressorts qu'il n'invente.

— Voyez dans *le Tartuffe* de Molière, acte II, scène II, vers 580, un autre exemple du mot *peste* personnifié :

Vous avez là, ma fille, une peste avec vous....

24. Dans la fable de Fénelon, le favori n'est pas demeuré aussi candide qu'il paraît être resté dans celle-ci; il a pris « une robe de pourpre, brodée d'or, avec un turban couvert de pierreries. »
25. Condamnés, particulièrement à des amendes, des confiscations, comme le dit surtout le mot, et la plainte, qui suit, des *gens grevés*.
26. Dans les éditions de 1688, 1708, 1729, *ses*, au lieu de *ces*.
27. Comparez livre VII, fable VI, vers 51 et 52; et, pour l'adjectif dans un sens analogue, fable V, vers 19 : « les médiocres gens. »
28. « Était-ce dans des lettres que le Berger écrivait? demande Chamfort. Ce berger-vizir était-il un sage qui eût écrit ses pensées

C'étoient là ses magnificences[20].
« Son fait[30], dit-on, consiste en des pierres de prix :
Un grand coffre en est plein, fermé de dix serrures. »
Lui-même ouvrit ce coffre, et rendit bien surpris
   Tous les machineurs[31] d'impostures. 65
Le coffre étant ouvert, on y vit des lambeaux,
  L'habit d'un gardeur de troupeaux,
Petit chapeau, jupon[32], panetière, houlette,
  Et, je pense, aussi sa musette[33].

dans un ouvrage ? Il me semble qu'il eût fallu éclaircir cela brièvement. » La question fait peu d'honneur à la sagacité du critique. Il ne s'agit pas de *lettres*, d'*ouvrage*, pas même, ce qui serait toutefois plus naturel, d'inscriptions, de sentences. *Louanges* équivaut à « choses qui louent; » ce sont les objets mêmes qui entourent le Berger, qui montrent sa simplicité, sa frugalité.

29. Comparez livre VIII, fable XVI, vers 28 :

  Et comme ce logis, plein de magnificences....

30. Son bien, sa fortune; comparez les fables XII du livre IV, vers 38; III du livre XII, vers 13; les contes XI de la Ire partie, vers 86; VI de la IVe partie, vers 61.

31. Ce mot n'est dans aucun des dictionnaires du temps, ni dans les diverses éditions successives de celui de l'Académie. Il est dans celui de Trévoux, qui le donne d'après la Fontaine. Littré en cite un exemple du quatorzième siècle, tiré d'un manuscrit de Bercheure : « .... machineur et empreneur de ceste bataille. »

32. Sorte de pourpoint à longues basques, de sarrau ou de blouse, comme en portent les bergers : voyez *le Tartuffe* de Molière, vers 1767 (tome IV, p. 514 et note 4).

33. Même mot, employé très-joliment aussi, au vers 16 de la fable III du livre III, et que nous avons eu et reverrons plus d'une fois dans les fables et ailleurs. « Ce n'était pas un poëte comme la Fontaine, dit ici justement Chamfort, qui pouvait oublier de mettre une musette dans le coffre-fort du Berger. Quelle grâce dans ce petit mot : *Je pense* ! » — Ce trait final du costume conservé n'est pas dans les apologues indiens. Le chevalier de Boufflers l'a emprunté de la Fontaine et de Fénelon à la fin d'un de ses plus agréables contes, *Aline, reine de Golconde*. Il fait dire à son héroïne : « Mes habits de paysanne, conservés avec mes ornements royaux, ne cessent, au milieu de l'éclat qui m'environne, de me

« Doux trésors, ce dit-il[34], chers gages[35], qui jamais   70
N'attirâtes sur vous l'envie et le mensonge[36],
Je vous reprends[37] : sortons de ces riches palais
    Comme l'on sortiroit d'un songe[38] ! »

rappeler ma première obscurité. Ils me défendent de mépriser une condition dans laquelle j'ai mieux valu que dans aucune autre; ils me défendent de mépriser l'humanité; ils m'instruisent à régner. »

34. Voyez, au tome II, la note 13 de la page 210. — Mme de Sévigné fait une charmante application de ce passage à un excellent serviteur qui avait été à elle, puis, ayant passé dans la maison de Condé, venait d'être congédié. « S'il trouvoit ma livrée dans son coffre, *Doux trésors*, diroit-il, *je vous reprends*. » (Lettre du 4 octobre 1679, tome VI, p. 34.)

35. Cet emploi de *gages*, qui suit, un peu vague, semble tenir de ces deux sens du mot : « dépôt » et « garantie »; « objets mis en dépôt par moi, comme garantie des sentiments que j'ai gardés ». — On verra dans la note suivante que Fénelon a pris cette expression de la Fontaine, en y ajoutant : « de mon premier état, » comme s'il entendait simplement, et mieux peut-être : « souvenirs fidèles de mon premier état. » — Nous avons rencontré, au vers 33 de la fable IV de ce livre, un autre usage remarquable de ce nom. Le plus simple serait peut-être de penser qu'ici et là le fabuliste a pris l'expression chez les Latins qui nommaient *pignora* (gages) tous les objets de nos affections.

36. « Voilà encore un de ces morceaux, dit Chamfort, où il semble que le cœur de la Fontaine prenne plaisir à s'épancher. La naïveté de son caractère, la simplicité de son âme, son goût pour la retraite, le mettent vite à la place de ceux qui forment des vœux pour le séjour de la campagne, pour la médiocrité, pour la solitude. » — Comparez l'imitation de Fénelon, pleine également de grâce et de naturel : « .... Voilà mon trésor, que je garde pour m'enrichir quand vous m'aurez fait pauvre. Reprenez tout le reste; laissez-moi ces chers gages de mon premier état », etc.

37. M. Moland rapproche ce qui est raconté dans les Histoires florentines de Villani (livre VI, chapitre XCI), et a été souvent répété avec des variantes, d'un pèlerin nommé Romée de Villeneuve, qui devint au treizième siècle ministre du comte Raymond de Provence, tripla en peu d'années les revenus de son maître et, accusé d'avoir amassé des richesses immenses, se justifia, puis dit au comte: « Fais-moi rendre mon mulet, et le bourdon et la besace que je portais à mon arrivée ici, afin que je reprenne ma route. »

38. « Vers charmants, dit Saint-Marc Girardin (tome I, p. 59);

Sire, pardonnez-moi cette exclamation :
J'avois prévu ma chute en montant sur le faîte[39].   75
Je m'y suis trop complu; mais qui n'a dans la tête
　　Un petit grain d'ambition[40] ? »

mais valent-ils ce trait d'Ésope (dans la comédie de Boursault, acte V, scène IV), expliquant à Crésus, par une réflexion touchante, pourquoi il avait gardé ses vieux habits d'esclave?

　　Et, quand l'orgueil sur moi prenoit trop de crédit,
　　Je redevenois humble en voyant mon habit. »

— Les deux traits sont excellents, mais si différemment qu'il n'y a point à les peser dans la même balance. Ce qui nous paraît sûr, c'est que *charmant* convient bien plus au premier qu'au second.

39. A comparer, pour les mots, sans rapport d'idée, avec le vers 370 du *Cinna* de Corneille (1639) :

　　Et monté sur le faîte, il aspire à descendre.

40. C'est la confirmation du vers 3 :

　　Je ne vois point de cœur qui ne *lui* sacrifie.

— Le dénouement, ainsi que nous l'avons dit dans la notice, est très-différent dans les fables indiennes que nous avons citées.

FABLE X.

LES POISSONS ET LE BERGER QUI JOUE DE LA FLÛTE.

Ésope, fab. 130, Ἁλιεὺς (Coray, p. 72, 73, 332, sous quatre formes, dont la seconde est empruntée à Hérodote, livre I, chapitre cxli, la troisième, dont le titre suit, à Aphthonius). — Babrius, fab. 9, Ἁλιεὺς αὐλῶν. — Aphthonius, fab. 33, *Fabula Piscatoris, qui piscator simul erat et aulædus, qua artibus suo quoque loco utendum esse docetur.* — Élien, *de Natura animalium*, livre I, chapitre xxxix. — Camerarius, fab. 132, *Piscator tibiam inflans.* — G. Cognatus, p. 34, *de Tibicine frustra Pisces cantilenis invitante.* — P. Candidus, fab. 40, *Piscator cum tibia.* — Burkhard Waldis, livre III, fab. 49. — Haudent, 2ᵉ partie, fab. 12, *d'Aulcun Pescheur.* — Le Noble, fab. 38, *du Pêcheur et des Poissons. Le Contretemps.*

Mythologia æsopica Neveleti, p. 194, p. 347.

Saint-Marc Girardin, dans sa 1ʳᵉ leçon (tome I, p. 3-4), voulant prouver que l'apologue n'a pas été inventé, comme on le prétend, pour faire entendre la vérité aux despotes, cite la fable toute semblable d'Hérodote que nous venons de mentionner. L'historien la met dans la bouche de Cyrus, qui l'adresse aux Grecs de l'Ionie et de l'Éolie, après la prise de Sardes : « Il y eut autrefois un Joueur de flûte, qui, ayant aperçu des poissons dans la mer, se mit à jouer de son instrument, pensant qu'ils viendraient à terre. Se voyant trompé dans son espoir, il prit un filet, y enveloppa un grand nombre de poissons et le retira. Sur le rivage ils se mirent à sauter, mais il leur dit : « Cessez maintenant, cessez de danser, « puisque vous n'avez pas voulu sortir de l'eau en dansant pen- « dant que je jouais de la flûte. »

« La chanson du Berger est fort jolie, dit Chamfort; mais on est un peu scandalisé de la morale de la pièce et du conseil que l'auteur donne aux rois. La Fontaine apôtre du despotisme! la Fontaine blâmer les voies de la douceur et de la persuasion! cela paraît plus extraordinaire et plus contre la nature, que le Loup rempli d'humanité dont il nous a parlé quatre ou cinq fables plus haut » (voyez la notice de la fable v). Toujours mêmes objections, et, redisons-le hardiment, même inintelligence de l'intention du poëte, de l'objet de ses fables, qui, si souvent, enseignent, non le droit, mais le fait, offrent le tableau de la vie, de la société humaine, et, sans les faire approuver ni aimer, les leçons de l'expérience. Ajoutons aussi que, si l'on restait au point de vue de Chamfort, il faudrait faire remarquer qu'il s'agit ici de la manière dont un roi peut être réduit à gouverner, s'il en veut demeurer maître, non son peuple, mais « une multitude étrangère » (vers 32), des sujets conquis. — Le Noble, traitant le même sujet quelques années après la Fontaine (son livre a paru en 1697), fait application de l'apologue à Louis XIV, « grand Pêcheur aux fleurs de lys, » comme il l'appelle, et à Guillaume d'Orange, « Saumon nourri dans la tempête, » dont les mauvais conseils sont écoutés par le peuple aquatique (les Hollandais), tandis qu'il demeure sourd aux chansons du Pêcheur :

> Ah ! vous en voulez donc,

dit alors celui-ci, et il jette ses filets et prend une grande abondance de poissons :

> .... Puisque, pour le coup, je vous tiens dans la nasse,
> Tout du long vous la danserez.

Comparez notre avant-dernière fable, *le Soleil et les Grenouilles*.

    Tircis, qui pour la seule Annette[1]
    Faisoit résonner les accords
    D'une voix et d'une musette
    Capables de toucher les morts,
    Chantoit un jour le long des bords   5
    D'une onde arrosant des prairies
Dont Zéphire habitoit les campagnes fleuries.
Annette cependant à la ligne pêchoit ;
    Mais nul poisson ne s'approchoit :
    La Bergère perdoit ses peines.   10

1. « Ce sont des noms d'idylle, remarque Nodier, et c'en est un peu la manière. » Nous avons vu le premier aux livres II, fable I, vers 42 ; IV, fable II, vers 12 ; VIII, fable XIII ; et le reverrons (tome V M.-L., p. 113 et 235) ; *Annette*, à ce même tome V, p. 211-214.

Le Berger, qui, par ses chansons,
    Eût attiré des inhumaines,
    Crut, et crut mal², attirer des poissons.
Il leur chanta ceci : « Citoyens de cette onde³,
Laissez votre Naïade en sa grotte profonde⁴ ;
Venez voir un objet⁵ mille fois plus charmant.
Ne craignez point d'entrer aux prisons de la Belle⁶ ;
    Ce n'est qu'à nous qu'elle est cruelle.
    Vous serez traités doucement ;
    On n'en veut point à votre vie :
Un vivier vous attend, plus clair que fin cristal ;
Et, quand à quelques-uns l'appât seroit fatal,
Mourir des mains d'Annette est un sort que j'envie. »
Ce discours éloquent ne fit pas grand effet⁷ ;
L'auditoire étoit sourd aussi bien que muet⁸ :
Tircis eut beau prêcher. Ses paroles miellées⁹
    S'en étant aux vents¹⁰ envolées,

2. Répétition, d'une familière élégance, qui appelle bien l'attention sur l'idée qu'aurait exprimée prosaïquement : « crut à tort. »
3. Voyez la note 5 de la page 236 du tome II. Dans la *Paraphrase du psaume* xvii (tome V *M.-L.*, p. 73), il applique la même expression aux anges : « les citoyens ailés ».
4. Ceci rappelle la demeure de la mère d'Aristée (*Géorgiques*, livre IV, vers 317 et suivants) :

> *Mater, Cyrene mater, quæ gurgitis hujus*
> *Ima tenes,* etc.

5. Comparez livre VII, fable xiii, vers 15 ; IX, fable vii, vers 21 ; X, fable xi, vers 54 ; XII, fable xxiv, vers 26, etc.
6. Même emploi de cette sorte de datif, au livre I, fable viii, vers 50 ; à rapprocher celui, tout autre, du vers suivant.
7. Bien naturellement, se dit-on, après le trait précieux par lequel le poëte, avec une fine ironie, a terminé le discours.
8. Épithètes bien rapprochées, l'une de nature et constante, c'est le *mutis piscibus* d'Horace (livre IV, ode iii, vers 19) ; l'autre d'occasion.
9. Douces comme le miel. Comparez, dans la satire du *Florentin* (tome V *M.-L.*, p. 120), les « petits mots.... confits au miel. »
10. « Aux vents » est la leçon de l'édition originale et de 1682,

Il tendit un long rets. Voilà les poissons pris[11] ;
Voilà les poissons mis aux pieds de la Bergère.

Ô vous, pasteurs d'humains[12] et non pas de brebis,   30
Rois, qui croyez gagner par raisons[13] les esprits
    D'une multitude étrangère,
Ce n'est jamais par là que l'on en vient à bout.
    Il y faut une autre manière :
Servez-vous de vos rets ; la puissance fait tout[14].   35

1688, 1708, 1729. L'éditeur de 1709 et quelques autres de date plus récente y ont substitué le singulier : « au vent ». — Au livre XII, fable XXIV, vers 41 :

   Hélas ! ce fut aux vents qu'il raconta sa peine.

Ailleurs, dans une lettre écrite en 1687 à la duchesse de Bouillon (tome III *M.-L.*, p. 386), il dit, imitant les vers 1-3 de l'ode XXVI du livre I d'Horace :

   Vous envoyez aux vents ce fâcheux souvenir.

11. Chez Weiss (P. Candidus), le discours reprend :

   .... *Modo saltatis, stomachosior infit*
   Piscator, qui me calamo tam dulce sonante
   Intempestivam tenuistis in amne quietem.

12. Voyez la note 7 de la fable précédente.

13. Les deux textes de 1679 ont « raisons », au pluriel, ainsi que ceux de 1682, 1688, 1708 et 1709. Les éditeurs de 1729, que plusieurs (Didot 1788, Walckenaer 1827, même l'exact Crapelet 1830) ont suivi, changent le pluriel en singulier. Walckenaer, dans une note inédite, dit qu'il se proposait de corriger sa faute dans une nouvelle édition.

14. Ésope, Babrius et le Noble, qui veulent terminer par une leçon, un conseil, ont cette très-différente conclusion, qu'il ne faut pas agir à contre-temps et qu'il convient d'écouter et suivre à temps les bons conseils, sinon « l'on se trouve obligé, dit le Noble, dans la morale en prose qu'il ajoute à ses vers, de danser (comparez la note 11) autrement que l'on ne voudroit. » Aphthonius, tirant une moralité assez inattendue, non des Poissons, mais du Berger, dit qu'il faut exercer les arts opportunément, faisant allusion à son double art de pêcheur et de joueur de flûte : *Utilitatem adferunt artes, si tempore et loco convenienti exerceantur.* Enfin Haudent, étrange similitude ! compare les poissons qui sautent, une fois déposés sur le rivage, aux hommes qui se réjouissent dans l'infortune.

FABLE XI.

LES DEUX PERROQUETS, LE ROI, ET SON FILS.

Pantschatantra de Benfey, tome I, p. 359-365 (voyez aussi Loiseleur Deslongchamps, p. 47-49; Wagener, p. 22, 27, 88; Lancereau, p. 234 et 376). — Bidpaï, tome III, p. 93-119, *Histoire d'un roi de l'Yémen et de son Perroquet*. — *Calila et Dimna*, p. 286, conte traduit dans le *Specimen sapientiæ Indorum veterum* de Stark, p. 395-413. — Ésope, fab. 141, Ὄφις καὶ Γεωργός, Γεωργοῦ παῖς καὶ Ὄφις (Coray, p. 83, p. 338, 339, sous quatre formes, dont la seconde est celle dont la mention suit, sous le nom de Gabrias). — Gabrias, fab. 11, περὶ Ὄφεως καὶ Γεωργοῦ. — Phèdre, *Fabulæ gudianæ, appendix* 1, fab. 33, *Pauper et Serpens*. — Romulus, fab. 11 du livre II, même titre. — Anonyme de Nevelet, fab. 30, *de Rustico et Angue*. — Nicolas de Pergame, *Dialogus creaturarum moralizatus*, au dialogue 108 (feuille *l*, fol. 1 r°). — Camerarius, fab. 140 et 266, *Anguis et Agricola, Vulpes et Anguis*. — P. Candidus, fab. 21, *Agricola et Anguis*. — Marie de France, fab. 63, *la Compaignie dou Vilain è dou Serpent*. — Ysopet I, fab. 30, *du Vilain qui nourrit le Serpent* (Robert, tome II, p. 272-274). — Haudent, 1ʳᵉ partie, fab. 137, *d'un Rusticque et d'un Serpent*; 2ᵉ partie, fab. 35, *d'un Serpent et d'un Rusticque*. — Corrozet, fab. 26, *du Rusticque et du Serpent*. — Baïf, *les Mimes*, etc. (Toulouse, 1612), fol. 121 v°-122 v°. — Doni, *la Filosofia morale*, livre I, fol. 63. — Même sujet dans l'*Esopus* de Burkhard Waldis, livre I, fab. 26.

Mythologia æsopica Neveleti, p. 203, p. 359, p. 507.

Cette fable, évidemment d'origine indienne, est aussi dans le grand poëme sanscrit intitulé *Harivansa* (voyez la traduction de Langlois, tome I, p. 96). « De Sacy, dit Loiseleur Deslongchamps (p. 66, note 3), l'a publiée en hébreu, avec une traduction française, d'après le manuscrit de la Bibliothèque du Roi qui renferme un fragment de la version attribuée au rabbin Joël[1] (*Notices et*

---

[1]. Ancien n° 510, n° 1282 actuel du fonds hébreu de la Bibliothèque nationale.

extraits des manuscrits, tome IX, p. 451 et suivantes). Il en a donné aussi le texte persan, d'après Nasrallah (*ibidem*, tome X, p. 176). »

Citons enfin le xviie des *Contes albanais*, publiés par M. Dozon (Paris, 1882) : *le Lion aux pièces d'or*, qui est une altération fort maladroite du conte indien.

Notre poëte a sans doute tiré sa fable de la traduction latine du *Calila et Dimna*, faite par le P. Poussines, et publiée, en 1666, sous le titre de *Specimen sapientiæ Indorum veterum* (p. 609) : ouvrage réédité par Stark, en 1697, avec la version grecque de Siméon Seth et une nouvelle traduction latine ; nous avons renvoyé à cette réimpression. Comparez la fable 1 de ce livre, *l'Homme et la Couleuvre*, également d'origine indienne, et qui n'est pas sans analogie avec celle-ci.

La fable ésopique est différente de la fable orientale et de celle de la Fontaine ; mais la même idée l'a inspirée ; la conclusion est aussi la même : Un Serpent tue le fils d'un Villageois ; celui-ci veut venger la mort de son enfant et poursuit le Serpent avec sa hache ; mais il manque son coup et ne frappe que la pierre qui ferme la retraite du Serpent. Quelque temps après, il retourne avec du pain et du sel pour attirer l'animal, dans l'espoir qu'il aura tout oublié ; mais le Serpent lui dit : « Jamais je ne croirai à ton amitié tant que je verrai cette pierre et que toi tu verras le tombeau de ton fils. »

Dans la fable de Phèdre, intitulée *le Pauvre et le Serpent*, c'est par simple caprice, dans un accès de fureur, et non par esprit de vengeance, que le Pauvre, subitement devenu riche, frappe le Serpent de sa hache. Mais, quelque temps après, il retombe dans son ancienne pauvreté. Touché de remords, voyant sans doute dans son malheur une punition du Ciel, il prie le Serpent de lui pardonner ; mais celui-ci lui répond : « Tu te repentiras de ton crime tant que ma blessure ne sera pas fermée ; pour redevenir ton ami, il faudrait que je ne me souvinsse pas de ta hache. »

> *Te pœnitebit sceleris, usque dum mea*
> *Cicatrix clausa fuerit; at tamen optima*
> *Fide me posthac noli amicum credere.*
> *Redire tamen hac lege in gratiam volo*
> *Securis nunquam, perfide, si meminerim.*

Les apologues d'Ysopet et de Corrozet et le premier d'Haudent sont imités de celui de Phèdre ; la fable de Nicolas de Pergame et la seconde d'Haudent de celles que donne Coray sous le nom d'Ésope, et particulièrement de la troisième (p. 338), où le Rustique ne manque son coup qu'à moitié et coupe le bout de la queue du Serpent ; il se repent, veut faire la paix avec lui, mais, chez Haudent, le Serpent lui dit :

> Considere que quand m'apparoistra
> Estre sans queue, haine au cueur me croistra,
> Et appetit de me venger de toy,
> Et pour autant deffie toy de moy.

Dans la première fable d'Haudent et dans celle de Corrozet, la morale est adoucie, en ce sens que, s'il faut se souvenir du mal, il ne faut pas en garder rancune :

> Quand est du mal, dict le Serpent tressaige,
> Que tu m'as faict, ie le veulx pardonner;
> Mais ie ne veulx auec toy retourner,
> Ie n'ay sy lasche et debile couraige,

dit Corrozet. Et Haudent :

> Par ceste fable il est notoire
> Que par prudence il fault tenir
> Du tort seullement la memoire,
> Et non rancune maintenir.

C'est de la charité tout à fait chrétienne. — Dans Ysopet, le Serpent pardonne également, à condition que le Vilain se repente ; mais pardon ne veut pas dire réconciliation.

Marie de France nous montre un Serpent et un Vilain faisant amitié. Le Vilain promet au Serpent de lui apporter du lait deux fois par jour ; en échange de son lait, le Serpent lui donne beaucoup d'or, et de bons conseils pour semer et labourer sa terre, mais l'avertit qu'il perdra tout, or, bêtes et récoltes, s'il cherche à lui nuire. De retour chez lui, notre homme conte le cas à sa femme, qui lui conseille de se débarrasser du Serpent, pour n'avoir plus rien à craindre de lui, et sans doute aussi, ce qui va sans dire et que la fable ne dit pas, pour s'emparer de son or. Il cède à ce conseil malhonnête, prend un pot de lait, mais aussi sa hache, et va trouver le Serpent. Au moment où celui-ci est sur le point de goûter le breuvage, il lève sa hache pour le frapper : le Serpent

> . . . . vit le coup venir,

En la pierre se met dedenz
E li Vileins s'en vait dolenz.

Dès le lendemain, il trouve son enfant tué au berceau et toutes ses brebis mortes.... Toujours sur le conseil de sa femme, il va demander grâce et réconciliation au Serpent :

Merci, fait-il, de mun meffait :
Que nus soions ensi amis
Cum nus auuns esté iadis.

« Nenni, répond le Serpent : il vaut mieux que nous ne nous voyions plus jamais. Jamais je ne pourrai croire à ton amitié tant que je verrai sur le rocher la marque qu'y a laissée ta hache ; jamais tu n'oublieras, en voyant le berceau de ton enfant, que c'est moi qui lui ai donné la mort [2]. » Cette fable est celle d'Ésope retournée : en effet, dans la fable ésopique, c'est le Serpent qui commence à nuire en tuant le fils du Villageois ; mais il y a dans Marie de France une seconde moralité : à savoir que la femme est bien souvent mauvaise conseillère :

Mainte Fame cunsselle à feire
Ce dunt miex li vausist retreire [3] ;
Li sages Hum ne deit entendre
A fole Fame cunseil prendre.

Les principales circonstances du conte de Marie sont dans le *Pantschatantra* et se retrouvent dans Camerarius (fab. 140). Dans la

2. Citons aussi ces trois autres versions : *Non potest fieri quod dicis, quamdiu videbis tumulum filii tui ; et, ego quamdiu videro caudam meam, non potest esse firma pax.* (NICOLAS DE PERGAME.)

Respondet Anguis : Pax fieri nequit
Sincera, donec tu videas tui
Nati sepulchrum, donec ipse
Signa mei videam cubilis.
(P. CANDIDUS.)

Iamais la paix ie ne croiray,
Tant que la sépulture proche
De ton enfant, et sus ma roche
Ce grand coup marqué ie verray.
(BAÏF.)

3. Se retirer, s'abstenir.

fable 266 de ce dernier, quelques détails diffèrent, le Renard y étant substitué à l'Homme.

« Les quatre premiers vers [de la fable de la Fontaine], dit Chamfort en les citant, sont joliment tournés et sembleraient annoncer un meilleur apologue. Celui-ci est très-médiocre. Ce Perroquet qui crève les yeux au fils du Roi ; ce roi qui va pérorer le Perroquet perché sur le haut d'un pin : cela n'est pas d'un goût bien exquis. Les deux derniers vers de la pièce sont agréables et ont presque passé en proverbe ; mais la vraie moralité de cette prétendue fable est que, la confiance mutuelle une fois perdue, elle ne se recouvre pas. » Ce qu'on peut dire, c'est que ce sujet oriental n'est pas une invention d'une originalité attrayante ; mais « apologue médiocre, » et même « très-médiocre, » sans montrer vraiment en quoi ni pourquoi, sans autre raison que : « Tel est mon avis, » cela nous paraît, quand il s'agit de notre poëte, bien téméraire, et nous doutons que les hommes de goût, pussent-ils trouver à redire sur certains points, le confirment ni pour l'ensemble ni pour les détails. A la suite de sa critique, Chamfort fait ce rapprochement : « Voyez un conte de Sénecé intitulé le Kaïmak, qui se trouve dans tous les recueils. » Nous donnons ci-dessous (note 24) la fin de ce conte, dont le véritable titre est : *La Confiance perdue ou le Serpent mangeur de Kaïmak et le Turc, son pourvoyeur.*

Deux Perroquets, l'un père et l'autre fils,
Du rôt d'un Roi faisoient leur ordinaire[4] ;
Deux demi-dieux[5], l'un fils et l'autre père,

4. C'est-à-dire étaient les commensaux du Roi ; car les perroquets ne sont pas carnivores. Le mot *rôt* s'étend, spécialement, dans un festin, à tout le service qui suit le potage et les entrées, et même, plus encore, il s'est dit pour grand repas en général (voyez *Littré*, 2° et 3°). C'est en ce dernier sens que le Rat citadin l'emploie au vers 20 de la fable IX du livre I :

Achevons tout notre rôt.

5. Deux princes : le Roi et son fils. Au livre XII, fable XI, vers 24, les Rois, les princes, sont désignés par le terme *Dieux*, employé aussi à propos d'eux, ci-après, au vers 57. La Bruyère parle des « enfants des Dieux » qui « se tirent des règles de la nature, et en sont comme l'exception », et, en note, il explique ces

De ces oiseaux faisoient leurs favoris.
L'âge lioit une amitié sincère 5
Entre ces gens : les deux pères s'aimoient ;
Les deux enfants, malgré leur cœur frivole,
L'un avec l'autre aussi s'accoutumoient,
Nourris⁶ ensemble, et compagnons d'école.
C'étoit beaucoup d'honneur au jeune Perroquet, 10
Car l'enfant étoit prince, et son père monarque⁷.
Par le tempérament⁸ que lui donna la Parque,

mots par : « Fils, petits-fils, issus de Rois. » (*Du Mérite personnel*, tome I, p. 163, et note 2, où des citations d'Ovide, de Voiture, de Gomberville, de Molière, de l'abbé de Choisy ont été rapprochées de ce passage.) Au reste, ces figures n'impliquent ici nul respect : voyez, au vers 6, le mot *gens* confondant librement princes et perroquets, et, au vers 61, la leste apostrophe :

Sire Roi, mon ami, va-t'en....

6. A la fois au sens propre, qui se déduit du vers 2, et au sens figuré, autrefois très-commun, d'*élevés*.

7. Cette explication n'est pas bien nécessaire peut-être, mais pas non plus, comme on l'a dit, absolument inutile. Nous avons au vers 2 le mot *Roi*, mais rien ne nous a dit que les « deux demi-dieux » ne fussent pas deux princes quelconques de la cour.

8. Le caractère, l'humeur : voyez les divers exemples, dont deux autres de la Fontaine, que *Littré*, 3º, cite de cette acception morale du mot, plus usité aujourd'hui au sens de constitution physique. — A la fin du vers, la Parque, qui file nos jours, est le Sort, le Destin. Nous la retrouverons, nom et fonction, au vers 34 de la fable IV du livre XI :

La Parque à filets d'or n'ourdira point ma vie ;

au vers 7 de la fable VI du livre XII ; et, en prose, dans une lettre au duc de Vendôme, de 1689 (tome III *M.-L.*, p. 429) : « .... Ces cent ans de vie que la Parque me doit filer. » Il y a des œuvres d'art qui, au lieu du nombre ordinaire de trois, ou de celui de deux, comme à Delphes, nous montrent une Parque unique : voyez Éd. Jacobi, *Dictionnaire de la Mythologie grecque et romaine*, à l'article Μοῖρα (mot signifiant *Sort* et *Parque*). — Plus bas, au vers 41, nous verrons la Parque écrire l'avenir sur un livre, ce qui

Il aimoit les oiseaux. Un Moineau fort coquet,
Et le plus amoureux de toute la province[9],
Faisoit aussi sa part des délices du Prince.   15
Ces deux rivaux un jour ensemble se jouants[10],
    Comme il arrive aux jeunes gens,
    Le jeu devint une querelle.
    Le Passereau, peu circonspec[11],
    S'attira de tels coups de bec,
    Que, demi-mort et traînant l'aile[12],   20
    On crut qu'il n'en pourroit guérir.
    Le Prince indigné fit mourir
      Son Perroquet. Le bruit en vint au père[13].
L'infortuné vieillard crie et se désespère,   25
    Le tout en vain; ses cris sont superflus;
    L'Oiseau parleur est déjà dans la barque[14]:

la confond encore mieux avec la Destinée (*Fatum*), qu'on trouve représentée avec un rouleau et un poinçon dans les mains.

9. Que le poëte songe à le qualifier ainsi s'explique par le fait que signale Buffon : « Cette espèce se multiplie trois fois par an. » (*Histoire naturelle des oiseaux*, tome III, 1775, p. 478.)

10. Voyez, entre autres exemples de cet accord, tome II, p. 191 et note 29, et ci-dessus, p. 31 et note 11. Ici la rime défend l'archaïsme contre toute envie de rajeunissement de certains éditeurs modernes.

11. *Circonspec* dans toutes nos anciennes éditions. Voyez, ci-dessus, le vers 9 de la fable VII, et la note qui s'y rapporte. — On peut rapprocher du vers précédent le 18e de la fable II du livre XII, citée dans cette note et où il s'agit précisément aussi d'un Moineau :

    Jamais en vrai combat le jeu ne se tournoit.

12. Comparez, tome II, p. 365, les vers 58 et 59 de la fable II du livre IX, et la note sur « traînant l'aile ».

13. Bien qu'on voie aisément, par l'ensemble du sens, que *père*, à ce vers et au vers 30, se rapporte, ainsi que *l'infortuné vieillard*, au père de l'oiseau, ces désignations n'ont pas ici, il en faut convenir, toute la netteté ordinaire à la Fontaine.

14. La barque de Caron, du nautonier des Enfers. Ce vers rappelle plaisamment, à qui connaît Virgile, que l'auteur des *Géorgiques* (livre IV, vers 506) a employé absolument le même tour en

Pour dire mieux, l'Oiseau ne parlant plus[15]
Fait qu'en fureur sur le fils du Monarque
Son père s'en va fondre, et lui crève les yeux. 30
Il se sauve aussitôt, et choisit pour asile
　　Le haut d'un pin. Là, dans le sein des Dieux[16],
Il goûte sa vengeance en lieu sûr et tranquille.
Le Roi lui-même y court, et dit pour l'attirer :
« Ami, reviens chez moi[17]; que nous sert de pleurer? 35
Haine, vengeance, et deuil, laissons tout à la porte[18].
　　Je suis contraint de déclarer,
　　Encor que ma douleur soit forte,
Que le tort vient de nous; mon fils fut l'agresseur :

parlant d'Eurydice, enlevée à Orphée qui, comme ici « l'infortuné vieillard », se désespère et crie en vain :

Illa quidem Stygia nabat jam frigida cymba.

Penser que le défenseur de l'âme des bêtes se sert ici à dessein et en philosophe d'une périphrase qui implique croyance à une autre vie pour elles, ce serait une supposition par trop ingénieuse et qui assurément l'eût fait rire lui-même. — Buffon dit aussi du Perroquet : « l'Oiseau parleur. » — Plus haut, « l'Oiseau chasseur », en parlant du Faucon (tome II, p. 321).

15. La correction par ces mots : « l'Oiseau ne parlant plus », servant de sujet au verbe *Fait*, est assez lourde, mais l'antithèse, après tout, ne jure ni avec la manière de notre auteur, ni avec le genre qu'il traite, et elle nous fait comiquement descendre du ton noblement poétique des vers précédents.

16. « Dans le sein des Dieux, » pour « au haut d'un pin, » c'est rapprocher par trop le ciel de la terre. L'intention est évidemment de dire « hors de la portée de l'homme, sous la protection des Dieux. » Mais n'importe, c'est hardi au point d'être obscur. On ne peut supposer, avec Nodier, que ces mots marquent simplement que le pin est consacré à Cybèle. Cela pourrait alors aussi bien se dire d'un arbre quelconque : tous sont consacrés à tel ou tel dieu. — Voyez ci-après, la note 23.

17. Dans les gravures de tous nos anciens textes, le Perroquet, pendant que le Roi lui parle, lui tourne le dos très-irrévérencieusement.

18. Pour cette expression figurée : « à la porte », voyez les exemples, plus d'un de très-noble style, cités par Littré, 2°.

Mon fils! non; c'est le Sort qui du coup est l'auteur. 40
La Parque avoit écrit de tout temps en son livre[19]
Que l'un de nos enfants devoit cesser de vivre,
    L'autre de voir, par ce malheur.
Consolons-nous tous deux, et reviens dans ta cage. »
    Le Perroquet dit : « Sire Roi,
    Crois-tu qu'après un tel outrage 45
    Je me doive fier à toi?
Tu m'allègues le Sort : prétends-tu, par ta foi[20],
Me leurrer de l'appât d'un profane langage?
Mais, que la Providence, ou bien que le Destin 50
    Règle les affaires du monde[21],
Il est écrit là-haut qu'au faîte de ce pin,
    Ou dans quelque forêt profonde,
J'achèverai mes jours loin du fatal objet
    Qui doit t'être un juste sujet 55
De haine et de fureur[22]. Je sais que la vengeance
Est un morceau de roi; car vous vivez en dieux[23].

19. Voyez, ci-dessus, la fin de la note 8.

20. Incise interrogative : « sincèrement le jures-tu? » ou impérative : « jure-le; » et non, avec rapport à *leurrer*, qui suit : « par ta parole, par la confiance que j'aurais en elle. » Comparez le vers 35 de la fable xv de ce livre. — Sur la métaphore *leurrer*, terme de fauconnerie, voyez l'*Essai* de M. Marty-Laveaux, p. 28. — Aux vers 30-31 du conte III de la IIIe partie, c'est, au sens de *par*, la préposition *à*, comme ici *de*, qui suit *leurrer*.

21. Le poëte parle pour lui-même et oublie son oiseau. Ce Perroquet chrétien ou pieux déiste, traitant de « profane » le langage païen du Roi, fait ici comique figure.

22. On peut trouver que la réunion de ces deux termes abstraits, *objet*, *sujet*, fait une phrase peu poétique et, en outre, d'autant moins nette qu'ils ont des emplois à peu près identiques, car on dit *objet* aussi bien que *sujet de haine et de fureur*. — Pour *objet*, comparez ci-dessus, p. 57 et note 5.

23. « Point de liaison entre ces deux idées, » dit l'abbé Guillon. Il fallait dire : « Point de liaison exprimée. » La vengeance est le plaisir des Dieux : or, comme les rois vivent en dieux (voyez le

Tu veux oublier cette offense ;
Je le crois : cependant il me faut, pour le mieux,
　　Éviter ta main et tes yeux.
Sire Roi, mon ami, va-t'en, tu perds ta peine :
　　Ne me parle point de retour ;
L'absence est aussi bien un remède à la haine
　　Qu'un appareil[24] contre l'amour. »

vers 3), la vengeance est *un morceau de roi*, jolie expression familière. Le même critique, là beaucoup trop fin, voit déjà, au second hémistiche du vers 32 : « dans le sein des Dieux, » une allusion à l'idée que la vengeance est le plaisir des Dieux. — La Fontaine exprime, dans l'*Élégie pour Monsieur Foucquet* (tome V *M.-L.*, p. 46), une idée toute contraire et beaucoup plus noble : Nymphes de Vaux, dit-il, tâchez d'adoucir Louis.

　　Du titre de clément rendez-le ambitieux :
　　C'est par là que les rois sont semblables aux Dieux.

24. Métaphore empruntée à la chirurgie. D'*appareil*, au sens figuré, Littré, outre notre exemple, en cite un de Malherbe et un de J.-J. Rousseau. — La double morale de Camerarius résume bien pour ses deux fables, plus complétement pour la première, l'enseignement identique qui en ressort : *Significat fabula non oblivisci homines, neque deponere odia ac cupiditatem vindictæ quamdiu vestigia exstent malorum quibus affecti fuerint* (fable 140). — *Fabula monet incertam et dubiam esse voluntatem eorum inter quos magnæ inimicitiæ et graves simultates intercesserint* (fable 266). C'est ce que dit aussi, en d'autres termes, Nicolas de Pergame : *Inimici qui graviter inter se offenderunt nunquam possunt rectam pacem adinvicem habere.* — Voici enfin les derniers vers du conte de Sénecé dont nous parlons à la fin de la notice :

« Amis, soit, j'y consens, mais au moins d'une lieue ;
Car pour de près, vois-tu, crois ce que je te dis :
Tant qu'il te souviendra que j'ai tué ton fils,
Et que je penserai qu'il m'a coupé la queue,
Nous ne pourrons jamais être de vrais amis. »
Dès que la confiance est une fois perdue,
　　Ne comptez pas de la ravoir.
On peut, par amitié réelle ou prétendue,
En montrer le fantôme et le faire valoir ;
Mais que du fond du cœur elle soit bien rendue,
　　Cela passe l'humain pouvoir.
　　(*OEuvres choisies de Sénecé*, Paris, 1855, p. 129-130.)

FABLE XII.

LA LIONNE ET L'OURSE.

Bidpaï, tome III, p. 186-194, *du Lion qui a tué les deux Faons et à qui un Chasseur a tué ses Lionceaux*. — *Specimen sapientiæ Indorum veterum* de Stark, p. 469-473. (Benfey, tome I, p. 600, analyse une autre version orientale, notablement différente.) — Ésope, fab. 373, Ταῦρος, Λεαίνα καὶ Σύαγρος (Coray, p. 240).

Nous citons plus loin, dans la note 8, le dialogue de *la Lionne* et de *l'Ourse* tel qu'il se trouve dans l'apologue indien ; seulement, dans cet apologue, la Lionne finit par reconnaître que l'Ourse a raison, et renonce à se nourrir de la chair des animaux. C'est un Renard philosophe dans la version de Bidpaï qui fait la morale au Lion.

On peut rapprocher de cette fable *les deux Consolés*, de Voltaire (tome XXXIII des *OEuvres*, p. 195).

Mère Lionne[1] avoit perdu son fan :
Un chasseur l'avoit pris. La pauvre infortunée[2]

---

1. Pour cette apposition avec omission de l'article, voyez, au tome II, la note 4 de la page 408 ; et sur l'orthographe *fan*, pour *faon*, voyez, au même tome, la note 8 de la page 348. Richelet, à la remarque suivante sur cette orthographe, que nous aurions pu citer là : « Quelques-uns écrivent *faon*, mais, comme on prononce toujours *fan*, et jamais *faon*, le plus court est d'écrire *fan*, » ajoute cette définition : « C'est le petit d'une biche, d'une daine ou d'une chevrette. » Nicot dit de son côté (*Trésor de la langue françoise*, 1606, au mot FAON) : « On ne peut dire faon d'une bête mordante, comme laie, ourse, lionne, éléphante, ains ont autres noms particuliers. » Le mot serait donc impropre appliqué au petit de la lionne. Malherbe toutefois l'avait employé déjà de la même manière (*Poésies*, LXIV, vers 206, tome I, p. 217). Voyez aussi l'exemple, emprunté au *Roman de la Rose*, que cite Walckenaer du verbe *faoner*, pour engendrer, en général.

2. Nous avons déjà vu (tome I, p. 150) que, quand les méchants souffrent, la Fontaine semble oublier qu'ils le sont et s'apitoie.

Poussoit un tel rugissement
Que toute la forêt étoit importunée³.
    La nuit ni son obscurité,
      Son silence et ses autres charmes,
De la reine des bois n'arrêtoit les vacarmes⁴ :
Nul animal n'étoit du sommeil visité.
    L'Ourse enfin lui dit : « Ma commère,
    Un mot sans plus⁵ : tous les enfants
    Qui sont passés entre vos dents
    N'avoient-ils ni père ni mère⁶ ?
    — Ils en avoient. — S'il est ainsi,
Et qu'aucun de leur mort n'ait nos têtes rompues⁷,
    Si tant de mères se sont tues,
    Que ne vous taisez-vous aussi⁸ ?

3. Toute la forêt, tous ses habitants. Il n'y a qu'en apparence rapport à une chose inanimée.

4. Le mot est plus usité au singulier qu'au pluriel; nous le trouvons toutefois aussi à ce nombre dans Molière : « Ce sont souvent les maris qui, avec leurs vacarmes, se font eux-mêmes ce qu'ils sont. » (*George Dandin*, acte II, scène 1, tome VI, p. 542.)

5. Même locution au tome I, p. 258 et 309, et au tome II, p. 124.

6. C'est aussi la question du Renard au Lion dans Bidpaï (p. 193). — « J'aurais voulu, dit Chamfort, que la Fontaine s'arrêtât après le douzième vers :

    N'avoient-ils ni père ni mère ?

Il me semble que cela donnait bien autrement à penser. Et, en effet, toute la morale ne tend guère qu'à empêcher les malheureux de se plaindre, ce qui n'est pas d'une grande conséquence. » Cette fin laconique, à la façon d'Ésope, aurait eu, en effet, grande et vive énergie. Mais à chacun sa manière; ce que nous y aurions perdu eût bien, d'autre part, mérité des regrets.

7. Pour cette inversion archaïque, avec accord qu'elle entraîne du participe postposé, voyez tome II, p. 274 et note 4; aux exemples cités là, ajoutez, outre celui-ci, cet autre exemple de *Philémon et Baucis*, vers 151 :

    Il veut parler, l'écorce a sa langue pressée.

8. *At illa* (*Ursa*) : « *Quot jam annos habes ?* » *Respondet Leæna* : « *Mul-*

LIVRE X.

— Moi, me taire! moi, malheureuse[9]?
Ah! j'ai perdu mon fils! il me faudra traîner
Une vieillesse douloureuse!
— Dites-moi, qui vous force à vous y condamner? 20
— Hélas! c'est le Destin qui me hait[10]. » Ces paroles
Ont été de tout temps en la bouche de tous[11].

Misérables[12] humains, ceci s'adresse à vous.

tos. — *Quo autem cibo usa es hactenus ?* » *rursus Ursa quærit. At illa :* « *Animalium carnibus.* — *At quis, pergit Ursa, horum carnes tibi dedit ?* » *Leæna autem :* « *Ego ipsa venata sum feras in montibus.* — *At quid ?* *subjicit Ursa, num feræ hæ non habebant parentes ?* » *Illa igitur :* « *Utique.* » — *Addit Ursa :* « *Cur igitur non videmus eas ita acerbe lugere suos catulos, ut tu luges tuos ? Bono animo esto, semel in te experta quod fecisti aliis sæpius.* » (*Specimen sapientiæ Indorum veterum Starkii*, p. 473.) — L'Ours, dit M. Taine (p. 113-114), « parle avec bon sens, et franchement, mais grossièrement et avec des tournures triviales. Il appelle la Lionne « ma commère », tout comme s'il parlait à une bonne femme de village.... Il appuie et vigoureusement; ce n'est pas lui qui, par ménagement, évitera d'employer les arguments personnels. « Si tant de mères se sont « tuées, que ne vous taisez-vous aussi ? » Voilà de la logique d'ours, bien étayée, mais peu consolante. » — Mme de Sévigné, dans une lettre écrite des Rochers en 1690 (tome IX, p. 527), se rappelle et rappelle à sa fille que jadis, à Paris, elle a appliqué, *follement*, dit-elle, une parodie de ce passage à une femme quittée par son amant, parodie, fort jolie, qu'elle prend plaisir à citer.

9. « La Lionne, remarque Nodier, ne répond pas à l'objection; elle ne raisonne pas, elle se plaint. Quiconque prêterait une autre logique à la douleur ne connaîtrait guère son langage. »

10. Nous avons dit dans la notice, en tête de la fable, la vertueuse, mais peu naturelle conversion qui termine la version orientale.

11. Plusieurs éditeurs font de cette phrase une dernière réplique de l'Ourse. Elle nous paraît mieux placée dans la bouche de l'auteur. Nous convenons toutefois que l'apostrophe du vers suivant peut faire hésiter : elle semble plutôt un commencement qu'une suite de morale. Les anciennes éditions n'ayant ni traits ni guillemets ne peuvent décider la question.

12. *Misérables*, au sens originaire, que le mot, ainsi construit, a

Je n'entends résonner que des plaintes frivoles.
Quiconque, en pareil cas, se croit haï des Cieux,   25
Qu'il considère Hécube [13], il rendra grâce aux Dieux [14].

rarement aujourd'hui, « dignes de pitié, infortunés. » — Une apostrophe aux *humains* termine aussi la fable IV du livre VII :

.... Écoutez, humains, un autre conte :
Vous verrez que chez vous j'ai puisé ces leçons.

13. On connaît l'histoire d'Hécube qui vit périr sous ses yeux son mari, ses enfants, son royaume, et fut réduite elle-même en esclavage. C'est un sujet qu'à l'envi ont traité les Grecs et les Latins : Euripide et, d'après lui, Sénèque, dans *les Troyennes* et *l'Hécube;* Virgile, dans l'*Énéide*, livre II, vers 499-558 ; Ovide, dans les *Métamorphoses*, livre XIII, vers 404-575.

14. A remarquer les deux pronoms *il*, redoublement du sujet après *Quiconque*. — « Les deux derniers vers sont excellents, » dit Chamfort, ce qui ne l'empêche pas d'ajouter : « Mais la moralité qu'ils enseignent est énoncée d'une manière bien plus frappante dans une fable de Sadi, fameux poëte persan. La voici : « Un « pauvre entra dans une mosquée pour y faire sa prière ; ses « jambes et ses pieds étaient nus, tant sa misère était grande, « et il s'en plaignait au Ciel avec amertume. Ayant fini sa prière, « il se retourne, et voit un autre pauvre appuyé contre une co- « lonne et assis sur son séant. Il aperçut que ce pauvre n'avait « point de jambes. Le premier pauvre sortit de la mosquée en ren- « dant grâce aux Dieux. » Nous n'avons point trouvé cette fable dans Sadi : Chamfort l'a-t-il imaginée ?

FABLE XIII.

LES DEUX AVENTURIERS ET LE TALISMAN [1].

Livre des lumières, p. 62-66 (voyez à l'*Appendice*). — Bidpaï, tome I, p. 247-261, *les deux Voyageurs.*

Chamfort trouve encore cet apologue défectueux pour le fond. Après avoir loué les quatre premiers vers comme très-jolis, il ajoute : « Quel rapport y a-t-il entre Hercule ayant obtenu l'apothéose par des travaux utiles aux hommes (c'est ainsi du moins qu'il faut l'envisager dans l'apologue), quel rapport, dis-je, entre ce dieu et un aventurier faisant une action folle, dangereuse, inutile aux autres, ou qui ne peut être utile qu'à lui-même? Quelle leçon peut-il résulter du succès de son audace absurde et imprudente? Je ne connais pas de sujet de fable moins fait pour plaire à la Fontaine que celui-ci. J'ai déjà observé qu'il n'était point le poëte de l'héroïsme, mais celui de la nature et de la raison; et la raison peut-elle être plus blessée qu'elle ne l'est par l'entreprise de cet aventurier? » Convenons qu'à choisir entre les contes de l'Orient, des pays des *Mille et une Nuits*, notre auteur eût pu aisément en trouver un de plus d'intérêt; mais c'est une prétention singulière de vouloir tracer à son génie les limites dont il ne devait pas sortir, et l'emprisonner dans le domaine de la raison. Quant à la leçon, à la vérité à tirer de là, sont-elles vraiment si nulles? Ne peut-on mettre en action, dans un récit, ou vrai ou fictif (qu'importe?), le mot que nous citons dans l'avant-dernière note :

Audentes fortuna juvat,

et faire sa part d'éloge, d'un autre point de vue sans doute que celui du froid bon sens, à l'esprit d'audacieuse initiative et d'intrépidité même téméraire?

1. Nous verrons plus loin que ces Aventuriers sont des chevaliers, des chevaliers errants, cherchant aventure. — Pour *Talisman*, voyez la note 6. Remarquons que dans le *Livre des lumières* (p. 66) le mot semble pris dans un double sens (incantation magique et

Aucun chemin de fleurs ne conduit à la gloire².
Je n'en veux pour témoin³ qu'Hercule et ses travaux⁴ :
　　Ce dieu n'a guère de rivaux ;
J'en vois peu dans la Fable⁵, encor moins dans l'Histoire.
En voici pourtant un, que de vieux talismans　　　5
Firent chercher fortune au pays des romans⁶.

inscription magique) : « Les doctes du pays avoient fait un talisman dans la fontaine qu'il avoit passée et sur le lion qu'il avoit porté. »

2. *Ardua per præceps gloria vadat iter.*
　　(Ovide, *les Tristes*, livre IV, élégie III, vers 74.)
　　Le Ciel par les travaux veut qu'on monte à la gloire.
　　(Corneille, *Rodogune*, acte III, scène v, vers 1067.)

3. *Témoin*, au sens d'exemple et preuve de la chose, comme au vers 19 de la fable VIII de ce livre, et dans ce tour, si usité, des vers 14 de la fable xxv et 50 de la fable xxvII du livre VIII, où le mot reste au singulier, comme locution adverbiale, malgré son rapport à un pluriel : « Témoin ces deux gloutons.... »

4. 　*Hac arte Pollux et vagus Hercules
　　Enisus, arces attigit igneas.*
　　(Horace, livre III, ode III, vers 9 et 10.)

5. Le sens ici, il va sans dire, n'est point l'Apologue, mais la mythologie de l'antiquité païenne.

6. Cela ne veut pas dire qu'il entreprit pour aller au pays des romans le voyage que mentionne le vers suivant ; mais que, dans ce voyage fait « de compagnie », il trouva le poteau à l'inscription cabalistique, qui le lança dans les aventures merveilleuses. *Talismans*, bien qu'au pluriel, signifie donc la même chose que le singulier *Talisman* du titre de la fable. Il paraît bien que la rime n'est pas étrangère à ce changement de nombre, qui nuit quelque peu, il faut en convenir, à la clarté. Toutefois le pluriel peut se défendre, il désigne le poteau, et l'éléphant qu'il annonce au Chevalier. *Talisman* est pris d'une manière tout à fait générale, dans l'acception d'objet et de caractères magiques. On peut voir par l'exemple figuré, de Chateaubriand, qui termine l'article de Littré, que ce mot se prête à une grande extension de sens. — La locution « pays des romans », des merveilles, des féeries, est bien expliquée par ce passage du *Menteur* de Corneille (acte II, scène v, vers 552-553):

　　Paris semble à mes yeux un pays de romans :
　　J'y croyois, ce matin, voir une île enchantée.

Il voyageoit de compagnie⁷.
Son camarade et lui trouvèrent un poteau
    Ayant au haut cet écriteau⁸ :

<small>SEIGNEUR AVENTURIER, S'IL TE PREND QUELQUE ENVIE   10
DE VOIR CE QUE N'A VU NUL CHEVALIER ERRANT,
    TU N'AS QU'A PASSER CE TORRENT ;
PUIS, PRENANT DANS TES BRAS UN ÉLÉPHANT DE PIERRE
    QUE TU VERRAS COUCHÉ PAR TERRE,
LE PORTER, D'UNE HALEINE, AU SOMMET DE CE MONT   15
QUI MENACE LES CIEUX DE SON SUPERBE FRONT⁹.</small>

L'un des deux chevaliers saigna du nez¹⁰. « Si l'onde

7. C'est-à-dire avec un compagnon, comme va l'expliquer sur-le-champ le vers 8. On dit bien, sans complément, en parlant de plusieurs personnes, comme, par exemple, au livre XII, fable XI, vers 7 : « Allons de compagnie; » mais, au singulier, la locution est d'ordinaire suivie d'un complément, comme au livre III, fable V, vers 1-2 :

    Capitaine Renard alloit de compagnie
    Avec son ami Bouc.

8. Dans le *Livre des lumières* et dans Bidpaï, l'inscription est sur « un marbre blanc, orné de caractères d'azur. »

9. On trouvera, dans les notes 8 et 9 de la dernière fable du livre I, un nombreux choix de périphrases exprimant cette idée. Ce vers est à ajouter à la fin du 3º de MENACER, chez Littré, qui donne ce sens du verbe, mais sans aucun exemple d'auteur.

10. C'est-à-dire, eut peur, manqua de résolution. Voyez les passages de d'Aubigné, d'Amyot, de Scarron, de Racine et de J.-J. Rousseau, cités par Littré, à l'article SAIGNER. On y peut ajouter ce curieux exemple où Marot applique cette façon de parler à une abstraction personnifiée (tome I, p. 151, épître VIII, vers 29) :

    ....Lors Desespoir s'en va saingnant du nez....

« Saigner du nez, dit Walckenaer dans son commentaire, était en Orient, pendant la peste, considéré comme un symptôme fâcheux, qui faisait craindre la mort à ceux qui l'éprouvaient. » Et il renvoie au commencement de l'introduction du *Décaméron* de Boccace (la peste de Florence). La phrase suivante de Lanoue explique la locution, d'une manière, croyons-nous, plus vraisemblable, par l'idée de « chercher un prétexte pour disparaître (parce qu'on a

Est rapide autant que profonde,
Dit-il, et supposé qu'on la puisse passer,
Pourquoi de l'éléphant s'aller embarrasser ?   20
   Quelle ridicule entreprise !
Le sage[11] l'aura fait par tel art et de guise[12]
Qu'on le pourra porter peut-être quatre pas :
Mais jusqu'au haut du mont ! d'une haleine ! il[13] n'est pas
Au pouvoir d'un mortel ; à moins que la figure[14]   25
Ne soit d'un éléphant nain, pygmée, avorton,
   Propre à mettre au bout d'un bâton :
Auquel cas, où l'honneur d'une telle aventure[15] ?
On nous veut attraper dedans cette écriture ;
Ce sera[16] quelque énigme à tromper un enfant :   30
C'est pourquoi je vous laisse avec votre éléphant. »
Le raisonneur parti, l'aventureux[17] se lance,

peur) » : « Les autres qui n'ont gueres envie de mordre, qui feignent *seigner du nez*, avoir une estriviere rompue, ou leur cheval desferré, demeurent derriere. » (*Discours politiques et militaires*, Bâle, 1587, in-4°, p. 291.) Citons aussi ce passage des Additions de Saint-Simon au *Journal de Dangeau*, tome XVII, p. 185 : « Rochebonne, évêque-comte de Noyon, étoit un très-pauvre homme de conduite, d'esprit et de biens...; quand il fut question de la requête contre les bâtards, il saigna du nez tout plat. »

11. Ce mot, qui s'applique souvent comme substantif et d'une manière absolue à Salomon, le sage par excellence, selon l'Ecriture (voyez livre IX, fable I, vers 20), désigne ici l'enchanteur, l'être habile et mystérieux, qui a invité à cette tâche énigmatique, en ouvrant à l'audacieuse curiosité une perspective si engageante. Nous retrouverons le mot *sage*, dans une autre acception, au vers 53.

12. De façon : voyez la note 11 de la fable II de ce livre X.

13. *Il*, cela, cette action. Nous avons rencontré plus d'une fois *il* ainsi employé dans le sens neutre : voyez tome I, p. 218 et note 3.

14. La tête ou statue de pierre, du vers 13. — A remarquer, à la suite, les synonymes insistant sur l'idée de petitesse.

15. Où sera? Vive ellipse, peu commune dans ce tour par *où*.

16. A remarquer, sans qu'il soit très-rare, cet emploi du futur : il se trouvera, si l'on tente l'aventure, que c'est, etc.

17. L'éditeur de 1757 remplace *aventureux* par le mot du titre :

Les yeux clos, à travers cette eau.
　　Ni profondeur ni violence
Ne purent l'arrêter; et, selon l'écriteau,　　35
Il vit son[18] éléphant couché sur l'autre rive.
Il le prend, il l'emporte[19], au haut du mont arrive,
Rencontre une esplanade, et puis une cité.
Un cri par l'éléphant est aussitôt jeté[20] :
　　Le peuple aussitôt sort en armes.　　40
Tout autre aventurier, au bruit de ces alarmes[21],
Auroit fui : celui-ci, loin de tourner le dos,

aventurier. Le sens, que fait très-bien sentir l'antithèse *raisonneur*, est autre : l'*aventurier*, terme qui s'applique au Chevalier dans toute la fable, c'est l'homme qui s'est mis en route pour courir les aventures; l'*aventureux*, qui le qualifie dans cet endroit seulement, c'est celui qui, malgré les craintes exprimées par « le raisonneur », bravement se risque, se hasarde. Rapprochez le mot *hasardeux* : « Je ses (suis) hasardeux, moi, et je vas à la débandade, » dit Pierrot dans le *Don Juan* de Molière, acte II, scène 1 (tome V, p. 105).

18. Pour cet emploi du possessif, comparez fable IX, vers 47.

19. « L'auteur, fait observer Chamfort, aurait bien dû nous dire comment. » Nous avons plus haut, à la fin de la notice, réfuté d'avance ces trop faciles critiques. Celle-ci tendrait vraiment à fermer à la poésie le domaine des fictions. Chamfort ne songe pas qu'ici l'invraisemblance est une des conditions du genre. Rien ne nous dit d'ailleurs que le fardeau fût au-dessus des forces humaines. L'Aventurier, dans les gravures des éditions de 1679, 1688, 1709, 1729, est représenté portant, non un éléphant tout entier, mais une tête d'éléphant dans ses bras. — Dans le conte oriental, ce n'est pas un éléphant, mais un lion de pierre que le voyageur charge sur ses épaules. N'est-il pas trop ingénieux de voir, comme on l'a fait croyons-nous, dans cet éléphant ou ce lion, sans que rien, dans le récit, l'insinue, un symbole du fardeau de la royauté qui attend le Chevalier ?

20. « Étant là (sur le haut de la montagne), il aperçut de l'autre côté une fort belle ville et bien située, laquelle pendant qu'il considéroit, tout d'un coup sortit de ce lion de pierre un cri si effroyable qu'il fit trembler la montagne et les campagnes d'autour. » (*Livre des lumières*, p. 65.)

21. Le mot est ici bien voisin de son sens primitif et étymo-

Veut vendre au moins sa vie, et mourir en héros.
Il fut tout étonné d'ouïr cette cohorte[22]
Le proclamer monarque au lieu de son roi mort. 45
Il ne se fit prier que de la bonne sorte[23],
Encor que le fardeau fût, dit-il, un peu fort[24].
Sixte[25] en disoit autant quand on le fit saint-père :
 (Seroit-ce bien une misère
  Que d'être pape ou d'être roi[26]?) 50
On reconnut bientôt son peu de bonne foi[27].

logique de cri, signal, mouvements qui appellent aux armes, à l'arme. Comparez l'Épître à Huet, vers 13 (tome V *M.-L.*, p. 176).

22. Cette troupe armée sortie de la ville.

23. C'est-à-dire comme il convenait, comme il fallait, avec cette idée sous-entendue, facile à suppléer : « pour qu'on vît qu'il était prêt à accepter. » La locution a, selon le contexte et les ellipses qu'il suppose, des sens fort divers. Ainsi, « je l'ai grondé de la bonne sorte », signifiera, dans l'occasion, « je l'ai grondé sévèrement » : voyez Littré, à l'article Sorte, 4°.

24. Voyez, ci-dessous, la note 27.

25. Sixte-Quint (Félix Peretti), élu pape le 24 avril 1585, à la mort de Grégoire XIII. Le vers fait songer à la légende, si connue, des béquilles jetées après l'élection, légende au reste fort contestable, car elle n'est rapportée que par Gregorio Leti, dans son *Histoire de Sixte-Quint*. Mais on peut supposer, sans trop de témérité, qu'il feignit d'être plus vieux, plus affaissé qu'il n'était. La Fontaine y a peut-être pensé ici, mais il ne nous le dit pas, et se borne à parler des humbles protestations d'insuffisance.

26. Un malheur, une source de peines, comme Corneille, dans *Cinna* (acte II, scène 1, vers 373-374), le fait dire à Auguste :

 Dans sa possession (*de l'empire*), j'ai trouvé pour tous charmes
 D'effroyables soucis, d'éternelles alarmes.

Au sujet du dessein qu'il témoigna de se démettre de l'Empire, Montesquieu dit sensément : « Ce qui fait voir que c'était un jeu, c'est qu'il demanda, tous les dix ans, qu'on le soulageât de ce poids et qu'il le porta toujours. » (*Grandeur et décadence des Romains*, chapitre XIII.)

27. N'était la parenthèse, qui marque bien que ce vers 51 est relatif à Sixte-Quint, on pourrait hésiter entre le rapport à lui et le

Fortune aveugle suit aveugle hardiesse [28].
Le sage quelquefois fait bien d'exécuter [29]
Avant que de donner le temps à la sagesse
D'envisager le fait, et sans la consulter.   55

rapport au Chevalier, lequel a dit aussi « le fardeau un peu fort, » tout en s'en chargeant très-volontiers.

28. C'est, avec addition d'une double épithète bien choisie, le mot répété à l'envi par les anciens poëtes : Ennius (*Annales*, livre VII, cité dans les *Saturnales* de Macrobe, livre VI, chapitre 1), *Fortibus est fortuna viris data;* Térence (*Phormion*, acte I, scène iv, vers 203), *Fortes fortuna adjuvat;* Virgile (*Énéide*, livre X, vers 284), *Audentes fortuna juvat;* Ovide (*Métamorphoses*, livre X, vers 586), *Audentes Deus ipse juvat;* Claudien (épître à Probinus, vers 9), *Fors juvat audentes*. Ce dernier attribue la maxime (si *Cei* est sa vraie leçon) à Simonide de Céos : *Cei sententia vatis*. La Fontaine en a donné une autre version dans sa traduction des vers cités dans les Épîtres de Sénèque (tome V *M.-L.*, p. 136) :

Soyez hardi, la Fortune vous aide.

29. « Cela est vrai, dit Chamfort, mais dans tel ou tel cas qu'il aurait fallu spécifier, et non dans une aventure folle qui réussit à un fou. » — Chamfort ne dit pas ce qu'il veut dire. Cela a été vrai précisément dans l'aventure folle dont il s'agit. Au reste, *quelquefois*, équivalant à « il arrive que », restreint le succès à quelques cas, que le poëte peut bien se dispenser de spécifier. — Plus générale, et moins juste, par le mot *toujours*, est la maxime qui finit la fable xii du livre VIII et que nous avons rapprochée de cette moralité-ci, bien que, avec une apparence d'analogie, il y ait au fond grande différence d'application :

Et le moins prévoyant est toujours le plus sage.

— Quant à cette histoire, à cette légende de l'éléphant substitué au lion du conte oriental, on peut supposer que la Fontaine s'est souvenu d'un fait réel, qu'il avait lu dans quelque récit de voyage, de l'énorme éléphant de pierre trouvé par les Portugais dans l'île de Gharipour, lorsque, à la fin du quinzième siècle, ils arrivèrent sur les côtes de l'Inde, ile que, par suite de cette rencontre, ils nommèrent Éléphanta.

FABLE XIV.

DISCOURS A M. LE DUC DE LA ROCHEFOUCAULD[1].

Le sujet de cette fable, comme l'indiquent les deux derniers vers, a été fourni à la Fontaine par François VI, duc de la Rochefoucauld[2], à qui elle est dédiée. Il convenait d'ailleurs admirablement au génie de notre poëte, lequel avait déjà adressé à l'auteur des *Maximes*, en 1668, la fable xi du livre I (tome I, p. 91[3]-93). Les deux fables ont été insérées au tome I des *OEuvres de la Rochefoucauld*, p. 399-402. Pour celle-ci, comparez le morceau intitulé : *du Rapport des hommes avec les animaux* (*Réflexions diverses*, tome I des mêmes *OEuvres*, p. 307-310[4]), que nous donnons à l'*Appendice*.

Je me suis souvent dit, voyant de quelle sorte
    L'homme agit, et qu'il se comporte,
En mille occasions, comme les animaux :

---

1. Ce titre, analogue à celui de la pièce qui suit le livre IX, est, sous l'en-tête : FABLE XIV, le titre unique dans les plus anciennes éditions; dans celles de 1709, 1729, 1788, il est précédé de celui-ci : LES LAPINS.

2. Il mourut, nous l'avons dit, en 1680, l'année qui suivit celle où parut le volume contenant cette poésie. Lorsque la Fontaine dédiait ce *discours* au duc de la Rochefoucauld, le livre des *Maximes*, traduit dans presque toutes les langues de l'Europe, avait déjà eu cinq éditions (1665-1678), six, si l'on y comprend l'édition subreptice de Hollande de 1664.

3. Où il faut, pour cette fable-ci, corriger, dans la note 1, le chiffre xv en chiffre xiv.

4. Si ces *Réflexions diverses* n'étaient une œuvre posthume de la Rochefoucauld, on pourrait supposer que les derniers mots de cette fable :

    ....Vous m'avez donné le sujet de ces vers,

ne signifient pas : « Vous m'avez indiqué ce sujet, vous m'avez engagé à le traiter; » mais plutôt : « Je l'ai trouvé et pris dans vos

« Le Roi de ces gens-là [5] n'a pas moins de défauts
　　Que ses sujets, et la nature
　　A mis dans chaque créature
Quelque grain d'une masse où puisent les esprits;
J'entends les esprits corps, et pétris de matière [6]. »
　　Je vais prouver ce que je dis.

A l'heure de l'affût, soit lorsque la lumière
Précipite ses traits dans l'humide séjour,
Soit lorsque le soleil rentre dans sa carrière,
Et que, n'étant plus nuit, il n'est pas encor jour [7],

écrits. » Il serait, au reste, possible que le duc lui eût communiqué le morceau, s'il est vraiment de lui, en manuscrit.

5. Exemple remarquable à joindre à ceux qui font l'objet de la note 9 de la page 271 du tome II. Buffon, en parlant des moineaux (*Oiseaux*, tome III, p. 478), a fait très-bon usage, dans sa prose, de la même figure : « Ce sont de ces *gens* que l'on trouve partout et dont on n'a que faire. »

6. Comparez tome II, p. 395 et note 20; et voyez, pour tout ce passage, *ibidem*, p. 477-478, la note 92 du *Discours à Mme de la Sablière*, et particulièrement, pour « les esprits corps », les vers 207 et suivants du même *Discours*, ainsi que la note 87 de la page 476.

7. *Qualia sublucent fugiente crepuscula Phœbo,*
　　Aut ubi nox abiit, nec tamen orta dies.
　　　　(Ovide, *les Amours*, livre I, élégie v, vers 5 et 6.)
Non era notte, e non era ancor giorno.
　　　　(Boïardo, *Roland amoureux*, livre I, chant XIII, stance 57.)

La Fontaine avait déjà dit, dans une lettre à sa femme, du 12 septembre 1663 (tome III *M.-L.*, p. 353) :

Comme au soir, lorsque l'ombre arrive en un séjour,
Ou lorsqu'il n'est plus nuit, et n'est pas encor jour.

— A remarquer grammaticalement dans le vers de la fable cet emploi du gérondif *n'étant plus nuit*, équivalent au *lorsqu'il n'est plus nuit* de la lettre, et où *nuit* jouant le rôle d'attribut, *étant* est sans sujet. — La périphrase est élégamment variée dans *les Filles de Minée*, vers 104 :

L'ombre et le jour luttoient dans les champs azurés.

J. DE LA FONTAINE. III

Au bord de quelque bois sur un arbre je grimpe,
Et, nouveau Jupiter, du haut de cet Olympe, 15
    Je foudroie, à discrétion[8],
    Un lapin qui n'y pensoit guère[9].
Je vois fuir aussitôt toute la nation
    Des lapins, qui, sur la bruyère,
    L'œil éveillé, l'oreille au guet, 20
S'égayoient, et de thym parfumoient leur banquet[10].
    Le bruit du coup fait que la bande
    S'en va chercher sa sûreté
    Dans la souterraine cité :
Mais le danger s'oublie, et cette peur si grande 25
S'évanouit bientôt; je revois les lapins,
Plus gais qu'auparavant, revenir sous mes mains[11].
Ne reconnoît-on pas en cela les humains?
    Dispersés par quelque orage,
    A peine ils touchent le port 30
    Qu'ils vont hasarder[12] encor

8. A volonté, à mon choix. Dans la fable XVII du livre III, vers 4-5, en parlant de la Belette :

    Là, vivant à discrétion,
    La galande fit chère lie.

— Comparez, pour le vers précédent, tome II, p. 334 et note 6.

9. C'est le *nil tale verebar* de Virgile (*Énéide*, livre IX, vers 207), rendu très-délicatement.

10. Tableau souvent cité, comme un des plus naturels et des plus poétiques de tout le recueil des fables, un de ceux où la vérité de la description se marie le plus heureusement avec le choix et l'harmonie de l'expression. Qui a jamais mieux observé et mieux peint? Comparez la fable XVI du livre VII, vers 5-9.

11. « Combien.... de lapins, qui s'épouvantent et se rassurent en un moment ! » dit la Rochefoucauld, comparant de même (tome I, p. 309) les lapins aux humains, dans les *Réflexions diverses*, citées plus haut à la notice.

12. Dans l'acception rare de s'exposer à, braver. Littré, 3°, cite un exemple de même sens de Saint-Simon (tome II, 1873, p. 16) : « hasarder les échelles de corde. »

Même vent, même naufrage ;
     Vrais lapins, on les revoit
     Sous les mains de la Fortune.
Joignons à cet exemple une chose commune.   35
Quand des chiens étrangers passent par quelque endroit,
     Qui n'est pas de leur détroit[13],
     Je laisse à penser[14] quelle fête !
     Les chiens du lieu, n'ayants en tête
Qu'un intérêt de gueule[15], à cris, à coups de dents,   40
     Vous accompagnent ces passants
     Jusqu'aux confins du territoire[16].
Un intérêt de biens[17], de grandeur, et de gloire,
Aux gouverneurs d'états[18], à certains courtisans,
A gens de tous métiers, en fait tout autant faire.   45
     On nous voit tous, pour l'ordinaire,

13. Au sens maintenant inusité de *district*. — « *Destroit*, dit l'Académie (1694), signifie aussi une étendue de pays soumis à une juridiction temporelle ou spirituelle. On l'appelle autrement *district : Un juge ne doit point agir hors de son destroit ou de son district.* » — « District, ainsi que le fait remarquer Littré, est la forme latine du mot dont *détroit* (*destroit*) est la forme française, comme *strict* et *étroit*. »

14. Même tour familier dans la fable ix du livre I, vers 7 et 8 :

     Je laisse à penser la vie
     Que firent ces deux amis ;

et livre IX, fable II, vers 63-64. — Nous n'avons plus à relever le participe, avec accord archaïque, du vers suivant.

15. La crainte que ces étrangers ne cherchent leur nourriture chez eux, ne mangent ce qu'eux regardent comme leur appartenant. — Dans la locution qui suit, *cris* est ordinairement accompagné d'un adjectif : *à grands cris*. Comparez : « à cor et à cri. »

16. C'est ce qu'on a surtout occasion de souvent remarquer dans les villes d'Orient où, comme à Constantinople, par exemple, abondent les chiens errants.

17. *Biens* est le texte de 1679, 1682, 1688, 1708, 1709, 1729. L'éditeur de 1788 et quelques autres ont mis le mot au singulier.

18. De provinces.

Piller[19] le survenant, nous jeter sur sa peau.
La coquette et l'auteur[20] sont de ce caractère :
　　Malheur à l'écrivain nouveau !
Le moins de gens qu'on peut à l'entour du gâteau[21], 50
　　C'est le droit du jeu, c'est l'affaire[22].
Cent exemples pourroient appuyer mon discours;
　　Mais les ouvrages les plus courts
Sont toujours les meilleurs[23]. En cela, j'ai pour guide[24]

19. *Piller*, terme de vénerie, que le second hémistiche explique par une locution synonyme : voyez au tome II, p. 466 et note 45, et ci-dessus, p. 43. Rien de plus propre que cette expression canine à fortifier la comparaison de l'homme au chien.

20. Les coquettes et les auteurs : le singulier collectivement, au sens pluriel, comme si souvent. Comparez la fin de la fable xix du livre XII. La Fontaine avait déjà fait ailleurs cette double application : Il est « de la politique, parmi les personnes de ce sexe qui se sont mises sur le bon pied, de faire la guerre aux survenantes, comme à celles qui leur ôtent, pour ainsi dire, le pain de la main. Je ne saurois vous assurer bien précisément si elles tiennent cette coutume-là des auteurs, ou si les auteurs la tiennent d'elles. » (*Psyché*, livre II, tome III M.-L., p. 140.)

21. Comparez, pour cet emploi métaphorique de *gâteau*, tome II, p. 246, note 16.

22. C'est ce qui importe, c'est le grand intérêt. On peut rapprocher de ce vers quelques exemples du 5° de Littré (AFFAIRE) et du 8° (JEU). — Chamfort trouve que « cette attention de l'amour-propre à écarter tous les concurrents méritait les frais d'un apologue particulier. » Notre poëte nous dit lui-même dans les vers suivants que le sujet prête. Regrettons qu'il ne l'ait pas traité; mais lui en faire un reproche, comme Chamfort semble en avoir envie, le droit de la critique ne va pas jusque-là.

23. Et ceux qui m'agréent le mieux : il a dit ailleurs (Épilogue du livre VI, vers 2) :

　　Les longs ouvrages me font peur.

— Voyez aussi fable xxiii du livre XII, vers 58-59.

24. *Guides*, dans l'édition originale et dans les anciens textes. Mais, comme l'éditeur de 1788 et quelques autres, nous supprimons l's, la rime avec *solide* l'exigeant. *Pour guide* s'explique, ce semble, presque aussi bien que, dans le vers 2 de la fable précédente, *pour témoin*.

Tous les maîtres de l'art, et tiens[25] qu'il faut laisser 55
Dans les plus beaux sujets quelque chose à penser[26] :
    Ainsi ce discours doit cesser.

Vous qui m'avez donné ce qu'il a de solide,
Et dont la modestie égale la grandeur,
Qui ne pûtes jamais écouter sans pudeur[27]   60
    La louange la plus permise,
    La plus juste et la mieux acquise ;
Vous enfin, dont à peine ai-je encore obtenu
Que votre nom reçût ici quelques hommages[28],
Du temps et des censeurs défendant mes ouvrages[29], 65
Comme un nom qui, des ans et des peuples connu,

---

25. Même verbe, au même sens, et avec même tour, dans les fables III, vers 4, des livres V et XII ; et, avec régime direct, dans les fables I du livre II, vers 48, I du livre XI, vers 36, et XII du livre XII, vers 109.

26. C'est, mais simplement indiqué et délicatement restreint, l'*esto brevis....* d'Horace (*Épître aux Pisons*, vers 335-337) et le précepte analogue de Boileau (*Art poétique*, chant I, vers 61-63). Comparez aussi l'Épilogue cité du livre VI, vers 3-4. — Il semble bien qu'il y a là, dans les vers 53-56, une fine et juste flatterie pour l'auteur des *Maximes* et sa façon d'écrire ; et, dans la suite, une allusion à cette modestie, ou plutôt à cette sorte de timide *pudeur*, qui fit refuser à la Rochefoucauld de se présenter à l'Académie française : voyez la *Notice biographique*, en tête du tome I de ses OEuvres, p. xc-xcI.

27. Nous avons rapproché cet exemple du mot *pudeur* d'un emploi analogue qui est au vers 28 de la fable XI du livre VIII : voyez tome II, p. 267 et note 14.

28. Il a été rappelé ci-dessus qu'il lui avait dédié déjà la fable XI du livre I.

29. C'est la même flatterie que dans le vers 9 de l'épître à Louis-Armand prince de Conti (tome V *M.-L.*, p. 71) :

    Par ton nom tu rendras ces ouvrages durables ;

et aux vers 15-18, 29-35 de la dédicace du livre VII des Fables à Mme de Montespan, où elle est poétiquement développée.

Fait honneur à la France, en grands noms plus féconde
    Qu'aucun climat de l'univers,
Permettez-moi du moins d'apprendre à tout le monde
Que vous m'avez donné le sujet de ces vers[30].   70

30. Chamfort trouve « toute cette période, qui contient l'éloge de M. de la Rochefoucauld, longue et pesante. » « Longue » ne serait point une critique, si la période se développait avec aisance et sans embarras; mais il faut convenir que, dans celle-ci, le sujet *Vous enfin*, du vers 63, est séparé de *Permettez*, du vers 69, par trop d'incises enchevêtrées. Quant à la première moitié de la phrase, elle contient des vers charmants, pleins de délicatesse dans la pensée et de tour très-facile.

FABLE XV.

LE MARCHAND, LE GENTILHOMME, LE PÂTRE,
ET LE FILS DE ROI.

Calila et Dimna, p. 354, conte traduit dans le *Specimen sapientiæ Indorum veterum Starkii*, sectio 12, p. 455-467 (p. 616 du P. Poussines). — Bidpaï, tome III, p. 320-338, *Histoire d'Asfendiar*. (Voyez Benfey, tome I, p. 603; Loiseleur Deslongchamps, p. 66.) — *Les Délices ou discours joyeux*, etc., par *Verboquet le généreux* (p. 62-67), *Advanture d'un jeune prince qui estoit dechassé par son père, et de la bonne fortune qu'il fit à la rencontre de six hommes qui demandoient leurs vies*.

    Saint-Marc Girardin, à la fin de sa xve leçon, et au commencement de la xvie (tome II, p. 56-63), a commenté cette fable en la rapprochant des idées de J.-J. Rousseau dans son *Émile* (livre III), et de celles de saint Augustin dans son traité *du Travail des moines, de Opere monachorum*. « La Fontaine, dit-il (p. 60), en louant le secours que le travail des mains donne à la vie humaine, ne s'appuyait pas sur des raisons aussi élevées que saint Augustin et J.-J. Rousseau; il n'en traitait pas moins un des plus grands problèmes de l'éducation des individus et de l'organisation des sociétés. » Voyez, ci-après, la dernière note de la fable. — On s'étonne, à moins de voir là un trait de satire, que Chamfort, vivant à la fin du dix-huitième siècle, si près de la Révolution française, et lorsque Voltaire avait déjà écrit le xxvie chapitre de *Candide*, ait fait la réflexion suivante : « La moralité qui résulte de cet apologue est incontestable; mais elle a bien peu d'application dans nos mœurs[1]. » — Dans l'apologue oriental, ce que l'auteur déduit de son récit, ce n'est pas la supériorité du travail des mains, c'est le triomphe de la fatalité; sa conclusion est que personne ne peut éviter sa destinée. Le paysan, avec ses fagots, gagne un peu

---

1. Le même Chamfort s'est quelque peu inspiré de notre fable dans sa comédie en un acte, en prose : *le Marchand de Smyrne* (1770); voyez particulièrement les scènes v et x.

d'argent, qui empêche ses compagnons de mourir de faim. Le beau jeune homme a une aventure galante qui leur rapporte un peu plus. Le négociant, par un stratagème adroit, acquiert presque une fortune. Asfendiar, le fils de roi, qui croit aveuglément à la destinée, se promène dans la ville sans rien faire. Le sultan de Laodicée venait de mourir. La foule est étonnée du calme et de la froideur de cet étranger au milieu du deuil général; on le prend pour un espion, on l'arrête, puis on le tire de prison pour le faire sultan. C'est surtout de ce dénouement que Chamfort pouvait dire, nous peut-être moins, après les surprises et les invraisemblances de notre récente histoire : « Ce qui résulte de cet apologue a bien peu d'application dans nos mœurs. »

Quatre chercheurs[2] de nouveaux mondes,
Presque nus, échappés à la fureur des ondes,
Un Trafiquant, un Noble, un Pâtre, un Fils de roi,
    Réduits au sort de Bélisaire[3],
    Demandoient aux passants de quoi   5
    Pouvoir soulager leur misère.
De raconter quel sort les avoit assemblés[4],

2. Ce mot n'est plus guère d'usage dans le style noble. Bossuet l'a employé dans l'*Oraison funèbre de la reine d'Angleterre*, mais comme un terme spécial, nom d'une secte religieuse : « Ceux qu'on nomme *chercheurs*, à cause que dix-sept cents ans après Jésus-Christ ils cherchent encore la Religion, et n'en ont point d'arrêtée. » (Tome I, p. 28-29, du *Recueil des Oraisons funèbres*, édition de 1762.) — Rapprochez le vers 620 du conte XIV de la IIe partie; et du vers entier le 28e de la fable VIII du livre VIII :

Tous les noms des chercheurs de mondes inconnus.

3. « Bélisaire étoit un grand capitaine, qui, ayant commandé les armées de l'Empereur (Justinien) et perdu les bonnes grâces de son maître, tomba dans un tel point de misère, qu'il demandoit l'aumône sur les grands chemins. » (*Note de la Fontaine.*) — On sait que cette légende populaire est un mensonge historique auquel on n'ajoute plus foi depuis longtemps : voyez Gibbon, *Histoire de la décadence et de la chute de l'Empire romain*, fin du chapitre XLIII, et notes.

4. Rassemblés, réunis : même sens du mot, figurément, dans la fable II du livre VII, vers 5.

Quoique sous divers points⁵ tous quatre ils fussent nés,
　　C'est un récit de longue haleine⁶.
Ils s'assirent enfin au bord d'une fontaine :　　　　　　10
Là le conseil se tint entre les pauvres gens.
Le Prince s'étendit sur le malheur des grands.
Le Pâtre fut d'avis qu'éloignant la pensée
　　De leur aventure passée,
Chacun fît de son mieux, et s'appliquât au soin　　　15
　　De pourvoir au commun besoin.
« La plainte, ajouta-t-il, guérit-elle son homme⁷?
Travaillons : c'est de quoi nous mener jusqu'à Rome⁸. »
Un pâtre ainsi parler! Ainsi parler⁹; croit-on
Que le Ciel n'ait donné qu'aux têtes couronnées　　　20
　　De l'esprit et de la raison;
Et que de tout berger, comme de tout mouton¹⁰,

　　5. Terme d'astronomie : sous divers points du ciel, dans divers *climats*, nom que nous venons de voir, au sens de « pays », à la fin de la fable précédente, vers 68.
　　6. Un de ceux qui me font peur (voyez la note 23 de la fable précédente, p. 84); et je puis bien me dispenser de le faire, car il est, comme dit Geruzez, « inutile. »
　　7. Remarquable exemple du possessif, à rapprocher de ceux que nous avons relevés ci-dessus, p. 36, note 6, et p. 50, note 20. — Pour la pensée, comparez (livre VIII, fable XII, vers 30-31) :

　　　　Quand le mal est certain,
　　La plainte ni la peur ne changent le destin;

et le dernier vers, de même sens implicite, de la fable XI du livre III :

　　　　Fit-il pas mieux que de se plaindre?

　　8. Dans la *Réponse à M. Girin*, vers 18 (tome V *M.-L.*, p. 173) :
　　Bref, avec de l'esprit, on va jusques à Rome.
　　9. L'éditeur de 1788 et Walckenaer ont remplacé par un point d'interrogation le point et virgule des anciens textes (1679-1729), ce qui ne change, légèrement, que le mouvement de la phrase.
　　10. Cette incise prête à deux sens; un seul est ici possible, ce nous semble : « et que les connaissances de tout berger soient bornées comme le sont celles de tout mouton; » et non, ce que pour-

Les connoissances soient bornées?
L'avis de celui-ci fut d'abord[11] trouvé bon
Par les trois échoués aux bords de l'Amérique[12].   25
L'un (c'étoit le Marchand) savoit l'arithmétique :
« A tant par mois, dit-il, j'en donnerai leçon.
— J'enseignerai la politique, »
Reprit le Fils de roi. Le Noble poursuivit :
« Moi, je sais le blason ; j'en veux tenir école. »   30
Comme si, devers l'Inde[13], on eût eu dans l'esprit
La sotte vanité de ce jargon frivole[14] !
Le Pâtre dit : « Amis, vous parlez bien ; mais quoi ?
Le mois a trente jours : jusqu'à cette échéance
  Jeûnerons-nous, par votre foi[15] ?   35
Vous me donnez une espérance

tant, à ne voir que la valeur ordinaire de cette tournure, les mots signifieraient plutôt : « ainsi que celles de tout mouton ; » c'est-à-dire, en donnant à *comme* un sens, non comparatif, mais purement copulatif : « et que les connaissances de tout berger et de tout mouton soient bornées. » Le poëte s'en est fié à la force du sens.

11. Aussitôt, tout d'abord.

12. A remarquer ce rejet de l'indication du lieu de la scène à cette distance du commencement de la fable.

13. *Inde*, Indes occidentales, nom sous lequel on désigna d'abord l'Amérique : voyez le vers 25 ; et, tome II, p. 249 et note 10, les mots « Grandes Indes, » au même sens. — *Devers* a vieilli ; mais voyez les nombreux exemples qu'en cite Littré, 1°.

14. « Cette vanité, dit Nodier, est loin d'être inconnue dans l'Inde, où la division des castes est au contraire bien plus prononcée qu'en Europe. » Par une étrange distraction, dont Chamfort lui avait donné l'exemple, il oublie que l'*Inde* veut dire ici l'*Amérique*. — On peut rapprocher de cette satire du blason cette plaisanterie de Chamfort sur les généalogistes dans la scène v du *Marchand de Smyrne*, cité à la note 1 : « .... Et cet autre que vous m'avez vendu au poids de l'or, qui disoit toujours : « De qui « est-il fils ? De qui est-il fils ? Et quel est le père et le grand-père, « et le bisaïeul ? » Il appeloit cela, je crois, être généalogiste. »

15. Sur votre parole, répondez franchement ; nous avons le même tour, avec une légère nuance de valeur, dans le vers 48 de la fable xi de ce livre X ; comparez la fable i du livre XII, vers 91.

Belle, mais éloignée[16]; et cependant j'ai faim.
Qui pourvoira de nous au dîner de demain?
    Ou plutôt sur quelle assurance
Fondez-vous, dites-moi, le souper d'aujourd'hui[17]?   40
    Avant tout autre, c'est celui
    Dont il s'agit. Votre science
Est courte[18] là-dessus : ma main y suppléera. »
    A ces mots, le Pâtre s'en va
Dans un bois : il y fit des fagots, dont la vente,   45
Pendant cette journée et pendant la suivante,
Empêcha qu'un long jeûne à la fin ne fît tant
Qu'ils allassent là-bas[19] exercer leur talent.

    Je conclus de cette aventure
Qu'il ne faut pas tant d'art pour conserver ses jours;   50
    Et, grâce aux dons de la nature[20],
La main est le plus sûr et le plus prompt secours[21].

16. Ceci rappelle le vulgaire proverbe déjà deux fois rencontré aux vers 24-25 des livres IV, fable II, et V, fable III.

17. Comparez le vers 120 de la fable xv du livre XII.

18. Insuffisante : figure très-française, impliquant une métaphore claire et expressive : « ne va pas loin, pas assez loin »; comparez « vue courte » au propre et au figuré, et voyez les divers exemples cités par Littré, à COURT, 3°.

19. Dans l'autre monde : voyez tome II, p. 315 et note 10.

20. Opposés à l'idée de connaissances et d'aptitudes acquises, contenue dans le mot *art*.

21. Voyez ce que dit la notice de la morale à déduire de cette fable. On y peut comparer plutôt qu'opposer l'affabulation qui termine la fable xix du livre VIII (*l'Avantage de la science*) :

    .... le savoir a son prix,

laquelle ne reste pas moins vraie, d'un point de vue différent, et appliquée à d'autres circonstances. Elles font penser, toutes deux, aux exilés politiques, à maints émigrés, à la fin du siècle dernier, jetés sur la terre étrangère, et souvent réduits à se dire, comme Bias : « Je porte tout avec moi, » et à s'ingénier et agir en conséquence.

LIVRE ONZIÈME.

FABLE PREMIÈRE.

LE LION.

Le *Livre des lumières, ou la Conduite des Rois*, contient, p. 40-43, une fable, qui, reproduite dans les *Contes et fables indiennes de Bidpaï et de Lokman* (tome I, p. 157-170), sous ce titre : *le Jeune Léopard*, « semble, selon Walckenaer, avoir donné l'idée de celle-ci, » quoiqu'elle soit toute différente. Nous inclinons à penser que la Fontaine a pris l'idée de ce sujet dans le *Recueil de quelques pièces nouvelles et galantes*, publié à Cologne en 1667. Dans la seconde partie de ce Recueil, p. 128-154, se trouve un morceau intitulé *Allégorie*; c'est un dialogue entre le Lion et le Renard, celui-ci voulant enseigner à l'autre le moyen de reconquérir et de conserver sa royauté usurpée par l'homme. On trouvera à l'*Appendice* de ce volume un fragment de cette *Allégorie*.

« C'est ici le lieu, dit Chamfort, de développer une partie des idées que je n'ai fait qu'effleurer à l'occasion de la fable du *Chien qui porte à son cou le dîner de son maître* (livre VIII, fable VII), et de celle de *l'Araignée et l'Hirondelle* (livre X, fable VI). C'est certainement une idée très-ingénieuse d'avoir trouvé et saisi dans le naturel et les habitudes des animaux des rapports avec nos mœurs pour en faire ou la peinture ou la satire ; mais cette idée heureuse n'est pas exempte d'inconvénients, comme je l'ai déjà insinué. Cela vient de ce que le rapport de l'animal à l'homme est trop incomplet; et cette ressemblance imparfaite peut introduire de grandes erreurs dans la morale. Dans cette fable-ci, par exemple, il est clair que le Renard a raison et est un très-bon ministre. Il est clair que Sultan Léopard devait étrangler le Lionceau, non-seulement comme léopard d'apologue, c'est-à-dire qui raisonne, mais il le devait même comme sultan, vu que Sa Majesté léoparde se devait tout entière au bonheur de ses peuples. C'est ce qui fut démontré peu de temps après. Que conclure de là? S'ensuit-il que, parmi les hommes, un monarque, orphelin, héritier d'un grand empire, doive être étranglé par un roi voisin, sous prétexte que cet orphelin, devenu majeur, sera peut-être un conquérant redoutable? Machiavel dirait que oui; la politique vulgaire balancerait peut-être; mais la morale affirmerait que non. D'où vient cette différence entre Sa Majesté léoparde et cette autre majesté? C'est que la première se trouve dans une nécessité physique, instante, évidente et incontestable, d'étrangler l'orphelin pour l'intérêt de sa propre sûreté : nécessité qui ne saurait avoir lieu pour l'autre monarque. C'est la mesure de cette nécessité, de l'effort qu'on fait pour s'y soustraire, de la douleur qu'on éprouve en s'y soumettant, qui devient la mesure du caractère moral de l'homme, qui, plutôt que de s'y soumettre, consent à s'immoler lui-même (en n'immolant toutefois que lui-même, et non ceux dont le sort lui est confié), et s'élève par là au plus haut degré de vertu auquel l'humanité puisse atteindre. On sent, d'après ces réflexions, combien il serait aisé d'abuser de l'apologue de la Fontaine. On sent combien les méchants sont embarrassants pour la morale des bons. Ils nuisent à la société, non-seulement en leur qualité de méchants, mais en empêchant les bons d'être aussi bons qu'ils le souhaiteraient, en forçant ceux-ci de mêler à leur bonté une prudence qui en gêne et qui en restreint l'usage ; et c'est ce qui a fait enfin qu'un recueil d'apologues doit presque autant contenir de leçons de sagesse que de préceptes de morale. » — Cette amplification, qui commence par faire encore la guerre à tout le genre de l'Apologue et en méconnaître la vraie nature, se termine par une parole de bon sens, que nous avons opposée à plusieurs des observations de Chamfort lui-même et qui est l'aveu implicite que bien souvent il a chicané faute de bien comprendre, de reconnaître que la fable ne donne pas seulement des leçons de « morale, » qu'elle enseigne aussi la « sagesse » pratique de la vie et les préceptes de l'expérience. On peut regretter qu'il ne se soit pas avisé plus tôt de développer, comme il dit, ses idées. Sa remarque finale lui eût épargné maintes critiques mal fondées, qu'il a faites.

En 1679, après la grande guerre que la France eut à soutenir contre l'Europe coalisée et que terminèrent les traités de Nimègue (1678-1679), qui ajoutèrent aux précédentes conquêtes de Louis XIV la Franche-Comté, on pouvait bien, sans subtilité d'application, se dire que l'intention du poëte était de montrer dans le Lion le Grand Roi. L'Angleterre, désignée par ses armoiries, le Léopard, cadre bien avec la conjecture ; on sait qu'après avoir attaqué avec nous la Hollande, elle s'était tournée contre nous. Au roi Charles II, qui régna de 1660 à 1685, convient assez bien :

Le Sultan dormoit lors.

Si nous remontons d'une trentaine d'années en arrière, le début du règne du redoutable Lionceau, comparé à celui de Louis XIV enfant, complète l'allégorie.

Sultan Léopard[1] autrefois
    Eut, ce dit-on, par mainte aubaine[2],
Force bœufs dans ses prés, force cerfs dans ses bois,
    Force[3] moutons parmi la plaine[4].
Il naquit un Lion dans la forêt prochaine.   5
Après les compliments et d'une et d'autre part,
    Comme entre grands il se pratique,

1. Pour ces deux mots et la fin du vers 10, voyez tome II, p. 408, note 4. — Pour *ce dit-on* du vers suivant et *ce dit-il* du vers 10, *ibidem*, p. 210, note 13.

2. Au sens général de profit, avantage fortuit, qu'a le mot au livre VI, fable XI, vers 16, et, en particulier, comme il s'agit d'un « Sultan, » dans l'acception de « droit d'aubaine, » c'est-à-dire du droit qu'avait le Roi de succéder aux biens des étrangers qui mouraient dans son royaume et qui n'y étaient pas naturalisés. Montesquieu traite ce droit d'insensé : « ....les droits insensés d'aubaine et de naufrage » (*de l'Esprit des lois*, livre XXI, chapitre XVII). Cette dure condition de l'étranger s'adoucit peu à peu, surtout à partir de Henri IV ; mais le droit d'aubaine ne fut définitivement et entièrement aboli, « comme contraire aux principes de fraternité qui doivent lier tous les hommes, » que par l'Assemblée constituante, le 6 août 1790.

3. Même emploi du mot au vers 47 ; nous l'avons vu, avec le même régime, ou plutôt la même apposition : *moutons*, dans la fable I du livre VII, vers 26.

4. Au milieu de la plaine, *per mediam planitiem*. Parmi est encore usité aujourd'hui, mais l'était beaucoup plus autrefois, avec un régime singulier.

Le Sultan fit venir son vizir le Renard⁵,
Vieux routier⁶, et bon politique.
« Tu crains, ce lui dit-il, Lionceau mon voisin ;
Son père est mort ; que peut-il faire ?
Plains plutôt le pauvre orphelin.
Il a chez lui plus d'une affaire,
Et devra beaucoup au Destin
S'il garde ce qu'il a, sans tenter de conquête. »
Le Renard dit, branlant la tête :
« Tels orphelins, Seigneur, ne me font point pitié ;
Il faut de celui-ci conserver l'amitié,
Ou s'efforcer de le détruire⁷
Avant que la griffe et la dent
Lui soit crue⁸, et qu'il soit en état de nous nuire.
N'y perdez pas un seul moment⁹.
J'ai fait son horoscope : il croîtra par la guerre ;
Ce sera le meilleur Lion
Pour ses amis, qui soit sur terre¹⁰ :
Tâchez donc d'en être ; sinon
Tâchez de l'affoiblir. » La harangue fut vaine.
Le Sultan dormoit lors ; et dedans son domaine

5. Le Renard, type de l'habile et du rusé, joue assez souvent le rôle de vizir ou de ministre dans les fables orientales.
6. Comparez le vers 43 de la fable XVIII du livre III ; à l'exemple de Rabelais cité là dans la note on peut en joindre un de Regnier (épître II, vers 8), un autre de notre auteur lui-même (conte XIII de la IVᵉ partie, vers 4), et celui-ci de Saint-Simon (tome IV, 1873, p. 104) : « Le vieux maréchal de Villeroy, grand routier de cour. »
7. Voyez le morceau cité à l'*Appendice* de ce volume.
8. Accord, fort usité jadis, et commun en grec et en latin, avec le dernier nom seulement ; comparez fable IV du livre IV, vers 6.
9. Pour suivre l'un ou l'autre des deux conseils qu'il vient de donner et qu'il va répéter.
10. Ceci confirmerait, au besoin, la conjecture finale de la notice. Louis XIV se fit un devoir et un point d'honneur de ne jamais abandonner ses alliés.

Chacun dormoit[11] aussi, bêtes, gens : tant qu'enfin
Le Lionceau devient vrai Lion[12]. Le tocsin[13]   30
Sonne aussitôt sur lui; l'alarme[14] se promène
   De toutes parts ; et le Vizir,
Consulté là-dessus, dit avec un soupir[15] :
« Pourquoi l'irritez-vous ? La chose est sans remède.
En vain nous appelons mille gens à notre aide :   35
Plus ils sont, plus il[16] coûte; et je ne les tiens[17] bons
   Qu'à manger leur part des moutons.
Apaisez le Lion : seul il passe en puissance

11. Il y a un passage analogue, avec triple emploi du verbe, au livre III, fable III, vers 14-17.

12. C'est le même tour, mais ici plus elliptique, qu'aux livres IX, fable XI, vers 17, et VI, fable XVI, vers 12. — L'éditeur de 1788 et Walckenaer écrivent « devint »; mais la très-bonne leçon « devient » est le texte de l'édition originale, ainsi que de 1682, 1688, 1708, 1709, 1729.

13. Après les coupes languissantes, négligées pour l'époque, qui précèdent, ce mot : *Le tocsin*, à la fin du vers et au commencement de la phrase, réveille tout à coup très-énergiquement, et le rejet « De toutes parts » (vers 32) continue bien ce mouvement. — Littré, qui n'a pas notre exemple, en cite un, de Voltaire, de sonner « le tocsin sur »; l'Académie ne donne cette locution, qui n'est ni dans Richelet ni dans Furetière, qu'à partir de sa seconde édition (1718); *sonner contre* est plus ordinaire.

14. Voyez ci-dessus, p. 77, la note 21 de la fable XIII du livre X. — A remarquer la hardiesse de la personnification de ce terme abstrait *l'alarme*, dont la valeur étymologique est absolument perdue de vue. On peut s'étonner que ce passage manque aussi chez Littré.

15. « Avec soupir », dans les deux textes de 1679; cette faute est corrigée dans l'*Errata*, et, en outre, à la main, dans l'exemplaire de l'édition originale de la Bibliothèque nationale.

16. Plus cela coûte; le verbe est pris au sens d'impersonnel, et nous employons encore de même ce neutre *il* quand le sens d'impersonnel est déterminé par quelque mot joint au verbe *coûter* : « ce qu'il en coûte, il coûte cher de, il m'en coûte de » : voyez la fable VI du livre XII, vers 19; et rapprochez ci-après, l'*il* du vers 47, qu'on ne peut remplacer, lui, par *cela*.

17. Voyez ci-dessus, p. 85 et note 25.

J. DE LA FONTAINE. III

Ce monde d'alliés vivants [18] sur notre bien.
Le Lion en a trois qui ne lui coûtent rien, 40
Son courage, sa force, avec sa vigilance [19].
Jetez-lui promptement sous la griffe un mouton [20];
S'il n'en est pas content, jetez-en davantage :
Joignez-y quelque bœuf; choisissez, pour ce don,
    Tout [21] le plus gras du pâturage. 45
Sauvez le reste ainsi. » Ce conseil ne plut pas.
    Il en prit mal [22]; et force États
    Voisins du Sultan en pâtirent :
    Nul n'y gagna, tous y perdirent.
    Quoi que fît ce monde ennemi, 50
    Celui qu'ils craignoient fut le maître.
Proposez-vous d'avoir le Lion pour ami,
    Si vous voulez le laisser craître [23].

18. Plus bas, vers 50, « ce monde ennemi »; dans *l'Eunuque* (acte II, scène 1, vers 8) : « .... un monde d'esclaves ». — Selon la coutume, il y a bien *vivans*, au pluriel, malgré le complément, dans les deux textes de 1679 et ceux de 1682, 1688, 1709, 1729. Voyez tome II, p. 191 et note 29. — Pour la locution *vivre sur*, comparez livres IV, fable XII, vers 49; VIII, fable VII, vers 19-20.

19. « Les trois alliés du Lion qui ne lui coûtent rien, dit Chamfort, « son courage, sa force, avec sa vigilance, » est une tournure d'un goût noble et grand, et presque oratoire. Aussi cela se dit-il dans le Conseil du Roi. »

20. Le gibier du Lion, ce ne sont pas moineaux,

a dit plus haut la Fontaine (livre II, fable XIX, vers 3).

21. De ce *tout* devant le superlatif, Littré, outre notre exemple, en cite (36°) bon nombre de divers auteurs.

22. Il en arriva mal : voyez la fable VIII du livre I, vers 55. Ce qui est remarquable ici, c'est *en prendre mal* sans complément précédé de *à*.

23. « Craistre » ou « craître » est la leçon de 1679, 1682, 1688, 1729; il y a *croître* dans les textes de 1708, 1709, 1788. La Fontaine, qui, plus haut, au vers 23, a écrit *croîtra*, n'adopte ici l'orthographe *craître* (*craistre*) qu'à cause de la rime (comparez tome II, p. 320 et note 4); mais au dix-septième siècle cette prononciation

avait prévalu (voyez Thurot, *de la Prononciation française*, tome I, 1881, p. 390-391), et on sait que bien des gens prononcent encore ainsi en Picardie et dans plusieurs autres provinces de France. — L'affabulation répète le double conseil du Vizir. « Ces deux derniers vers sont presque devenus proverbes, dit Chamfort. Il y en a, ajoute-t-il, deux autres dans le cours de cet apologue, que j'ai vu citer et appliquer à un très-méchant homme, qui était destiné à avoir de grands moyens de servir et de nuire, et qui avait au moins le mérite d'être attaché à ses amis. Voici ces deux vers (24-25) :

  Ce sera le meilleur Lion
  Pour ses amis, qui soit sur terre. »

Comme il s'agit, on le voit, d'un personnage considérable, on regrette que l'annotateur n'ait pas cru pouvoir nous dire son nom.

FABLE II.

POUR MONSEIGNEUR LE DUC DU MAINE[1].

« Cette idée, dit Chamfort, de représenter tous les Dieux, ou tous les Génies, ou toutes les Fées, qui se réunissent pour doter un

[1]. C'est le titre unique de cette poésie dans l'édition originale et dans celles de 1682, 1688, 1708. Un autre titre, formant un vers alexandrin, a été ajouté, avant celui-ci, dans les textes de 1709, 1729, 1788, et il a passé de là dans presque toutes les éditions modernes :

LES DIEUX VOULANT[a] INSTRUIRE UN FILS DE JUPITER.

— Louis-Auguste de Bourbon, duc du Maine, fils de Louis XIV et de Mme de Montespan, était né à Versailles le 31 mars 1670, et mourut le 14 mai 1736. Il avait été légitimé au mois de décembre 1673[b]. Il était dans sa neuvième année au moment où paraissait cette pièce. Peu de temps avant, un petit événement littéraire, qui avait fait grande sensation à la cour, avait attiré sur le duc du Maine l'attention des courtisans, des lettrés, et, on se l'explique, celle de notre poëte, très-désireux de plaire. Le 1er janvier 1679, avait été présenté à Mme de Montespan, sa mère, à qui la Fontaine avait dédié son second recueil de fables (voyez tome II, p. 84), un volume de divers ouvrages du jeune Prince, ayant successivement ces deux titres, l'un en tête, l'autre au 10e feuillet : *OEuvres diverses d'un auteur de sept ans*, et *Recueil des ouvrages de M. le duc du Mayne, qu'il a fait* (sic) *pendant l'année 1677 et dans le commencement de l'année 1678*, Paris, in-4°, tiré à un petit nombre d'exemplaires. En tête est l'épître dédicatoire de Mme de Maintenon, sa gouvernante, *à Mme de Montespan*, qui a été attribuée à Racine[c]. On voit que si l'adulation allégorique

[a] Dans l'édition de 1729 on a remplacé *voulant* par *qui veulent*.
[b] Pour nos dates, voyez, dans le *Saint-Simon* de M. de Boislisle, tome I, la note 2 de la page 32.
[c] Voyez au tome I, p. 337 et note 1, de la *Correspondance générale de Mme de Maintenon*, édition Lavallée, et, dans les *OEuvres de Racine*, deux notices de M. Mesnard (tome IV, p. 237-238, et tome V, p. 349-353). Conférez aussi les *Nouvelles de la république des lettres*, février 1685, tome IV (2e édition, 1686), p. 203-209; et la suite du passage des *Mémoires touchant....* *Mme de Sévigné*, de Walckenaer, que nous citons plus loin, note 14.

prince de toutes les qualités possibles, est une vieille flatterie, déjà usée dès le temps de la Fontaine. Quant à M. le duc du Maine, il est fâcheux que l'assemblée des Dieux ait oublié à son égard un article bien important : c'était de lui donner un peu de caractère; cette qualité lui eût fait jouer un rôle plus noble pendant la Régence, et lui eût épargné bien des dégoûts. C'était d'ailleurs un prince très-instruit en littérature d'agrément. Il s'amusait à traduire en français l'*Anti-Lucrèce* du cardinal de Polignac, pendant la dernière année du règne de Louis XIV. Mme la duchesse du Maine, occupée d'idées plus ambitieuses, lui disait : « Vous apprendrez au pre-
« mier moment que M. le duc d'Orléans est le maître du Royaume,
« et vous de l'Académie française. » — On verra plus loin, sur certains détails de cette allégorie, quelques autres observations de Chamfort. Il ne faut pas qu'on puisse nous accuser de refuser la parole à sa philosophie morale, toute banale qu'elle est et parfois trop évidente, et en général peu applicable à notre auteur bien compris.

Jupiter eut un fils [2], qui, se sentant du lieu
    Dont il tiroit son origine [3],

de la fable de la Fontaine ne peut se laver du reproche d'excès, elle avait au moins l'à-propos de la date.

2. Ces apothéoses, que nos poëtes imitaient des anciens, leurs modèles en toutes choses, étaient si ordinaires et si bien admises comme pur artifice de style, que nous voyons Fénelon appliquer semblable allégorie, sans la moindre intention de flatterie, à son propre élève, dans cette leçon piquante qui termine son conte du *Jeune Bacchus et le Faune*. Bacchus « dit d'un ton fier et impatient au Faune, qui se moque d'une de ses expressions : « Comment
« oses-tu te moquer du fils de Jupiter? » Le Faune répondit sans s'émouvoir : « Hé ! comment le fils de Jupiter ose-t-il faire quel-
« que faute? » On voit que la déification n'est pas dans la bouche de l'auteur, mais placée finement, et par une douce raillerie, dans celle du Prince fier de sa naissance.

3. Il a dit la même chose, avec une leste brièveté (à propos de basse extraction), au vers 48 de la fable VII du livre IX (voyez la note 18 de la page 394 du tome II) :

    On tient toujours du lieu dont on vient.

Pour l'hérédité de la grandeur d'âme dans les régions de haute et

Avoit l'âme toute divine⁴.
L'enfance n'aime rien⁵ : celle du jeune dieu

divine noblesse où nous place le poëte, on peut rapprocher un passage célèbre d'Horace (livre IV, ode IV, vers 25 et suivants), où se lit le vers si connu :

Fortes creantur fortibus et bonis.

4. « C'est l'effet à côté de la cause, dit Chamfort; rien n'est plus simple. Cela doit bien faciliter l'éducation des princes; je suis même étonné que cette réflexion ne l'ait pas fait supprimer entièrement. » — C'est une facile dépense d'ironie à propos d'une hyperbole de trop commun usage pour mériter d'être ainsi relevée avec une indignation déclamatoire : voyez ci-dessus le commencement de la note 2. Ces flatteries pindariques ne tiraient pas autant à conséquence que le donnerait à croire Chamfort; elles n'empêchaient pas les Bossuet, les Fénelon de remplir avec fermeté leur tâche. En tout cas, il ne fallait pas s'en prendre au seul la Fontaine, comme il paraît le faire en ne disant mot et ne tenant nul compte du *si volet usus*. Quelques-uns s'imaginent que la coutume est surtout du grand siècle, que la responsabilité en appartient principalement au majestueux Louis XIV, au Roi Soleil. Quand on se rappelle, pour ne parler que de modernes adulateurs, Malherbe, le peintre Rubens, sous les Valois Ronsard, etc., etc., on se dit que le grand siècle a plutôt mis plus de goût dans l'emploi de cette monnaie courante. Pour les adulations de la Fontaine en particulier, nous ne pouvons mieux faire que de renvoyer, dans notre tome I (p. CXVII-CXX), à l'appréciation judicieuse de M. Mesnard, qui tient toujours à observer le *Ne quid nimis*.

5. « Décidément, comme le remarque Geruzez, le grand enfant n'aime pas les petits. » Comparez la fable II du livre IX, vers 54 et note 19 (tome II, p. 364). Est-ce parce que « l'enfance n'aime rien » qu'il a dit dans la fable XI du livre X, vers 6-8 :

.... Les deux pères *s'aimoient;*
Les deux enfants, malgré leur cœur frivole,
L'un avec l'autre aussi *s'accoutumoient.*

La distinction est caractéristique. — « Cela n'est pas d'une vérité assez exacte et assez générale pour être mis en maxime, dit Chamfort. D'ailleurs, pourquoi le dire à un jeune prince? Pourquoi lui donner cette mauvaise opinion des enfants de son âge? Est-ce pour qu'il se regarde comme un être à part, comme un dieu, et le tout parce qu'il aime son père, sa mère et sa gouver-

Faisoit sa principale affaire[6] 5
Des doux soins d'aimer et de plaire[7].
En lui l'amour et la raison
Devancèrent le temps, dont les ailes légères
N'amènent que trop tôt, hélas! chaque saison[8].
Flore aux regards riants, aux charmantes manières, 10
Toucha d'abord le cœur du jeune Olympien[9].
Ce que la passion peut inspirer d'adresse,
Sentiments délicats et remplis de tendresse,
Pleurs, soupirs, tout en fut : bref, il n'oublia rien.
Le fils de Jupiter devoit, par sa naissance, 15
Avoir un autre esprit, et d'autres dons des Cieux,

nante*a*?» — La Fontaine eût certainement défendu sa maxime, et, à donner un sens sérieux au mot *aimer*, les bonnes raisons ne lui auraient pas manqué. Quant au mérite fort peu rare d'aimer son père, sa mère et sa gouvernante, il n'y avait pas lieu d'en parler, si la conjecture de la note 12 est fondée.

6. Rapprochez le tour analogue (livre VIII, fable x, vers 44) :

Faisoit son principal métier.

7. Voyez dans les *Lettres de M. le duc du Mayne*, in-4°, *s. l. n. d.*, quelques épîtres qui trahissent en effet ces « soins » précoces « d'aimer et de plaire » : une à Mlle de Villette, âgée de six ans, de 1677, p. 39, à laquelle il écrit : « .... Je vous enverrai mon portrait afin que vous ayez toujours votre amant devant les yeux»; une autre, de la même année, à Mlle de Thiange, p. 43, où il signe « Votre amant », et où il lui reproche de se marier « après ce qu'il lui a dit de son extrême passion »; enfin celle-ci à la duchesse de Foix, de 1678, p. 41 : « Je suis malheureux, Madame, de m'être adressé à une personne mariée, mais aucun homme ne peut vous résister. Je vous prie de trouver bon que nous ayons un petit commerce de lettres; l'amour nous inspirera assez de matière pour nous entretenir. Je suis à vous autant qu'on y peut être. »

8. « Il n'y a que la Fontaine, dit Nodier, qui sache ainsi jeter naturellement un trait touchant et mélancolique au milieu des sujets qui paraissent le moins propres à le produire. »

9. « Comment exprimer avec plus de délicatesse le goût pour

a Mme de Maintenon.

Que les enfants des autres Dieux[10] :
Il sembloit qu'il n'agît que par réminiscence[11],
Et qu'il eût autrefois fait le métier d'amant,
　　Tant il le fit parfaitement[12] !　　　　　20

la botanique ? » Nous reproduisons cette remarque de Geruzez, mais en renvoyant à notre note 12.

10. Chamfort qui, dans cette poésie, prend tout au sérieux en austère philosophe, fait encore ici cette remarque : « La Fontaine l'a déjà dit à peu près douze ou treize vers plus haut ; mais les belles choses ne sauraient être trop répétées. Par malheur, il y a ici un petit inconvénient, c'est qu'il est inutile ou même absurde de parler de morale aux princes, tant qu'on leur dira de ces choses-là. » Le commentateur oublie qu'il se répète aussi et que sa remarque n'ajoute vraiment rien à celle de la note 4.

11. On connaît la théorie de la réminiscence plusieurs fois exposée dans Platon. Ainsi, dans le *Ménon*, § xv, dans le *Phédon*, § xviii, Socrate dit que nous naissons avec *nos* connaissances, que ceux qui, selon nous, apprennent ne font que se ressouvenir, et que la science n'est qu'une réminiscence.

12. La suite des idées, à partir de l'amour de Flore (vers 10 jusqu'au vers 20), laisse à désirer pour la clarté, si l'on adopte l'interprétation que nous avons citée à la note 9. Est-ce dans sa passion pour les fleurs que le jeune prince se montra ainsi parfait amant, au point qu'on puisse dire :

　　Pleurs, soupirs, tout en fut?

Ce « tout en fut » ne peut que se rattacher très-étroitement à la passion dont parlent les vers sur Flore ; mais, d'autre part, comment cette manière d'être amoureux, telle que nos vers la décrivent, est-elle applicable au goût des fleurs? Le tour allégorique peut-il aller jusque-là ? Ces vers se comprendraient beaucoup plus facilement si l'on pouvait supposer que cette Flore ne représente pas la botanique, l'horticulture, mais une vraie jeune fille, compagne peut-être des jeux du Prince, au temps où il était encore sous le gouvernement féminin, et qui partageait son goût pour les fleurs. On pourrait dire que ce serait là un détail bien intime : d'où le tiendrait le poëte? et eût-il pu se permettre de le révéler? Ce que nous voyons, c'est que cette explication cadrerait, de la façon la plus satisfaisante, avec tous les détails de style de ce morceau. Mais, comme ce serait chose très-délicate de supposer une telle hardiesse au poëte, nous nous bornons, sans prendre résolument

Jupiter cependant voulut le faire instruire.
Il assembla les Dieux, et dit : « J'ai su conduire
Seul et sans compagnon jusqu'ici l'univers ;
　　　Mais il est des emplois divers
　　　Qu'aux nouveaux dieux je distribue.　　　25
Sur cet enfant chéri j'ai donc jeté la vue :
C'est mon sang ; tout est plein déjà de ses autels.
Afin de mériter le rang des Immortels,
Il faut qu'il sache tout[13]. » Le maître du tonnerre
Eut à peine achevé, que chacun applaudit.　　　30
Pour savoir tout, l'enfant n'avoit que trop d'esprit[14].

parti, à exposer la conjecture. Nous avons donné également, bien qu'avec elle on saisisse difficilement la liaison des idées, celle de Geruzez, et nous terminons cette note par celle de Chamfort, sur les derniers vers, mais non sans trouver qu'elle aussi les explique peu naturellement. « Ceci doit faire allusion, dit-il, à quelque petite pièce de société représentée devant le Roi dans son intérieur, où M. le duc du Maine avait sans doute bien joué le rôle d'amoureux. »

13. « Voilà une étrange idée, dit encore Chamfort. La Fontaine oublie qu'il s'en est moqué lui-même dans sa fable du Chien qui veut boire la rivière (lisez : *des Chiens qui veulent boire la mer*, fable xxv du livre VIII, vers 37-38) :

　　Si j'apprenois l'hébreu, les sciences, l'histoire !
　　　Tout cela, c'est la mer à boire.

D'ailleurs un prince est moins obligé qu'un autre homme de savoir tout. Quand il connait ses devoirs aussi bien que la plupart des princes connaissent leurs droits ; quand il sait ne parler que de ce qu'il entend ; quand on a formé sa raison ; quand on lui a enseigné l'art d'apprécier les hommes et les choses, son éducation est très-bonne et très-avancée. » — C'est encore très-vrai. Seulement, en accusant d'étrangeté ce passage, Chamfort oublie, comme d'ordinaire, le point de vue de l'auteur : nous ne sommes pas dans le pays de la réalité, mais dans le domaine des merveilles, et l'auteur parle en conséquence. Vouloir là des miracles, comme, par exemple, le don de l'universel savoir, c'est tout naturel.

14. Sans reparler des *OEuvres d'un auteur de sept ans* dont il est

« Je veux, dit le Dieu de la guerre,
Lui montrer moi-même cet art
Par qui maints héros ont eu part
Aux honneurs de l'Olympe, et grossi cet empire[15]. 35
— Je serai son maître de lyre,
Dit le blond et docte Apollon.
— Et moi, reprit Hercule à la peau de lion,
Son maître à surmonter les vices[16],

fait mention dans la note 1, il paraît bien, par les curieuses citations de Walckenaer, dans ses *Mémoires touchant*.... Mme de Sévigné (tome V, p. 236 et note 2), qu'à l'âge dont il s'agit ici du jeune Prince, le compliment n'était pas sans fondement : « M. du Maine est incomparable, disait Mme de Sévigné à la date de 1676; l'esprit qu'il a est étonnant; les choses qu'il dit ne se peuvent imaginer » (tome IV des *Lettres*, p. 549); et plus loin, la même année (tome V, p. 10) : « M. du Maine est un prodige d'esprit...; aucun ton et aucune finesse ne lui manque; » et elle raconte ces deux petites anecdotes : « Il en veut, comme les autres, à M. de Montausier, pour badiner avec lui : c'est sur cela que je dis l'*iniqua corte*. Il le vit l'autre jour passer sous ses fenêtres avec une petite baguette qu'il tenoit en l'air; il lui cria : « Monsieur de Montausier, « toujours le bâton haut. » Mettez-y le ton et l'intelligence, et vous verrez qu'à six ans on n'a guère de ces manières-là : il en dit tous les jours mille de cette sorte. Il étoit, il y a quelques jours, sur le canal, dans une gondole, où il soupoit, fort près de celle du Roi : on ne veut point qu'il l'appelle *mon papa*; il se mit à boire, et follement s'écria : « A la santé du Roi, mon père ! » et puis se jeta, en mourant de rire, sur Mme de Maintenon. Je ne sais pourquoi je vous dis ces deux choses-là : ce sont, je vous assure, les moindres. » — On lui avait donné pour jouet, en 1675, cette *Chambre du sublime*, sorte de petite Académie en cire, où il était représenté entouré des plus beaux esprits de son temps, Bossuet, la Rochefoucauld, Racine, Boileau, la Fontaine.

15. Ces deux vers rappellent les vers 5-6 de l'épître 1 du livre II d'Horace. — Prédire est périlleux. Si le poëte avait pu prévoir l'avenir, il n'eût pas risqué cette promesse du dieu Mars, dont l'incapacité militaire du duc du Maine et la faiblesse, pour ne pas dire pis, qu'il montra aux armées, devaient faire historiquement une ironie.

16. Comme on dit « maître à danser », « maître à chanter »; mais, avec un verbe suivi d'un régime, la tournure est hardie. Com-

A dompter les transports[17], monstres empoisonneurs, 40
Comme hydres renaissants sans cesse dans les cœurs[18] :
  Ennemi des molles délices,
Il apprendra de moi les sentiers peu battus
Qui mènent aux honneurs sur les pas des vertus[19]. »
  Quand ce vint au Dieu de Cythère,   45
  Il dit qu'il lui montreroit tout[20].

parez un tour analogue dans la *Ballade pour la naissance de Mgr le duc de Bourgogne* (tome V *M.-L.*, p. 145) :

> Son petit-fils l'aura, dans ses travaux,
> Pour précepteur à lancer le tonnerre,
> A bien régner, à conduire une guerre.

17. Les passions.

18. La Fontaine a reproduit ce vers presque textuellement dans son épître *à Mme de la Sablière* (dernier vers, tome V *M.-L.*, p. 156), et là, comme ici, il écrit *renaissans*, avec *s*, de même que *vivans* au vers 39 de la fable précédente. Comparez aussi ces deux vers de la *Paraphrase du psaume XVII* (tome V *M.-L.*, p. 76) :

> Cette hydre aux têtes renaissantes,
> Prête à mourir de son poison.

— Pour *hydres* au masculin, voyez la Remarque de Littré à la suite de l'article de ce mot ; même genre au vers 7 du conte x de la IIᵉ partie ; mais nous le rencontrons au féminin dans les *Poésies diverses* (tome V *M.-L.*, p. 102).

19. C'est la commune application au moral des travaux d'Hercule, des monstres par lui vaincus. Voyez la fameuse allégorie, rapportée par Xénophon, au livre II des *Mémorables*, chapitre 1, §§ 21-34, où la Volupté et la Vertu se disputent le demi-dieu ; et comparez (livre X, fable XIII, vers 1-2) :

> Aucun chemin de fleurs ne conduit à la gloire.
> Je n'en veux pour témoin qu'Hercule et ses travaux.

Notre poëte avait dit plaisamment, dans une lettre à sa femme du 19 septembre 1663 :

> .... Ce sentier rude et peu battu
> Doit être celui qui mène
> Au séjour de la vertu.

20. Cette idée a été exprimée plus d'une fois par la Fontaine ;

> L'Amour avoit raison : de quoi ne vient à bout[21]
> L'esprit joint au desir de plaire ?

ainsi dans ces vers de familière élégance (28-33 du conte IV de la IIᵉ partie) :

> Maître ne sais meilleur pour enseigner
> Que Cupidon ; l'âme la moins subtile
> Sous sa férule apprend plus en un jour,
> Qu'un maître ès arts en dix ans aux écoles.
> Aux plus grossiers, par un chemin bien court,
> Il sait montrer les tours et les paroles.

Rapprochez le début du conte III de la Vᵉ partie.

21. Même expression en parlant de l'amour seul, sans y joindre l'esprit, aux vers 88-89 du conte VIII de la IVᵉ partie :

> Amour même, dit-on, fut de l'intelligence :
> De quoi ne vient-il point à bout ?

— Dans une épître à Mlle Lecouvreur (tome XIII des *OEuvres*, p. 68), où il fait douer la jeune actrice par Vénus et Melpomène, Voltaire a imité cette fin de notre petit poëme avec la plus gracieuse originalité :

> .... « Moi, dit l'Amour, je ferai davantage ;
> Je veux qu'elle aime. » À peine eut-il parlé
> Que dans l'instant vous devîntes parfaite,
> Sans aucuns soins, sans étude, et sans fard.

FABLE III.

LE FERMIER, LE CHIEN, ET LE RENARD.

Abstemius, fab. 149, *de Patrefamilias succensente Cani ob gallinas raptas.*
Mythologia æsopica Neveleti, p. 598.
« La moralité de cette fable, dit avec raison Chamfort, rentre dans celle de *l'OEil du Maître* (livre IV, fable XXI). »

Le Loup et le Renard sont d'étranges voisins :
Je ne bâtirai point autour de leur demeure[1].
  Ce dernier guettoit à toute heure
Les poules d'un Fermier; et, quoique des plus fins,
Il n'avoit pu donner d'atteinte à la volaille[2].   5
D'une part l'appétit, de l'autre le danger,
N'étoient pas au compère un embarras léger.
  « Hé quoi ! dit-il, cette canaille[3]
  Se moque impunément de moi[4] ?
  Je vais, je viens, je me travaille[5],   10

1. Même idée, variée par l'expression, dans les deux derniers vers de la fable V du livre IX.
2. Rapprochez l'exemple de Mme de Sévigné et les cinq de Bossuet, tous au sens moral, que cite Littré à ATTEINTE, 1°, auxquels on peut joindre cette phrase de Charles de Sévigné (tome X des *Lettres* de sa mère, p. 409-410) : « Jouissez tranquillement de ce que vous tenez de la bonté.... de ma mère; quand j'y pourrois donner atteinte..., je me regarderois comme un monstre. »
3. Collectivement; le Fermier d'abord, puis ses chiens, la volaille même. Pareille locution au vers 16 de la fable XIX du livre I.
4. Comparez une exclamation semblable de maître Renard dans la fable XVIII du livre XII, vers 5 :

  ....Quoi ! ces gens (les Dindons) se moqueront de moi !

5. Je me donne grande peine. Au livre I, fable III, vers 4, nous

J'imagine cent tours : le rustre, en paix chez soi[6],
Vous fait argent de tout, convertit en monnoie
Ses chapons, sa poulaille[7]; il en a même au croc[8];
Et moi, maître passé[9], quand j'attrape un vieux coq[10],

avons vu ce même verbe réfléchi, avec une légère nuance, dans l'acception de « faire grand effort ».

6. On sait que c'est une des fantaisies de quelques grammairiens modernes, de vouloir que *soi* ne puisse se rapporter à un nom déterminé de personne; mais on sait aussi que nos bons auteurs n'ont tenu, autrefois surtout, nul compte de cette prétendue règle. Littré, dans la Remarque qui suit l'article Soi, dit avec raison qu'il faut résister à cette tendance d'un certain usage. Nous sommes si bien de cet avis que nous avons laissé passer, sans rien dire, plusieurs exemples où cette note eût été à sa place tout aussi bien qu'ici : de *chez soi*, aux livres IV, fable III, vers 10; xv, vers 24; de *sur soi*, IX, fable III, vers 15.

7. Ce mot, bien approprié au ton de colère et de mépris du Renard, ne se trouve dans aucune des éditions du *Dictionaire de l'Académie*, ni chez Furetière, ni chez Richelet. Le *Dictionnaire de Trévoux* le donne comme « terme d'économie rustique ». Il se lit dans le passage d'Haudent cité dans la notice de la fable v du livre X (ci-dessus, p. 28). Il est aussi dans le *Monologue du franc archier de Baignollet*, attribué à Villon (p. 312 de l'édition de 1854) :

Meurdre ne fis onc, qu'en poulaille;

dans Voiture (lettre CLVII, au maréchal de Gramont, p. 329 de l'édition des OEuvres de 1856); et même encore dans l'*Épître aux Muses* de J.-B. Rousseau. Voyez en outre les exemples cités par Littré; et par M. Marty-Laveaux dans son *Essai sur la langue de la Fontaine*, p. 38-39. L'omission par l'Académie peut étonner.

8. Avec quelle vérité, en quelques coups de pinceau, le poëte mêle à l'envieux mécontentement du Renard la description, d'après nature, de la prudente économie du campagnard avisé, sur ses gardes, faisant bonne maison ! — Nous avons cité cet emploi du mot *croc* ci-dessus, p. 33, note 18.

9. Comparez tome I, p. 217, vers 4, et tome II, p. 64 et note 10.

10. Telle est bien, sans égard à la rime, l'orthographe de l'édition originale et de tous nos anciens textes, quoique, à la fable VII du livre X, on y lise cinq fois *cocs* par *c*, au titre, et dans l'intérieur des vers (voyez ci-dessus, p. 39, la note 1 de cette fable). Nous ne croyons pas avoir trouvé chez la Fontaine, ailleurs qu'ici, le mot

Je suis au comble de la joie !
Pourquoi sire Jupin m'a-t-il donc appelé
Au métier [11] de renard ? Je jure les puissances
De l'Olympe et du Styx, il en sera parlé. »
  Roulant en son cœur ces vengeances[12],
Il choisit une nuit libérale en pavots[13] :
Chacun étoit plongé dans un profond repos ;
Le maître du logis, les valets, le chien même,
Poules, poulets, chapons, tout dormoit. Le Fermier,
  Laissant ouvert son poulailler,
  Commit une sottise extrême.

coq à la rime, et partout où nous l'avons vu, il est, sauf dans la fable citée du livre X, écrit par *q*.

11. Voyez au tome II, pour le mot *métier*, la note 3 de la page 319, et, pour la phrase suivante, la note 16 de la page 316. — La menace vague, mais d'autant plus énergique : « il en sera parlé », est un de ces traits expressifs du langage familier dont la Fontaine parsème si à propos son style.

12. C'est, avec le style encore relevé par ce pluriel poétique : « ces vengeances, » la phrase de Virgile (*Énéide*, livre I, vers 50), en parlant de la reine des Dieux :

 Talia flammato secum Dea corde volutans.

13. Comparez *Adonis* (vers 224-225) :

 .... Soit que des douleurs la nuit enchanteresse
 Plonge les malheureux au suc de ses pavots....

— « Il n'a été donné qu'à la Fontaine, remarque Chamfort (*comme nous-même l'avons déjà remarqué souvent*), de jeter au milieu d'un récit très-simple des traits de poésie aussi nobles et aussi heureux. » Ceux-ci (les vers 21-23) font un contraste comique avec le terre à terre prosaïque de la suite : « Le Fermier, laissant, etc. » — Comme descriptions d'universel sommeil, on peut comparer, dans nos fables mêmes, les vers 14-17 de la fable III du livre III, et les vers 28-29 de la fable I de ce livre XI. — Chamfort ajoute plus loin, à propos des vers 31 et 32 : « Il ne restait plus à prendre que le ton de la tragédie, et voilà la Fontaine qui le prend très-plaisamment à l'occasion du désastre d'un poulailler. » Nous allons le voir nous reporter, coup sur coup, à un des plus affreux souvenirs de la mythologie grecque et à deux fameux épisodes iliaques.

Le voleur tourne tant qu'il entre au lieu guetté,
Le dépeuple, remplit de meurtres la cité[14].
    Les marques de sa cruauté
Parurent avec l'aube : on vit un étalage
    De corps sanglants et de carnage.   30
    Peu s'en fallut que le Soleil
Ne rebroussât d'horreur vers le manoir liquide[15].
    Tel et d'un spectacle pareil[16],
Apollon irrité contre le fier Atride[17]
Joncha son camp de morts : on vit presque détruit 35
L'ost[18] des Grecs; et ce fut l'ouvrage d'une nuit[19].

14. Rapprochez *cité* des emplois analogues des mots *citoyens*, *citoyennes*, auxquels renvoie, au tome II, la note 5 de la page 236.

15. Allusion à l'horrible festin offert par Atrée à Thyeste et que le Soleil refusa d'éclairer de ses rayons. — Dans le conte xiv de la IIe partie, vers 172, il nomme le Soleil le

.... Dieu qui préside aux liquides manoirs.

Comparez aussi livre XII, fable III, vers 20.

16. « D'un spectacle pareil », pour dire : « offrant un spectacle pareil », est, il faut en convenir, une tournure bien peu nette et mal rattachée à la phrase.

17. C'est le début de l'*Iliade;* Homère nous y montre les Grecs frappés par les flèches d'Apollon irrité, parce qu'Agamemnon avait refusé de rendre Briséis à son père Chrysès, prêtre du dieu.

18. L'armée. Mot vieilli déjà du temps de la Fontaine, comme le témoigne avec regret la Bruyère (tome II, p. 214). Notre poëte toutefois l'a également employé dans la fable ix du livre XII, vers 52, dans le conte iv de la IIIe partie, vers 482, et dans la *Paraphrase du psaume* xvii, vers 64 (tome V M.-L., p. 74). Pour l'étymologie et les rapprochements linguistiques, voyez Littré, qui, avec ces trois exemples, n'a trouvé à citer, en dehors de l'Historique, qu'une fantaisie d'archaïsme du général de Ségur, *Histoire de Napoléon et de la grande armée*, livre IX, chapitre v, tome II, p. 130, édition de 1852. — En picard, *ost* veut dire troupeau.

19. Homère nous dit que pendant neuf jours les traits du dieu allèrent par l'armée :

Ἐννῆμαρ μὲν ἀνὰ στρατὸν ᾤχετο κῆλα θεοῖο.
(*Iliade*, livre I, vers 53.)

LIVRE XI.

Tel encore autour de sa tente
Ajax, à l'âme impatiente,
De moutons et de boucs fit un vaste débris[20],
Croyant tuer en eux son concurrent[21] Ulysse   40
Et les auteurs de l'injustice
Par qui[22] l'autre emporta le prix[23].

20. Un vaste carnage : il semble bien que *débris* est pris ici dans le sens d' « action de briser », plutôt que dans son acception plus ordinaire de « reste de ce qui a été brisé ». Comparez le vers 8 de la fable II du livre V.

21. Son rival : comparez livre XII, fable xxv, vers 4; et deux fois « sa concurrente », au même sens, dans le livre II de *Psyché* (tome III *M.-L.*, p. 99 et 130).

22. Nous avons vu plusieurs fois de ces *qui*, pour *lequel*, s'accordant avec des noms de choses : ainsi au dernier vers de la fable xiii du livre IV. Ici *qui* pourrait, à la rigueur, se rapporter à « auteurs de l'injustice ».

23. On sait qu'après la mort d'Achille, Ajax et Ulysse se disputèrent ses armes devant les Grecs assemblés, en plaidant chacun leur cause. Ajax vaincu dans cette lutte inégale perdit la raison, et, croyant frapper Ulysse et les chefs des Grecs, il égorgea des bestiaux, puis, honteux de sa folie et de sa défaite, il se perça de son glaive. Pindare, dans ses *Néméennes* (odes vii, vers 22-34, et viii, vers 31-50), a déploré l'infortune d'Ajax et le triomphe d'Ulysse, c'est-à-dire de l' « éloquence fausse et perfide, prodigue de paroles trompeuses ». Ovide a raconté cette querelle en beaux vers dans le XIIIe livre de ses *Métamorphoses*, vers 1-398. La démence et la mort d'Ajax ont fourni à Sophocle le sujet de sa tragédie d'*Ajax furieux*. Notre vers 38 est emprunté au 3e d'Ovide :

Impatiens iræ....

La Fontaine l'appelle encore « Ajax l'impétueux » au livre II, fable I, vers 26, et dans *le Songe de Vaux* (tome III *M.-L.*, p. 202). — Chamfort trouve que « la première comparaison suffisait pour produire l'effet de variété que cherchait l'auteur; ou bien qu'il pouvait préférer la seconde pour conserver le vers :

Le Renard, autre Ajax, aux volailles funeste. »

Nous croyons, quant à nous, et avons eu déjà à le dire, que c'est bien osé de vouloir faire la leçon à un inventeur d'autant de goût et de mesure que la Fontaine.

Le Renard, autre Ajax, aux volailles funeste[24],
Emporte ce qu'il peut, laisse étendu le reste[25].
Le maître ne trouva de recours qu'à crier   45
Contre ses gens, son chien : c'est l'ordinaire usage.
« Ah! maudit animal, qui n'es bon qu'à noyer,
Que n'avertissois-tu dès l'abord du carnage?
— Que ne l'évitiez-vous[26]? c'eût été plus tôt fait :
Si vous, maître et fermier, à qui touche le fait[27],   50
Dormez sans avoir soin que la porte soit close,
Voulez-vous que moi, Chien, qui n'ai rien à la chose[28],
Sans aucun intérêt je perde le repos[29]? »

24. Citons, entre autres semblables rapprochements épiques, au livre III, fable XVIII, vers 2-3 :

.... Un second Rodilard, l'Alexandre des chats,
L'Attila, le fléau des rats;

au livre XII, fable IX, vers 49-50 :

Tel, vêtu des armes d'Achille,
Patrocle, etc.;

fable XXIII, vers 32 :

Je crois voir Annibal, etc.

25. C'est bien ainsi, d'après Buffon, que fait le renard : « Il ravage la basse-cour, *il y met tout à mort*, se retire ensuite lestement en emportant sa proie...; il revient, quelques moments après, en chercher une autre..., ensuite une troisième, etc. »

26. « Le Chien, remarque Nodier, prend la parole sans que le poëte l'annonce, et quoiqu'il n'ait été qu'à peine indiqué. Ce mouvement est très-dramatique. »

27. Pour qui le fait a de l'intérêt. *Toucher*, dans ce sens, est d'ordinaire employé avec le complément direct. Littré cependant cite un exemple de Scarron, auquel il eût pu joindre celui de la Fontaine : c'est à l'acte IV, scène VII, de *Jodelet* :

Au beau-père cela ne doit toucher en rien.

28. « N'avoir *aucun intérêt* à la chose » se dirait très-ordinairement. L'analogie a permis à la Fontaine de dire : « n'avoir *rien* à la chose. »

29. *Si tu, inquit, cui gallinæ ova et pullos pariebant, in occludendo*

Ce Chien parloit très à propos :
Son raisonnement pouvoit être   55
Fort bon dans la bouche d'un maître,
Mais, n'étant que d'un simple chien,
On trouva qu'il ne valoit rien[30] :
On vous sangla le pauvre drille [31].

Toi donc, qui que tu sois, ô père de famille[32]   60
(Et je ne t'ai jamais envié cet honneur[33]),

ostio negligens fuisti, quid mirum si ego alto sopore oppressus Vulpem venientem non sensi, qui nulla ex illis emolumenta percipiebam? (ABSTEMIUS.) — « Le discours du Chien est excellent, dit très-bien Chamfort, et la raison pour laquelle on le trouve mauvais (voyez le vers 57) peint assez la société. »

30. Nous avons déjà fait, au tome II, p. 100, note a, le rapprochement de cette petite moralité accessoire[a], aussi maligne que naïve, dont la Fontaine fait précéder la véritable affabulation, avec les vers que Molière met dans la bouche de Sosie (839-842 de l'*Amphitryon*, acte II, scène 1) :

    Tous les discours sont des sottises,
    Partant d'un homme sans éclat;
    Ce seroit paroles exquises
    Si c'étoit un grand qui parlât.

C'est à peu près ce que dit Hécube à Ulysse dans l'*Hécube* d'Euripide, vers 293-295.

31. L'Académie, dans aucune des éditions de son *Dictionnaire*, ne donne cette acception de « sangler » : *étriller;* et Littré ne cite que notre exemple. — « Pauvre drille, bon drille » sont à peu près synonymes, malgré la différence de sens des deux noms, de « pauvre diable, bon diable. »

32. Au sens étendu du latin *paterfamilias* : voyez tome I, p. 278.
33. « N'est-il pas plaisant, dit Chamfort, de voir toujours la Fon-

---

a Prenant Chamfort trop à la lettre, nous n'avions, en rédigeant la note du tome II à laquelle nous renvoyons, cherché que dans la bouche de Sosie les deux vers qu'il y met, à tort. Mais nous avons eu tort nous-même d'ajouter qu'ils ne se trouvent point dans *Amphitryon* : c'est Mercure, dans le Prologue, qui dit à la Nuit, avec une légère variante (vers 130-131) :

    Et, suivant ce qu'on peut être,
    Les choses changent de nom.

T'attendre aux yeux d'autrui³⁴ quand tu dors, c'est erreur.
Couche-toi le dernier, et vois fermer ta porte.
   Que si quelque affaire t'importe,
   Ne la fais point par procureur.   65

taine oublier son mariage, sa femme et son fils? » Puis il rapporte
l'anecdote de Fréron sur ce fils, que M. Mesnard reproduit dans
sa *Notice biographique* (p. xlix et l), après avoir témoigné le
même étonnement que Chamfort sur l'oubli qu'implique, disent-ils,
notre vers 61. Mais nous ne pouvons point ne pas leur faire observer, et à tous ceux qui ont entendu de même ce vers, qu'ils n'ont
pas pris garde à l'extension de sens, que nous venons d'indiquer,
de *père de famille*, *paterfamilias* : ce n'est point simplement « père »,
c'est « chef de maison », comme notre fermier, ayant à adminis-
trer, à gouverner, acception où Abstemius, ici traduit, prend le
mot dans toute sa force. Et « cet honneur » -là, notre fabuliste
pouvait bien dire qu'il ne l'avait « jamais envié ».

   34. Pour ce sens, fort expressif, de *s'attendre à*, compter sur,
comparez, dans les *Lettres de Mme de Sévigné*, tome VI, p. 338 :
« Je m'attends au chevalier.... »; tome VIII, p. 42 : « Ne vous
attendez point à mon fils.... »; et dans la fable xxii du livre IV,
vers 1 :
           Ne t'attends qu'à toi seul;

et vers 55-56 :
             Notre erreur est extrême,
   Dit-il, de nous attendre à d'autres gens que nous.

On voit que les deux fables sont aussi à rapprocher pour la morale.

FABLE IV.

LE SONGE D'UN HABITANT DU MOGOL[1].

La Fontaine a évidemment emprunté cette petite narration à *Gulistan ou l'Empire des Roses*, du poëte persan Sadi. La voici, elle n'est pas longue, telle que l'a traduite en français André du Ryer, sieur de Malezair (Paris, 1634, in-8°, chapitre II, p. 88) :

« Un Dervis vit un jour en songe un Roy qui estoit en Paradis, et un Religieux qui estoit en Enfer, dont il fut tout estonné, croyant que le Religieux devoit estre en Paradis, et le Roy en Enfer, et fit son pouvoir pour sçavoir le sujet du malheur de l'un et du bonheur de l'autre. Ce Roy, luy dit-on, est allé en Paradis, parce qu'il avoit créance aux Religieux, et ce Religieux est allé en Enfer, parce qu'il avoit créance aux Rois. Le Roy est heureux, qui fréquente les convents des Religieux, et le Religieux devient meschant, qui fréquente la cour. »

Defrémery a, de son côté, traduit *Gulistan*, en 1858 : comparez sa version (chapitre II, XVI° historiette, p. 115-116). Nous avons donné de préférence celle de du Ryer comme étant le texte imité par la Fontaine.

Un récit analogue se trouve dans *les Paroles remarquables, les bons mots, et les maximes des Orientaux*, traduits par Galland (Paris, 1694), p. 99 et 100. — Defrémery mentionne, comme présentant « quelque similitude », un fragment de fabliau en vers français publié en 1847; mais, quant au sens moral de l'historiette, le rapport est tout à fait nul.

Saint-Lambert, cité par Solvet, a ainsi tourné le conte, sous le titre : *la Vision*, dans ses *Fables orientales*, publiées à Amsterdam (1769), à la suite du poëme des *Saisons* (p. 356) : « Aaron-Raschild, dans un de ses songes, fut transporté aux Enfers. Il vit d'abord un Derviche et un Roi. « Pourquoi es-tu ici ? dit-il au Derviche.

---

1. *Mogol*, dans ce titre, au sens géographique, puis, dans le premier vers, au sens personnel, de souverain du Mogol : voyez la fable VI du livre VII, vers 1 et note 12.

118   FABLES.   [F. IV

« — Pour avoir eu l'ambition d'un roi. — Et toi? dit-il au Roi.
« — Pour avoir eu la religion d'un derviche. » « On peut conjec-
turer, remarque Solvet, par ces vers extraits d'une des lettres de
la Fontaine au prince de Conti (18 août 1689, tome III *M.-L.*,
p. 424) :

>   Les gens trop bons et trop dévots
>   Ne font bien souvent rien qui vaille.
>   Faut-il qu'un prince ait ces défauts?

quel tour il aurait donné à cette version. »

Jadis certain Mogol vit en songe un Vizir
Aux Champs Élysiens² possesseur d'un plaisir
Aussi pur qu'infini, tant en prix qu'en durée :
Le même songeur³ vit en une autre contrée
    Un Ermite⁴ entouré de feux,   5
Qui touchoit de pitié même les malheureux⁵.
Le cas parut étrange, et contre l'ordinaire :
Minos en ces deux morts sembloit s'être mépris.
Le dormeur⁶ s'éveilla, tant il en fut surpris.

    2. Pour notre auteur, les « Champs Élysiens » de la mythologie
grecque et latine deviennent un séjour quelconque des bienheureux : au livre VIII, vers 46 de la fable XIV, celui des Animaux;
ici, celui des Mahométans, dans lequel nous allons trouver (vers 8)
Minos pour juge. A côté de ces noms propres, l'expression vague
« autre contrée » (vers 4), pour désigner le lieu des châtiments,
paraît sèche et ne dit pas même bien clairement « autre contrée du
séjour des morts. »
    3. Nous croyons que « le même songeur » veut dire simplement
ici « le même homme qui faisait ce rêve » et n'a point la signification plus étendue que semble lui prêter M. Marty-Laveaux dans
son *Essai*, p. 43-44.
    4. Ici et, plus loin, au vers 17, *Hermite*, dans nos anciennes
éditions : voyez ci-dessus, p. 48 et note 10.
    5. Les malheureux, témoins de son supplice, ses compagnons
de souffrance, les damnés.
    6. Nous avons vu le mot au livre IX, fable IV, vers 23, appliqué
à Garo, à qui il semble aussi

    Que l'on a fait un quiproquo.

Dans ce songe pourtant soupçonnant du mystère,   10
    Il se fit expliquer l'affaire.
L'interprète[7] lui dit : « Ne vous étonnez point ;
Votre songe a du sens ; et, si j'ai sur ce point
    Acquis tant soit peu d'habitude,
C'est un avis des Dieux[8]. Pendant l'humain séjour[9],   15
Ce Vizir quelquefois cherchoit la solitude ;
Cet Ermite aux Vizirs alloit faire sa cour[10]. »

Si j'osois ajouter au mot de l'interprète[11],
J'inspirerois ici l'amour de la retraite :

    7. Le prêtre, le sage, l'initié, qui interprète les songes.
    8. Voyez tome II, p. 423 et note 11.
    9. C'est-à-dire, pendant son séjour au milieu des hommes. La préposition temporelle *pendant* détermine le sens, mais il n'en a pas moins ici quelque chose d'insolite ; et *séjour humain* signifie d'ordinaire « lieu qu'habitent les hommes, » plutôt que « temps de séjour parmi eux. » Comparez le vers 9 de la fable XVI du livre VII, le vers 19 de la fable XXIII du livre XII, le vers 13 de *Philémon et Baucis*, etc., où *séjour* est pris, comme d'habitude, dans le sens de *demeure*.
    10. Ces deux derniers vers sont bien rapides ; on peut trouver que le premier manque de clarté et ne suffit pas à motiver l'infinie récompense. Parler de « chercher quelquefois la solitude », sans même nous dire pourquoi on la cherche, semble un excès de concision ; mais la Fontaine tenait à faire une vertu de l'amour de la solitude cherchée pour elle-même. — Voici la conclusion du court récit traduit par Galland : « On lui répondit : « Le Roi est en Pa-« radis à cause de l'amour qu'il a toujours eue pour les Derviches, « et le Derviche est en Enfer à cause de l'attache qu'il a eue auprès « des Rois. »
    11. Ce que l'auteur, chez lequel le mot de *solitude* réveille toute sorte d'idées poétiques, ajoute aux mots de l'interprète, est, comme le remarque Chamfort, excellent. « C'est la Fontaine dans tout son caractère et dans la perfection de son talent. Quel vers que celui-ci :

    Je lui voue au désert de nouveaux sacrifices.

Voilà bien le solitaire, insouciant et dormeur. Cette charmante tirade n'est gâtée que par *ces clartés errantes, par qui sont nos destins*

Elle offre à ses amants des biens sans embarras, 20
Biens purs, présents du Ciel, qui naissent sous les pas.
Solitude, où je trouve une douceur secrète[12],
Lieux que j'aimai toujours, ne pourrai-je jamais,

et nos mœurs différentes (vers 29 et 3o). Pourquoi attribuer aux astres de l'influence sur nos mœurs et sur notre caractère? Pourquoi consacrer une absurdité qu'il a lui-même combattue[a]? Ces variations montrent combien les idées de la Fontaine étaient, à certains égards, peu fixes et peu arrêtées. » Cette réflexion pourrait s'appliquer à bien d'autres qu'à la Fontaine : le poëte est chose légère, c'est lui-même qui l'a dit après Platon. On a tort de vouloir absolument trouver un philosophe et un système là où domine l'imagination. Nous ne dirons pas que les vers critiqués pourraient, à la rigueur, s'appliquer à l'influence des climats. Le mot *destins* impose, ou bien peu s'en faut, le sens que leur donne Chamfort.

12. Tout ce passage, où la Fontaine exprime avec un sentiment si vif et si naturel l'amour des champs et du repos, est, non pas une traduction, mais une imitation des plus heureuses de Virgile :

> *Me vero primum dulces ante omnia Musæ,*
> *Quarum sacra fero ingenti percussus amore,*
> *Accipiant, cœlique vias et sidera monstrent,*
> *Defectus solis varios, lunæque labores;*
> *Unde tremor terris; qua vi maria alta tumescant*
> *Objicibus ruptis, rursusque in se ipsa residant;*
> *Quid tantum Oceano properent se tingere soles*
> *Hiberni, vel quæ tardis mora noctibus obstet.*
> *Sin has ne possim naturæ accedere partes,*
> *Frigidus obstiterit circum præcordia sanguis,*
> *Rura mihi et rigui placeant in vallibus amnes;*
> *Flumina amem silvasque inglorius. O ubi campi,*
> *Sperchiusque, et virginibus bacchata Lacænis*
> *Taygeta! O qui me gelidis in vallibus Hæmi*
> *Sistat, et ingenti ramorum protegat umbra!*
> (*Géorgiques*, livre II, vers 475-489.)

Les autres endroits à rapprocher abondent : Horace, satire VI du livre II; Racan, *la Retraite*, et son ode, moins connue, *à Bussy*; la belle ode de Maynard *à Alcipe*; Boileau, épître VI; Chaulieu, dans *Fontenay*; Voltaire, dans son épître *à Horace*, etc. Comparez aussi l'*Élégie pour Monsieur Fouquet*, vers 38-44, et ces jolis vers du second fragment du *Songe de Vaux* (tome III M.-L., p. 192), où

---

[a] Voyez, au tome II, la fable XVI du livre VIII, et la note 25.

Loin du monde et du bruit, goûter l'ombre et le frais[13]?

notre poëte revient, en passant, sur la même idée d'amour de la nature et de la solitude :

> Errer dans un jardin, s'égarer dans un bois,
> Se coucher sur des fleurs, respirer leur haleine,
> Écouter en rêvant le bruit d'une fontaine, etc.

— Les vers délicieux de la Fontaine ont bien peu de rapport, comme on l'a remarqué, avec la fable qu'il vient de raconter. « La solitude que l'Ermite ne devait pas quitter et celle que le Vizir allait chercher quelquefois ne ressemblent guère, dit Saint-Marc Girardin, dans sa XIe leçon (tome I, p. 386-387), à cette vie de loisir et de paix que souhaite la Fontaine. L'une touche à l'ascétisme ou à la méditation, et l'autre aux douceurs du repos et même du sommeil. Mais que voulez-vous ? la Fontaine venait sans doute de relire les beaux vers de Virgile.... Il n'a pu résister au désir de traduire ces vers qui l'ont enchanté ; et, quand la Fontaine traduit quelque sentiment antique, il se l'approprie, il le fait sien en l'accommodant à son goût et à son humeur [a]. Virgile ne demande que les loisirs de la poésie au fond de quelque riante vallée ; la Fontaine pousse la rêverie poétique jusqu'au sommeil. Voilà comme le poëte imite en s'appropriant, et voilà aussi comme il répand ses sentiments avec une sorte de confiance naïve, qui dédaigne même l'à-propos. » Ajoutons que si, dans ces vers, l'expression est délicate, exquise, le sentiment n'est guère élevé ; mais le charme du style et ce doux enthousiasme font illusion ; on s'aperçoit à peine que la Fontaine substitue ici son indifférence sensuelle à l'amour du travail, à l'activité, à l'audace entreprenante qui conviennent à l'homme, et que sa morale, si elle a le mérite d'être sincère, est incontestablement fort amollissante ; on se demande toutefois comment Walckenaer (tome I, p. 300, de son *Histoire de la Fontaine*) a pu y voir une « sublime philosophie. » Le mot *sublime* est là certes un mot bien impropre ; cependant gardons-nous de trop étendre, au moins dans les fables, le reproche de « morale amollissante ». Combien il s'y trouve, d'autre part, de sains et virils conseils, de sages et honnêtes leçons de conduite, empruntés au commun trésor de la sagesse et de l'expérience, exprimés d'une façon qui ne s'oublie pas !

13. C'est, traduit en deux noms, le *frigus opacum* de Virgile (églogue I, vers 53).

[a] C'est ici le lieu de renvoyer à l'Épître à Huet, aux vers célèbres :
> Quelques imitateurs, sot bétail, je l'avoue, etc.

Oh! qui m'arrêtera sous vos sombres asiles ? 25
Quand pourront les neuf Sœurs, loin des cours et des vil-
M'occuper tout entier, et m'apprendre des cieux [les¹⁴,
Les divers mouvements inconnus à nos yeux,
Les noms et les vertus de ces clartés errantes.
Par qui sont nos destins et nos mœurs différentes¹⁵ ! 30
Que si je ne suis né pour de si grands projets¹⁶,
Du moins que les ruisseaux m'offrent de doux objets !
Que je peigne en mes vers quelque rive fleurie !
La Parque¹⁷ à filets d'or n'ourdira point ma vie,
Je ne dormirai point sous de riches lambris : 35
Mais voit-on que le somme en perde de son prix¹⁸ ?

14. « Loin du monde et du bruit..., loin des cours et des villes. » C'est dans les mêmes dispositions qu'Horace exprime ce vœu analogue :

Illic vivere vellem,
Oblitusque meorum, obliviscendus et illis.
(Livre I, épître xi, vers 8-9.)

15. Voyez ci-dessus la note 11. — Le vers est presque traduit de Manilius (<i>Astronomicon</i>, livre I, vers 1-2) :

Conscia fati
Sidera diversos hominum varianţia casus.

Virgile avait dit avant lui : <i>Conscia fati sidera</i> (<i>Énéide</i>, livre IV, vers 519-520). — A remarquer l'accord irrégulier de <i>différentes;</i> le féminin domine, comme final.

16. Nous l'avons vu exprimer déjà un vain projet analogue, bien plus affirmatif, de poésie scientifique, au vers 14 de la fable xviii du livre VII. Voyez, au tome II, la note 10 de la page 200.

17. Voyez ci-dessus, p. 64 et note 8.

18. M. Mesnard rappelle à propos ces deux vers dans sa <i>Notice biographique</i>, p. cxcv. — La Fontaine a plusieurs fois employé le mot <i>somme,</i> soit comme synonyme de sommeil (livres VI, fable xi, vers 6, VIII, fable ii, vers 48), soit pour indiquer les courts moments qu'on lui donne, le jour ou la nuit (livre IX, fable iv, vers 22, et conte xv de la IIᵉ partie, vers 150), soit même en le personnifiant (<i>le Songe de Vaux</i>, tome III M.-L., p. 217) :

Ces pavots, qu'ici-bas pour leur suc on renomme,
Tout fraîchement cueillis dans les jardins du Somme....

En est-il moins profond, et moins plein de délices?
Je lui voue au désert de nouveaux sacrifices[19].
Quand le moment viendra d'aller trouver les morts,
J'aurai vécu sans soins[20], et mourrai sans remords[21]. 40

19. Au début du conte v de la IVe partie, et dans son *Épitaphe*, si connue, *d'un Paresseux* (tome V *M.-L.*, p. 17), il exprime son même amour du sommeil, en y ajoutant celui du *far niente*, non moins vivement, mais avec un sans-gêne qui produit un tout autre effet que celui de cette élégante et délicate poésie. A propos de ces déclarations nous nous demanderons s'il a autant dormi qu'il veut bien le dire. Dormi, oui, c'est possible, mais sur le Parnasse :

Allons quelques moments dormir sur le Parnasse,
Nous en célébrerons avecque plus de grâce, etc.
(*Poëme du Quinquina*, chant 1, vers 305-306.)

20. Sans soucis.: voyez ci-dessus, p. 20 et note 4.
21. Et même peut-on ajouter, pour rendre sa vraie pensée, sans m'être donné de mal, et m'étant fait la vie aussi douce, aussi facile que possible. Mais, après cela, l'épicurien seul peut dire : « et mourrai sans remords ». Ce n'est que de la mort du sage, qui a bien employé sa vie, que sont vrais les deux beaux vers (13 et 14) qui terminent l'introduction de *Philémon et Baucis:*

Approche-t-il du but, quitte-t-il ce séjour,
Rien ne trouble sa fin : c'est le soir d'un beau jour.

FABLE V.

LE LION, LE SINGE, ET LES DEUX ÂNES.

La fable des *deux Anes*, insérée dans l'autre fable du *Lion* et du *Singe*, n'est que le développement du dicton si connu, si souvent cité allégoriquement : *Asinus asinum fricat*, « l'Ane gratte l'Ane » : voyez ci-après la note du vers 55.

« Elle est fort bien contée, dit Chamfort ; mais pourquoi l'encadrer dans cette autre fable du *Lion* et du *Singe?* » Nous nous contenterons de lui demander en réponse : « Et pourquoi ne pas l'encadrer? » Le cadre est joli, et ces sortes de cadres, nous l'avons souvent vu, appellent l'attention et mettent en relief. — « Il est bien, dit Geruzez, de vouloir apprendre la morale ; mais on peut choisir mieux qu'un Singe pour précepteur. » D'accord ; mais n'y a-t-il pas de l'ironie dans ce choix? Ce qui paraît surtout importer au Lion, c'est que le régent ait de l'esprit, et, bonne malice! le titre de « maître ès arts » n'offre-t-il pas toute garantie?

> Le Lion, pour bien gouverner,
>   Voulant apprendre la morale,
>   Se fit, un beau jour, amener
> Le Singe, maître ès arts chez la gent animale.
> La première leçon que donna le régent[1]   5
> Fut celle-ci : « Grand Roi, pour régner sagement,
>   Il faut que tout prince préfère
> Le zèle de l'État à certain mouvement
>   Qu'on appelle communément
>   Amour-propre[2] ; car c'est le père,   10
>   C'est l'auteur de tous les défauts

---

1. Même mot au vers 59 de la fable IX du livre XII.
2. « Remarquez ces circonlocutions, dit Nodier ; c'est le langage d'un courtisan qui n'ose pas dire nettement une chose dure. »

Que l'on remarque aux animaux³.
Vouloir que de tout point ce sentiment vous quitte,
    Ce n'est pas chose si petite⁴
    Qu'on en vienne à bout en un jour :   15
C'est beaucoup de pouvoir modérer cet amour.
    Par là, votre personne auguste
    N'admettra jamais rien en soi⁵
    De ridicule ni d'injuste.
    — Donne-moi, repartit le Roi,   20
    Des exemples de l'un et l'autre.
    — Toute espèce, dit le docteur,
    Et je commence par la nôtre⁶,
Toute profession s'estime dans son cœur,
    Traite les autres d'ignorantes,   25
    Les qualifie impertinentes⁷ ;

3. Encore un de ces anciens emplois élastiques de la préposition *à*, dont les exemples abondent dans tous les *Lexiques* de la Collection. — Pour l'idée, nous retrouvons bien là le sincère admirateur de la Rochefoucauld : voyez la Table des *Maximes*, à l'article AMOUR-PROPRE.

4. Si facile et si vite faite.

5. Voyez ci-dessus le vers 11 de la fable III et la note.

6. *La nôtre* : non pas « la gent animale » tout entière, mais l'espèce des singes, « maîtres ès arts chez la gent animale » (vers 4). — C'est à des singes, se mirant dans une fontaine (*sibi pulchri*), que Boileau comparait, dit-on, les académiciens, quand il voulait leur reprocher de s'encenser mutuellement. (*Histoire de l'Académie française*, par M. P. Mesnard, 1857, p. 46.)

7. Voyez, dans *le Bourgeois gentilhomme*, toute la IIIᵉ scène du IIᵉ acte, où Molière met en action avec tant de vérité cette sentence du Singe, où le maître de philosophie s'écrie : « Que sera donc la Philosophie ? Je vous trouve tous trois bien impertinents de parler devant moi avec cette arrogance, et de donner impudemment le nom de Science à des choses que l'on ne doit pas même honorer du nom d'Art, etc. » — Il n'est pas besoin de rappeler le rapport frappant, pour une partie de l'idée, avec la fable VII du livre I, *la Besace*. Ce qui est neuf dans celle-ci, c'est la haute estime où l'on tient, non-seulement sa propre personne, mais ses « pareils ».

Et semblables discours qui ne nous coûtent rien.
L'amour-propre, au rebours[8], fait qu'au degré suprême
On porte ses pareils; car c'est un bon moyen
  De s'élever aussi soi-même.   30
De tout ce que dessus j'argumente[9] très-bien
Qu'ici-bas maint talent n'est que pure grimace,
Cabale, et certain art de se faire valoir[10],
Mieux su des ignorants que des gens de savoir[11].

  L'autre jour, suivant à la trace   35
Deux Anes qui, prenant tour à tour l'encensoir,
Se louoient tour à tour, comme c'est la manière[12],

8. Contrairement à l'habitude où l'on est de ravaler ceux qui ne sont point ses pareils.

9. Je tire cet argument que.... La locution elliptique qui précède est bien d'un maître ès arts, d'un docteur qui argumente en langage scolastique.

10. Au début de la fable xv du livre VII, le poëte a dit, en généralisant :

.... Tout est prévention,
Cabale, entêtement; point ou peu de justice.

11. C'est ce qu'on appelle la camaraderie, et que Scribe nous a fort bien dépeint dans la comédie qui porte ce nom : *la Camaraderie ou la courte échelle* (1837), reprise au théâtre du Gymnase en 1884.

12. Ces deux Anes qui « prennent tour à tour l'encensoir » rappellent, comme le remarque Solvet, la fameuse scène v de l'acte III des *Femmes savantes* de Molière, où Vadius et Trissotin s'encensent aussi réciproquement et se placent bien au-dessus d'Horace et de Virgile. A rapprocher aussi ce passage moins connu de la comédie de *Ragotin*, de notre auteur et de Champmeslé (acte II, scène VII, tome IV *M.-L.*, p. 257-258) :

RAGOTIN, *buvant.*
Au plus illustre acteur que l'on voie en ces lieux !
LA RANCUNE, *buvant.*
Au plus grand avocat qui soit devant mes yeux !
RAGOTIN.
Pour un homme meublé d'une âme non commune

J'ouïs que l'un des deux disoit à son confrère :
« Seigneur, trouvez-vous pas[13] bien injuste et bien sot
« L'homme, cet animal si parfait ? Il profane
« Notre auguste[14] nom, traitant d'*âne*   40
« Quiconque est ignorant, d'esprit lourd, idiot :
« Il abuse encore d'un mot,
« Et traite notre rire et nos discours de *braire*[15].
« Les humains sont plaisants de prétendre exceller   45
« Par-dessus nous[16]! Non, non; c'est à vous de parler,
« A leurs orateurs de se taire[17] :

    J'ai toujours regardé le savant la Rancune :
    A son génie!
             LA RANCUNE.
        En homme au dernier point lettré
    Ragotin s'est toujours à mes regards montré :
    A sa science!

Comparez enfin, dans la même comédie, la scène 1 de l'acte IV.

13. Nous avons négligé jusqu'ici, sauf au tome II, p. 476, tant le tour est commun dans le style familier, les maintes occasions qui se sont offertes de noter cette ellipse de *ne* dans l'interrogation : livres III, fable XI, vers 8; IV, fable III, vers 36; VI, fable X, vers 32; VIII, fable IV, vers 5, fable XI, vers 16, etc.

14. *Auguste* fait du nom d'âne un nom royal, mais nous sommes dans l'hyperbole éhontée : « Seigneur » (vers 39), et l'épithète « divin » qui va suivre (vers 51).

15. Saint-Simon dit du prince de Conti qu'il avait « un rire qui eût tenu du braire dans un autre » (tome VI, 1873, p. 271), ce qui ne l'empêchait pas d'être « charmant ». Cette expression est employée figurément, de la façon la plus méprisante, dans le conte X de la IV⁰ partie (vers 172) :

    .... Et puis viens-t'en me braire....

16. Il y a grande variété dans les prépositions qui se construisent avec « exceller » : *par-dessus, au-dessus, sur*; et, avec un sens différent, *entre*.

17. Et la raison, c'est que

    Nul n'aura de l'esprit, hors nous et nos amis.
      (MOLIÈRE, *les Femmes savantes*, acte III, scène II, vers 923.)

« Voilà les vrais braillards[18]. Mais laissons là ces gens :
   « Vous m'entendez, je vous entends;
      « Il suffit[19]. Et quant aux merveilles   50
« Dont votre divin chant vient frapper les oreilles,
« Philomèle est, au prix, novice dans cet art :
« Vous surpassez Lambert[20]. » L'autre Baudet repart :

18. *Braillard*, de *brailler*, *braire*, convient parfaitement ici. — « Je me disais, en lisant ces vers, chose singulière, car évidemment ces vers étaient tout à fait étrangers à la pensée qui me venait en ce moment, il n'y avait entre eux aucun lien, aucune association d'idées, si ce n'est peut-être par contraste ; je me disais ceci : c'est une chose bien heureuse que..., dans un pays fréquemment agité par des révolutions diverses, toujours le lendemain soit sûr de valoir mieux que la veille, jusqu'à ce que lui-même devenant à son tour la veille, il trouve un lendemain qui vaille aussitôt mieux que lui : si bien que les divers pouvoirs qui se succèdent entendent toujours quelqu'un qui leur dit : « C'est à vous de parler, aux autres « de se taire! » Les autres..., ceux d'hier. » (SAINT-MARC GIRARDIN, sténographie de son cours de Poésie française, 1858-59, XIIIe leçon.)

19. Rien n'est plus plaisant (l'abbé Guillon fait une remarque analogue), ni mieux observé, ni plus applicable aux sociétés d'admiration mutuelle, aux coteries littéraires, scientifiques, ou autres, que cet air de mystère, que cette morgue doctorale, que cet hommage rendu par les deux confrères à leur parfaite entente. Voyez aussi les vers 32-34 et la note.

20. Philomèle, le rossignol: voyez p. 37 et note 11. — Michel Lambert, célèbre chanteur et compositeur, le même dont il est question dans la troisième satire de Boileau (vers 25-28) :

> Molière avec Tartuffe y doit jouer son rôle,
> Et Lambert, qui plus est, m'a donné sa parole.
> C'est tout dire en un mot, et vous le connoissez.
> Quoi ? Lambert ? — Oui, Lambert. A demain. — C'est assez.

Comparez une lettre de Ch. Robinet à Madame, du 6 février 1667 (*les Continuateurs de Loret*, tome II, 1882, col. 647) :

> Et Lambert, dedans ce régale,
> Mêlant un plat de son métier, etc.

Voyez en outre *le Songe de Vaux*, tome III *M.-L.*, p. 210-211, et l'*Épître à M. de Niert*, tome V *M.-L.*, p. 110. Il était né en 1610,

« Seigneur, j'admire en vous des qualités pareilles. »
Ces Anes, non contents de s'être ainsi grattés²¹,   55
   S'en allèrent dans les cités
L'un l'autre se prôner : chacun d'eux croyoit faire,

et mourut en 1696. « Lambert est de Champigny ; il étoit enfant de chœur à Champigny même où il y a une sainte-chapelle, quand Moulinié, qui étoit maître de la musique de Monsieur, le prit et le fit page de la musique de la chambre de Monsieur. Lambert, ayant quitté les couleurs (c'est-à-dire la livrée de page), se trouva un tel génie pour la belle manière de chanter, que de Niert, en peu de temps, n'eut plus rien à lui montrer. Ni l'un ni l'autre ne sont de ces belles voix, mais la méthode fait tout. » (*Historiettes de Tallemant des Réaux*, tome VI, p. 195-196, de l'édition de 1857.) Lambert devint plus tard maître de musique de la chapelle du Roi, et donna sa fille à Lulli auquel il survécut.

21.   Ce Huet et Sagon se jouent ;
      Par escript l'un l'autre se louent,
      Et semblent (tant ils s'entreflattent)
      Deux vieulx asnes qui s'entregrattent.
   (MAROT, *Fripelipes à Sagon*, tome I, p. 242, édition de 1873.)

On connaît le proverbe : *Asinus asinum fricat*, que commente Érasme dans ses *Adages* (96° de la 7° centurie de la 1ʳᵉ chiliade, Paris, 1679, p. 240), où il le cite sous cette autre forme, tirée de Varron, appliquée aux mulets : *Mutuum muli scabunt*, « les mulets se grattent réciproquement. » Il le leur applique de même dans son *Éloge de la Folie* (*Stultitiæ laus* ou *Moriæ encomium*), p. 105-106 de l'édition de 1676, in-8°ᵃ : *Quod autem officiosius quam quum mutuum muli scabunt ? Ut ne dicam interim hanc esse magnam illius laudatæ eloquentiæ partem, majorem medicinæ, maximam poeticæ : denique hanc esse totius humanæ consuetudinis mel et condimentum*. Une jolie gravure d'Holbein est jointe au texte ; elle représente deux mulets qui se grattent, qui se frottent l'un l'autre. — Le Hollandais Cool, à la fin de sa 9° fable, *de Musico et Asino*, rend la même idée par cet autre proverbe : *Asinus asino pulcher erit*. (*Iacobi Brassicani Cool Roterodami Fabularum libellus*, Goudæ, 1586, in-12, p. 32.)

ᵃ La 1ʳᵉ édition est probablement celle de Gilles Gourmont, Paris, sans date, in-4°. La 1ʳᵉ avec date est de 1511 ; *Argentorati* (Strasbourg), petit in-4°. Cette *Louange de la Folie*, comme rend le traducteur, a été mise en français par Petit, Paris, 1670 ; mais avec la plus libre inexactitude.

En prisant ses pareils, une fort bonne affaire,
Prétendant que l'honneur en reviendroit sur lui.

J'en connois beaucoup aujourd'hui, 60
Non parmi les baudets, mais parmi les puissances[22]
Que le Ciel voulut mettre en de plus hauts degrés,
Qui changeroient entre eux les simples Excellences,
S'ils osoient, en des Majestés[23].

22. On doit croire qu'il s'agit ici, comme dans la fable I du livre VII (vers 45), « du tigre », « de l'ours », ou « des autres puissances », car c'est toujours le Singe qui parle; toutefois l'intention évidente de la Fontaine est de faire penser aux *puissances* parmi les hommes.

23. Le sens risque d'être faussé par la virgule que certaines éditions mettent après *puissances*, si ce membre de phrase signifie : « parmi les puissances placées au plus haut rang », et non « placées plus haut que les baudets » sur l'échelle des êtres. *De plus hauts degrés* pourrait être un comparatif, comme nous en avons vu plus d'un, ayant valeur de superlatif. *Excellences*, titre donné aux ambassadeurs et ministres, n'est évidemment pas le mot propre; ce serait plutôt *Altesses*, car il est fait allusion aux petits princes, ambitieux d'un plus haut rang, dont parle déjà la comique affabulation de la fable III du livre I. Littré termine son Historique de l'article EXCELLENCE par une citation de Saint-Julien (seizième siècle), où ce titre et celui d'*Altesse* sont nommés des « mots de nouvelle fabrique dont le langage ni la franchise des François n'estoient jadis infectés. » Rapprochons un curieux passage d'un livre intitulé *des Mots à la mode et des nouvelles façons de parler*, par de Callières (3ᵉ édition, Lyon, 1693, p. 154-156) : « Vous savez sans doute que l' « Excellence » est encore une production de l'Italie qui n'a pas été reçue en France comme en Espagne, où les grands se la sont appropriée au lieu du titre de « Seigneurie », qu'ils prenoient auparavant. Cela me fait souvenir de ce qu'un chevalier espagnol m'a raconté, qu'étant à Milan, il demanda quels titres il falloit donner aux principaux du pays où il se trouvoit : L' « Excellence »
« est due au gouverneur de l'État, lui dit un officier; on la donne
« au mestre de camp général *per cortesia;* pour le gouverneur du
« château, il n'y a que ses domestiques qui le traitent d' « Ex-
« cellence. » « *De manera*, répondit assez plaisamment le cheva-
« lier, en parlant de ce dernier, *che su Excellentia tienne su casa por*

J'en dis peut-être plus qu'il ne faut, et suppose 65
Que Votre Majesté gardera le secret[24].
Elle avoit souhaité d'apprendre quelque trait
    Qui lui fît voir, entre autre chose,
L'amour-propre donnant du ridicule aux gens.
L'injuste aura son tour : il y faut plus de temps. » 70
Ainsi parla ce Singe. On ne m'a pas su dire
S'il traita l'autre point, car il est délicat;
Et notre maître ès arts, qui n'étoit pas un fat[25],
Regardoit ce Lion comme un terrible sire.

« *prision.* » On en peut dire autant de l' « Altesse » en France : elle est due aux princes du sang; on la donne *per cortesia* aux princes étrangers sortis de maisons souveraines quand on leur écrit, et elle demeure enfermée dans les maisons de certains princes prétendus qui ne la reçoivent que de leurs domestiques. » Nous pouvons renvoyer aussi, sur cet amour, contagieux en tous pays, des titres, à Saint-Simon, tomes I, p. 291-292; II, p. 287; III, p. 174; VI, p. 362-365; XVIII, p. 154-156 et 165, et *passim.*

24. Pour ne pas irriter contre moi ceux qui se reconnaîtraient en ceci.

25. *Fat*, dans son sens vieilli de « sot, sans jugement, » *fatuus.* Voyez, entre autres exemples, Molière, *Sganarelle*, scène 1, vers 55.

FABLE VI.

LE LOUP ET LE RENARD.

Le *Roman de Renart*, édition Méon, tome I, p. 240-260, vers 6455-7026, *Si come Renart fist aualer Ysengrin dedenz le puis;* et manuscrit de la Bibliothèque nationale aujourd'hui coté *Français* 371, fol. 28 et suivants, *C'est la branche come Renart fist Ysengrin entrer ou puis.* — *Renart le contrefait*, cité par Robert (tome II, p. 300-307), d'après le manuscrit de la Bibliothèque nationale aujourd'hui coté *Français* 1630, fol. 48 et suivants. — Marie de France, fab. 49, *dou Leu qui cuida de la lune ce fust un fourmaige.* — Verdizotti, fab. 12, *della Volpe e'l Lupo.* — Jacques Regnier, *Apologi Phædrii*, pars I, fab. 18, *Vulpes et Lupus.* — Burkhard Waldis a traité longuement le sujet, sous une forme différente, fort bien tournée, dans sa fable VIII du livre IV. — Au sujet du puits, des seaux, du reflet trompeur, toutes circonstances qui reviennent dans bien des contes, voyez Weber (*Indische studien*, p. 367), le *Reinhardt Fuchs*, de Jacques Grimm (p. CCLXXVIII), cité par lui, et l'Introduction de Benfey, § 61, p. 182.

Au lieu de cette image de la lune qui devient, chez la Fontaine, un fromage si appétissant, dans Regnier ce sont les plumes d'une poule, tombée dans le puits avec le Renard et qu'il a mangée, qui lui servent d'appât pour tromper le Loup et le faire descendre dans ce puits. Nous remarquerons, du reste, avec Chamfort, que la morale de cet apologue est à peu près la même que celle du *Renard et du Bouc* (livre III, fable V). — Le sujet de la fable de Marie de France est en réalité différent. Un Loup, passant près d'une mare, regarde l'eau, aperçoit l'ombre de la lune qui s'y reflète, la prend pour un fromage, et avale tant d'eau pour le happer qu'il finit par crever. La vraie similitude entre les deux fables est la sottise du Loup, séduit à l'aspect de la lune; mais il n'a pas besoin chez Marie de France que le Renard le tente.

C'est en confondant deux fables de même titre, celle-ci et la IXe du livre XII, où le Renard ne fait pas preuve de beaucoup d'adresse, qu'on a dit que la matière de cette VIe du livre XI avait été fournie à la Fontaine par le duc de Bourgogne : voyez le prologue de l'autre.

Mais[1] d'où vient qu'au Renard Ésope accorde un point,
C'est d'exceller en tours pleins de matoiserie[2]?
J'en cherche la raison, et ne la trouve point.
Quand le Loup a besoin de défendre sa vie,
    Ou d'attaquer celle d'autrui,
    N'en sait-il pas autant que lui[3]?   5
Je crois qu'il en sait plus; et j'oserois peut-être
Avec quelque raison contredire mon maître.
Voici pourtant un cas où tout l'honneur échut
A l'hôte des terriers. Un soir il aperçut   10

1. Ce *Mais* initial qui ne restreint rien d'antérieur qui soit exprimé, mais une idée qu'on a dans la pensée, est une tournure de vive interpellation, imitée du langage familier (voyez Littré, à l'article Mais, 9°). Ici le tour peut, ce semble, se compléter ainsi : « Voilà longtemps, se dit justement le fabuliste, que je néglige de faire cette question, mais j'y pense, et je la fais maintenant; d'où vient, etc. » — Il paraît quelque peu singulier que l'idée de ce préambule en faveur du Loup lui soit venue en tête d'une fable où, à la suite, il est vrai, d'une grossière illusion, « tout l'honneur échoit » encore au Renard.

2. Non pas Ésope seul, mais tous unanimement, écrivains et artistes : d'un de ces derniers citons, pour ne donner qu'un exemple, le renard, malin diable, sculpté sur des stalles de la cathédrale d'Amiens, couvert d'un froc, assis dans une chaire et prêchant des poules. — Au sujet du mot *matoiserie*, comparez tome II, p. 428 et note 14.

3. Quelques naturalistes prétendent même qu'il en sait plus, qu'il est plus rusé et plus adroit que le renard. On dirait que le *Roman de Renart*, qui est une sorte d'épopée où cet animal tient le premier rang, a nui à la réputation du loup, et que, par suite, l'un a été sacrifié à l'autre dans l'opinion : voyez l'article déjà cité de M. Paul de Rémusat : *la Fontaine naturaliste* (*Revue des Deux Mondes* du 1er décembre 1869, p. 665-667). Toutefois il faut considérer que si ce roman populaire a pu influer sur l'opinion commune, il est lui-même, ainsi que ses nombreuses annexes (voyez le *Reinhardt Fuchs* de Jacques Grimm), le fruit et l'œuvre de cette opinion, et qu'en matière d'observation quotidienne, à la portée de tous, il n'arrive guère qu'elle se trompe ou du moins ne puisse pas se défendre.

La lune au fond d'un puits : l'orbiculaire⁴ image
  Lui parut un ample fromage.
  Deux seaux alternativement
  Puisoient le liquide élément :
Notre Renard, pressé par une faim canine⁵, 15
S'accommode en celui qu'au haut de la machine
  L'autre seau tenoit suspendu.
  Voilà l'animal descendu,
  Tiré d'erreur, mais fort en peine,
  Et voyant sa perte prochaine : 20
Car comment remonter, si quelque autre affamé,
  De la même image charmé,
  Et succédant à sa misère⁶,
Par le même chemin ne le tiroit d'affaire ?
Deux jours s'étoient passés sans qu'aucun⁷ vînt au puits.
Le temps, qui toujours marche, avoit, pendant deux nuits,
  Échancré, selon l'ordinaire,
De l'astre au front d'argent la face circulaire.
  Sire Renard étoit désespéré.
  Compère Loup, le gosier altéré, 30
  Passe par là. L'autre dit : « Camarade,
Je vous veux régaler⁸ : voyez-vous cet objet ?

  4. Au même sens que *circulaire*, du vers 28 (voyez, au tome II, la note 19 de la page 395). Le *Dictionnaire de Trévoux* cite un exemple analogue, tiré des satires de Jean Auvray (1623) : « la rondeur orbiculaire du soleil et des astres. » Littré, dans l'Historique, ne donne d'*orbiculaire* que deux exemples antérieurs, du langage anatomique, empruntés à Ambroise Paré.
  5. Très-pressante, comme souvent celle des chiens. Paré, que nous venons de citer, emploie le masculin de cet adjectif, en rendant la même idée : « appétit canin » (voyez encore Littré).
  6. Prenant sa place, se substituant à lui dans sa misère ; comme on dit « succéder au crédit, à la faveur, aux honneurs de quelqu'un », expressions courantes.
  7. Sans que personne : comparez tome II, p. 341.
  8. M. Taine analyse avec sa verve accoutumée tout le discours

C'est un fromage exquis : le dieu Faune⁹ l'a fait ;
  La vache Io¹⁰ donna le lait¹¹.

du Renard. « Le courtisan, dit-il (p. 100-101), est avocat : faire arme de tout, être toujours prêt sur le pour et le contre, fabriquer à l'instant et de toutes pièces un système de preuves, c'est la perfection du genre. Notre héros est descendu dans un puits où l'on voyait l'image de la lune. Il s'agit à présent d'en sortir, et là-dessus il s'improvise maître de maison, hôte généreux. « Il veut régaler » le Loup. Il lui fait voir la belle chose blanche qui reluit dans le trou sombre : « C'est un fromage exquis ; le dieu Faune l'a fait, la vache Io « donna le lait ; Jupiter, s'il était malade, reprendrait l'appétit en « tâtant d'un tel mets. » On voit que l'Olympe entier y passe ; il est devenu mythologue consommé et fait usage de tous les dieux. Ainsi Cicéron, dans la péroraison des Verrines, adorateur imprévu des divinités populaires, invoquait contre Verrès l'Olympe outragé, dont il se moquait dans ses livres. Mais quel langage de gastronome ! Quelles hyperboles appétissantes ! Gourmet et mythologue, en un instant le coquin a joué deux rôles. Il prend les tons les plus divers, il profite des moindres circonstances, il s'autorise d'un changement astronomique. Trois jours écoulés ont échancré la lune ; c'est lui qui « a mangé cette échancrure » ; et son interprétation le sauve : le Loup eût soupçonné quelque chose si le prétendu fromage était resté dans son entier. Bien plus, il tourne les objections en preuves : c'est lui qui a mis là tout exprès ce seau qui descendra si à propos son compère. Cette fécondité d'invention ne tarit pas. »

9. Le dieu des bois, ancien roi divinisé, de la mythologie italique. Notre poëte, dans le *Songe de Vaux* (tome III *M.-L.*, p. 216), parle de « la cour de Faune ». Les Latins l'identifièrent avec le Pan d'Arcadie, et de même ils firent les Faunes frères des Satyres (Ovide, *Métamorphoses*, livre II, vers 392), à l'imitation des Pans grecs. Horace ne nomme jamais, au singulier, que *Faunus*; et Virgile *Pan*; le second, une fois, au pluriel, les *Faunes* (vɪᵉ églogue, vers 27).

10. Fille d'Inachus, aimée de Jupiter, et que le dieu métamorphosa en génisse pour la soustraire à la jalousie de Junon. Voyez les *Métamorphoses* d'Ovide, livre I, vers 588 et suivants, et le *Prométhée* d'Eschyle. — C'est bien là, comme l'a remarqué M. Taine (p. 228-229), le rôle des Dieux dans la Fontaine. « Il leur a donné quelque chose d'enfantin ; il en a fait de bons petits dieux, bien indulgents, et quelquefois bien paternes. » Et, entre autres exemples, il cite ces deux vers.

11. « Le plaisant usage que le poëte fait ici de l'érudition donne

Jupiter, s'il étoit malade,
Reprendroit l'appétit en tâtant d'un tel mets.
J'en ai mangé cette échancrure ;
Le reste vous sera suffisante pâture.
Descendez dans un seau que j'ai là mis exprès. »
Bien qu'au moins mal qu'il pût[12] il ajustât l'histoire, 40
Le Loup fut un sot de le croire ;
Il descend, et son poids emportant l'autre part,
Reguinde[13] en haut maître Renard[14].

à son Renard, dit avec raison l'abbé Guillon, un air important dont le Loup doit être dupe, et il le sera. »

12. Nous avons rencontré la même locution au livre V, fable 1, vers 10.

13. Guinde de nouveau, fait monter : voyez tome II, p. 66. *Guinder*, c'est proprement hausser au moyen d'une machine. L'Académie n'a pas admis le composé *reguinder*.

14. Et naturellement, laissant le Loup dans la position où il a laissé le Bouc (livre III, fable v), le Renard décampe, ce qui va sans dire pour le poëte, mais que nous apprend, comme de raison, le *Roman de Renart*, qui accompagne la rencontre des deux seaux d'une insolente raillerie (vers 6885-6894) :

.... Et puis se sont entrecontré,
Ysengrin l'a araisoné :
Compere, porqoi t'en vas-tu ?
Et Renart li a respondu :
. . . .
Quant li uns va, li autres vient,
C'est la costume qui auient,
Je vois (*vais*) en Paradis là sus (*là en haut*),
Et tu vas en Enfer là jus (*là en bas*).

Dans *Renart le contrefait* (Robert, p. 306-307), la moquerie est ainsi amplifiée :

Comperes, ne vous esmaiez (*étonnez*),
Mes vous tenez por bien paiez,
Ne vous an esmaiez mie
Que ansinc va de ceste vie.
L'un monte et l'autres auale (*descend*),
L'uns fait borde (*bourde*) et l'autre sale (*trompe, attrape*);
Li uns monte, li autre chiet (*tombe*);
Li uns gueaigne, a l'autre meschiet ;

Ne nous en moquons point : nous nous laissons séduire
    Sur aussi peu de fondement ;   45
    Et chacun croit fort aisément
    Ce qu'il craint et ce qu'il desire[15].

> L'uns est toz nus, l'autre a trop robe ;
> Li uns perd et li autre robe (*dérobe*),
> Dist Renars : tu yras aual,
> Si sauras dou bien et dou mal,
> Et dou deduit que j'ai ehu,
> Et le biau temps que j'ai vehu.

15. *Prona venit cupidis in sua vota fides.*
            (OVIDE, *Art d'aimer*, livre III, vers 674.)

Remarquons qu'il y a un grand rapport entre ces ceux derniers vers et l'idée contenue dans les vers 13-14 de la fable xv du livre VII :

> Chez la Devineuse on couroit
> Pour se faire annoncer ce que l'on desiroit.

— Voici l'affabulation de Jacques Regnier :

> *Prudentiores stultorum incommodo*
> *Se sæpe magnis explicant angustiis.*

Comparez, tome I, p. 219, note 6, celle de la fable ix du livre IV de Phèdre, *Vulpis et Hircus*.

FABLE VII.

LE PAYSAN DU DANUBE.

Ce récit se trouve pour la première fois dans le livre d'Antonio de Guevara, évêque de Cadix, prédicateur, confesseur et historiographe de Charles-Quint, intitulé *Marco Aurelio con el Relox de Principes*, « l'Horloge des Princes ». L'ouvrage espagnol paraît à Valladolid, en 1529[1]; et dès 1531, il est traduit en français, arrangé, allongé, quoique fort long déjà, par René Bertaut, sieur de la Grise. Cette traduction est reproduite en 1534, 1537, 1538, 1540, 1542. Puis des traductions nouvelles, ou prétendues nouvelles, se multiplient, dans tous les formats, à Paris, à Lyon, à Rouen, etc., jusqu'en 1588. Celle qui porte le nom de Nicolas de Herberay, seigneur des Essars, et qui n'est autre chose, sauf une partie du Ier livre, que la reproduction de la traduction primitive du sieur de la Grise, est de 1555, et non de 1565, comme le disent Robert et Charles Nodier. D'Herberay mourut, n'ayant traduit que les deux tiers du Ier livre, et l'ouvrage fut continué sur l'ancienne version de la Grise, avec un certain nombre de corrections. Nous prendrons nos extraits dans l'édition portant le nom de d'Herberay, de Paris, 1578.

En même temps que les traductions de l'ouvrage entier se multiplient, des emprunts partiels en attestent également la réputation et le succès. L'histoire du *Paysan du Danube* est reproduite, en 1561, par Pierre Boaistuau, surnommé Launay, dans ses *Histoires prodigieuses, extraictes de plusieurs fameux autheurs grecs et latins, sacrez et prophanes*; en 1564, par Jean de Marcouville, dans son *Recueil mémorable d'aucuns cas merveilleux*. Trois poëtes la mettent en vers, Pierre Sorel, Chartrain (1566)[2], Nicolas Clément, de Vizelize

---

1. Nous avons vu, à la Bibliothèque nationale, l'édition de Barcelone, 1624, in-8°, intitulée *Libro aureo de la Vida de Marco Aurelio*. L'épisode du Paysan (*Villano*) du Danube y tient deux longs chapitres, les XXXIe et XXXIIe.

2. Pierre Sorel, Chartrain : *Ses œuvres, où sont contenuz : Les*

(1571)³, et Gabriel Fourmennois (1601)⁴ ; tous trois le font très-platement, sans songer à se débarrasser des longueurs de l'original, encore délayées par les traducteurs⁵ ; il est probable qu'ils ne les sentent même pas.

Est-ce quelqu'un de ces traducteurs anciens, de ces imitateurs ou plagiaires, ou de ces poëtes, que la Fontaine a eu sous la main et qu'il a pris pour modèle? Charles Nodier, dans ses *Mélanges tirés d'une petite bibliothèque* (Paris, 1829, p. 161-168), essaye de prouver que le poëte n'a pas dû aller chercher son sujet dans l'ouvrage même de l'évêque espagnol, mais chez ceux dont les ouvrages, par leur titre, exerçaient sur son imagination une certaine séduction. « Il est bien incontestable, dit le spirituel critique, qu'il faut au moins remonter là (à Guevara), pour rencontrer l'idée première et les détails du *Paysan du Danube*; mais je suis porté à croire que la Fontaine, beaucoup plus curieux d'*histoires prodigieuses* et de *cas merveilleux*, que de politique morale et de grave philosophie, aura pris tout bonnement son histoire dans Marcouville ou Boaistuau, sans se douter que ceux-ci la dussent à Guevara. » Suivent quelques citations de Boaistuau pour appuyer cette opinion. De Cassandre, pas un mot. C'est pourtant Cassandre, selon nous (*Parallèles historiques*, 1680, p. 433-470), Cassandre, le famélique traducteur de la rhétorique d'Aristote, que la Fontaine a eu sous les yeux, dont il a traduit la prose plate et flasque en vers énergiques et pleins, dont il a suivi le récit pas à pas en l'élaguant souvent avec goût. Ajoutons que le titre adopté par notre

complaintes d'amour, l'ambition à la royne, l'aduertissement du monstre du Danube au Senat romain, etc.; Paris, Gabriel Buon, 1566, in-4°.

3. *Premices du jeune Nicolas Clément de Vizelize.... au comte de Vaudemont, présentées l'an 1571 à Mgr le duc de Lorraine;* Heydelberg, par Michel Schiras, 1571, petit in-8°.

4. *Harangue descriptiue au liure dore de Marc Aurele, empereur, d'vn paysant des riuages du Danube, appelé Milène, laquelle il fit en plein Senat dans Rome,...* nouuellement mise en vers par Gabriel Fourmennois, tournisien; Vtrecht, par Salomon le Roy, imprimeur, 1601, petit in-4°.

5. Exceptons un traducteur italien de Guevara (Venise, 1557); la fable, qui tient onze pages in-folio dans d'Herberay, près de dix folios ou vingt pages dans l'édition de 1578, est contenue chez lui dans six pages d'un très-petit in-8°.

auteur : *le Paysan du Danube*, est également en tête du récit chez Cassandre. M. Taine développe avec talent la conjecture de cet emprunt dans une longue comparaison qu'il établit (p. 281-294) entre le morceau de Cassandre et la fable de la Fontaine. Les dates mêmes, au reste, lui donnent, ce nous semble, un appui solide. Solvet et Walckenaer affirment que le livre de Cassandre parut d'abord en 1676, trois ans avant la publication de cette quatrième partie des fables. N'ayant toutefois rien trouvé nulle part qui justifie cette assertion, négligeons cette date de 1676. Pour nous, le livre de Cassandre n'est publié qu'en 1680. Mais le privilége est du 10 mars 1679 ; dès le 24 mars suivant, Cassandre a cédé ce privilége à Denys Thierry. N'est-il pas naturel que la Fontaine ait vu le livre chez Denys Thierry, son imprimeur, l'éditeur de ses fables ? qu'en furetant, il ait mis la main sur ce manuscrit ? que peut-être même on le lui ait communiqué ? Il ne faut pas oublier que Denys Thierry et Claude Barbin, à qui la Fontaine avait fait cession de son privilége, « ont achevé d'imprimer la première édition desdites nouvelles fables, non encore imprimées ci-devant (c'est-à-dire la 4ᵉ partie, les livres IX, X et XI), *le quinzième jour de juin* de cette année *mil six cent soixante-dix-neuf.* » Nous aurions donc, il est bien probable, ici non-seulement la source, mais la date même de cette fable. La Fontaine l'aurait écrite entre le 10 mars et le 15 juin, c'est-à-dire au moment où Cassandre traitait avec Thierry pour la cession de son manuscrit, et où lui-même faisait imprimer la 4ᵉ partie de ses fables. Mais rien ne prouve, cela va sans dire, que notre poëte n'ait pu connaître en même temps quelqu'une des versions précédentes.

Nous n'essayerons pas de refaire ce que M. Taine a si bien fait, la comparaison des deux morceaux ; nous n'entrerons pas dans le détail de ce long verbiage où Cassandre, amplifiant encore Guevara, peint, après avoir exposé son sujet, le personnage, en le chargeant, divise son discours comme un sermon, et le fait parler : 1° contre l'avarice des Romains (p. 436-445); 2° contre l'ambition de Rome (p. 446-457); 3° contre les mauvais juges (p. 458-468) : le tout couronné par une *Conclusion*. Mais nous nous demanderons, avec Nodier, quelle a pu être l'origine de ce récit, d'où Guevara lui-même l'a pu tirer ? Nous avons de Marc-Aurèle douze livres de réflexions morales, en grec. En 1823, Angelo Maï a retrouvé et publié une correspondance de l'empereur philosophe et de son professeur Fronton. Nulle part, dans ces deux ouvrages, on ne voit trace de l'histoire qui fait le sujet de cet apologue. Du reste Cassandre lui-même écrivait en 1680 cette note dans les *Remarques*, non paginées, qui terminent son volume : « On ne croit pas que cette pièce soit de Marc-Aurèle. » « Nous n'avons pas la prétention de résoudre la difficulté, dit M. Chassang, dans son *Histoire du Roman dans l'antiquité grecque et latine* (p. 463-464). Cependant, qu'il nous soit permis de hasarder une hypothèse dans une question si obscure. Peut-être le livre de Guevara, qui roule tout entier sur Marc-Aurèle, est-il un dernier remaniement de quelque roman philosophique de l'antiquité, dans le genre de la *Vie d'Apollonius de Tyane*, à laquelle il fait allusion dans la préface. Ce roman aura pu se transmettre jusqu'à Guevara par quelque ouvrage latin ou quelque traduction espagnole que l'ouvrage de Guevara a fait oublier depuis. Assurément l'imagination castillane se trahit presque partout, et il est certain qu'elle a beaucoup ajouté, qu'elle a tout transformé, même l'épisode du *Paysan du Danube;* mais la Fontaine.... s'est peut-être moins mépris qu'il n'en a l'air, en attribuant ce récit à l'antiquité ; son goût a pu l'avertir d'un fait qui a échappé à l'œil de la critique. Qu'on laisse, si l'on veut, à l'évêque Guevara le mérite ou la responsabilité de tous ses autres récits ; mais quant à celui du *Paysan du Danube*, comment en attribuer l'invention à un contemporain de Charles-Quint ? Pour cette fable au moins..., il doit y avoir quelque tradition de l'antiquité, qu'il est plus facile de sentir que de prouver. »

Saint-Marc Girardin n'a pas parlé longuement de la harangue du *Paysan du Danube;* mais, dans le peu qu'il en dit (xvi° leçon, tome II, p. 64-65), il fait remarquer justement que « c'est la théorie de J.-J. Rousseau : la barbarie l'emporte sur la civilisation... ; l'ignorance primitive est plus près de la vertu que la science des peuples civilisés.... C'est la civilisation elle-même, dans un de ses plus mauvais types, il est vrai, dans l'empire romain, qui est gourmandée avec une admirable éloquence. »

Notons que la Fontaine a peut-être emprunté quelques traits à l'historien Justin, à ce qu'il dit (livre II, § II, et livre IX, § II) de la simplicité de mœurs des Scythes, de leur pauvreté, de leur dédain pour les richesses. Nous ne serions pas étonné qu'il se fût aussi souvenu du discours des ambassadeurs scythes à Alexandre, dans Quinte-Curce (livre VII, § VIII), lequel n'est pas sans analogie avec celui du Paysan du Danube au Sénat romain, et que Quinte-Curce fait précéder de cette réflexion curieuse : *Scythis.... non, ut ceteris Barbaris, rudis et inconditus sensus est : quidam eorum sapientiam capere dicuntur, quantamcumque gens capit semper armata. Sicque locutos esse apud regem memoriæ proditum est ; abhorrent forsitan moribus nostris, et tempora et ingenia cultiora sortitis ; sed ut possit oratio eorum sperni, tamen fides nostra non debet ; quæ, utcumque tradita sunt, incorrupta perferemus.*

Quant aux plaintes éloquentes contre l'avarice des Romains, qui retentissent sans cesse dans ce discours, il y a lieu de mettre à côté, outre les pages de Cicéron, de Tacite, de Juvénal, citées plus bas, note 29, l'emblème III du Ier livre de Guillaume Gueroult (p. 12-14) : *Auarice est pernicieuse en la République*, dont a bien pu s'inspirer aussi la Fontaine :

> Le Senat exempt d'auarice
> Acquiert un immortel renom,
> Mais s'il est taché de ce vice
> Il perdra son bruit et son nom.
> . . . . L'ardente auarice
> Souuent destruit toute bonne police,
> Car l'homme espris de son ardeur extresme
> Est ententif au prouffit de soy mesme,
> Le bien publiq mettant en nonchaloir.
> Qu'en aduient-il ? la ruine dolente
> D'une Cité fameuse et opulente.
> . . . .
> O preux Romains en sauriez-vous que dire
> Desir d'auoir vous fit maux receuoir :
> Ambition vous causa grand martire.
> Lorsque chascun en son affection
> Estoit content de sa condition,
> Et ne sentoit sa pensée asseruie
> Au rude ioug de malheureuse enuie,
> Vous dominiez toute la terre ronde.
> Mais aussi tost qu'auarice damnable
> Prist place au cœur du Senat honorable,
> Escarté feust tout l'Empire du monde....

Rapprochons enfin, dès à présent, de l'énergique péroraison

> . . . . . Punissez de mort
> Une plainte un peu trop sincère,

un fragment de l'*Histoire universelle* d'Agrippa d'Aubigné, qui mérite bien d'être mis en regard de ce bel apologue, celui où Bernard Palissy, fils d'un pauvre paysan de l'Agénois, parle aussi fièrement au roi Henri III que le Paysan du Danube au Sénat romain : « Encor ne puis-je laisser aller ce personnage sans vous dire comment le Roi dernier mort lui ayant dit, en prison : « Mon bonhomme, si vous ne vous accommodez pour le fait de « la Religion, je suis contraint de vous laisser entre les mains de « mes ennemis »,... la réponse fut : « Sire..., vous et ceux qui « vous contraignent ne pourrez jamais sur moi, pource que je sais « mourir. » (Livre III, chapitre 1, tome III, col. 298, de l'édition de 1626.)

Sur l'artifice de composition de Guevara et l'encadrement du discours, voyez ci-après la note 10.

Il ne faut point juger des gens sur l'apparence [6].

6. La Fontaine avait un intérêt tout particulier à ce qu'on retînt ce précepte : on se rappelle le passage que lui a consacré la Bruyère (tome II, p. 101) : « Un homme paroît grossier, lourd, stupide, etc. » — Chamfort trouve singulier qu'il « réduise à un résultat si médiocre » le récit d'un fait aussi intéressant que celui qui est le sujet de cet apologue. « Il me semble, dit-il, que ce fait devait réveiller, dans l'esprit de l'auteur, des idées d'une tout autre importance. Un paysan grossier, sans instruction, à qui le sentiment des droits de l'homme, trop offensés par les tyrans, donne une éloquence naturelle et passionnée qui s'attire l'admiration de la capitale du monde et désarme le despotisme, un tel sujet devait conduire à un autre terme que la morale du Souriceau. » — Ceci nous paraît, osons-le dire, une des plus grosses méprises de Chamfort sur les intentions du poëte. Conclure de ce début qu'il « réduise son récit à un résultat si médiocre, » c'est absolument méconnaître sa finesse, sa malice. Il laisse au lecteur à tirer (qui ne le fait de soi-même?) de tout l'ensemble le très-sérieux *résultat*, lequel, du reste, en sort tout seul; et lui, par un de ces contrastes, plus ou moins ironiques, qu'il aime, il prend plaisir à tempérer, en s'arrêtant un moment à une circonstance tout accessoire, tout extérieure, la grave éloquence, de si haut vol, de ce morceau. Et remarquons comme il le clôt : par une petite idée, aussi d'à côté. Il a donné les grandes pensées, le grand style à son sauvage, et n'a pas voulu, c'était certes de bon goût, se mettre à lutter avec lui en parlant en son propre nom.

Le conseil en est bon, mais il n'est pas nouveau.
  Jadis l'erreur du Souriceau[7]
Me servit à prouver le discours que j'avance :
  J'ai, pour le fonder à présent[8],   5
Le bon Socrate, Ésope[9], et certain paysan
Des rives du Danube, homme dont Marc-Aurèle[10]
  Nous fait un portrait fort fidèle.
On connoît les premiers : quant à l'autre, voici
  Le personnage en raccourci.   10
Son menton nourrissoit une barbe touffue ;
  Toute sa personne velue
Représentoit un ours, mais un ours mal léché[11] :

7. Voyez, livre VI, fable v, *le Cochet, le Chat, et le Souriceau*.
8. A présent que je veux l'appliquer à l'homme. Il s'en remet au lecteur pour compléter l'idée.
9. On connaît la laideur proverbiale de Socrate, dont parle Rabelais au début du Prologue de *Gargantua*, et celle que la légende attribue à Ésope. Pour le second, voyez, au tome I, la *Vie d'Ésope*, p. 30, et la citation de Méziriac, *ibidem*, note 2.
10. Empereur romain, dit *le Philosophe*, successeur d'Antonin, né à Rome, en 121, mort à Sirmium (Pannonie), en 180 : voyez, pour ce qui touche son témoignage ici, la notice en tête de la fable. — Voici le portrait que trace de ce paysan Marc-Aurèle aux sénateurs et philosophes avec lesquels il s'entretient à la campagne, pendant la peste de Rome, dans *l'Horloge des Princes*, de Guevara, traduite par René Bertaut de la Grise, livre III, chapitre III, édition avec nom d'Herberay, fol. 255 r° : « Ce paysan auoit le visage petit, les leures grosses, les yeux profonds, la couleur hallee, les cheueux herissez, la teste descouuerte, les souliers de cuyr de porc espic, le saye de poil de chieure, la ceincture de joncs marins, et la barbe longue et espesse, les sourcilz qui luy couuroyent les yeux, l'estomach et le col couuers de poil, et veluz comme un ours, et un baston en la main. » L'Empereur rapporte le discours de ce « rustique habitant et voisin des riuieres et citez du Danube », qui vint à Rome demander justice, et qu'il vit et entendit au Sénat, « en l'annee premiere, dit-il, que je fus consul », pour montrer combien la vérité est utile à entendre, tandis que les flatteurs corrompent les mœurs et ruinent les empires.
11. Voyez, au livre VIII, fable x, *l'Ours et l'Amateur des jardins*,

Sous un sourcil épais il avoit l'œil caché,
Le regard de travers[12], nez tortu, grosse lèvre, 15
 Portoit sayon[13] de poil de chèvre,
 Et ceinture de joncs marins.
Cet homme ainsi bâti fut député des villes
Que lave le Danube. Il n'étoit point d'asiles[14]
 Où l'avarice[15] des Romains 20
Ne pénétrât alors, et ne portât les mains.
Le député vint donc, et fit cette harangue :
« Romains[16], et vous Sénat assis pour m'écouter[17],

le 1ᵉʳ vers et la note, à laquelle on peut ajouter encore un renvoi au tome V *M.-L.*, p. 122.

12. Dans l'acception du latin *torvus*, qui signifie, non certes « louche », mais « de travers », au sens de farouche, menaçant.

13. Espèce de blouse serrée à la ceinture, que les Romains empruntèrent aux Gaulois pour en faire leur vêtement militaire. Voyez la Bruyère, tomes I, p. 378, et II, p. 150; et Molière, tome IV, p. 111 et note 6. Ici, au reste, ce terme peut bien signifier simplement un accoutrement grossier.

14. Lieux où l'on doit se croire en sûreté; comme les « asiles » que « tente » le malheureux Renard de la fable xiv du livre IX (vers 28).

15. Au sens à la fois d' « avidité » et d' « avarice »; c'est aussi la double acception du mot « avare » au vers 33 de la fable xii du livre VII, et dans cette phrase célèbre de Bossuet : « Tu céderas, ou tu tomberas sous ce vainqueur, Alger, riche des dépouilles de la chrétienté. Tu disois en ton cœur avare : « Je tiens la mer sous « mes lois, et les nations sont ma proie. » (*Oraison funèbre de Marie-Thérèse d'Autriche*, tome V des *OEuvres complètes*, 1836, p. 294.)

16. C'est à tous les Romains qu'il s'adresse. Les sénateurs, qui seuls ont mission de l'entendre, sont leurs représentants.

17. « Le barbare parle, dit M. Taine (p. 290-291), et tout de suite le grand vers imposant soutient sa voix. Il ne salue pas, comme dans Cassandre; du premier coup il prend l'ascendant; « le Sénat est là pour l'écouter. » Il n'amplifie pas comme Cassandre; son premier mot commence un raisonnement serré qui va droit jusqu'à la menace. Il ne se traîne pas dans la prose plate comme Cassandre; il atteint à chaque pas les audaces de la poésie, et vous entendez la parole solennelle et véhémente de la juste indi-

Je supplie avant tout les Dieux de m'assister[18] :
Veuillent les Immortels, conducteurs de ma langue[19], 25
Que je ne dise rien qui doive être repris!
Sans leur aide, il ne peut entrer dans les esprits
    Que tout mal et toute injustice[20] :
Faute d'y recourir, on viole leurs lois.
Témoin[21] nous que punit la romaine avarice[22] : 30
Rome est, par nos forfaits, plus que par ses exploits,
    L'instrument de notre supplice.
Craignez, Romains, craignez que le Ciel quelque jour
Ne transporte chez vous les pleurs et la misère[23] ;
Et mettant en nos mains, par un juste retour, 35
Les armes dont se sert sa vengeance sévère,

gnation contenue. Cet homme-là croit aux Dieux, et il parle comme s'il les sentait derrière lui, dites mieux, en lui-même et dans son cœur. »

18. C'est la pensée par laquelle Démosthène commence son discours contre Eschine, dans le fameux procès de la Couronne. L'orateur consommé et le barbare inspiré par l'indignation se rencontrent dans le même sentiment. Rapprochez aussi le début du *Panégyrique de Trajan*, par Pline le Jeune.

19. Comparez *Psyché*, livre I (tome III *M.-L.*, p. 35) : « Une.... musique aussi douce et aussi charmante que si Orphée et Amphion en eussent été les conducteurs. » Voyez aussi au même tome, p. 116 et 441.

20. « Ie prie aux dieux immortelz que ilz gouuernent et reglent auiourd'huy ma langue à fin que ie die ce qu'il conuient et est nécessaire à mon pays,..., parce que, sans la volunté et consentement des dieux, ne pouuons apprendre le bien ny nous separer du mal. » (GUEVARA, *ibidem*, fol. 255 v°.)

21. Sur cet emploi adverbial de *témoin*, invariable, voyez ci-dessus, p. 74, note 3.

22. Inversion poétique à rapprocher de *la grecque beauté* du vers 19 de la fable VII du livre IX.

23. « I'espere aux iustes dieux que, comme vous autres, sans raison, nous auez iectez hors de noz maisons, autres viendront qui, auecques raison, iecteront vous autres de Rome et d'Italie. » (GUEVARA, *ibidem*, fol. 256 r°.)

Il ne vous fasse, en sa colère,
Nos esclaves à votre tour[24].
Et pourquoi sommes-nous les vôtres ? Qu'on me die[25]
En quoi vous valez mieux que cent peuples divers. 40
Quel droit vous a rendus maîtres de l'univers ?
Pourquoi venir troubler une innocente vie ?
Nous cultivions en paix d'heureux champs[26] ; et nos mains
Étoient propres aux arts[27], ainsi qu'au labourage.

24. « Ne pensez pas, vous autres Romains, si vous auez prins nostre Germanie, que ce ait esté par aucune industrie de guerre ; car vous n'estes plus belliqueux, ny plus courageux, ny plus hardis, ny plus vaillans que nous : ains ayant offensé noz dieux, ilz ordonnerent en leurs secretz iugemens que, pour chastier noz desordonnez vices, vous fussiez noz cruels bourreaux.....Pourroit estre, comme à ceste heure vous nous traictez comme esclaues, que quelque iour nous recongnoistrerez pour seigneurs. » (GUEVARA, *ibidem*, chapitre IV, fol. 258 r° et v°.) — « Il y a un éclat, dit encore M. Taine (p. 291-292), sur ce mot d'*esclaves*, et à l'instant le discours tourne. La brusquerie, les interrogations pressées comme les coups d'une hache de guerre, la puissante voix tendue et grondante, la hardiesse qui prend corps à corps l'adversaire et le frappe en face, annoncent le barbare. Il ne se ménage pas, il ne ménage pas les autres ; il combat et il se livre ; il suit sa passion sans égard pour les règles ; il ploie le discours, il casse en deux ses phrases, il s'arrête net au milieu d'un vers ; il change d'accent à chaque minute ; voici que, pour la première fois, dans cette curie où les élèves de Quintilien modulaient adroitement les doubles trochées de leurs périodes, les voûtes renvoient les mugissements, les accents brisés et toutes les clameurs du désespoir et du combat. »

25. Nous avons déjà rencontré plus haut et nous rencontrerons ailleurs cette ancienne forme : comparez, au tome I, p. 327 et 421, et au tome II, p. 208. On connaît le passage des *Femmes savantes* (1672), acte III, scène II, où ce n'est point l'emploi de cette forme de subjonctif, alors fort usitée, qu'admirent les trois pédantes dans le sonnet de Trissotin, mais l'insignifiante proposition, la cheville *quoi qu'on die*. Voyez la Remarque 1 qui suit l'article DIRE dans Littré.

26. « Vivant contents sur nos propres terres, nous ne desirions point celles d'autrui. » (CASSANDRE, p. 454.)

27. Il va de soi que le mot *arts*, que nous n'employons plus absolument dans ce sens, veut dire ici « arts mécaniques. »

Qu'avez-vous appris aux Germains ? 45
Ils ont l'adresse et le courage :
S'ils avoient eu l'avidité,
Comme vous, et la violence,
Peut-être en votre place ils auroient la puissance,
Et sauroient en user sans inhumanité[28]. 50
Celle que vos préteurs ont sur nous exercée
N'entre qu'à peine en la pensée[29].
La majesté de vos autels
Elle-même en est offensée ;
Car sachez que les Immortels 55

28. « Ce dernier trait, dit Chamfort, manque un peu de justesse. En effet, si les Germains avaient eu l'avidité et la violence de leurs tyrans, il est bien probable que les peuples de Germanie eussent été inhumains comme leurs oppresseurs. Avec de l'avidité et de la violence, on est bien près d'être un tyran : le plus fort est fait. » C'est juste, mais nous pouvons bien passer au farouche orateur, dans sa fière comparaison, un peu de présomptueux orgueil. La grande invraisemblance en tout ceci, mais qui oserait la blâmer, voyant ce que nous lui devons, c'est, dans la bouche d'un sauvage, une éloquence nourrie de telles pensées, et en somme si judicieuse et si bien réglée. Notons au reste que, s'il n'y a pas là vérité historique, mais plutôt roman, ce roman, le fabuliste ne l'a pas inventé.

29. Comparez à cette peinture tout ce que dit Cicéron de l'administration de Verrès en Sicile et le tableau qu'il fait de ses cruautés, de ses iniquités, de ses exactions, particulièrement, pour les vers qui suivent, de ses vols dans les temples. Voyez aussi Juvénal, satire VIII, vers 87-139 ; et, dans Tacite (*Agricola*, chapitres XXX-XXXII), l'énergique discours de Galgacus aux Bretons…. *Raptores orbis, postquam cuncta vastantibus defuere terræ, et mare scrutantur : si locuples hostis est, avari, si pauper, ambitiosi ; quos non Oriens, non Occidens, satiaverit*, etc. — « Vostre conuoitise a esté tant grande de prendre des biens estranges, et tant desordonné vostre orgueil de commander aux terres estranges, que ny la mer vous peult profiter en ses abismes, ny la terre asseurer en ses champs…. Vous autres Romains n'estes sinon pour tourmenter les peuples…, et larrons des sueurs estranges et labeurs d'autruy. » (GUEVARA, *ibidem*, chapitre III, fol. 256 r° et 257 r°.)

Ont les regards sur nous. Grâces à vos exemples,
Ils n'ont devant les yeux que des objets d'horreur,
    De mépris d'eux et de leurs temples,
D'avarice qui va jusques à la fureur[30].
Rien ne suffit aux gens qui nous viennent de Rome[31] : 60
    La terre et le travail de l'homme
Font pour les assouvir des efforts superflus[32].
    Retirez-les : on ne veut plus
    Cultiver pour eux les campagnes[33].
Nous quittons les cités, nous fuyons aux montagnes ; 65
    Nous laissons[34] nos chères compagnes[35] ;
Nous ne conversons plus qu'avec des ours affreux[36],
Découragés de mettre au jour des malheureux[37],

30. Jusqu'à la folie, la folie furieuse.
31. *Satietate parasti famem; ut, quo plura haberes, acrius quæ non habes cuperes*, disent les ambassadeurs scythes à Alexandre, dans Quinte-Curce, à l'endroit cité. Et Mithridate, dans Justin (livre XXXVIII, § vi) : *Sic omnem illum populum luporum animos, inexplebiles sanguinis atque imperii, divitiarumque avidos ac jejunos habere*.
32. « Voz iuges prennent tout ce que l'on leur donne en public, tirent et accumulent le plus qu'ils peuuent en secret...; finablement, soubs couleur qu'ils sont de Rome, n'ont aucune craincte de desrober toute la terre. » (GUEVARA, *ibidem*, chapitre v, fol. 260 r°.)
33. Cela n'a pas empêché les habitants « des rives du Danube » de continuer à travailler pour les Romains, puis pour les Grecs, puis pour les Turcs, ravisseurs non moins altérés les uns que les autres.
34. Nous les abandonnons, *linquimus*, nous nous en séparons.
35. *Campagnes*, dans les deux textes de 1679 ; mais l'*Errata* corrige cette faute d'impression.
36. C'est le *conversari* des Latins. — « Les bestes cruelles ne m'offensent, si ie ne les assaux, mais les hommes maudicts, encore que ie les serue, m'ennuyent. » (GUEVARA, *ibidem*, fol. 261 v°.)
37. « Nous avons fait serment, lisons-nous dans la version de Cassandre (p. 461), de ne plus habiter avec nos femmes, afin de ne plus mettre au monde de malheureux. » Et plus loin (p. 465) : « J'ai résolu, comme malheureux, d'abandonner ma maison et ma douce compagnie. » Cette expression « douce compagnie » ou « douce compagne » est aussi dans les versions antérieures.

Et de peupler pour Rome un pays qu'elle opprime[38].
  Quant à nos enfants déjà nés,   70
Nous souhaitons de voir leurs jours bientôt bornés[39] :
Vos préteurs au malheur nous font joindre le crime[40].
  Retirez-les : ils ne nous apprendront
    Que la mollesse et que le vice ;
    Les Germains comme eux deviendront   75
    Gens de rapine et d'avarice.
C'est tout ce que j'ai vu dans Rome à mon abord[41].
  N'a-t-on point de présent à faire,
Point de pourpre[42] à donner[43] : c'est en vain qu'on espère

38. *Liberos cuique ac propinquos suos natura carissimos esse voluit : hi per delectus, alibi servituri, auferuntur.* (TACITE, *Agricola*, chapitre XXXI.)

39. La même expression est dans Racine :

> Voulez-vous sans pitié laisser finir vos jours ?
> Quelle fureur les borne au milieu de leur cours ?
>   (*Phèdre*, acte I, scène III, vers 188-189.)

40. Guevara dit plus brutalement : « Sçauez-vous ce que vous auez faict, Romains ? que nous auons tous iuré de iamais habiter auecques noz femmes et de tuer noz propres enfans. » (GUEVARA, *ibidem*, fol. 260 v°.)

41. A mon arrivée : voyez les nombreux exemples poétiques cités par Littré, 2°. — « La cause pourquoy à ceste heure de nouueau i'exclame aux dieux immortelz, c'est de voir qu'il n'y a seulement que quinze iours que ie suis entré en Rome, i'ay veu faire telles choses en ce Senat, que si la moindre d'icelles se faisoit sur les riuages du Danube, les gibets seroient plus peuplez de larrons, que les vignes de raisins. » (GUEVARA, *ibidem*, fol. 262 r°.)

42. Le mot est pris au propre chez Guévara, et ici également, croyons-nous : on sait combien était estimée cette précieuse teinture. Il ne s'agit point de la robe ou de la bande de pourpre, insignes des premières magistratures de Rome.

43. On se rappelle le mot de Jugurtha : *Postquam Roma egressus est, fertur sæpe eo tacitus respiciens postremo dixisse :* « *Urbem venalem, et mature perituram, si emptorem invenerit.* » (SALLUSTE, *Jugurtha*, § XXXV.) — « Un pauure.... vient à vous demander iustice ; et comme il n'a argent que bailler, ny vin que presenter, ny huylle

Quelque refuge aux lois⁴⁴; encor leur ministère 80
A-t-il mille longueurs. Ce discours, un peu fort⁴⁵,
   Doit commencer à vous déplaire.
   Je finis. Punissez de mort⁴⁶
   Une plainte un peu trop sincère. »
A ces mots, il se couche⁴⁷; et chacun étonné 85
Admire le grand cœur, le bon sens, l'éloquence
   Du sauvage ainsi prosterné⁴⁸.

que promettre, ny pourpre qu'offrir..., l'on lui satisfaict de parole, luy disant qu'en bref se verra son droict de iustice. » (GUEVARA, *ibidem*, fol. 261 r°.)

44. Dans les lois : comparez, pour ce nouvel exemple d'*à*, ci-dessus, vers 65, et tome I, p. 92 et 346.

45. *Un peu fort* : pour une telle harangue l'épithète est bien douce, mais, dans la bouche d'un orateur qui à l'énergie de la pensée n'a joint nulle déclamation dans le style, elle est parfaitement naturelle et de très-bon goût.

46. Voyez la fin de la notice de la fable.

47. « Il demeura ainsi à terre tout couché une bonne heure, » dit Cassandre (p. 469). « Trop longtemps, remarque M. Taine (p. 289), grotesque. » Cassandre n'a pas inventé ce détail; il l'a pris, comme tout le reste, dans l'original, où nous lisons : « Si en aucune chose ma langue vous a offensez, ie m'estends icy en ce lieu à fin que me couppez la teste : pour ce que ie desire plustost gaigner l'honneur, m'offrant à la mort, que non que vous gaignez auec moy en m'ostant la vie. » Icy donna fin le rustique à son propos non rustique. « Ie vous iure (ajoute Marc-Aurèle) que le paysan fut une heure estendu en terre (*una hora en la tierra*); et tous nous autres, les testes baissées, espouvantez, ne luy peusmes respondre une parole. » (GUEVARA, *ibidem*, fol. 262 r° et v°.)

48. « Je le crois, dit M. Taine (p. 293-294), et voilà le vrai geste (*le geste d'étonnement*, qu'implique le mot « *étonné* »), justifié par tout ce qui précède. Les *parleurs* ont dû être stupéfaits de se sentir touchés; cet homme a manqué à toutes les règles. Il a mis la narration hors de sa place, il n'a point donné de confirmation; son exorde n'a point procédé par insinuation; il a fini par une digression; il a écourté sa péroraison; toutes ses idées ont chevauché les unes sur les autres. Il n'a pas su les plus simples principes de l'escrime oratoire. Il a été barbare dans l'attitude, dans l'accent, dans le style, dans la composition, dans l'invention. C'est en

On le créa patrice[49]; et ce fut la vengeance[50]
Qu'on crut qu'un tel discours méritoit. On choisit
    D'autres préteurs; et par écrit[51]   90

sentant cette barbarie que la Fontaine a transformé sa mauvaise matière; c'est en ranimant en son propre cœur les sentiments du barbare, qu'il a tout renouvelé ou tout trouvé. » C'est la nature qui parle, nous le voulons bien, dans le discours du Paysan du Danube, mais ce n'est pas une nature sans art, sans grande habileté oratoire. Voyez, ci-dessus, la fin de la note 28.

49. La Fontaine prend tout simplement l'expression qu'il rencontre dans Cassandre et qui se trouvait déjà chez les traducteurs français de Guevara, qui se soucient peu que ce mot *patrice* s'applique à une dignité qui n'existait pas du temps de Marc-Aurèle, et qui ne fut créée que par Constantin. La cour de Byzance la conféra plus d'une fois à des princes étrangers. Guevara dit en espagnol, mais sans doute au sens de « patricien, » *patricio*, terme calqué sur le latin *patricius* (usité au pluriel seulement et comme adjectif), qui eût d'abord cette acception et ne prit que sous le bas empire celle de *patrice*.

50. Ce ne fut pas la seule : « Il fut créé patrice, avec pension publique, » dit Cassandre (p. 470). « De l'argent à un pareil homme! s'écrie M. Taine (p. 289); vous le déshonorez.» Il a raison; mais ce pauvre Cassandre n'a encore eu ici que le tort de ne pas corriger son modèle, de ne pas retrancher, comme l'a fait la Fontaine, la fin de cette phrase : « Se pouruent aussi mesmes que celuy rustique fust faict en Rome patrice, et fust l'un des libertins (*des citoyens libres*) de Rome, et que du tresor public fust pour tousiours substanté. » (GUEVARA, *ibidem*, fol. 262 v°.)

51. « Le iour suiuant pourueusmes de iuges nouueaux aux riuages du Danube, et commandasmes qu'il nous donnast par escrit tout celuy raisonnement, à fin qu'il fust mis au liure des bons dicts des estrangers, qui estoient au Senat. » (GUEVARA, *ibidem*.) — « De plus, dit aussi Cassandre, nous commandâmes au villageois de nous donner sa harangue » (p. 469-470). — « Il l'avait donc apprise par cœur? demande M. Taine. Il l'avait peut-être fait composer par le magister de son village? Allons, tout est à refaire. » La critique est juste, appliquée au tour donné à la chose par Guevara et ses interprètes. La Fontaine n'a pas supprimé le trait, mais il l'a judicieusement corrigé et effacé tout ridicule. Les Romains connaissaient et pratiquaient la sténographie. Plutarque nous apprend, dans sa *Vie de Caton d'Utique* (chapitre XXIII), que

Le Sénat demanda ce qu'avoit dit cet homme,
Pour servir de modèle aux parleurs à venir.
   On ne sut pas longtemps à Rome
   Cette éloquence entretenir[52].

le jour où Caton parla contre César au sujet de la conjuration de Catilina, son discours, comme les autres assurément, fut recueilli par un des tachygraphes que Cicéron avait disposés en divers endroits de la salle du Sénat. Il était donc tout naturel, une fois l'anecdote admise, que quelque scribe du Sénat eût écrit sur-le-champ la harangue débitée par le Paysan, et que le Sénat la déposât dans ses archives.

52. Voyez ci-dessus, la note 6 : la Fontaine ne se borne pas, comme le lui reproche Chamfort, à la morale du Souriceau.

FABLE VIII.

LE VIEILLARD ET LES TROIS JEUNES HOMMES.

Abstemius, fab. 167, *de Viro decrepito arbores inserente.*
Mythologia æsopica Neveleti, p. 605.

C'est certainement la fable d'Abstemius qui a servi de modèle à la Fontaine. Mais on verra par les notes qu'il s'est inspiré de bien des souvenirs empruntés ailleurs. Cicéron, Phèdre, Horace, Virgile lui ont prêté quelques traits agréables ou touchants que nous n'aurons garde d'oublier. — Saint-Marc Girardin, dans sa XIVe leçon (tome II, p. 23-28), a fait sur cette fable un commentaire comme il en savait faire, c'est-à-dire d'une morale à la fois élevée et délicate. Il cite en finissant un beau récit de Joinville qu'on trouvera à l'*Appendice* de ce volume. — « Cette fable, croit devoir dire Chamfort, n'a pas la perfection qu'on admire dans plusieurs autres, si on la considère comme apologue. On peut dire même que ce n'en est pas un, puisqu'un apologue doit offrir une action qui se passe entre des animaux, et qui rappelle aux hommes l'idée d'une vérité morale revêtue du voile de l'allégorie. Ici la vérité se montre sans voile ; c'est la chose même et non pas une narration allégorique. » Il est vrai qu'il ajoute : « Mais si on considère cette fable simplement comme une pièce de vers, elle est charmante et aussi parfaite pour l'exécution qu'aucun autre ouvrage sorti des mains de la Fontaine. » Toujours la même importance attachée aux prétendues lois du genre. Où la Fontaine s'est-il engagé à suivre les règles que donneront après lui Batteux et d'autres? Félicitons-le de nouveau et félicitons-nous qu'il ne se soit pas chargé de ces entraves. Les petits contes librement répandus sans souci du cadre étroit et des règles de l'apologue dans les six derniers livres sont peut-être la partie la plus achevée de ses œuvres ; qu'ils tournent à l'élégie ou à l'idylle, à la comédie ou au discours, à la causerie ou à l'épître, le ton y est plus varié encore que dans les fables proprement dites, les grâces de la poésie plus enchanteresses, et la portée plus philosophique et plus élevée.

Collin d'Harleville s'est en partie inspiré de la fable de la Fontaine dans sa comédie : le *Vieillard et les Jeunes Gens*, qui ne fut jouée qu'après sa mort.

   Un octogénaire plantoit[1].
« Passe encor de bâtir; mais planter à cet âge!
Disoient trois jouvenceaux[2], enfants du voisinage ;
   Assurément il radotoit[3].
  Car, au nom des Dieux, je vous prie,   5
Quel fruit de ce labeur pouvez-vous recueillir[4]?

 1. Dans l'*Introduction* de son *Petit traité de poésie française* (Paris, 1884, p. 5-6), M. Th. de Banville, définissant la poésie « une composition dont l'expression soit si absolue, si parfaite et si définitive qu'on n'y puisse faire aucun changement, quel qu'il soit, sans la rendre moins bonne et sans en atténuer le sens, » cite pour exemple les quatre premiers vers de notre fable, si simples, mais écrits en effet « de façon à ce qu'on n'y puisse toucher. » — Le second vers est devenu proverbe et trouve fréquente application au figuré.

 2. Dans Abstemius, il n'y en a qu'un seul, et sa mort ne se fait pas attendre. A peine le Vieillard a-t-il répondu à ses railleries qu'il tombe du haut de l'arbre où il était monté et se tue : *Vir decrepitæ senectutis irridebatur a juvene quodam, ut delirus, quod arbores insereret, quarum non esset poma visurus. Cui Senex :* « *Nec tu, inquit, ex iis, quas nunc inserere paras, fructus fortasse decerpes.* » *Nec mora : juvenis ex arbore, quam surculos decerpturus ascenderat, ruens collum fregit. Fabula indicat mortem omni ætati esse communem.* On sent combien, chez la Fontaine, trois jeunes gens, au lieu d'un seul, opposés au Vieillard, qui leur survit à tous, donnent plus de force à la conclusion.

 3. Ce propos est dur et impoli, mais c'est dit comme *in petto;* nous n'en sommes encore qu'au discours indirect. Au vers suivant, un des jeunes gens, au nom du trio, devient interlocuteur, par une brusque transition dont on ne s'aperçoit même pas. On peut en comparer une presque aussi vive du récit du poëte au discours direct, tirée de l'*Iliade* (livre XV, vers 346 et suivants), que Longin cite dans son *Traité du Sublime*, chapitre XXIII : *Des transitions imprévues.*

 4.   *Quem fructum capis*
Hoc ex labore, quodve tantum est præmium...?
    (PHÈDRE, livre IV, fable XIX, vers 8-9.)

Autant qu'un patriarche il vous faudroit vieillir⁵.
    A quoi bon charger votre vie
Des soins d'un avenir qui n'est pas fait pour vous⁶ ?
Ne songez désormais qu'à vos erreurs passées ;   10
Quittez le long espoir et les vastes pensées⁷ ;
    Tout cela ne convient qu'à nous.
    — Il⁸ ne convient pas à vous-mêmes,
Repartit le Vieillard. Tout établissement⁹
Vient tard, et dure peu. La main des Parques¹⁰ blêmes 15
De vos jours et des miens se joue également.
Nos termes ¹¹ sont pareils par leur courte durée.

5. Comparez livre VIII, fable xxv, vers 43 (tome II, p. 339 et note 16).

6. Horace (livre II, ode xvi, vers 17-18) nous adresse à tous la question :

> *Quid brevi fortes jaculamur ævo*
> *Multa ?*

7. « Quelle force de sens et quelle précision ! » dit Chamfort. — Même pensée, non moins expressive, chez Horace, au livre I, ode xi, vers 6-7, et encore étendue à tous :

> *Spatio brevi*
> *Spem longam reseces ;*

ainsi qu'au même livre, ode iv, vers 15 :

> *Vitæ summa brevis spem nos vetat inchoare longam.*

8. *Il*, cela ; comme si souvent.

9. Le verbe *établir*, *s'établir*, est demeuré beaucoup plus fréquent au sens absolu que le substantif. Tout ce que l'homme établit et fonde *vient tard*, vu le peu de temps qu'à tout âge il a devant lui.

10. *La Parque blême*, au singulier, dans l'épître au prince de Conti de 1685, vers 60 (tome V *M.-L.*, p. 167), et dans *Galatée*, acte II, scène iv (tome IV *M.-L.*, p. 222). — Au sujet de *Parque*, voyez ci-dessus la note 8 de la page 64. Pour l'épithète *blêmes*, comparez Horace (livre I, ode iv, vers 13-14), rendant la même idée qu'ici la Fontaine par une plus énergique figure :

> *Pallida mors æquo pulsat pede*, etc. ;

et Malherbe : le « rivage blême » (*Poésies*, ix, vers 27).

11. *Termes* ne signifie pas ici la fin de la vie, mais les bornes dans

Qui de nous des clartés de la voûte azurée
Doit jouir le dernier[12]? Est-il aucun moment
Qui vous puisse assurer d'un second seulement[13] ? 20
Mes arrière-neveux[14] me devront cet ombrage[15] :

lesquelles la vie est enfermée par le Destin. Comparez *Adonis*, vers 13. Montaigne a dit au même sens (tome I, p. 91) : « Pauvre fol que tu es, qui t'a establi les termes de ta vie? Et Malherbe :

....Il demande à ses jours davantage de terme.
(*Poésies*, III, vers 166.)

12. *Quis est tam stultus, quamvis sit adolescens, cui sit exploratum, se ad vesperum esse victurum? Quin etiam ætas illa multo plures, quam nostra, mortis casus habet.... Itaque pauci veniunt ad senectutem.... At sperat adolescens diu se victurum ; quod sperare idem senex non potest. Insipienter sperat. Quid enim stultius quam incerta pro certis habere, falsa pro veris?* (Cicéron, *de Senectute*, chapitre XIX, §§ 67-68.)

13. Voilà un passage qui développe avec originalité, sous des aspects divers, le lieu commun de la brièveté de la vie que partout, à l'envi, anciens et modernes ont soit traité, soit touché en passant. En général ils étendent à une journée, à un lendemain ce que notre poëte borne ici à un moment. *An id exploratum cuiquam potest esse*, dit Cicéron (*de Finibus bonorum et malorum*, livre II, chapitre XXVIII), *quo modo sese habiturum sit corpus, non dico ad annum, sed ad vesperam?* Comparez la note précédente. Horace (livre I, ode XI, vers 8), plus brièvement :

Carpe diem, quam minimum credula postero.

Sénèque, dans la tragédie de *Thyeste* (vers 619-620) :

Nemo tam Divos habuit faventes
Crastinum ut posset sibi polliceri.

Voyez aussi sa lettre CI à Lucilius. Ces vers d'un octogénaire, du grand ami de l'auteur, ne sont pas indignes non plus d'être rapprochés :

Chaque jour est un bien que du Ciel je reçoi;
Je jouis aujourd'hui de celui qu'il me donne :
Il n'appartient pas plus aux jeunes gens qu'à moi,
Et celui de demain n'appartient à personne.
(Maucroix, quatrain fait à l'âge de plus de 80 ans: *OEuvres diverses*, Paris, 1854, tome I, p. 216.)

14. Voyez tome II, p. 209 et note 12.
15. C'est l'idée du vers 58 du livre II des *Géorgiques* :

Tarda venit (arbos), *seris factura nepotibus umbram;*

> Eh bien! défendez-vous au sage
> De se donner des soins pour le plaisir d'autrui?
> Cela même est un fruit que je goûte aujourd'hui :
> J'en puis jouir demain, et quelques jours encore ;   25
> Je puis enfin compter l'aurore
> Plus d'une fois sur vos tombeaux[16]. »

et, avec passage de l'ombre aux fruits, de cet autre, si connu, 50° de la IX° églogue :

> *Insere, Daphni, pyros ; carpent tua poma nepotes.*

Le premier de ces vers a été cité et ainsi amené par Sénèque dans son épître LXXXVI : *Nobis senibus...., quorum nemo non olivetum alteri ponit,* et, là, traduit par Malherbe (tome II, p. 671) :

> (Il) réserve tardif son ombrage aux neveux ;

et de la sorte, par notre auteur lui-même, pour son ami Pintrel[a] (tome V M.-L., p. 133) :

> .... Dont l'ombre est réservée aux arrière-neveux.

Nous citerons enfin ce passage de Cicéron qui donne à l'idée un caractère religieux : *Nemo enim est tam senex, qui se annum non putet posse vivere; sed iidem elaborant in eis, quæ sciunt nihil omnino ad se pertinere :*

> *Serit arbores, quæ alteri sæculo prosint,*

ut ait Statius[b] noster in Synephebis. Nec vero dubitet agricola, quamvis senex, quærenti cui serat respondere : « Diis immortalibus, qui me non accipere modo hæc a majoribus voluerunt, sed etiam posteris prodere. » (CICÉRON, *de Senectute,* chapitre VII, § 24.) — On peut rapprocher cette réminiscence de Voltaire dans une lettre à M. de Fleurieu, datée de Ferney (21 janvier 1765, OEuvres, tome LXII, p. 190) : « Je ne m'occupe qu'à planter des arbres dont je ne verrai pas l'ombrage. J'ai trouvé que c'était là le sûr moyen de travailler pour la postérité. »

16. Chamfort trouve ce mot un peu dur. « Il l'est beaucoup moins, ajoute-t-il, que le propos de ces jeunes gens : « Assuré-« ment il radotoit. » Mais il voudrait que « le Vieillard eût encore

---

[a] Voyez, au tome I, la *Notice biographique,* p. CXXII.

[b] Cæcilius Statius, poëte comique, dont il ne reste que très-peu de fragments.

Le Vieillard eut raison : l'un des trois jouvenceaux
Se noya dès le port, allant à l'Amérique[17];
L'autre, afin de monter aux grandes dignités,
Dans les emplois de Mars[18] servant la République,
Par un coup imprévu vit ses jours emportés;
  Le troisième tomba d'un arbre
   Que lui-même il voulut enter;
Et, pleurés du Vieillard[19], il grava sur leur marbre
  Ce que je viens de raconter[20].

été plus doux et plus aimable, » et il ose proposer cette variante polie :

  Et même, avec regret, je puis compter l'aurore
   Plus d'une fois sur vos tombeaux.

Laissons à notre octogénaire cette mâle, mais non pas *dure*, franchise qui cadre bien avec le ferme bon sens de tout ce qu'il dit.

17. Colincamp cite cet exemple, de Mme de Maintenon, de *retourner* avec *à* devant ce même nom de contrée : « .... Cela ne me suffiroit-il pas pour m'engager à me reléguer moi-même au bout du monde et retourner *à* l'Amérique ? » (*Lettres historiques et édifiantes*, n° 534, année 1711.) Avec un autre verbe, les deux Canards disent à la Tortue (livre X, fable II, vers 9) :

  Nous vous voiturerons par l'air *en* Amérique.

18. Même locution dans la pièce intitulée : *le comte de Fiesque au Roi*, vers 5 (tome V M.-L., p. 157). Comparez la fable 1 du livre XII, vers 9 : « Dans le métier de Mars.... » — Pour *République*, au sens général d'État, voyez tome II, p. 211 et note 17, à laquelle nous aurions pu ajouter un autre exemple, le vers 20 du second *Discours à Mme de la Sablière* (tome V M.-L., p. 154) :

  Les romans et le jeu, peste des Républiques.

19. Encore une de ces hardies incises absolues qui, parfaitement claires, donnent, par leur irrégularité même, élégance et vivacité à la phrase.

20. « Ce qui est parfait, dit Chamfort, ce qui ajoute à l'intérêt qu'on prend à ce vieillard et à la force de la leçon, ce sont les deux derniers vers. Il les pleure ; il s'occupe du soin d'honorer leur mémoire ; il leur élève un cénotaphe : ce qui suppose un intérêt tendre, car enfin leurs corps étaient dispersés. Et la Fon-

taine, voyez comme il s'efface, comme il est oublié, comme il a disparu! Il n'est pour rien dans tout ceci. Il n'est point l'auteur de cette fable; l'honneur ne lui en est pas dû; il n'a fait que la copier d'après le marbre sur lequel le Vieillard l'avait gravée. On dirait que la Fontaine, déjà vieux, et attendri par le rapport qu'il a lui-même avec le Vieillard de sa fable, se plaise à le rendre intéressant, et à lui prêter le charme de la douce philosophie et des sentiments affectueux avec lesquels lui-même se consolait de sa propre vieillesse. »

FABLE IX.

LES SOURIS ET LE CHAT-HUANT.

La note que la Fontaine a placée à la suite de cette fable nous apprend que le sujet lui en fut fourni ou par un fait dont il fut lui-même témoin, ou par quelque récit que lui aura fait un de ses amis. Walckenaer (*Histoire de la Fontaine*, tome I, p. 303) trouve le fait invraisemblable, et craint que le poëte « n'ait été abusé par quelque observateur superficiel. » Comparez ci-dessus l'approvisionnement analogue du Cormoran, qui fait le sujet de la fable III du livre X, mais qui, lui, nous est bien donné pour une fable et non pour un fait réel.

« Il s'en faut bien, dit Chamfort, que cet apologue-ci approche du précédent. » Ce qui ne l'empêche pas, eût-il fallu ajouter, d'être excellent aussi en son genre. « Ce n'est, continue le critique, que le récit d'un fait singulier qui prouve l'intelligence des animaux. Aussi la Fontaine cesse-t-il d'être cartésien, en dépit de Mme de la Sablière. » Il n'avait point à cesser de l'être. Pour l'opinion du fabuliste sur la question de métaphysique de l'âme des bêtes, voyez au tome II, à la suite du livre IX, p. 454-480, le *Discours à Mme de la Sablière*, avec la notice et les notes qui l'accompagnent, et, à l'Appendice, le thème du duc de Bourgogne, déjà cité par Robert (tome II, p. 315), où est racontée la même anecdote.

Il ne faut jamais dire aux gens :
« Écoutez un bon mot, oyez une merveille[1]. »

1.   Petit rimeur trop éventé,
     Gardez-vous bien de rien promettre :
     Rengainez votre vanité.
     Où diable vous allez-vous mettre ?
     Hé quoi ! ne savez-vous pas bien
     Qu'un conte ne vaut jamais rien
     Quand on dit : Je vous ferai rire ?
          (SCARRON, *la Foire Saint-Germain*, tome I des
           OEuvres, p. 250, édition de 1752.)

Savez-vous si les écoutants²
En feront une estime à la vôtre pareille ?
Voici pourtant un cas qui peut être excepté :　　　　5
Je le maintiens prodige, et tel que d'une fable³
Il a l'air et les traits, encor que véritable.

On abattit un pin pour⁴ son antiquité,
Vieux palais d'un Hibou⁵, triste et sombre retraite
De l'oiseau qu'Atropos⁶ prend pour son interprète.　　10
Dans son tronc caverneux, et miné par le temps,
　　　Logeoient, entre autres habitants,
Force Souris sans pieds, toutes rondes de graisse.
L'Oiseau les nourrissoit parmi des tas de blé,
Et de son bec avoit leur troupeau mutilé⁷.　　　　15
Cet Oiseau raisonnoit : il faut qu'on le confesse.

2. Même mot au vers 50 de la fable xv du livre VII. Comparez les « regardants » des fables x du livre III, vers 5, III du livre IX, vers 29, II du livre X, vers 31 (ci-dessus, p. 16 et note 15).

3. A savoir d'une « histoire mensongère, » comme il est dit au vers 2 de l'épître *à Monseigneur le Dauphin*, tome I, p. 55. — Voyez les lignes de prose ajoutées à la fin de cette fable par la Fontaine.

4. A cause de.

5. Le *hibou* et le *chat-huant* sont pour l'exact naturaliste deux oiseaux d'espèce différente ; c'est une remarque à laquelle pouvait déjà donner lieu la fable xvii du livre V. Mais voyez, au tome II, la note 13 de la page 326. — « Le hibou, dit Buffon, habite ordinairement dans les anciens bâtiments ruinés, dans les cavernes des rochers, dans le creux des vieux arbres. »

6. Une des trois Parques : voyez la note 3 de la page 174 du tome II. Les anciens ne font du Hibou ni l'interprète ni même un des attributs d'Atropos ; au moins Jacobi, dans son *Dictionnaire de mythologie*, si complet, n'en parle pas. Ce vers est sans doute une simple allusion à ce préjugé qui fait voir dans les hiboux, dans les chouettes, des oiseaux de malheur, et dans leurs cris des présages de mort.

7. Pour cette construction, voyez, au tome II, la note 4 de la page 274.

En son temps⁸, aux Souris le compagnon⁹ chassa :
Les premières qu'il prit du logis échappées¹⁰,
Pour y remédier, le drôle estropia
Tout ce qu'il prit ensuite ; et leurs jambes coupées   20
Firent qu'il les mangeoit à sa commodité,
  Aujourd'hui l'une, et demain l'autre¹¹.
Tout manger à la fois, l'impossibilité
S'y trouvoit, joint aussi le soin de sa santé¹².
Sa prévoyance alloit aussi loin que la nôtre :   25
  Elle alloit jusqu'à leur porter
  Vivres et grains pour subsister.
  Puis, qu'un Cartésien s'obstine
A traiter ce Hibou de montre et de machine¹³ ?
  Quel ressort lui pouvoit donner   30

8. En son jeune, en son bon temps.

9. Équivalent, dans cet emploi, à « le gaillard, le galant, le drôle, » qui vient ci-après, au vers 19. Même terme appliqué, au même sens, à un homme dans les contes I de la II⁰ partie, vers 120, et IV, vers 27, II de la III⁰ partie, vers 221, et *passim*; et, comme ici, à une bête dans la fable XVIII du livre XII, vers 24.

10. Conformité avec l'ablatif absolu des Latins, rendue très-sensible par l'absence d'*étant*, comme au vers 31 de la fable XVIII du livre II, et ci-dessous, au vers 24.

11.   Là, Cormoran, le bon apôtre,
. . . .
  Vous les prenoit sans peine, un jour l'un, un jour l'autre.
  (Fable III du livre X, vers 36-39.)

12. « Sa chasse la plus ordinaire, dit encore Buffon, sont les jeunes lièvres..., les souris, qu'il avale tout entières, et dont il digère la substance charnue, vomit (*au bout de quelques heures*) le poil, les os et la peau en pelotes arrondies. » On voit que la santé de l'avisé compagnon devait lui interdire l'excès. Le Héron montre la même prévoyance, la même prudence, dans la fable IV du livre VII, vers 7-11 ; il attend, pour prendre les poissons, qu'il ait un peu plus d'appétit :

  Il vivoit de régime, et mangeoit à ses heures.

13. Voyez, surtout pour toute cette fin, le *Discours à Mme de la*

Le conseil de tronquer[14] un peuple mis en mue[15] ?
      Si ce n'est pas là raisonner,
      La raison m'est chose inconnue.
      Voyez que d'arguments il fit[16] :
      « Quand ce peuple[17] est pris, il s'enfuit ;   35
Donc il faut le croquer aussitôt qu'on le happe.
Tout, il[18] est impossible. Et puis, pour le besoin
N'en dois-je pas garder ? Donc il faut avoir soin
      De le nourrir sans qu'il échappe.
Mais comment ? Ôtons-lui les pieds. » Or, trouvez-moi   40
Chose par les humains à sa fin mieux conduite[19].

Sablière, auquel renvoie la notice de la fable, et particulièrement les vers 29-52.

14. Du latin *truncare*, qui veut bien dire mutiler. Comparez le vers 26 de la fable xx du livre XII.

15. *Mue* signifie le lieu (*une sorte de grande cage*) où l'on met un oiseau quand il mue. *Mue* est aussi « un lieu obscur et serré où l'on tient la volaille pour l'engraisser. » (Académie, 1694.) Nous trouvons le même terme, mais plutôt dans le premier sens que dans le second qu'il a ici, au conte II de la I.re partie, vers 130.

16. Nous avons cité ce vers pour le rapprocher d'un semblable, dans la note 91 de la page 477 du tome II. — « La Fontaine, malgré la contrainte de la versification, dit Chamfort, développe la suite du raisonnement qu'a dû faire le Hibou, avec autant d'exactitude et de précision que le ferait un philosophe écrivant en prose. » — Montaigne, comme le remarque Solvet, prête, d'après Plutarque[a], une même suite de raisonnements aux renards que les habitants de la Thrace lâchaient devant eux quand ils voulaient passer quelque rivière glacée (livre II, chapitre XII, tome II, p. 189-190) : voyez ci-après la note 19.

17. Le mot *peuple* revient aussi deux fois, appliqué aux poissons, victimes du Cormoran, dans la fable III du livre X, déjà citée (vers 16 et 33).

18. Rapprochez le vers 13 de la fable précédente, et la note qui s'y rapporte.

19. « Quand nous le verrions (le renard) au bord de l'eau, dî Montaigne (*ibidem*), approcher son aureille bien prez de la glace, pour sentir s'il orra, d'une longue ou d'une voisine distance, bruire

[a] *De l'Industrie des animaux*, chapitre XII.

Quel autre art de penser Aristote et sa suite [20]
Enseignent-ils, par votre foi [21]?

Ceci n'est point une fable; et la chose, quoique merveilleuse et presque incroyable, est véritablement arrivée. J'ai peut-être porté trop loin la prévoyance de ce Hibou [22]; car je ne prétends pas établir dans les bêtes un progrès de raisonnement tel que celui-ci : mais ces exagérations sont permises à la poésie, surtout dans la manière d'écrire dont je me sers.

l'eau courant au dessoubs, et, selon qu'il treuve par là qu'il y a plus ou moins d'espesseur en la glace, se reculer, ou s'advancer, n'aurions-nous pas raison de iuger qu'il luy passe par la teste ce mesme discours qu'il feroit en la nostre, et que c'est une ratiocination et consequence tirée du sens naturel : « Ce qui faict bruit se « remue; ce qui se remue n'est pas gelé; ce qui n'est pas gelé est « liquide; et ce qui est liquide plie soubs le faix? »

20. Ses disciples, sa séquelle, comme on disait aussi. — « Aristote, dit Chamfort, avait fait un livre intitulé *la Logique*, et Messieurs de Port-Royal un ouvrage qui a pour titre : *l'Art de penser*. C'est à ce livre que la Fontaine fait allusion. » Il a bien pu songer à *la Logique* ou *l'Art de penser*, qui est le double titre de l'ouvrage de Port-Royal, mais pourquoi réduire à Port-Royal si affirmativement l'innombrable *suite* d'Aristote?

21. Par votre bonne foi; je fais appel à votre bonne foi : comparez ci-dessus, p. 90 et note 15.

22. Dans les raisonnements qu'il lui prête, non dans l'historiette, puisqu'il en affirme la réalité. Voyez dans la notice l'opinion de Walckenaer sur le fait. — C'est peut-être ici le lieu de citer ces deux vers, (114-115) de la fable xxvii du livre II de Burkhard Waldis, *vonn der Ewlen und andern Vögeln*, dont le sujet du reste est différent :

> Ich glaub nit das ein Ewl jetzt hat
> Solch weisheit wie in alten Jaren.

« Je ne crois pas qu'un Hibou ait aujourd'hui autant de sagesse que dans les temps anciens. »

ÉPILOGUE.

Cet épilogue semble inspiré, pour la fin surtout, à notre poëte par les vers suivants, peut-être apocryphes, qui sont, eux aussi, un épilogue, celui des *Géorgiques* (livre IV, vers 559-566) :

> *Hæc super arvorum cultu pecorumque canebam,*
> *Et super arboribus, Cæsar dum magnus ad altum*
> *Fulminat Euphraten bello, victorque volentes*
> *Per populos dat jura, viamque affectat Olympo.*
> *Illo Virgilium me tempore dulcis alebat*
> *Parthenope, studiis florentem ignobilis oti ;*
> *Carmina qui lusi pastorum, audaxque juventa,*
> *Tityre, te patulæ cecini sub tegmine fagi.*

Le poëte Segrais, dans sa traduction des *Géorgiques* (ouvrage posthume, 1712, in-12), applique à Louis XIV les vers sur César.

Comme le dit très-bien Saint-Marc Girardin dans sa 1re leçon (tome I, p. 12 et 17), « l'entretien de la Fontaine avec les bois, les arbres, les eaux, avec toutes choses enfin, ce qu'il en entend, ce qu'il en répète, a quelque chose de profond et de mystérieux, sans que pourtant cet entretien cesse jamais d'être clair et aimable, sans que la pensée et le sentiment du poëte aillent jamais se perdre dans la contemplation mystique et confuse des grandeurs de l'univers.... Heureux ceux qui, comme la Fontaine, ne font pas de l'univers le confident de leur amour-propre et l'écho de leur vanité ! Heureux, même ne fussent-ils pas poëtes et ne pussent-ils pas répéter ce qu'ils entendent de charmant et de doux dans la nature ! Heureux ceux qui se laissent pénétrer au charme de son entretien ; qui reçoivent dans leur âme la paix qui lui vient de son ordre éternel ; qui s'inclinent devant elle, ou plutôt devant Dieu, avec un cœur reconnaissant des plaisirs qu'elle nous donne, et humble en face des grandeurs qu'elle nous montre ! »

On croirait, à lire cet Épilogue, que la Fontaine dit adieu aux fables. Le fait est qu'il resta quinze ans sans en publier de nouvelles ou du moins sans publier de recueil nouveau. Ce ne fut qu'en

1694 qu'il donna au public sa cinquième partie, dont on a formé depuis le douzième livre.

Comparez la Dédicace en vers *à Monseigneur le Dauphin*, qui ouvre le recueil des *Fables*, tome I, p. 55.

> C'est ainsi que ma Muse, aux bords d'une onde pure[1],
>   Traduisoit en langue des Dieux[2]
>   Tout ce que disent sous les cieux
> Tant d'êtres empruntants[3] la voix de la nature[4].
>   Trucheman[5] de peuples divers,   5

1. Au propre, il va sans dire; trait gracieux d'idylle, nous montrant notre fabuliste dans ses rêves aux bords d'un vrai cours d'eau, de la Seine peut-être, et non certes, étrange idée de l'abbé Guillon, « de l'Hippocrène, fontaine où puisent les poëtes. »

2. Comparez la fable 1 du livre IX, vers 5-6 :

> Le Loup, en langue des Dieux,
> Parle au Chien dans mes ouvrages.

— On sait que Platon, dans le second livre de *la République*, dans *Ion* et dans *Phèdre*, appelle les poëtes fils, confidents, interprètes des Dieux, pensée bien souvent répétée, surtout par les poëtes eux-mêmes. Saint-Évremond, moins enthousiaste, remarque qu'on dit communément deux choses qui paraissent opposées et qu'il croit « toutes deux fort vraisemblables : l'une, que la poésie est le langage des Dieux, et l'autre qu'il n'y a rien de plus fou que sont les poëtes. » (*OEuvres mêlées*, tome II, 1866, p. 506-507.)

3. Nous n'avons plus besoin d'avertir que ce participe est au pluriel dans tous nos vieux textes. — Une idée pareille est exprimée, mais avec les mots tout simples : *rime* et *rimer*, aux vers 16-17, 28-29 de la fable XIII du livre VIII. Rapprochez aussi les vers 9-13 de la fable 1 du livre II.

4. « Qu'est-ce que cette voix de la nature ? » demande l'abbé Guillon. « Le langage des hommes ? » La seconde question est étonnante. Pour la première, il suffit de renvoyer l'abbé aux vers 7 et 8.

5. *Trucheman*, nom tiré de l'arabe, originairement le même que *drogman;* c'est bien ici le mot propre : il signifie interprète entre des personnes, disons « des êtres, » parlant des langues différentes. Nous avons le mot une autre fois au même sens, pour marquer communication entre bêtes et hommes (*le Songe de Vaux*, tome III

Je les faisois servir d'acteurs en mon ouvrage ;
  Car tout parle dans l'univers ;
   Il n'est rien qui n'ait son langage [7] :
Plus éloquents chez eux qu'ils ne sont dans mes vers,
Si ceux que j'introduis me trouvent peu fidèle,   10

M.-L., p. 206). — L'emploi au figuré est, comme on sait, très commun. En voici un exemple, du poëme d'*Adonis* (vers 104, tome II *M.-L.*, p. 371) :

  Ses regards, truchements de l'ardeur qui la touche.

6. C'est l'idée si bien exprimée dans la fable 1 du livre V (vers 26-30), au sujet de laquelle M. Nisard remarque que, si la Fontaine s'est rangé parmi les dramatiques, c'est que le dramatique était son tour d'esprit. « Tous ses ouvrages, pour ne parler que des excellents, sont des récits en action.... C'est par la forme dramatique qu'il plaît si universellement. Comme il n'est pas de plaisir d'esprit plus vif que celui du théâtre, le livre qui nous donne quelque image de la scène est sûr de nous attacher. Le recueil de la Fontaine est un théâtre où nous voyons représentés en raccourci tous les genres de drame, depuis les plus élevés, la comédie et la tragédie, jusqu'au plus simple, le vaudeville. Les lecteurs sont spectateurs, et toutes les émotions qu'on éprouve au théâtre, la fable nous les donne en petit. » M. Nisard ajoute que rien n'a passé de mode, rien n'a péri de ce petit théâtre. Tandis que dans les œuvres de Racine et de Molière « la critique peut compter plus d'une partie séchée, tout vit, tout est toujours vert dans la Fontaine. » (*Histoire de la littérature française*, tome III, 1863, p. 129-131 et 140.)

7. Cela fait songer à cette autre manière dont les forces de la nature s'animent, se personnifient et jouent leurs rôles dans le merveilleux drame de la mythologie :

  .... Là pour nous enchanter tout est mis en usage,
  Tout prend un corps, une âme, un esprit, un visage.
  . . . .
  Ce n'est plus la vapeur qui produit le tonnerre,
  C'est Jupiter armé pour effrayer la terre.
  Un orage terrible aux yeux des matelots,
  C'est Neptune en courroux qui gourmande les flots ;
  Écho n'est plus un son, etc.
   (Boileau, *Art poétique*, chant III, vers 163 et suivants.)

LIVRE XI.

Si mon œuvre n'est pas un assez bon modèle,
  J'ai du moins ouvert le chemin⁸ :
D'autres pourront y mettre une dernière main⁹.
Favoris des neuf Sœurs, achevez l'entreprise :
Donnez mainte leçon que j'ai sans doute omise ;
Sous ces inventions il faut l'envelopper.
Mais vous n'avez que trop de quoi vous occuper :
Pendant le doux emploi de ma Muse innocente,
Louis dompte l'Europe ; et, d'une main puissante,
Il conduit à leur fin¹⁰ les plus nobles projets
  Qu'ait jamais formés un monarque¹¹.

8. Quoiqu'il ait eu de nombreux devanciers, il a certes le droit de parler ainsi. Il s'est ouvert un chemin que nul n'a suivi, soupçonné même avant lui. Nous nous gardons bien de déprécier le genre et la manière des Ésope, des Phèdre ; mais enfin ils ont fait, et presque toujours d'une façon toute différente de la sienne, une suite de petits opuscules détachés, tandis que son œuvre à lui,

  Son ample comédie à cent actes divers,

forme un merveilleux ensemble, le plus neuf, le plus original, le plus personnel. Voyez la note 6 ; et, dans le *Petit traité de poésie française* de M. Th. de Banville (p. 155), cette opposition enthousiaste à la modeste prévision des vers 11-14 de cet Épilogue : « Il n'y a, il n'y a eu et il n'y aura en France qu'un seul fabuliste, et il n'y a pas de fables à faire.... Les fables de la Fontaine, c'est la perfection et le dernier mot du génie. » — Quant à la naïve et noble confiance avec laquelle il se rend justice, on en peut rapprocher, pour en apprécier la délicate réserve, maint libre trait de poétique orgueil, celui d'Horace, par exemple (livre IV, ode III, vers 21-23) :

  .... *Monstror digito prætereuntium*
    Romanæ fidicen lyræ.

9. C'est aussi ce qu'il dit, dans la fable I, déjà citée, du livre II, vers 8 :

  On le peut, je l'essaie ; un plus savant le fasse.

Rapprochez aussi la *Préface des Fables*, tome I, p. 13-14.
  10. Comparez la fable précédente, vers 41.
  11. Comme nous avons eu déjà occasion de le dire, la coalition européenne formée par le prince d'Orange contre la France avait

Favoris des neuf Sœurs, ce sont là des sujets
　　Vainqueurs du temps et de la Parque[42].

été brisée par les victoires de Condé, de Turenne, de Luxembourg, de Catinat, de Créquy et de Duquesne, et les trois traités de Nimègue (10 août et 17 septembre 1678, et 5 février 1679), par lesquels Louis XIV dicta ses conditions à la Hollande, à l'Espagne et à l'Empire, venaient d'établir notre prépondérance en Europe. Le Roi était parvenu à l'apogée de sa puissance et de sa gloire : il était salué partout du nom de Grand.

12. « Les fables de la Fontaine, dit Chamfort, seront bien aussi victorieuses du temps et ne dureront pas moins que les plus beaux monuments consacrés à la gloire de Louis XIV. Molière au moins le pensait quand il disait de la Fontaine à Boileau : « Le bonhomme ira plus loin que nous tous. » On aurait bien dû nous apprendre la réponse du satirique. » — Voyez au tome I, dans la *Notice biographique*, p. cxii et cxiii, les deux versions du mot, si connu, de Molière à Boileau.

LIVRE DOUZIÈME.

Nota. — Quinze ans après la publication de la quatrième partie des Fables, que termine l'Épilogue du livre précédent, la Fontaine donna, en 1694 (l'Achevé d'imprimer est du 1ᵉʳ septembre 1693), la cinquième et dernière partie; mais l'édition originale de ce dernier livre (dont on a depuis fait le XIIᵉ) n'a point au titre, avant l'Épître au duc de Bourgogne, la mention Cinquième partie, qui ne se lit que dans la réimpression de la même année. Au-dessus de la fable 1, ainsi qu'à tous les titres courants, l'original et ladite réimpression portent Livre septième. — Voyez l'*Avertissement* du tome I, et la *Notice biographique*, en tête du même tome I, p. cxcvii.

Ce dernier livre contenait vingt-neuf pièces : en effet *Philémon et Baucis, la Matrone d'Éphèse, Belphégor* (sans le prologue), et *les Filles de Minée*, déjà publiés en 1682 et en 1685, y ont été insérés et y portent les numéros xxv-xxviii; en réalité, il n'y a dans le livre XII que vingt-cinq fables; nous en détachons les quatre morceaux qui y avaient été joints.

Dix d'entre les fables, comme on le verra dans les notices, avaient déjà paru dans les *Ouvrages de prose et de poésie des sieurs de Maucroix et de la Fontaine* (1685); trois dans le *Mercure galant* de décembre 1690, de février et de mars 1691, la première seulement sous le nom de l'auteur; une dans le *Recueil de vers choisis*, du P. Bouhours (1693). Nous indiquerons les variantes fournies par ces recueils et, comme toujours, par les réimpressions.

Nous comblons ici, on le voit, une lacune de la première phrase de l'avant-dernière page de l'*Avertissement* de notre tome I, à laquelle nous aurions dû ajouter : « sauf les recueils où quelques-unes des fables de ce livre avaient précédemment paru. »

FABLES.

A

MONSEIGNEUR LE DUC DE BOURGOGNE[1].

Monseigneur,

Je ne puis employer, pour mes fables, de protection qui me soit plus glorieuse que la vôtre[2]. Ce goût exquis et ce jugement si solide que vous faites paroître dans toutes choses au delà d'un âge[3] où à peine les autres

---

1. Louis, duc de Bourgogne, fils du grand Dauphin, petit-fils de Louis XIV, élève de Fénelon, naquit à Versailles le 6 août 1682, et mourut le 18 février 1712. Il avait douze ans, lorsque la Fontaine, dont il fut le bienfaiteur, lui dédia ce dernier livre de ses fables. Ce n'était pas son premier hommage au jeune prince : il avait composé deux *ballades* à l'occasion de sa naissance (tome V *M.-L.*, p. 142-145). — Sur cette dédicace, sa date probable, etc., voyez, au tome I, la page cxcvii, déjà citée, de la *Notice biographique* de M. Mesnard, et la suivante; au sujet des bienfaits, des gratifications du duc de Bourgogne, *ibidem*, p. clxxxix-cxc.

2. « Il faut pardonner, dit Chamfort, à un vieillard déjà accablé de peines et d'infirmités le ton faible et le style languissant de cette épître dédicatoire; il faut même s'étonner de retrouver dans plusieurs des fables de ce douzième livre une partie de son talent poétique, et, dans quelques-unes, des morceaux où ce talent brille de tout son éclat. » Plus justement, croyons-nous, M. Mesnard, au premier endroit cité, trouve la dédicace « d'une plume très-bonne encore. » Au sujet de la fin de l'observation de Chamfort, voyez la note 7 de la fable I (ci-dessous, p. 183). Si ce qui suit est vrai et si l'on y joint ce qui se disait partout de la précocité du royal enfant, on ne peut pas dire que l'éloge, dans cette phrase de la Fontaine, passe les bornes.

3. Que, dans toutes choses, vous montrez, dépassant un âge, etc. La Fontaine traite grammaticalement *au delà de* comme un qualificatif : « supérieur à ». Même rôle, dans la dernière phrase, mais là tout simple et assez ordinaire, de la préposition *au-dessus de*,

princes sont-ils touchés de ce qui les environne avec le plus d'éclat[4]; tout cela, joint au devoir de vous obéir[5] et

après le mot *sujets*. — Virgile (*Énéide*, livre VI, vers 114) a pareillement appliqué à l'âge le mot de même acception *ultra* :

Vires ultra sortemque senectæ.

— On peut rapprocher de ces premières lignes le début d'une épître *à Monseigneur le prince de Conti* (tome V *M.-L.*, p. 71) :

Prince chéri du Ciel, qui fais voir à la France
Les fruits de l'âge mûr joints aux fleurs de l'enfance, etc.

4. « Ce qui les environne avec le plus d'éclat, » ce sont les splendeurs et les hochets éblouissants de la grandeur : l'observation est aussi vraie que fine, appliquée aux jeunes princes. — Le duc de Bourgogne était alors, nous l'avons vu (note 1), dans sa douzième année, et non dans sa huitième, comme l'a dit l'abbé Guillon; la fable qui suit parut pour la première fois en 1690, mais cette épître, en 1694. — A onze ans, il avait lu Tite-Live tout entier en latin, les *Commentaires de César*, et commencé une traduction de Tacite. Voici ce que dit de lui Ézéchiel Spanheim, envoyé extraordinaire de Brandebourg, dans ses « Remarques » publiées à la suite de sa *Relation de la cour de France en* M.DC.XC (Paris, 1882, p. 390) : « Le duc de Bourgogne est le prince de la plus grande espérance qu'il y ait jamais eu; qui, dans un corps délicat que l'âge peut rendre plus robuste, a un esprit d'une vivacité, d'une étendue et d'une ambition extraordinaire. Avec cette vivacité, il est taciturne, partie rare dans un même sujet. Non-seulement il s'élève de lui-même à la connoissance de toutes les sciences, comme les langues, la philosophie et les mathématiques, mais, ce qui est important, à la connoissance de l'histoire ancienne et moderne, à la connoissance des intérêts des princes, et fait la lecture de Tacite dans l'original latin, et, ayant la mémoire heureuse, fait des progrès surprenants dans tout ce qu'il veut apprendre. Il a méprisé tous les jeux et divertissements des enfants pour s'enfermer dans son cabinet, enrichi d'une bibliothèque choisie, d'instruments de mathématique, de cartes de géographie, de plans de places fortes. Il passe plusieurs heures chaque jour à s'instruire de tout ce qu'un grand prince doit savoir. Il sait dessiner parfaitement : on prendroit presque pour des estampes ce qui part de sa plume; il sait lever des plans et les faire comme un ingénieur. » Voyez aussi *ibidem*, p. 439-441, une curieuse variante de ce portrait.

5. La suite explique le mot *obéir*. — L'emploi hyperbolique du

à la passion de vous plaire, m'a obligé de vous présenter un ouvrage⁶ dont l'original⁷ a été l'admiration de tous les siècles aussi bien que celle de tous les sages. Vous m'avez même ordonné de continuer; et, si vous me permettez de le dire, il y a des sujets dont je vous suis redevable⁸, et où vous avez jeté des grâces qui ont été admirées de tout le monde. Nous n'avons plus besoin de consulter ni Apollon ni les Muses, ni aucune des divinités du Parnasse : elles se rencontrent toutes dans les présents que vous a faits la nature, et dans cette science de bien juger des ouvrages de l'esprit, à quoi vous joignez déjà celle de connoître toutes les règles qui y conviennent⁹. Les fables d'Ésope sont une ample matière pour ces talents ; elles embrassent toutes sortes

mot *passion*, qui suit, même dans de banales formules de fin de lettre, était assez fréquent alors encore, et surtout quelque temps auparavant. Voyez les deux premiers exemples du 11ᵉ de Littré.

6. Il s'agit de ce qui avait paru de ses fables antérieurement à cette cinquième partie. On voit qu'il avait été admis à présenter, probablement en personne, au jeune prince un exemplaire des quatre premières parties. L'abbé Proyart, dans sa *Vie du Dauphin* (p. 24), citée par M. Mesnard (p. CLXXXIII), nous le montre, avec une erreur de date, « ayant accès par Fénelon jusqu'au duc de Bourgogne, » lui lisant des fables, et, en retour, écoutant, en ce genre, ses essais d'écolier.

7. Ésope, le grand fabuliste par excellence, le fabuliste légendaire, au nom duquel on faisait honneur des nombreux cadres d'apologues, des fables élégantes et brèves de l'antiquité grecque.

8. Ceux des fables v, ix, etc., de ce livre. La Bibliothèque nationale conserve (fonds Latin, n° 8511) un manuscrit des thèmes du duc de Bourgogne. Plus d'un trait de ses derniers apologues semble, en effet, avoir été fourni à la Fontaine par le royal élève ou par son précepteur : voyez ci-dessous la notice de la fable ix.

9. Pour ces flatteries ainsi poussées à l'excès qui toujours choquent, quelque habitué qu'on y soit par les poëtes, et qui surtout affligent sous la plume d'un vieillard de génie, voyez ci-dessus, p. 101 et 102, les notes 2 et 4 de la fable ii du livre XI, *Pour Monseigneur le duc du Maine*.

d'événements et de caractères[10]. Ces mensonges sont proprement une manière d'histoire où on ne flatte personne. Ce ne sont pas choses de peu d'importance que ces sujets : les animaux sont les précepteurs des hommes dans mon ouvrage[11]. Je ne m'étendrai pas davantage là-dessus : vous voyez mieux que moi le profit qu'on en peut tirer. Si vous vous connoissez maintenant en orateurs et en poëtes, vous vous connoîtrez encore mieux quelque jour en bons politiques et en bons généraux d'armée; et vous vous tromperez aussi peu au choix des personnes qu'au mérite des actions. Je ne suis pas d'un âge à espérer d'en être témoin[12]. Il faut que je me contente de travailler sous vos ordres. L'envie de vous plaire me tiendra lieu d'une imagination que les ans ont affoiblie[13] : quand vous souhaiterez quelque fable, je la trouverai dans ce fonds-là. Je voudrois bien que vous y pussiez trouver des louanges dignes du monarque qui fait maintenant le destin de tant de peuples et de nations, et qui rend toutes les parties du monde attentives à ses conquêtes, à ses victoires, et à la paix qui semble se rapprocher, et dont il impose les conditions avec toute la modération que peuvent souhaiter nos ennemis[14]. Je me le figure comme un conquérant qui veut mettre des

---

10. Comparez les premiers vers de l'Épilogue du livre XI, p. 167.

11. A remarquer, dans les deux phrases : « Ces mensonges, etc. », le résumé tout simple, mais net et précis, de la définition de l'apologue, qu'il a poétiquement développée en plusieurs endroits, particulièrement au début même de son œuvre, dans l'épître dédicatoire au Dauphin, placée en tête de son premier recueil (tome I, p. 55, vers 1-6). — Même application aux animaux du mot *précepteur*, dans le *Poëme du Quinquina* (vers 214 du IIe chant, tome II *M.-L.*, p. 431).

12. Né en 1621, la Fontaine avait alors soixante-treize ans.

13. Il le redira au vers 5 de la fable qui suit : voyez la note sur ce vers.

14. La France, à ce moment, soutenait la guerre en Espagne,

bornes à sa gloire et à sa puissance, et de qui on pourroit dire, à meilleur titre qu'on ne l'a dit d'Alexandre, qu'il va tenir les états de l'univers, en obligeant les ministres de tant de princes de s'assembler pour terminer une guerre qui ne peut être que ruineuse à leurs maîtres[15]. Ce sont des sujets au-dessus de nos paroles[16] :

en Italie, dans les Pays-Bas, en Allemagne. Luxembourg et Catinat remportaient les victoires de Neerwinde et de la Marsaille ; Tourville, du Guay-Trouin, Jean Bart, battaient sur mer les Anglais et les Hollandais. Mais la paix, qui « semblait se rapprocher » selon l'expression du poëte, ne devait être conclue que trois ans après ; et le traité de Ryswyk allait attester, moins la modération de Louis XIV, que l'épuisement des combattants, et signaler un premier amoindrissement de la prépondérance française. — L'indication que donne sur la date cette phrase : « la paix qui semble se rapprocher, » n'est pas, il est vrai, tout à fait précise, la paix, longtemps attendue, ayant pu, à différents moments, paraître prochaine. Cependant il est probable que « l'espérance exprimée là fait allusion aux dispositions pacifiques de Louis XIV, après la victoire de Neerwinde. » (Tome I, *Notice biographique*, p. cxcvii.) Sur les tentatives de négociations de paix, voyez le *Journal de Dangeau*, tome V, p. 97, 105, 106, 116 (mission de M. de Harlay, octobre-décembre 1694) ; la *Gazette d'Amsterdam*, p. 352 ; et Saint-Simon, tome II, 1879, p. 242-245 : Louis XIV poussait aussi loin que possible les concessions de tout genre afin d'arriver à la conclusion tant désirée.

15. L'éloge contenu dans ces phrases est exprimé avec la plus poétique précision dans ce beau quatrain *Sur un portrait du Roi*, dont on ignore la date, et qui ne parut que dans les *OEuvres posthumes* (1696), p. 120 :

A l'air de ce héros, vainqueur de tant d'États,
On croit du monde entier considérer le maître.
Mais, s'il fut assez grand pour mériter de l'être,
Il le fut encor plus de ne le vouloir pas.

16. Quelque autre te dira d'une plus forte voix
Les faits de tes aïeux et les vertus des rois.
(Épître *à Monseigneur le Dauphin*, vers 11-12, tome I, p. 56.)

Du reste, les deux épîtres au grand Dauphin, l'une en prose, l'autre en vers, qui précèdent le livre I, et celle-ci à son fils, si elles

je les laisse à de meilleures plumes que la mienne[17], et suis avec un profond respect,

Monseigneur,

Votre très-humble, très-obéissant,
et très-fidèle serviteur,

DE LA FONTAINE.

diffèrent par les détails, se ressemblent beaucoup par la composition générale.

17. Cette phrase fait peut-être allusion à Racine et à Boileau, dont Louis XIV, en 1692, deux ans avant la date de cette dédicace, avait réglé une dernière fois la pension comme historiographes. — Rapprochez ces deux vers d'une lettre de la Fontaine au chevalier de Sillery, du 28 août 1692 (tome III *M.-L.*, p. 439-440) :

Quel roi ! c'est aux neuf Sœurs de lui bâtir un temple.
Mon art ne suffit pas pour de si hauts projets.

FABLE I.

LES COMPAGNONS D'ULYSSE.

A MONSEIGNEUR LE DUC DE BOURGOGNE[1].

Homère, *Odyssée*, livre X, vers 135-399. — Virgile, *Énéide*, livre VII, vers 10-24. — Horace, épître II du livre I, vers 17-26. — Ovide, *Métamorphoses*, livre XIV, vers 251-307. — Plutarque, traduit par Amyot, *Que les bestes brutes usent de la raison : en forme de deuis*, dialogue entre Ulysse, Circé et Gryllus, cité dans notre tome II, p. 462, note 25. — Machiavel, *l'Asino d'oro*, Fiorenza, 1549, in-8°. — Jean-Baptiste Gelli, *la Circé*, Firenze, 1549, in-8°, mise en françois par le seigneur du Parc, Champenois (Lyon, 1550, in-8°), ouvrage divisé en dix dialogues, dans chacun desquels Ulysse propose à l'un de ses compatriotes changés en bêtes de redevenir homme : tous refusent, sauf le dernier.

Boileau rappelle, dans sa *Dissertation sur la Joconde*, tome III, p. 9, de l'édition Berriat-Saint-Prix, qu'Homère a été blâmé pour avoir raconté dans son *Odyssée* l'histoire des compagnons d'Ulysse changés en pourceaux, comme étant indigne de la majesté de son sujet. On sait que chez lui, loin d'exprimer des refus, les Grecs manifestent la plus grande joie d'être rendus à leur première forme.

Plutarque développe dans son dialogue les idées que la Fontaine ne fait qu'indiquer dans sa fable, et le Grec Gryllus, changé en pourceau par Circé, soutient que la vie humaine est moins à estimer que la vie des bêtes ; car les bêtes ont plus de vaillance et de hardiesse, plus de tempérance et de modération, plus de prudence même que les hommes.

Fénelon a traité le même sujet, avec les modifications que comportaient son génie et son caractère, dans le VI° de ses *Dialogues des*

1. Voyez ci-dessus, p. 172-173, les notes 1 et 4 de l'Épître dédicatoire. Au moment où cette fable-ci parut (1690), le prince n'avait que huit ans.

morts composés pour l'éducation du duc de Bourgogne, intitulé : *Ulysse et Gryllus.* Voyez aussi dans le *Recueil de vers choisis* du P. Bouhours (1693) la fable intitulée *Ulysse et les Sirènes* [par G. de Fieubet], p. 248. — Est encore à rapprocher tout particulièrement la satire VIII de Boileau, admirablement dialoguée et pleine de traits, si bien choisis, de comparaison entre l'homme et les bêtes.

L'Ane d'or de Machiavel est un poëme inachevé dont on n'a que les huit premiers chants. Il ne débute qu'au IIe (le Ier est une sorte de prologue), et ce début, qui engage l'action d'une manière assez plaisante, donne au conte une tournure toute différente de celle qu'il a dans l'épisode de l'*Odyssée* et dans notre fable. Le poëte perdu, comme Dante, au commencement de l'*Enfer* dans une forêt obscure, rencontre une nymphe qui lui promet de l'introduire dans le séjour mystérieux de la magicienne Circé. Elle ramène avec elle tout un troupeau hurlant et bondissant[2], et lui apprend que ces animaux, ours, girafes, tigres, lions, dragons, taureaux, pourceaux, etc., furent des hommes égarés, comme lui, dans cette forêt, et dont Circé a fait des bêtes. Elle recommande au poëte de la suivre à quatre pattes, pour ne pas éveiller l'attention du portier. Après l'avoir fait entrer dans le palais enchanté, elle le conduit dans la chambre qu'elle-même y habite. Il y passe la nuit ; au matin, elle le quitte pour aller faire paître son troupeau, et le poëte, solitaire, se livre, tout le jour, aux plus graves méditations. Elle revient à la nuit tombante, et le mène cette fois dans sa ménagerie, où il se plaît, ce qui enfin offre analogie avec notre conte, à interroger les animaux qui la composent. L'entretien est clos par le porc dont nous allons reproduire la réponse, telle que la donne Voltaire. Cela nous conduit jusqu'à la fin du huitième chant, et le poëme n'est pas allé au delà. Il n'y est pas du tout question d'Ane d'or ; devait-il venir plus loin ? ou plutôt Machiavel n'a-t-il pas voulu, par ce titre, assimiler, quant au genre, son œuvre fantastique à *l'Ane d'or* d'Apulée ?

Voltaire résume et apprécie en ces termes ce curieux conte

2. Comparez la scène IV de l'acte III d'*Ulysse et Circé*, pièce des comédiens italiens (voyez ci-dessous, note 3), où la jeune Marinette conduit les compagnons d'Ulysse comme « une bande de petits poulets d'Inde » et les appelle « Petits ! Petits ! »

italien : « L'ouvrage est une satire de ses contemporains. L'auteur voit beaucoup de Florentins, dont l'un est changé en chat, l'autre en dragon, celui-ci en chien qui aboie à la lune, cet autre en renard qui ne s'est pas laissé prendre. Chaque caractère est peint sous le nom d'un animal. Les factions des Médicis et de leurs ennemis y sont figurées sans doute; et qui aurait la clef de cette apocalypse comique, saurait l'histoire secrète du pape Léon X et des troubles de Florence. Ce poëme est plein de morale et de philosophie. Il finit par de très-bonnes réflexions d'un gros cochon, qui parle à peu près ainsi à l'homme :

> Animaux à deux pieds, sans vêtements, sans armes,
> Point d'ongle, un mauvais cuir, ni plume, ni toison,
> Vous pleurez en naissant, et vous avez raison :
> Vous prévoyez vos maux; ils méritent vos larmes.
> Les perroquets et vous ont le don de parler.
> La nature vous fit des mains industrieuses ;
> Mais vous fit-elle, hélas ! des âmes vertueuses?
> Et quel homme en ce point nous pourrait égaler?
> L'homme est plus vil que nous, plus méchant, plus sauvage :
> Poltrons ou furieux, dans le crime plongés,
> Vous éprouvez toujours ou la crainte ou la rage ;
> Vous tremblez de mourir, et vous vous égorgez.
> Jamais de porc à porc on ne vit d'injustices ;
> Notre bauge est pour nous le temple de la paix.
> Ami, que le bon Dieu me préserve à jamais
> De redevenir homme et d'avoir tous tes vices ! »

(*Dictionnaire philosophique*, article ÂNE, tome XXVI des *OEuvres*, p. 371-372.)

Voyez Paul Deltuf, *Essai sur les OEuvres et la doctrine de Machiavel*, p. 55-60, 1867, in-8°, où le même poëme est analysé.

Saint-Marc Girardin a consacré toute sa xx° leçon (tome II, p. 153-180) à l'examen de notre fable; il la compare aux théories de Rousseau dans son *Discours sur l'inégalité des conditions humaines*, à la conversation du *Marseillais et du Lion* dans Voltaire (*OEuvres*, tome XIV, p. 207-218), aux dialogues d'Ulysse et des animaux dans *la Circé* de Gelli, à celui d'Ulysse et de Gryllus dans Fénelon (nous ne savons pourquoi il a omis celui de Plutarque) ; enfin il cite, à la fin du volume (p. 467 et 472), deux curieux morceaux tirés d'une comédie en un acte du Théâtre de la foire intitulée :

les *Animaux raisonnables*³, par Legrand et Fuselier, représentée en 1718. On trouvera à l'*Appendice* de ce tome III une partie des réflexions du spirituel critique ; ce qu'il dit de la manière différente dont chacun de ces écrivains a traité la question de la supériorité des bêtes ou de l'homme nous dispense d'entrer ici dans de plus amples détails.

« Le sujet qu'a pris la Fontaine, dit Chamfort, est plutôt un cadre heureux et piquant, pour faire une satire de l'humanité, qu'un texte d'où il puisse sortir naturellement des vérités bien utiles. » Eh! qu'importait à la Fontaine, tel que nous le connaissons, à un poëte si peu convaincu de l'efficacité de ses préceptes? Il continue : « Aussi l'auteur italien (Gelli), que la Fontaine imite dans cet apologue, en a-t-il fait un usage purement satirique. La force du sujet a même obligé la Fontaine à suivre l'intention du premier auteur jusqu'au dénouement, où il l'abandonne. » On verra, en lisant les citations que nous faisons à l'*Appendice*, si, en effet, la conclusion de Gelli est purement satirique. Le tort du critique, à notre avis, est d'avoir confondu la pensée de l'ouvrage, laquelle se manifeste particulièrement dans l'enthousiasme de l'éléphant redevenu homme, avec certains développements très-énergiques et très-éloquents contre les travers et les folies de la nature humaine. Il a raison d'ailleurs d'ajouter, après avoir cité le vigoureux passage où l'auteur fait le procès à l'amour de la gloire, passage, il est vrai, que nous n'avons pu trouver dans Gelli, et qui paraît bien être de l'invention de Chamfort lui-même : « Il me semble qu'il y a dans cette réponse des choses fort sensées et auxquelles il n'est pas facile de répondre. Je suis bien loin de blâmer la Fontaine du parti qu'il a pris; mais il est curieux d'observer que ce que dit le compagnon d'Ulysse sur les guerres, sur les conquêtes, sur la gloire, etc., offre le même fond d'idées que Fénelon développa depuis dans le *Télémaque* : ce sont les principes dont il fit la base de l'éducation du duc de Bourgogne. Si ces principes, connus ensuite de Louis XIV, plus de quinze ans après, occasionnèrent la disgrâce de Fénelon, on peut juger de la ma-

3. Le même sujet avait été traité par Montfleury, dans une comédie en un acte, en vers, *les Bêtes raisonnables*, représentée sur le théâtre de l'hôtel de Bourgogne en 1661. Citons aussi *Ulysse et Circé*, comédie en trois actes, donnée par les comédiens italiens en 1691.

nière dont la Fontaine aurait été reçu, s'il se fût avisé d'imiter jusqu'au bout l'original italien. »

Cette fable fut imprimée pour la première fois dans le *Mercure galant*, de décembre 1690, p. 105, où de Visé la fait précéder de quelques lignes élogieuses : « Il n'y a rien de plus estimé que les fables de M. de la Fontaine, et c'est avec beaucoup de justice, puisque tout ce qui a paru de lui en ce genre peut être appelé inimitable. Vous verrez, par la lecture de celle que je vous envoie, que, malgré l'excuse qu'il prend sur son âge, les années n'ont rien diminué en lui de ce feu d'esprit qui lui a fait faire tant d'agréables ouvrages. » Après la publication qui en fut faite dans la cinquième partie des Fables, elle fut reproduite, la même année 1694, par Daniel de la Feuille, dans son recueil de *Fables choisies*, 1re partie, p. 8-12.

Nous avons vu dans le cabinet de feu M. Chambry un manuscrit de cette fable donné pour autographe, mais avec aussi peu de certitude que l'on en a pour tant d'autres possédés par nombre de collectionneurs.

Prince, l'unique objet[4] du soin des Immortels[5],

4. Cette flatterie amène, on devait s'y attendre, une nouvelle observation de Chamfort, mais plus juste, mieux tournée, et, sauf la seconde phrase, exprimée plus convenablement : « Pourquoi *l'unique ?* dit-il (*unique*, répondrons-nous, ne signifie ici que *principal*, *important*, comme souvent *unicus* en latin). La Fontaine fait mieux parler les animaux qu'il ne parle lui-même. Voyez dans ce livre XIIe, dédié à ce même duc de Bourgogne, la fable de *l'Éléphant et* du *Singe de Jupiter* (fable XXI). Elle a pour objet d'établir que les petits et les grands sont égaux aux yeux des Immortels. Je n'accuserai point ici la Fontaine d'une flatterie malheureusement autorisée par trop d'exemples. J'observerai seulement que, tant que les écrivains, soit en vers, soit en prose, mettront dans leurs dédicaces des idées ou des sentiments contraires à la morale énoncée dans leurs livres, les princes croiront toujours que la dédicace a raison et que le livre a tort; que, dans l'une, l'auteur parle sérieusement, comme il convient; et, dans l'autre, qu'il se joue de son esprit et de son imagination; enfin qu'il faut lui pardonner sa morale, qui n'est qu'une fantaisie de poëte, un jeu d'auteur. »

5. L'édition de Daniel de la Feuille donne ainsi ce vers :
Prince, l'unique objet de tous les Immortels.

Souffrez que mon encens parfume vos autels.
Je vous offre un peu tard ces présents[6] de ma Muse;
Les ans et les travaux me serviront d'excuse.
Mon esprit diminue[7], au lieu qu'à chaque instant 5
On aperçoit le vôtre aller en augmentant :
Il ne va pas, il court, il semble[8] avoir des ailes.
Le héros[9] dont il tient des qualités si belles
Dans le métier de Mars[10] brûle d'en faire autant :
Il ne tient pas à lui que, forçant la victoire, 10
    Il ne marche à pas de géant
    Dans la carrière de la gloire.
Quelque dieu le retient (c'est notre souverain),
Lui qu'un mois a rendu maître et vainqueur du Rhin[11];

    6. « Ce présent, » au singulier, dans le texte de Daniel de la Feuille, qui, au vers suivant, porte : « mes travaux », au lieu de « les travaux ». Cette seconde variante est aussi dans le *Mercure galant*.
    7. « Les fables du nouveau recueil, dit M. Mesnard, tome I, *Notice biographique*, à l'endroit plusieurs fois cité, contredisent ce mot, et sont la plupart excellentes. » *La plupart*, et non, comme dit le toujours chagrin et peu gracieux Chamfort (voyez la note 2 de l'Épître dédicatoire, ci-dessus, p. 172), *plusieurs*, *quelques-unes*. — Comparez les trois premiers vers du second *Discours à Mme de la Sablière* (tome V M.-L., p. 153), où, dès 1684, le poëte se plaignait du « déclin de sa Muse ».
    8. « Et semble », dans le *Mercure galant* et dans Daniel de la Feuille.
    9. Le Dauphin, fils de Louis XIV, et père du duc de Bourgogne, celui à qui la Fontaine a dédié son premier recueil : voyez notre tome I, p. 1, et note 1; et comparez, pour les vers qui suivent, Racine, le Prologue d'*Esther* (1689), vers 41-58.
    10. Au livre XI, fable VIII, vers 31, *emplois*, au lieu de *métier* : voyez, ci-dessus, p. 159, la note de ce vers.
    11. Ponctuée comme elle l'est dans les premiers textes :

        Quelque dieu le retient : c'est notre souverain,
          Lui qu'un mois, etc.,

cette phrase est obscure, ou plutôt elle semble offrir un autre sens que celui qu'elle a vraiment. La parenthèse, croyons-nous, remédie au mal. Le « dieu qui retient » le Dauphin, c'est

Cette rapidité fut alors nécessaire ;
Peut-être elle seroit aujourd'hui téméraire[12].
Je m'en tais[13] : aussi bien les Ris et les Amours[14]

Louis XIV, qui ne veut pas le laisser se livrer à sa téméraire audace (voyez le vers 16). Celui « qu'un mois a rendu maître et vainqueur du Rhin », c'est le Dauphin. Ce vers n'est point, comme l'a cru l'abbé Guillon, une allusion au fameux passage du Rhin de 1672, chanté par Boileau, mais à la campagne de 1688, où l'armée commandée par le Dauphin et le maréchal de Duras enleva, du 15 octobre au 18 novembre, Heilbronn, Heidelberg, Mayence, Philipsbourg, Mannheim, Frankenthal, Trèves, Spire, Worms, etc. Voyez dans les *Poésies diverses* les deux pièces sur la prise de Philipsbourg (tome V *M.-L.*, p. 182-185); et la *Relation*, déjà citée, de Spanheim, p. 46-47. — Au lieu des deux vers que nous donnons ici, d'après l'édition de 1694, le recueil de Daniel de la Feuille a cette impossible variante, qui dénature absolument le sens :

C'est notre auguste souverain ;
Lui qu'on vit dans un mois presque vainqueur du Rhin.

12. Le poëte ne veut pas juger les desseins du Roi : sans doute c'est la sagesse qui l'inspira en cette circonstance comme toujours. Peut-être est-ce tout simplement la mésintelligence du Dauphin et de ceux qui commandaient sous ses ordres qui paralysa les mouvements de l'armée. Toujours est-il qu'en 1690, époque où fut composée cette fable (voyez la fin de la notice), « il ne se passa rien sur le Rhin, où Monseigneur commandoit, ayant sous lui le maréchal de Lorge. » (*Abrégé chronologique de l'histoire de France par le président Hénault*, tome III, p. 938.) Le Dauphin quitta l'armée le 30 septembre, et alla rejoindre la cour à Fontainebleau. Voyez le *Journal de Dangeau*, tome III, p. 229 et note 1 ; et cinq lettres du Dauphin à Mme de Maintenon, dans la *Correspondance générale de Mme de Maintenon*, tome III, 1866, p. 243-253, où ce prince prétend être satisfait et « s'accommoder fort bien » du maréchal de Lorge.

13. Même locution au vers 13 de la fable ix du livre IV.

14. « On ne voit pas trop, dit Chamfort, ce que les Ris et les Amours ont à faire dans une pièce de vers adressée à un prince de huit ans, élevé par le duc de Beauvillier et par M. de Fénelon. » Il ne faut pas oublier en effet que, si l'épître est de 1694, la fable a paru en 1690. Ici encore le fabuliste a été trop fin pour le critique, et celui-ci a bien peu compris sa délicate pensée :

Ne sont pas soupçonnés d'aimer les longs discours.
De ces sortes de dieux votre cour se compose :
Ils ne vous quittent point. Ce n'est pas qu'après tout
D'autres divinités n'y tiennent le haut bout[15] :
Le Sens et la Raison y règlent toute chose[16].
Consultez ces derniers[17] sur un fait où les Grecs,
  Imprudents et peu circonspects[18],
  S'abandonnèrent à des charmes[19]
Qui métamorphosoient en bêtes les humains.

Les compagnons d'Ulysse, après dix ans d'alarmes,
Erroient au gré du vent, de leur sort incertains.
  Ils abordèrent un rivage[20]
  Où la fille du dieu du jour,
  Circé[21], tenoit alors sa cour.

voyez ci-après la note 16 ; et la variante citée dans la dernière note de cette fable, qui ne laisse aucun doute sur le sens de ce passage.

15. Comparez, au tome II, la note 7 de la page 275.

16. Le *Sens* et la *Raison*, voilà les Beauvillier, les Fénelon ; mais les *Ris* et les *Amours*, ce sont les plaisirs de l'enfance, qu'ils n'interdisent point à leur élève. On sait même qu'ils s'étaient appliqués à tourner toutes choses, ses jeux, ses promenades, et jusqu'à ses repas, en leçons aimables, ou plutôt en délassements pleins d'attraits. La comparaison avec ces vers de la seconde des ballades citées plus haut, dans la note 1 de la page 172, explique et restreint fort bien le sens qu'a ici *Amours* :

  Nombre d'Amours pendant ses jeunes ans
  Lui serviront de premiers courtisans.

17. Daniel de la Feuille : « Consultez la Raison ».

18. « Circonspects », avec un *t*, dans nos anciens textes, et cette leçon est reproduite par van Bulderen, la Haye 1694, par les textes de 1708, de 1709 et de 1729, bien que précédemment nous ayons vu le mot écrit sans *t*, pour rimer, par exemple, avec *bec*. Comparez les vers 9 de la fable VII et 19 de la fable XI du livre X ; et, ci-dessous, fable II, vers 10.

19. Au propre : à des enchantements.

20. Daniel de la Feuille : « Ils abordèrent au rivage ».

21. Circé, la plus célèbre enchanteresse de l'antiquité, fille du

Elle leur fit prendre un breuvage
Délicieux, mais plein d'un funeste poison[22].
D'abord ils perdent la raison;
Quelques moments après, leur corps et leur visage 35
Prennent l'air et les traits d'animaux différents[23] :
Les voilà devenus ours, lions, éléphants;
Les uns sous une masse énorme,
Les autres sous une autre forme;
Il s'en vit de petits[24] : EXEMPLUM, UT TALPA[25]. 40

Soleil et de la nymphe Persa, et sœur d'Æétes, le père de Médée. Le Soleil l'avait transportée, dans son char, de la Colchide, dans l'île d'Æa, sur la côte occidentale de l'Italie; cette île, réunie ensuite au continent, forma le promontoire de Circœum, dans le Latium. On connaît les beaux vers (10-20 du livre VII de l'*Énéide*) où Virgile nous montre les Troyens passant devant le séjour de la redoutable magicienne et entendant de leurs vaisseaux les gémissements et les hurlements des hommes métamorphosés en bêtes.

22. Voyez tome II, p. 304 et note 17. — Dans Homère (*Odyssée*, livre X, vers 234-236), elle leur sert du fromage, de la farine et du miel, détrempés dans du vin de Pramne; elle mêle à leur pain des drogues pernicieuses pour leur faire oublier leur patrie.

23. D'après Homère (vers 239-240) et Ovide (vers 286-287), ils furent tous changés en pourceaux; mais, d'après Gelli, en bêtes diverses, comme aussi d'après Plutarque et Fénelon, dans le préambule de leurs dialogues. On verra de quelle charmante variété le récit sera redevable à cette modification de la légende.

24. Daniel de la Feuille écrit, par une erreur évidente : « Il en vit de petits ».

25. C'est-à-dire : « par exemple, la Taupe » (elle est une des interlocutrices d'Ulysse dans *la Circé* de Gelli, où nous trouvons aussi, entre autres petits animaux, une huître, une couleuvre, un lièvre, un chien; dans une autre version du sujet, un chat : voyez les notes 56 et 59). Voilà une formule latine d'argumentation scolastique, bien étrangement intercalée ici dans ces vers élégamment familiers. C'est sans doute au passage suivant d'une poésie de Voiture, intitulée *Pour la Taupe*, et où il célèbre les beautés d' « une nymphe redoutable », que notre poëte l'a empruntée :

Quand le sort guidera vos pas
Dans la chambre où les Jeux, les Ris et les Appas

Le seul Ulysse[20] en échappa[27] ;
Il sut se défier de la liqueur traîtresse.
Comme il joignoit à la sagesse

> Enferment toutes leurs merveilles,
> Soyez comme une Taupe, et fermez-y les yeux....
> Le feu de son esprit leur fait rendre les armes (*à ceux qui se*
> [*hasardent près de cette nymphe*).
> Par moi vous en voyez *exemplum, ut Talpa*,
> Qui, pour être sans yeux, n'évite pas ses charmes.
> (*Poésies*, p. 111-112 de l'édition de 1672.)

Ce qui invitait encore à cette singulière fantaisie, c'est que ce mot *Talpa* était une citation courante des rudiments, que la Fontaine savait être dans les mains du jeune prince, comme mot à la fois féminin et masculin, bien qu'ayant une terminaison féminine : voyez la Grammaire revue, corrigée et augmentée de Despautère : *Joannis Despauterii Grammatica absolutissima*, Rothomagi, 1633, in-4°, p. 7 : *Genus nominum primæ declinationis* : « Trois de douteux genre masculin ou féminin : *Hic aut hæc talpa*, une taulpe, etc. » Quoique tout se réunisse, on le voit, pour ne laisser aucun doute sur le sens de cet endroit, nous ne pouvons taire, parce qu'elle a fait dans son temps une certaine sensation, une conjecture du savant philologue Fréd. Dübner, qu'on s'est beaucoup trop hâté d'admirer en déclarant qu'elle tranchait la difficulté. Il s'était demandé[a] si le terme *Talpa* ne serait pas formé de la réunion des lettres initiales des quatre derniers mots de cette phrase : *Exemplum ut* A(*fferam*) L(*oco*) P(*lurimorum*) A(*liorum*), écrits ainsi en abréviation : *Ex. ut* A. L. P. A., ce qui nous donne fortuitement, à la condition toutefois de prendre le T final d'*ut* : (u) TALPA, une vraie forme de nom, mais de nom insignifiant ici par et pour lui-même et n'ayant pas de rôle dans le discours. — Nous nous tenons pour assuré que, si Dübner avait connu les faits réunis dans la note que nous faisons suivre de sa supposition, il ne l'aurait pas hasardée.

26. Et Euryloque, conducteur des Grecs envoyés dans l'île par Ulysse. Ulysse fut préservé par la plante *moly*, aux racines noires, à la fleur blanche comme du lait, que lui donna Mercure. Voyez Homère, *ibidem*, vers 302-306, et Ovide, *Métamorphoses*, livre XIV, vers 286-287 et 291-292.

27. Vaugelas constate que le bon usage admet, pour *échapper*, la triple construction par *de*, comme ici ; par *à* ; et, en certains

---

[a] Dans la *Revue de l'instruction publique en Belgique*, n° de septembre 1864.

La mine d'un héros et le doux entretien[28],
    Il fit tant que l'enchanteresse   45
Prit un autre poison peu différent du sien[29].
Une déesse dit tout ce qu'elle a dans l'âme :
    Celle-ci déclara sa flamme[30].
Ulysse étoit trop fin pour ne pas profiter
    D'une pareille conjoncture :   50
Il obtint qu'on rendroit à ces[31] Grecs leur figure.
« Mais la voudront-ils bien, dit la Nymphe, accepter[32] ?

cas, par le régime direct. — Dans la fable citée à la notice, *Ulysse et les Sirènes,* Gaspard de Fieubet développe ainsi ce vers, en l'appliquant à une autre aventure d'Ulysse :

> Un seul d'entre les Grecs, dit-on, leur échappa ;
>   Je crois qu'il se nommoit Ulysse.
> C'étoit un fin narquois, un vieux singe en malice,
>   Qui les trois trompeuses trompa.

28. C'est le *dulce loqui* d'Horace (livre I, épître VII, vers 27), le « doux parler » de la fable XII du livre III, vers 21.

29. « Quel bonheur, dit Chamfort, dans le rapprochement de ces deux idées ! et quelle grâce fine à la fois et naïve, pour justifier Circé qui parle la première ! »

30. Rapprochez les vers 183-185 des *Filles de Minée* :

> ....Nos belles cacheroient un pareil sentiment :
> Chez les divinités on en use autrement.
> Celle-ci déclara ses pensers à Céphale.

31. L'édition de 1694 et la réimpression de Paris portent « ces » démonstratif, leçon que reproduisent et l'édition de la Haye 1694, et celles de 1709 et de 1729. Daniel de la Feuille, les éditeurs de 1708 et de 1788, et Walckenaer, préfèrent le possessif *ses ;* ils ont raison peut-être, mais rien n'autorise à introduire cette variante dans le texte, ni à considérer *ces* comme une faute d'impression. Dans le *Mercure galant :*

Il obtint qu'à ses Grecs on rendroit leur figure.

32. Comme Circé est au-dessus de l'humanité, et connaît bien tous les maux réels des hommes, elle pressent le refus des compagnons d'Ulysse et en devine les motifs. On verra, dit Chamfort, « que chacune de leurs réponses est une satire très-forte de

Allez le proposer de ce pas à la troupe. »
Ulysse y court, et dit : « L'empoisonneuse coupe[33]
A son remède encore ; et je viens vous l'offrir : 55
Chers amis, voulez-vous hommes redevenir ?
   On vous rend déjà[34] la parole. »
  Le Lion dit, pensant rugir :
   « Je n'ai pas la tête si folle ;
Moi renoncer aux dons que je viens d'acquérir ! 60
J'ai griffe et dent[35], et mets en pièces qui m'attaque.
Je suis roi : deviendrai-je[36] un citadin d'Ithaque[37] !
Tu me rendras[38] peut-être encor simple soldat :
   Je ne veux point changer d'état[39]. »
Ulysse du Lion court à l'Ours : « Eh ! mon frère, 65
Comme te voilà fait[40] ! je t'ai vu si joli !
  — Ah ! vraiment nous y voici,

l'homme en société, et l'auteur italien (Gelli) développe, d'une manière encore plus satirique, les raisons de leur refus. »

33. A remarquer l'inversion poétique, et l'application, comme qualificatif, au nom de chose *coupe*, d'un mot auquel l'Académie ne donne que l'emploi de substantif. Rapprochez les « monstres empoisonneurs » de la fable II du livre XI, vers 40.

34. Dès maintenant, pour que vous puissiez répondre à mes questions.

35. Dans nos plus anciens textes et dans ceux de 1694 la Haye, de 1708 et de 1709, « dent » est au singulier, comme « griffe ». Walckenaer a tort de le mettre au pluriel, comme les éditeurs de 1729 et de 1788.

36. Daniel de la Feuille : « deviendrois-je ».

37. Petite île, une des sept Ioniennes qui formait, avec Dulichium, le royaume d'Ulysse.

38. Dans le *Mercure galant* : « Tu me rendrois ».

39. Les vers 76 et 98 répètent celui-ci, comme une sorte de refrain.

40. « Ie sai que vous auez esté hommes, dit Ulysse à Gryllus et à ses compagnons dans Plutarque (§ 2), et pourtant ai-ie pitié de vous voir tous tant que vous estes en cest estat. » Et dans Fénelon (p. 139) : « Hélas, mon pauvre enfant, savez-vous bien comment vous êtes fait ? »

Reprit l'Ours à sa manière[41] :
Comme me voilà fait? comme doit être un ours.
Qui t'a dit qu'une forme est plus belle qu'une autre[42] ? 70
    Est-ce à la tienne à juger de la nôtre?
Je me rapporte[43] aux yeux d'une Ourse mes amours[44].
Te déplais-je? va-t'en ; suis ta route et me laisse.
Je vis libre, content[45], sans nul soin qui me presse ;
    Et te dis tout net et tout plat[46] : 75
    Je ne veux point changer d'état. »
Le prince grec au Loup va proposer l'affaire ;
Il lui dit, au hasard[47] d'un semblable refus :
    « Camarade, je suis confus
    Qu'une jeune et belle bergère[48] 80

41. C'est-à-dire comme un ours, avec une façon qui n'est qu'à lui de se débarrasser des importuns.

42. « Que l'autre », dans le *Mercure galant*.

43. Dans le *Mercure galant* et dans les deux textes de Paris 1694, on lit ainsi : « Je me rapporte », leçon reproduite par l'édition de la Haye, par celles de 1708 et de 1709. La même tournure, sans *en*, se trouve déjà dans la fable XVI du livre VII, vers 31, et vers dernier. Voyez ci-dessus, p. 6, note 15. — Daniel de la Feuille donne : « Je m'en rapporte ».

44. « Pour moi, ma Pénélope est la truie qui est ici près, » dit le Pourceau à Ulysse, dans le dialogue de Fénelon. Il fait à peu près la même réponse dans la scène V des *Animaux raisonnables*. Plus haut, dans le même dialogue : « Me voilà libre et content à peu de frais. » Rapprochez le vers 74.

45. Daniel de la Feuille : « Je vis libre et content ».

46. *Tout plat*, sans enjolivement, sans déguisement. Comparez l'exemple cité à la fin de la note 10 de la page 75, et celui-ci de Saint-Simon : « Le Roi le refusa tout plat » (tome VI, 1873, p. 377). Nous avons ce même emploi adverbial de l'adjectif *plat*, mais au sens propre et physique, dans la fable XVII du livre VIII, vers 36. *Net*, adverbial, est plus fréquent : voyez livre I, fable XIII, vers 13 ; livre VIII, fable I, vers 54 ; *le Misanthrope* de Molière, acte II, scène I, vers 447 ; etc.

47. Au risque.

48. Le *Mercure galant* et Daniel de la Feuille transposent les deux épithètes.

Conte aux échos les appétits gloutons[49]
   Qui t'ont fait manger ses moutons.
Autrefois on t'eût vu sauver sa bergerie :
   Tu menois une honnête vie.
   Quitte ces bois, et redevien[50],
   Au lieu de loup, homme de bien.
— En est-il ? dit le Loup : pour moi, je n'en vois guère[51].
Tu t'en viens me traiter de bête carnassière[52] ;
Toi qui parles, qu'es-tu ? N'auriez-vous pas, sans moi,
Mangé ces animaux[53] que plaint tout le village ?
   Si j'étois homme, par ta foi[54],
   Aimerois-je moins le carnage[55] ?
Pour un mot quelquefois vous vous étranglez tous :
Ne vous êtes-vous pas l'un à l'autre des loups[56] ?
Tout bien considéré, je te soutiens en somme

49. Même expression, avec même rime, au livre VII, fable I, vers 25-26.

50. Pour cette orthographe, voyez ci-dessus, livre X, fable IX, vers 16.

51. Dans le *Mercure galant* et dans Daniel de la Feuille :

   En est-il ? dit le Loup : laissons cette matière.

— Sans qu'on puisse douter du sens, *en* est pour *des hommes de bien*, quoique grammaticalement le singulier *homme de bien*, qui précède, ne justifie pas ici l'emploi de ce pronom relatif.

52. Dans nos anciennes éditions, jusqu'à 1729 inclusivement : *carnacière* (sic).

53. Daniel de la Feuille : « Mangé les animaux. »

54. Voyez ci-dessus, p. 90 et note 15. — Daniel de la Feuille :

   Si j'étois homme comme toi.

55. Comparez la fable V du livre X, *le Loup et les Bergers* ; et la fin de la note 10 de la fable XI du livre IX, *Rien de trop*. — « Le sang, le meurtre, la chair, dit Gryllus dans Plutarque (§ VIII), est propre pasture pour un milan, un loup, et un dragon ; mais à l'homme, c'est sa friandise. » L'idée est très-énergiquement développée plus haut, dans le § IV du dialogue.

56. C'est ce que dit Thomas Hobbes, dans l'Épître dédicatoire

Que, scélérat pour scélérat,
Il vaut mieux être un loup qu'un homme :
Je ne veux point changer d'état. »
Ulysse fit à tous une même semonce[57].
Chacun d'eux fit même réponse,   100
Autant le grand que le petit[58].

du *de Cive* (Amsterdam, 1647, p. 2) : *Homo homini deus et homo homini lupus.*

— Puisque entre humains ainsi vous vivez en vrais loups....
(MOLIÈRE, *le Misanthrope*, acte V, scène 1, vers 1523.)

— « C'est ainsi que sont les hommes, naturellement loups les uns aux autres. » (BOSSUET, *Politique tirée.... de l'Écriture sainte*, livre VIII, article IV, 2ᵉ proposition.)

57. Au sens, un peu vieilli, d'invitation, presque sommation. Comparez le vers 229 du conte V de la IIᵉ partie :

Elle se rend aux semonces d'Amour.

Nous avons rencontré le verbe *semondre* au sens d'inviter, d'inviter courtoisement, dans la fable VII du livre V, vers 14. — Le sens ordinaire à présent est « avertissement mêlé de reproches, venant d'un supérieur. » — Pour mieux rimer avec « semonce », tous nos anciens textes, sauf le *Mercure galant* et 1729, ont, au vers suivant, « réponce ».

58. Il y a dans *Ulysse et Circé*, la pièce des comédiens italiens dont il est parlé dans la notice, un plaisant passage, en un baragouin italien-français, qui motive bien, à sa façon, le

Je ne veux point changer d'état :

Arlequin dit à Mezzetin auquel Circé a rendu sa première forme (acte III, scène VIII) : « *E bien credo che siete ben contento de non esser più animal et esser* devenu homme. MEZZETIN. *Non è gia un* grand bonheur, non, *d'esser huomo, tutto al contrario voria ancor esser bestia.* — Comment, coquin, est-il rien de plus malheureux que de perdre la raison ? — *La ragion non serve ben souvente* qu'à rendre *gli huomini* malheureux ; et les bêtes qui en ont une à leur mode sont toujours contentes. — Voilà un chat bien moral. — *Gli animali, per loro instinto natural, non son portadi che à le cose che li fan piacer.* Ah, Ciel ! pourquoi ne suis-je encore chat ! — Ouais, ce maraut-là me donneroit quasi envie de devenir animal. Ce que tu as de raison ne vaut pas la peine de tant t'affliger ; tu es encore

La liberté, les bois, suivre leur appétit,
    C'étoit[59] leurs délices suprêmes ;
Tous renonçoient au lôs[60] des belles actions[61].

assez bête, mon ami, ne te fâche point. » (*Le Théâtre italien de Gherardi*, tome III, Paris, 1741, p. 551-552.)

59. Dans toutes nos anciennes éditions, ce verbe est ainsi au singulier. Quelques éditeurs modernes l'ont mis au pluriel. Voyez tome I, p. 296 (et note 3), où, dans un tour semblable, le poëte a corrigé le singulier en pluriel.

60. A la gloire ; du latin *laus*. Nous gardons l'orthographe de la plupart de nos anciens textes, l'*ô* circonflexe, marquant la prononciation. — Aux lôs. (1729.) — Voyez Malherbe, tome I, p. 290 ; la Bruyère, tome II, p. 214 ; et les exemples cités par Littré, dont deux autres de notre auteur. Ménage, dans son *Dictionnaire étymologique*, souhaite qu'on remette ce « beau mot » en usage. — Comparez ce que dit Ulysse dans Fénelon : « Du moins vous ne sauriez désavouer que l'immortalité réservée aux hommes n'élève infiniment leur condition au-dessus de celle des bêtes ; » et la réponse de Gryllus : « .... Je ne suis pas encore tellement cochon, que je renonçasse à être homme, si vous me montriez dans l'homme une immortalité véritable. Mais pour n'être qu'une ombre vaine après ma mort, et encore une ombre plaintive..., j'avoue que cette ombre d'immortalité ne vaut pas la peine de se contraindre, etc. »

61. « C'est ici, dit Chamfort, que la Fontaine abandonne son auteur pour approprier la morale de ce conte à l'âge et à l'état du prince auquel il est adressé ; mais l'auteur italien n'en use pas ainsi : il poursuit son projet ; et quand Ulysse, pour amener ses gens à l'état d'hommes, leur parle de belles actions et de gloire, voici ce que l'un d'eux lui répond : « Vraiment nous voilà bien.
« N'est-ce pas lui qui est la cause de tous nos malheurs passés, de
« dix ans de travaux devant Troie, de dix autres années de souf-
« frances et d'alarmes sur les mers ? N'est-ce pas ton amour de la
« gloire qui a fait de nous si longtemps des meurtriers merce-
« naires, couverts de cicatrices ? Lequel valait le mieux pour toi
« d'être l'appui de ton vieux père qui se meurt de douleur, de ta
« femme qu'on cherche à séduire depuis vingt ans, quoiqu'elle
« n'en vaille pas la peine, de ton fils que les princes voisins
« vont dépouiller, de gouverner tes sujets avec sagesse, de nous
« rendre heureux en nous laissant pratiquer sous nos cabanes des
« vertus que tu aurais pratiquées dans ton palais ? Lequel valait
« mieux de goûter tous ces avantages de la paix et de la vertu,
« ou de t'expatrier toi et la plus grande partie de tes sujets, pour

Ils croyoient s'affranchir suivants leurs passions,   105
    Ils étoient esclaves d'eux-mêmes⁶².

Prince, j'aurois voulu vous choisir un sujet
Où je pusse mêler le plaisant à l'utile⁶³ :
    C'étoit sans doute un beau projet
    Si ce choix⁶⁴ eût été facile.   110

« aller restituer une femme fausse et perfide à son imbécile époux
« qui a la constance de la redemander pendant dix ans? Retire-
« toi et ne me parle plus de ta gloire, qui d'ailleurs n'est pas la
« mienne, mais que je déteste comme la source de toutes nos
« calamités. » Nous avons cru devoir transcrire cette tirade, d'une
mordante âpreté, d'une incisive ironie; mais nous ne l'avons
trouvée ni dans Machiavel ni dans Gelli : nous devons donc supposer que Chamfort s'est substitué ici à « l'auteur italien ».

62. Au lieu des cinq vers qui précèdent, Daniel de la Feuille
donne les quatre suivants :

Comme aux bêtes des bois, suivre leur appétit,
    C'étoit leurs délices suprèmes ;
Tous renonçoient aux loix (*sic*) des belles actions :
    Ils étoient esclaves d'eux-mêmes.

Il est évident qu'au troisième vers il y a une faute; l'éditeur hollandais a substitué *loix* à *los*, que sans doute il ne connaissait pas*a*.
— Dans le poëme inachevé de Machiavel, nous n'avons, comme
il a été dit, que le discours du Pourceau (à la fin du chant VII
et au chant VIII) : le Pourceau accueille son visiteur avec un grand
dédain, lui déclare qu'il ne veut plus vivre avec les hommes, et
qu'il est bien plus heureux qu'eux « dans le bourbier où il se
vautre, sans se tourmenter de vaines pensées. » Voyez l'interprétation de Voltaire à la notice.

63. Ce désir, il en parle comme d'un désir accompli dans
l'épître au Dauphin, tome I, p. 3 : « Je ne doute point, Monseigneur, que vous ne regardiez favorablement des inventions si utiles
et tout ensemble si agréables; car que peut-on souhaiter davantage
que ces deux points? » La fin de cette phrase traduit le vers, si
souvent cité (le 343ᵉ), de l'*Art poétique* d'Horace :

Omne tulit punctum qui miscuit utile dulci.

64. « Si la chose », dans le *Mercure galant* et Daniel de la Feuille.

---

a Même ignorance et faute analogue (*lot* pour *los*) dans *les Trois fabu-*

Les compagnons d'Ulysse enfin se sont offerts ;
Ils ont force pareils[65] en ce bas univers,
  Gens à qui j'impose pour peine
  Votre censure et votre haine[66].

    65. *Pareils* en ce qui vient d'être dit aux vers 104-106.
    66. Dans le *Mercure galant*, et dans le recueil de Daniel de la Feuille, cette fable a de plus ces six vers, que la Fontaine a retranchés dans son édition de 1694, et qui ne se retrouvent pas non plus dans l'édition de la Haye, ni dans celles de 1708 et de 1709 :

    Vous raisonnez sur tout ; les Ris et les Amours[a]
    Tiennent souvent chez vous de[b] solides discours :
    Je leur veux proposer bientôt une matière
    Noble, d'un très-grand art, convenable aux héros ;
      C'est la louange ; ses propos
    Sont faits pour occuper votre âme toute entière.

— Certainement quelque éloge du Roi, qui est resté à l'état de projet.

listes, par Chamfort et Gail (1796), tome IV, p. 192, et dans les *OEuvres complètes de Chamfort*, édition Auguis (1824), tome I, p. 182.
    [a] Voyez ci-dessus, vers 17 et note 14.
    [b] « Des », dans Daniel de la Feuille.

FABLE II.

LE CHAT ET LES DEUX MOINEAUX.

A MONSEIGNEUR LE DUC DE BOURGOGNE.

On peut rapprocher de cette fable, bien qu'elle n'y ait qu'un très-lointain rapport, la fable 34 des *Fables morales et nouvelles* de Furetière, Paris, 1671, in-12, intitulée *le Chien et le Chat*. Solvet et quelques autres commentateurs renvoient aussi, mais sans autre indication, aux *Mimes* de Baïf : nous n'avons rien trouvé dans les *Mimes* qui justifie ce rapprochement.

Chamfort dit de la nôtre : « Elle est joliment contée, mais voilà, je crois, le seul éloge que l'on puisse lui donner, » et il est, à lui seul, déjà bien suffisant. Nous verrons plus loin (note 11) qu'à cet éloge le critique eût pu en ajouter un autre, capital à ses yeux, et qu'ici, à tort, il conteste, celui d'une morale très-pratique.

Comparez la fable de Kryloff intitulée *le petit Chat et le Sansonnet* (livre VIII, fable 1), dont l'idée paraît bien due à la Fontaine. Le poëte russe est plus mordant, plus acerbe : c'est le Sansonnet lui-même, dans sa fable, l'ami du petit Chat, qui donne à ce dernier des conseils sanguinaires, dont il finit par être, à son tour, victime : il est croqué par cet ami dont il a eu soin de lever les scrupules.

Un Chat, contemporain d'un fort jeune Moineau,
Fut logé près de lui dès l'âge du berceau :
La cage[1] et le panier avoient mêmes pénates ;

1. Nous avons, au sujet du mot *cage*, renvoyé à cet endroit dans le tome II, à la note 16 de la page 289. — L'abbé Guillon fait, à propos de *pénates*, la remarque suivante : « On ne peut pas dire qu'une cage et un panier eussent des dieux domestiques. » « Aussi, fait observer Geruzez, ne le dit-il pas ; mais, par une métonymie hardie..., il substitue le contenant au contenu, le panier au Chat, et la cage au Moineau, et il donne poétiquement des pénates aux héros de sa fable. »

Le Chat étoit souvent agacé par l'oiseau :
L'un s'escrimoit du bec, l'autre jouoit des pattes.   5
Ce dernier toutefois épargnoit son ami.
   Ne le corrigeant qu'à demi,
   Il se fût fait un grand scrupule
   D'armer de pointes sa férule.
   Le Passereau,* moins circonspec²,   10
   Lui donnoit force coups de bec.
   En sage et discrète³ personne,
   Maître Chat excusoit ces jeux :
Entre amis, il ne faut jamais qu'on s'abandonne
   Aux traits d'un courroux sérieux.   15
Comme ils se connoissoient tous deux dès leur bas âge,
Une longue habitude en paix les maintenoit ;
Jamais en vrai combat le jeu ne se tournoit⁴ :
   Quand un Moineau du voisinage
S'en vint les visiter, et se fit compagnon   20
Du pétulant Pierrot⁵ et du sage Raton ;
Entre les deux oiseaux il arriva querelle ;
   Et Raton de prendre parti :

2. *Circonspec* est le texte de l'édition originale et de celle de 1729 ; mais il y a *circonspect* dans les éditions de 1694 la Haye, de 1708, 1709, et même dans la réimpression de Paris 1694. Voyez le vers 24 de la fable précédente et la note.

3. On sait que *discret* est une épithète honorifique dont on accompagne, en certaines occasions, les noms des prêtres, des religieux, des religieusesᵃ, ce qui cadre bien avec le caractère et le rôle donnés au Chat dans mainte fable. — Sur cette habitude d'humaniser les bêtes, voyez tome II, p. 271 (et note 9) :

 Ces deux personnes-ci, plus honnêtes que toi.....

Rapprochez aussi le vers 19 de la fable IV et le vers 42 de la fable XXIII du livre XII.
 4. Voyez ci-dessus, p. 65 et note 11.
 5. C'est le nom vulgaire du moineau franc.

ᵃ Voyez le conte II de la IVᵉ partie, vers 110.

« Cet inconnu, dit-il, nous la vient donner belle[6],
  D'insulter ainsi notre ami ! 25
Le Moineau du voisin viendra manger[7] le nôtre !
Non, de par tous les chats ! » Entrant lors[8] au combat[9],
Il croque l'étranger. « Vraiment, dit maître Chat,
Les moineaux ont un goût exquis et délicat ! »
Cette réflexion fit aussi croquer l'autre. 30

Quelle morale puis-je inférer de ce fait ?
Sans cela, toute fable est un œuvre imparfait[10].
J'en crois voir quelques traits ; mais leur ombre m'abuse[11].

6. Comparez le vers 195 du conte III de la II⁰ partie :

Pinucio nous l'alloit donner belle !

7. Non au sens propre, mais au sens que ce verbe a fréquemment : battre, déchirer, tuer. Rapprochez les mots : « mangeurs de gens », pris à la fois au propre et au figuré, au vers 9 du conte VI de la III⁰ partie.

8. Voyez tome II, p. 195 et note 7.

9. Locution pittoresque, énergique, dont Littré ne cite pas d'exemple. Corneille a dit : « entrer au mariage » dans *la Suite du Menteur*, vers 36, locution également expressive.

10. Même genre dans les *Poésies diverses* (tome V *M.-L.*, p. 8) :

Falloit-il que votre œuvre imparfait fût laissé ?

et, au 2ᵈ fragment du *Songe de Vaux* (tome III *M.-L.*, p. 191 et 203), œuvre long, maint œuvre. Voltaire a encore dit dans la préface de *Zaïre* : « pour former œuvre parfait ». Cet emploi d'œuvre au masculin est tombé en désuétude. Voyez dans Littré, 18°-21°, les acceptions où le mot est encore aujourd'hui masculin.

11. « Il ne faut pas, dit Chamfort, voir quelques traits de la moralité d'un apologue ; il faut voir l'image tout entière. Dans la fable des *Animaux malades de la peste*, dans celle de *l'Alouette et ses Petits*, dans celle du *Rat retiré du monde*, ce n'est pas une ombre douteuse et confuse que le lecteur entrevoit, c'est la chose même. L'auteur sait ce qu'il a voulu dire, et n'est pas obligé de s'en rapporter aux lumières d'un prince âgé de huit ans (*lisez :* douze ans). » — N'en déplaise à Chamfort, le poëte sait très-bien, ici comme dans les fables citées, ce qu'il veut dire ; seulement il

Prince, vous les aurez incontinent trouvés :
Ce sont des jeux pour vous, et non point pour ma Muse : 35
Elle et ses sœurs n'ont pas l'esprit que vous avez[12].

laisse galamment au jeune prince auquel la fable est dédiée, et qui lui en avait peut-être fourni le sujet, le soin d'en déduire lui-même la morale ; et cette morale, qu'il a la complaisance de sous-entendre, est en réalité très-facile à saisir ; elle se réduit à ceci : *l'appétit vient en mangeant*, et s'applique à beaucoup de despotes ou de conquérants : un abus de pouvoir, une conquête peuvent devenir funestes même à ceux en faveur desquels ils ont été commis, entrepris, quels qu'en soient la cause ou le prétexte. Nodier remarque que peut-être la Fontaine « abandonnait cette affabulation importante à l'intelligence de son lecteur, parce que son lecteur était un prince, » et petit-fils du grand Roi. Il pensait sans doute qu'il n'était pas difficile au jeune duc de Bourgogne de trouver dans l'histoire, fût-ce dans celle du règne de son grand-père, nombre de faits, d'événements auxquels pouvait se rapporter cet apologue, et auxquels le fabuliste ne pouvait certes se permettre de faire lui-même allusion. L'explication du silence de la Fontaine sur la morale à tirer de sa fable est ingénieuse ; mais nous avons peine à croire à tant de finesse.

12. Voyez l'épître en prose qui précède ce livre : ce sont les mêmes idées, mais exprimées ici avec bien moins d'exagération, quoiqu'elles soient mises en vers et que les vers admettent plus complaisamment l'hyperbole.

FABLE III.

DU THÉSAURISEUR ET DU SINGE.

Nicolas de Pergame, *Dialogus creaturarum moralizatus*, au dialogue 99 (feuille K, fol. 2 r°). — *Les facétieuses Nuits de Straparole*, VIII° nuit, fable IV, *Bernard, marchant genevois, vend du vin brouillé et demy d'eau, lequel, par la volonté divine, perd la moitié de l'argent qu'il en avoit receu* (voyez à l'*Appendice*). — *Thrésor des récréations*, p. 101-103, même titre et même fable. — *Le ciento Novelle antike* (Bologna, 1525, in-4°), novella XCVII. — Morlini, XLVII° nouvelle, *de Mercatore Januensi qui vinum dilutum vendens pecuniam perdit*. — Tristan l'Hermite, *le Page disgracié*, Paris, 1643, in-12, II° partie, chapitre XLI, *Histoire d'un Singe qu'on appeloit maistre Robert* (voyez à l'*Appendice*).

Robert, qui, pour la plus légère des ressemblances, aime à augmenter le nombre de ses comparaisons, rapproche, en outre, Horace, livre I, satire I, vers 70-79, où l'on ne trouve qu'un rapport général avec la morale du commencement de la fable, et l'emblème 39 du Μικρόκοσμος, *Divitiarum contemptus*, qui a trait au philosophe grec Cratès, lequel, après avoir vendu ses biens, les jette lui-même à la mer, les réunissant à la masse commune :

In massam nummos jussit abire suos.

De ces diverses fables de cadre analogue à la nôtre, sauf celle de Tristan l'Hermite, voici la fable très-courte de Nicolas de Pergame : *Cum quidam Mercator vinum medium aquæ totidem denariis ac si purum esset vendidisset et cum in navi aperuisset sacculum ubi aureos susceptos de pretio vini reservabat, Simia quædam in navi erat hæc videns. Quæ clam venit et accepit sacculum cum aureis fugitque super anchoram, incipiensque aperire sacculum unum aureum piciebat* (sic; *jaciebat?*) *in mari, alium autem in navi, ut Mercator ex fraude nihil apportaret.* On remarquera que dans cet apologue, comme dans plusieurs de ceux que nous venons de citer, le Marchand ne perd que son bénéfice illicite, que l'argent qu'il a gagné par fraude : le Singe en effet sait ce qu'il fait, et, punissant la tromperie dans la proportion voulue, il jette les pièces moitié dans la mer, moitié sur le navire.

« Fort jolie historiette, dit Chamfort, dont il n'y a pas non plus beaucoup de morale à extraire (*et peu importe, dirons-nous*), sinon que l'avarice est un vice ridicule, et que, quand on a le malheur d'en être atteint, il faut bien fermer son coffre. »

La fable a été imprimée pour la première fois, sans nom d'auteur, dans le *Mercure galant* de mars 1691, p. 111; puis réimprimée, comme inédite, dans les *OEuvres posthumes*, p. 268, où le titre est ainsi donné : *le Thésauriseur et le Singe*.

Un homme accumuloit. On sait que cette erreur
  Va souvent jusqu'à la fureur[1].
Celui-ci ne songeoit[2] que ducats et pistoles[3].
Quand ces biens sont oisifs, je tiens qu'ils sont frivoles[4].
  Pour sûreté de son trésor,   5
Notre Avare habitoit un lieu dont Amphitrite[5]

1. Voyez livre VIII, fable XXVII, vers 1 :
  Fureur d'accumuler....

— Le *Mercure galant* et les *OEuvres posthumes* donnent ainsi ces deux premiers vers, et les font suivre d'un point, sans changer le troisième :

  Un homme accumulant (on sait que cette ardeur
    Va toujours jusqu'à la fureur).

2. Proprement : voyait en songe; mais en pensée aussi sans doute; rapprochez le vers 14 de la fable II du livre IX :

  Je ne songerai plus que rencontre funeste.

3. Dans les textes de 1708 et de 1729: « qu'à ducats et pistoles. »
— Pour *ducat*, voyez tome II, p. 339, note 13. La *pistole* était une pièce étrangère, valant de dix à onze livres. Comparez *le Bourgeois gentilhomme*, de Molière, acte III, scène IV (tome VIII, p. 116 et note 2).

4. Vains, sans valeur. — La Fontaine a déjà exprimé la même pensée dans la fable IV du livre X, vers 13 :

  Le bien n'est bien qu'en tant que l'on s'en peut défaire.

Voyez ci-dessus, p. 24 et note 8.

5. Déesse de la mer, pour la mer elle-même : comparez la fable II du livre IV, vers 2.

Défendoit aux voleurs de toutes parts l'abord⁶.
Là, d'une volupté⁷ selon moi fort petite,
Et selon lui fort grande, il entassoit toujours :
　　Il passoit les nuits et les jours		10
A compter, calculer, supputer sans relâche,
Calculant, supputant, comptant⁸ comme à la tâche⁹ :
Car il trouvoit toujours¹⁰ du mécompte à son fait¹¹.
Un gros Singe, plus sage, à mon sens, que son maître¹²,

　6. Pour tenir lieu du navire de Nicolas de Pergame et des autres narrateurs, sauf Tristan l'Hermite, chez qui la scène se passe dans la maison d'un payeur ou trésorier d'armée, du toit de laquelle le Singe jette les pistoles dans la rue.
　7. Avec une volupté : voyez ci-dessus, p. 36 et note 8.
　8. « L'énumération rétrograde de ce vers, dit Nodier, exprime d'une manière fort piquante l'action du Thésauriseur qui compte et recommence à compter sans cesse. »
　9. Comparez ces vers de la comédie de *Clymène* (tome IV M.-L., p. 130) :
　　　　　Vous n'avez ni cesse ni relâche ?
　— Aucune.
　　　　　— Toujours pleurs, soupirs comme à la tâche ?
　10. Le *Mercure galant* et les *OEuvres posthumes* donnent « souvent », au lieu de « toujours ».

　　　.... Il eût trouvé mécompte
　　　A son argent....
　　　　　(Conte v de la IIe partie, vers 14-15.)

　11. Son bien, son argent. Comparez livre X, fable ix, vers 62 et la note ; et *l'Avare* de Molière, acte I, scène iv (tome VII, p. 70).
　12. *OEuvres posthumes* :
　　　Un gros Singe, à mon sens plus sage que son maître.

— Cette idée ne semble pas très-juste : les biens de l'Avare ne cessent pas d'être *frivoles*, c'est-à-dire inutiles, parce que le Singe les jette par la fenêtre, et, vu l'usage qu'il en fait, on ne peut guère dire ici que le prodigue est plus sage que le thésauriseur, mais tout au plus, comme le poëte l'indiquera plus bas (au vers 23), qu'on ne sait lequel des deux est le plus fou. Peut-être la Fontaine a-t-il voulu dire qu'en prenant son plaisir où il le trouve, à éprouver son adresse et sa force (vers 30), le Singe, qui

Jetoit quelque doublon[43] toujours[14] par la fenêtre,   15
    Et rendoit le compte imparfait :
    La chambre, bien cadenassée,
Permettoit de laisser l'argent sur le comptoir[15].
Un beau jour dom Bertrand[16] se mit dans la pensée
D'en faire un sacrifice au liquide manoir[17].   20
    Quant à moi, lorsque je compare
Les plaisirs de ce Singe à ceux de cet Avare,
Je ne sais bonnement auxquels[18] donner le prix :
Dom Bertrand gagneroit près de certains esprits ;
Les raisons en seroient trop longües à déduire.   25
Un jour donc l'Animal, qui ne songeoit qu'à nuire,
Détachoit du monceau[19], tantôt quelque doublon[20],

ne saurait d'ailleurs que faire de l'argent, est encore plus sage que l'homme qui se prive pour thésauriser.

13. Les deux textes de Paris 1694, ainsi que celui de la Haye et ceux de 1708 et de 1709, ont « quelque doublon », au singulier. Les éditions de 1729 et de 1788 ont « quelques doublons », au pluriel, leçon du *Mercure galant* et des *OEuvres posthumes*. — Pour *doublon*, voyez ci-dessous, la note 20.

14. *Mercure galant* et *OEuvres posthumes* : « souvent ».

15. Au sens strictement propre du mot : comparez ci-dessous, *compteur* (vers 33).

16. Voyez, pour ce nom, tome II, p. 371, note 8 ; et, pour le titre honorifique *dom*, très-applicable à ce « gros Singe », comparez les vers 16 de la fable VIII du livre V et 7 de la fable XII du livre VIII (tome II, p. 271 et note 7).

17. Même expression au vers 32 de la fable III du livre XI.

18. La Fontaine avait d'abord écrit « auquel », leçon qui se trouve dans le *Mercure galant*, dans les *OEuvres posthumes*, et dans les textes de 1729 et de 1788 ; dans l'édition de 1694, il y substitua le pluriel « auxquels » (qui se rapporte à *plaisirs*), reproduit par la réimpression de Paris, par l'édition de la Haye et par celles de 1708 et de 1709.

19. Voyez tome II, p. 246, fin de la note 19.

20. « Le *doublon*, dit Littré, est une monnaie d'or espagnole, valant vingt francs trente-huit centimes, ou quarante francs soixante-seize centimes, ou quatre-vingt-un francs cinquante-deux centimes. » Le *ducaton* (voyez livre I, fable XX, vers 11) était un ducat

> Un jacobus, un ducaton,
> Et puis quelque noble à la rose[21];
> Éprouvoit son adresse et sa force à jeter   30
> Ces morceaux de métal[22], qui se font souhaiter
> Par les humains sur[23] toute chose.
> S'il n'avoit entendu son compteur[24] à la fin
> Mettre la clef dans la serrure,

d'argent, valant environ cinq francs de notre monnaie; le *jacobus*, du nom du roi Jacques Ier, une monnaie d'or anglaise, qui valait douze, treize ou quatorze livres; le *noble à la rose*, une monnaie d'or anglaise également, ainsi nommée parce qu'elle portait sur une de ses faces la rose de Lancastre ou d'York : cette monnaie, fort répandue en France, valait de vingt à vingt-quatre francs. Voyez l'*Évaluation et tarif des espèces d'or et d'argent, fait et arrêté le 2e de mai 1679* (Rouen, in-8° de 14 pages); et Boizard, *Traité de monnoies* (Paris, 1692, in-12), réimprimé et complété en 1696 et en 1711.

21. Les deux textes de Paris 1694 ont un point et virgule après *ducaton* (vers 28), et recommencent la phrase ainsi :

> Et puis quelque noble à la rose
> Éprouvoit son adresse, etc.

La même ponctuation se retrouve dans l'édition de la Haye 1694. Nous sommes persuadé néanmoins qu'elle est fautive. Le véritable sujet du verbe *Éprouvoit*, c'est le Singe. Ce n'est pas la seule fois que la Fontaine, dans une période, omet le pronom devant le dernier verbe : voyez la fable vi de ce livre, vers 8-10. — « Si vous voulez, dit M. Taine (p. 299), peindre un singe qui dissipe le trésor de son maître et fait des ricochets avec des louis, ne dites pas simplement qu'il jette l'argent par la fenêtre. Donnez le détail de cet argent; appelez chaque pièce par son titre; amoncelez « les pistoles, les doublons, les jacobus, les ducatons, les « nobles à la rose; » nous nous rappellerons l'effigie et l'exergue, et, au lieu de comprendre, nous verrons. »

22. L'orthographe de nos anciennes éditions (1694-1729) est *métail*. Comparez *les Filles de Minée*, vers 310, les vers 313 du conte iv et 13 du conte v de la IIIe partie, etc.

23. Au-dessus de : voyez tome II, p. 463 et note 31.

24. Voyez ci-dessus, vers 18 et note 15. L'Académie ne donne ce mot que dans sa dernière édition (1878), et seulement comme un terme de mécanique.

Les ducats auroient tous pris le même chemin, 35
  Et couru la même aventure[25] ;
Il les auroit fait tous voler jusqu'au dernier[26]
Dans le gouffre enrichi par maint et maint naufrage[27].
Dieu veuille préserver maint et maint financier[28]
  Qui n'en fait[29] pas meilleur usage ! 40

25. Expression bien trouvée, parce qu'il les jette à la mer, au péril de la mer. Voyez tome II, p. 408 et note 3.

26. Dans le *Mercure galant* et dans les *OEuvres posthumes*, ce passage diffère complètement du texte de 1694. Voici comment il est donné :

> Un jour donc l'Animal, qui ne songeoit qu'à nuire,
> S'il n'eût ouï l'Homme rentrer,
> Eût jeté, sans considérer
> L'estime que l'on fait des biens de cette espèce,
> Tous ces beaux ducats pièce à pièce ;
> Il les eût fait voler tous jusques au dernier, etc.

27. « Cette figure, dit Nodier, est excellente à la fin d'une fable où le poëte blâme la folie des avares qui accumulent sans jouir, et chez qui l'or amassé se perd comme celui qui *enrichit* les gouffres de l'Océan. » Voyez ci-dessous, fable VII, vers 12-13.

28. Au sens général d'homme riche, possédant de la « finance ».

29. Les *OEuvres posthumes* donnent le verbe au pluriel : « font », au lieu de « fait ». — Voici la morale dont Nicolas de Pergame fait précéder sa fable, que nous avons transcrite dans la notice : *Divitiæ cito acquisitæ diu durare non possunt.*

FABLE IV.

LES DEUX CHÈVRES.

Dans le manuscrit, déjà cité, de la Bibliothèque nationale, n° 8511, se trouve, au folio 62, un thème du duc de Bourgogne sur ce sujet, qui porte au revers, écrit de sa main : *Bonum thema.* Robert l'a transcrit (tome II, p. 329). Il est possible que ce soit ce thème, communiqué à la Fontaine par Fénelon, soit en français, soit en latin, qui lui ait inspiré cette fable charmante. Mais la supposition contraire est plus vraisemblable. A l'époque où elle parut (1691), le duc de Bourgogne, qui n'était que dans sa neuvième année, faisait sans doute encore des thèmes, et cette fable-ci lui aura servi, comme tant d'autres de notre poëte, plus de vingt, d'exercice d'écolier. Sinon la Fontaine lui en eût fait honneur comme, par exemple, de la fable IX du même livre; puisqu'il n'oublie pas de dire qu'il lui doit le titre de la fable suivante, la Ve, à plus forte raison n'eût-il pas passé sous silence une matière, un modèle, qu'il eût trouvés tout préparés. Quoi qu'il en soit, voici la composition latine du jeune prince, avec les corrections de Fénelon :

Duæ Capellæ aberrantes a grege adrepserunt in rupes præruptas, ut carperent morsu dumeta. Post longos circuitus, tandem sibi invicem obviæ factæ sunt ad trajectum alti rivi, in quo tabula angusta pons erat. Eis ex adverso positis, unaquæque contendebat se nunquam cessuram loco sociæ : « *Avia, inquit una, erat olim Polyphemo gratissima.* — *Mea vero, respondit altera, erat Amalthæa quæ lactavit Jovem.* » *Sic dum sese exagitant, præcipites ruunt in gurgitem*[a].

Pline l'Ancien, livre VIII, chapitre LXXVI, cite la même rencontre de deux Chèvres sur un pont très-étroit, mais le dénouement est très-différent; les deux Chèvres se sauvent par leur adresse :

Solertiam ejus animalis Mucianus visam sibi prodidit in ponte prætenui, duabus obviis e diverso : quum circumactum angustiæ non caperent,

---

[a] Dans ce thème, les mots : *sibi invicem, una, olim, vero,* sont de la main du précepteur.

nec reciprocationem longitudo in exilitate cæca, torrente rapido minaciter subterfluente, alteram decubuisse, atque ita alteram proculcatæ supergressam.

M. Taine (p. 210), après avoir cité une fort jolie description de la chèvre par Buffon, que nous donnons plus loin, trouve « les hardiesses du poëte plus expressives. Combien les comparaisons humaines, dit-il, abrègent et animent le portrait! Les Chèvres sont des dames « qui ont patte blanche, » gentilles, proprettes, avec autant d'originalité que de caprice, avec autant d'entêtement que de vanité. » Même entêtement en effet et même vanité chez ces deux grandes dames dont parle Saint-Simon (la duchesse de Brissac et la marquise de Beringhen), qui, s'étant rencontrées de front dans une rue fort étroite où leurs carrosses ne pouvaient passer, attendirent paisiblement pendant cinq heures, jusqu'à ce que le vieux Beringhen vînt mettre fin à cette « ridicule dispute » entre sa belle-fille et la duchesse « à qui reculeroit », « l'une alléguant sa housse, l'autre le carrosse du Roi dont elle se servoit par la charge de son mari. » Moins d'un an après la publication de notre fable, le 5 janvier 1692, une aventure analogue arriva aux duchesses de Bouillon et de Hanovre qui montrèrent autant d'orgueil et de hauteur, mais moins de patience. La querelle se termina par des coups, sur le dos, il est vrai, de leurs gens[1].

Cette fable fut imprimée, pour la première fois, sans nom d'auteur, dans le *Mercure galant*, en février 1691, p. 237, puis réimprimée, comme inédite, dans les *OEuvres posthumes*, en 1696, p. 270.

   Dès que les Chèvres ont brouté,
   Certain esprit de liberté
Leur fait chercher fortune : elles vont en voyage
   Vers les endroits du pâturage
   Les moins fréquentés des humains :   5
Là, s'il est quelque lieu sans route et sans chemins,
Un rocher, quelque mont pendant en précipices[2],

---

1. Saint-Simon, tome I, 1879, p. 373; et p. 111.
2. *Non ego vos posthac, viridi projectus in antro,
Dumosa pendere procul de rupe videbo.*
     (VIRGILE, 1re églogue, vers 76-77.)

C'est où ces dames vont promener leurs caprices[3].
Rien ne peut arrêter cet animal grimpant[4].
    Deux Chèvres donc s'émancipant,   10
     Toutes deux ayant patte blanche[5],
Quittèrent les bas prés, chacune de sa part[6] :
L'une vers l'autre alloit pour quelque bon hasard[7].
Un ruisseau se rencontre, et pour pont une planche.

---

3. Voici comment cette fable commence dans le *Mercure galant* et dans les *OEuvres posthumes* :

     Les Chèvres ont une propriété,
      C'est qu'ayant fort longtemps brouté,
  Elles prennent l'essor, et s'en vont en voyage
      Vers les endroits du pâturage
      Inaccessibles aux humains.
    Est-il quelque lieu sans chemins,
Quelque rocher, un mont pendant en précipices,
Mesdames s'en vont là promener leurs caprices, etc.

Les *OEuvres posthumes* ont *quelques lieux*, au pluriel, et *Quelque rocher ou mont*.

4. Comparez la description de la chèvre par Buffon, dont il est parlé dans la notice : « Elle aime à s'écarter dans les solitudes, à grimper sur les lieux escarpés, à se placer et même à dormir sur la pente des rochers et sur le bord des précipices.... L'inconstance de son naturel se marque par l'irrégularité de ses actions. Elle marche, elle s'arrête, elle bondit, elle saute, s'approche, s'éloigne, se cache ou fuit comme par caprice et sans autre cause déterminante que la vivacité bizarre de son sentiment intérieur. Et toute la souplesse de ses organes, tout le nerf de son corps, suffisent à peine à la pétulance et à la rapidité de ces mouvements, qui lui sont naturels. » (*Histoire naturelle*, tome V, p. 65-66.)

5. Comparez livre IV, fable XV, vers 20 :

    Montrez-moi patte blanche....

« C'est que ce sont deux chèvres de grande distinction, dit Chamfort, de grandes dames, comme on le verra plus bas. Aussi quittent-elles les bas prés pour ne point se gâter les pattes. »

6. De son côté : voyez, au tome II, la note 10 de la page 260, et la note 7 de la page 371.

7. Pour chercher fortune, pour quelque plante, quelque arbuste appétissant. *Pour* n'est pas ici synonyme de *par*. — Ces deux vers

Deux belettes à peine auroient passé de front[8] 15
　　Sur ce pont[9].
D'ailleurs, l'onde rapide et le ruisseau profond
Devoient faire trembler de peur ces amazones[10].
Malgré tant de dangers, l'une de ces personnes[11]
Pose un pied sur la planche, et l'autre en fait autant. 20
Je m'imagine voir, avec Louis le Grand,
　　Philippe Quatre qui s'avance
　　Dans l'île de la Conférence[12].
　　Ainsi s'avançoient pas à pas,
　　Nez à nez, nos aventurières, 25
　　Qui, toutes deux étant fort fières,

(le premier, avec variante) sont ainsi ponctués dans le *Mercure galant* et dans les *OEuvres posthumes* :

　　Quittèrent certain pré ; chacune de sa part
　　L'une vers l'autre alloit pour quelque bon hasard.

8. Quoique très-maigres : voyez tome II, p. 186, note 12.

9. « Tout le monde a remarqué l'heureux emploi de ce vers composé de trois monosyllabes, qui figure à la pensée l'effrayante exiguïté du pont. La peinture de la rapidité de l'onde et de la profondeur du ruisseau augmente encore l'idée du péril. » (NODIER.) — « La Fontaine, dit Chamfort, aurait dû ne pas prodiguer ces hardiesses, et les réserver pour les occasions où elles sont pittoresques comme ici. » Mais c'est ce qu'il a fait, ce nous semble. Rapprochez le dernier vers de la fable x du livre V, le vers 29 de la fable i du livre VII, le vers 20 de la fable xvi du livre IX.

10. « Nos amazones », dans le *Mercure galant* et les *OEuvres posthumes*. — « Nous sommes accoutumés, dit Chamfort, à ce jeu brillant et facile de l'imagination de la Fontaine, à qui le plus léger rapport suffit pour rapprocher les grandes choses et les petites. La comparaison de ces deux Chèvres avec Louis le Grand et Philippe IV, et surtout la généalogie des deux Chèvres rendent la fin de cette fable un des plus jolis morceaux de la Fontaine. »

11. Comparez « ces dames », au vers 8 ; et voyez ci-dessus, p. 197 et note 3.

12. On appela ainsi l'*île des Faisans*, située au milieu de la Bidassoa, à cause des conférences qui s'y tinrent, en 1659, entre Mazarin et don Luis de Haro, pour la paix des Pyrénées et le mariage de Louis XIV avec l'infante d'Espagne.

Vers[13] le milieu du pont ne se voulurent pas
L'une à l'autre céder. Elles avoient la gloire
De compter dans leur race, à ce que dit l'histoire[14],
L'une, certaine Chèvre, au mérite sans pair,   30
Dont Polyphème fit présent à Galatée[15];
    Et l'autre la Chèvre Amalthée,
    Par qui fut nourri Jupiter[16].
Faute de reculer, leur chute fut commune :
    Toutes deux tombèrent dans l'eau[17].   35

    Cet accident n'est pas nouveau
    Dans le chemin de la Fortune[18].

13. « Sur », dans le *Mercure* et les *OEuvres posthumes*.
14. Voyez tome II, p. 270 et note 4.
15. Dans le *Mercure* et les *OEuvres posthumes*, ces cinq vers n'en forment que quatre; les voici :

    Sur le milieu du pont ne se voulurent pas
    L'une à l'autre céder, ayant pour devancières,
    L'une, certaine Chèvre, au mérite sans pair,
    Dont Polyphème fit présent à Galatée.

— Sur l'amour du cyclope Polyphème pour la nymphe Galatée, voyez l'idylle XI de Théocrite, et les *Métamorphoses* d'Ovide, livre XIII, vers 740-884; voyez aussi le conte VI de la IIIe partie, vers 8-12, et l'opéra de notre auteur intitulé *Galatée* (tome IV *M.-L.*, p. 209-226).

16. Quand Rhée, sa mère, le cacha dans l'île de Crète pour l'empêcher d'être dévoré par Saturne. — M. Taine, analysant la manière dont la Fontaine emploie la mythologie, remarque (p. 226) qu'il « connaît les généalogies aussi bien qu'Hésiode, et jusqu'à celle des animaux divins. »

17. « A l'eau. » (*Mercure* et *OEuvres posthumes*.)
18. « La fin du récit, dit Nodier, est rapide, comme il le fallait, pour diminuer l'impression de la catastrophe; et la réflexion qui le termine est d'une vivacité remarquable. » — Les deux derniers vers, si simples, dont le tour familier nous ramène au ton de l'apologue, rappellent ces beaux vers où Lucrèce peint les luttes de l'ambition (livre V, vers 1128 et 1129) :

    Proinde sine, incassum defessi, sanguine sudent,
    Angustum per iter luctantes ambitionis.

A

MONSEIGNEUR LE DUC DE BOURGOGNE,
qui avoit demandé à M. de la Fontaine une fable qui fût nommée
le Chat et la Souris[1].

Pour plaire au jeune Prince à qui la Renommée

1. Ce fut le duc de Bourgogne, dit Walckenaer (tome II, p. 276 de son *Histoire de la Fontaine*), qui « indiqua à la Fontaine les sujets de plusieurs des nouvelles fables, entre autres de celle qui est intitulée : *le vieux Chat et la jeune Souris*, dont le prologue, écrit dans le style de nos anciennes ballades, est, par ses formes naïves, si bien approprié au goût et à l'intelligence de l'enfance : ce prologue devait plaire d'autant plus au duc de Bourgogne que le titre même qu'il avait proposé sert de refrain à chaque strophe, et que la Fontaine semble se jouer de son sujet, « comme le Chat de la Sou-« ris. » Est-il bien sûr que cette spirituelle petite pièce, qui forme un tout bien complet, ait été composée pour servir de prologue à la fable v? Le titre de cette fable ne suffit pas pour le prouver. Dans les anciennes éditions, il est vrai, ces jolis vers la précèdent immédiatement, mais rien ne montre qu'ils aient été destinés, quand ils furent écrits, à lui servir de préface. Néanmoins la place que leur a donnée l'auteur lui-même dans l'édition originale (1694) permet de croire qu'il a voulu en effet, quand il fit imprimer ces deux pièces, faire passer la première, qui n'a pas de numéro, pour une sorte de prologue de l'autre. Sinon il faudrait supposer, ce qui n'est guère admissible, qu'elles ont été placées ainsi fortuitement. — Le refrain de ces strophes fait allusion à une expression proverbiale. Dans la *Harangue de Monsieur d'Aubray pour le Tiers Estat*, on lit ce qui suit : « Dedans ce ret insensible vous attirastes le bon homme Monsieur le cardinal de Bourbon, prince sans malice, et le sceustes si dextrement tourner, et manier, que luy meistes une folle et indiscrette ambition dedans la teste, pour faire de luy comme le Chat de la Souriz, c'est-à-dire, après vous en estre joué, de le manger. » (*Satyre Ménippée*, p. 150 de l'édition de 1593, petit in-8°.) Le refrain de la chanson de *dom Japhet d'Arménie* dans la pièce de ce nom (acte III, scène IV), donnée par Scarron en 1652, est aussi :

> Hélas ! l'Amour m'a pris
> Comme le Chat fait la Souris.

Destine un temple² en mes écrits,
Comment composerai-je une fable nommée
Le Chat et la Souris ?

Dois-je représenter dans ces vers une belle   5
Qui, douce en apparence, et toutefois cruelle,
Va se jouant³ des cœurs que ses charmes ont pris
Comme le Chat de la Souris ?

Prendrai-je pour sujet les jeux de la Fortune⁴ ?
Rien ne lui convient mieux⁵ : et c'est chose commune   10
Que de lui voir traiter ceux qu'on croit ses amis
Comme le Chat fait la Souris.

Introduirai-je un Roi qu'entre ses favoris
Elle respecte seul, Roi qui fixe sa roue⁶,

2. Comparez la dédicace du livre VII, vers 40; les vers 2 de la fable I, 14 de la fable XII et 1 de la fable XV de ce livre XII; *temple*, *autels*, *encens*, etc., telles étaient alors les formules courantes de l'adulation poétique.

3. Tour familier à notre auteur : comparez livre I, fable X, vers 13 ; livre VIII, fable VI, vers 35; livre IX, fable I, vers 11 (et la note).

4. Même expression dans l'*Élégie pour Monsieur Foucquet*, vers 22 :

.... On n'y connoît que trop les jeux de la Fortune

(*dans les palais des rois*).

5. C'est-à-dire : Rien ne convient mieux, ne s'ajuste mieux à la Fortune qu'un pareil sujet. Cet hémistiche, un peu obscur à cause du sens particulier du verbe *convient*, est expliqué par les vers qui suivent.

6. Rivarol s'est sans doute souvenu de cet hémistiche dans ces deux jolis vers :

La mode à l'œil changeant, aux mobiles aigrettes,
Semble avoir pour lui seul fixé ses girouettes.

(*OEuvres*, édition de 1857, p. 247 : *le Navet au Chou*.

La Fontaine a exprimé la même idée d'une façon non moins élo-

LIVRE XII.

Qui n'est point empêché⁷ d'un monde d'ennemis,   15
Et qui des plus puissants, quand il lui plaît, se joue
   Comme le Chat de la Souris ?

Mais insensiblement, dans le tour que j'ai pris,
Mon dessein se rencontre⁸ ; et, si je ne m'abuse,
Je pourrois tout gâter par de plus longs récits :   20
Le jeune Prince alors se joueroit de ma Muse
   Comme le Chat de la Souris.

quente qu'ici dans ces vers qui sont également un hommage à Louis XIV (*Poésies diverses*, tome V *M.-L.*, p. 157) :

   …. J'ai vu les Génois soumis
   Malgré les fureurs de Neptune,
   Malgré des murs où l'art humain
   Croyoit enchaîner la Fortune
   Que vous tenez en votre main.

7. Embarrassé, gêné : *impeditus :* comparez la fable xi du livre IV, vers 20 ; les contes ɪ de la Iʳᵉ partie, vers 200, et v de la IIIᵉ, vers 140.

8. Voilà mon but atteint ; voilà faite, achevée, la pièce dont on m'a donné le *dessein* ou sujet : je gâterais tout en cherchant autre chose.

FABLE V.

LE VIEUX CHAT ET LA JEUNE SOURIS.

Abstemius, fab. 151, *de Vulpe Gallinam incubantem occidere volente.*
Mythologia æsopica Neveleti, p. 599.

La fable d'Abstemius, dont les personnages ne sont pas les mêmes, a bien pu néanmoins servir de modèle à la Fontaine, quoique les vers qui précèdent aient fait supposer que la pensée première lui avait été fournie par le duc de Bourgogne.

Chamfort fait une observation, qui nous paraît fondée, à propos de la morale de cette fable, morale qui semble plus digne de la Rochefoucauld que de la Fontaine : « Cette maxime, que la vieillesse est impitoyable, n'est pas appliquée ici avec assez de justesse. Si le Chat ne pardonne pas à la Souris, ce n'est pas en qualité de *vieux*, c'est en qualité de *chat.* De plus, ces vérités qui ont besoin d'explication, de restriction, ne doivent-elles pas être réservées pour un âge plus avancé que celui du duc de Bourgogne? Pourquoi mettre dans l'esprit d'un enfant que son grand-père, et peut-être son père, sont impitoyables? Je dis son père, car les enfants trouvent tout le monde vieux. Si Louis XIV lut cette fable, dut-il être bien aise que son petit-fils le crût homme dur et impitoyable? » Le poëte, comme le remarque de son côté l'abbé Guillon, a-t-il donc oublié le Vieillard si bon, si humain, de sa fable VIII du livre XI? Il aurait dû réserver ce reproche à l'enfance (voyez tome II, p. 364 et note 19), sans l'étendre à la vieillesse.

Cette fable, qui avait déjà paru dans le recueil de 1694, fut publiée, comme inédite, en 1696, dans les *OEuvres posthumes*, p. 218, mais sans les strophes qui précèdent.

Une jeune Souris, de peu d'expérience[1],
Crut fléchir un vieux Chat, implorant[2] sa clémence,

1. Il a dit à peu près de même déjà (livre VI, fable V, vers 1) :
    Un Souriceau tout jeune, et qui n'avoit rien vu.
2. En implorant.

Et payant de raisons³ le Raminagrobis⁴.

« Laissez-moi vivre : une souris
De ma taille et de ma dépense⁵
Est-elle à charge en ce logis?
Affamerois-je⁶, à votre avis,
L'hôte et l'hôtesse, et tout leur monde⁷?
D'un grain de blé je me nourris :
Une noix me rend toute ronde.
A présent je suis maigre ; attendez quelque temps⁸.
Réservez ce repas à Messieurs vos enfants⁹. »
Ainsi parloit au Chat la Souris attrapée.
L'autre lui dit : « Tu t'es trompée :
Est-ce à moi que l'on tient de semblables discours :
Tu gagnerois autant de parler à des sourds.

3. Au livre X, fable I, vers 10 :

Afin de le payer toutefois de raison....

4. *Rominagrobis*, dans l'édition de 1729. — Nous avons déjà rencontré le nom de cette majesté fourrée au vers 31 de la fable XVI du livre VII : voyez, au tome II, la note 19 de la page 187; et ci-dessous, le vers 25 de *la Ligue des Rats*, donnée à la suite du livre XII.

5. Rapprochez les vers 44 et 50 de la fable XVIII du livre VIII, où le verbe *dépenser* est aussi appliqué à des animaux.

6. Les *OEuvres posthumes* donnent : « Affamerai-je ».

7. C'est ainsi que ce vers est donné par l'édition de 1694, ainsi que par la réimpression de Paris, par celles de la Haye de la même année, de 1708, et par les *OEuvres posthumes*. Walckenaer, dans son édition de 1827, écrit :

L'hôte, l'hôtesse, et tout leur monde,

leçon de 1729 et de 1788.

8. Chamfort remarque avec raison que « ceci rentre dans la moralité de *Carpillon fretin* et du *Chien maigre*. » Voyez livre V, fable III, et livre IX, fable X ; et aussi *le Milan et le Rossignol* (livre IX, fable XVIII). — *Ne me obsecro in præsentia occidas macilentam*, dit la Poule au Renard dans la fable d'Abstemius.

9. Locution respectueuse qui rappelle « Monsieur du Corbeau » de la fable II du livre II : voyez tome I, p. 63 et note 2.

Chat, et vieux, pardonner! cela n'arrive guères[10].
   Selon ces lois, descends là-bas[11],
   Meurs, et va-t'en, tout de ce pas[12],
   Haranguer les Sœurs filandières[13] :   20
Mes enfants trouveront assez d'autres repas[14]. »
   Il tint parole.

         Et pour ma fable
Voici le sens moral qui peut y convenir :
La jeunesse se flatte[15], et croit tout obtenir;
   La vieillesse est impitoyable[16].   25

   10. Voyez sur ce vers l'observation de Chamfort dans la notice. — Les OEuvres posthumes donnent une leçon évidemment fautive :

   Chat et vieux pardonneur, cela n'arrive guères.

   11. Voyez tome II, p. 315 et note 11.
   12. Comparez le vers 31 de la fable XIII du livre IX (et la note) :

   Meurs, et va chez Pluton, etc.;

et, pour la fin du vers, « tout de ce pas », le vers 73 de la fable xv du livre XII :

   Tout de ce pas je m'en irois;

le vers 2 de la fable II du livre VI, et le vers 83 du conte II de la Iʳᵉ partie.
   13. Nous avons déjà eu cette désignation des Parques au vers 2 de la fable VI du livre V : voyez tome I, p. 381 et note 3.
   14. C'est juste le sentiment opposé à celui qu'exprime le Vieillard dans la fable VIII, déjà citée, du livre XI (vers 21-23) : l'égoïsme ici, là-bas la prévoyance du père qui se complaît dans la pensée du bien qu'il prépare à ses enfants.
   15. Se leurre de vaines espérances.
   16. La Fontaine a parlé de même de l'enfance, comme nous l'avons rappelé dans la notice :

   Cet âge est sans pitié.

Le reproche à faire à l'une et à l'autre maxime, c'est de trop généraliser. — La morale d'Abstemius rappelle celle des deux premières fables citées dans la note 8 : *Fabula indicat cum amentem esse qui incerta spe majorum rerum præsentes omittit.* La Poule, il est vrai, dans cette fable, promet au Renard ses poussins qui sont encore à naître.

FABLE VI.

LE CERF MALADE.

Lokman, fab. 3, *la Gazelle*. — Babrius, fab. 46, Ἔλαφος νόσων. — Tanaquil Faber, fab. 3, *Cervus*[1]. — Desmay, *l'Ésope du temps*, Paris, 1677, fab. 5, *le Cerf malade, ou la grande alliance nuisible*.

La morale de cet apologue, comme le remarque Chamfort, rentre dans celle du *Jardinier et son Seigneur* (livre IV, fable IV) et de *l'Écolier, le Pédant, et le Maître d'un jardin* (livre IX, fable V); mais il est fort au-dessous des deux autres, à notre avis, et non *au-dessus*, comme le dit Chamfort, à moins que ce dernier mot ne soit une faute d'impression. Il ne se trouve pas dans Ésope et a sans doute une origine orientale; il aura passé de l'Inde en Grèce, mais n'est point dans les deux séries de quatrains donnés par Nevelet sous les noms de Gabrias et de Babrias. La Fontaine, qui ne connaissait point les vraies fables de Babrius (voyez tome II, p. 3, note 9), l'aura pris dans Lokman, dans Tanaquil Faber (Tanneguy Lefèvre) ou dans Desmay; les fables de Lokman avaient été publiées par Erpenius en 1615, accompagnées d'une traduction latine.

En pays pleins[2] de cerfs, un Cerf tomba malade.
  Incontinent maint camarade
Accourt à son grabat le voir, le secourir,
Le consoler du moins : multitude importune.
  « Eh! Messieurs, laissez-moi mourir :   5
  Permettez qu'en forme commune[3]

---

1. Pages 8-10 de son recueil intitulé *Fabulæ ex Locmanis arabico latinis versibus redditæ* (Salmurii, 1673, in-12), avec la fable de Lokman, en regard, traduite en prose latine par Erpenius.

2. Les deux textes de Paris 1694 ont « pays pleins », au pluriel. Faut-il considérer cette leçon, suivie par l'édition de la Haye 1694, et celles de 1708 et de 1709, comme une faute d'impression? Nous le croyons d'autant moins que le pluriel est plus usité que le singulier en langage de vénerie.

3. Selon la forme ordinaire : terme de jurisprudence ; comme,

La Parque⁴ m'expédie ; et finissez vos pleurs. »
  Point du tout : les consolateurs
De ce triste devoir tout au long s'acquittèrent,
  Quand il plut à Dieu s'en allèrent :
  Ce ne fut pas sans boire un coup,
C'est-à-dire sans prendre un droit de pâturage⁵.
Tout⁶ se mit à brouter les bois du voisinage.
La pitance⁷ du Cerf en déchut de beaucoup.
  Il ne trouva plus rien à frire⁸ :
  D'un mal il tomba dans un pire,
  Et se vit réduit à la fin
  A jeûner et mourir de faim.

  Il en coûte à qui vous réclame,
  Médecins du corps⁹ et de l'âme¹⁰ !

au vers suivant, « m'expédie ». Comparez la fable x du livre IX, vers 28.

4. Voyez ci-dessus, p. 64 et note 8. Ce mot est pris tout à fait au même sens qu'ici dans le conte v de la IIIᵉ partie, vers 241 :

 .... Que mon fils soit enlevé par la Parque.

5. Droit de pâturer sans qu'il en coûte rien, comme le droit qu'ont les communes sur certaines varennes, sur « les communs ».

6. Comparez, pour cet emploi hardi du neutre, dans le vers 27 de la fable vii du livre I : « tout ce que nous sommes », pour « tous tant que nous sommes ».

7. Même locution au livre IV, fable viii, vers 14, et au livre VIII, fable vii, vers 5.

8. Phrase proverbiale et très-familière, qui signifie ici : Il ne trouva plus rien à manger. On dit quelquefois, dans un sens plus général : Il n'y a rien à frire, c'est-à-dire aucun profit à faire.

9. On peut de cette moralité rapprocher les vers 54-57 de la fable xxv du livre XII :

  Puisqu'on plaide et qu'on meurt, et qu'on devient malade,
  Il faut des médecins, il faut des avocats.
  Ces secours, grâce à Dieu, ne nous manqueront pas :
  Les honneurs et le gain, tout me le persuade.

10. *Officia sancta quanti veneunt!* traduit le P. Desbillons (livre VIII, fable xxv, *Cervus æger*, dernier vers).

Ô temps! ô mœurs⁴¹! j'ai beau crier⁴²,
Tout le monde se fait payer⁴³.

11. Ô temps! ô mœurs! ô coutume perverse!
s'écrie le poëte dans le conte VIII de la Ve partie (vers 81), où il se plaint qu' « Amour vend tout ».

12. Comparez la fable I du livre VIII, vers 59; et la fable XVI du livre XII, vers 24 :

Hélas! j'ai beau crier et me rendre incommode, etc.

13. Cette moralité ne semble pas très-naturellement déduite; ce sont ici des parents, des amis, qui viennent voir le malade et le pillent. Il serait possible, comme le remarque Solvet, qu'elle ait été inspirée à la Fontaine par une plaisanterie de Furetière qui courut dans le temps et que publièrent tous les *Ana* : « Ah! s'écriait-il au sortir d'une longue maladie où il avait été administré, vous m'avez ruiné en drogues et en sacrements! » — La morale de Desmay est mieux appropriée à la fable et contient une allusion historique

    Une trop grande alliance
    Est nuisible quelquefois,
    Et toujours son assistance
    Cesse avec notre finance :
    Qu'en pensez-vous, Hollandois?

— Voici la conclusion de Tanaquil Faber :

« *Valete, amici, vestrum officium nil moror.*
Solatiorum abunde est, pabuli nihil. »
Tales videmus seclo nostro plurimos
Qui verba nobis afferunt et rem harpagant.
    Vel :
Domesticorum populus adducit famem,
Et inaniarum plena reddit horrea.

FABLE VII.

LA CHAUVE-SOURIS, LE BUISSON, ET LE CANARD.

Ésope, fab. 42, Νυκτερὶς καὶ Βάτος καὶ Αἴθυια, Νυκτερὶς, Κέπφος καὶ Βάτος (Coray, p. 27, p. 300 et 301, sous trois formes). — Faërne, fab. 11, *Mergus, Rubus, Vespertilio.* — G. Cognatus, p. 45, *de Vespertilione, Mergo et Rubo.* — Haudent, 1ʳᵉ partie, fab. 38, *d'un Buysson, d'un Pliget et d'une Chauue-Souris.*

Mythologia æsopica Neveleti, p. 124.

Cette fable, d'une invention étrange, et que la Fontaine eût peut-être mieux fait de ne pas emprunter, a excité la mauvaise humeur de Voltaire et de Chamfort. « Le Buisson et le Canard, dit Voltaire (*Dictionnaire philosophique*, article FABLE), en société avec une Chauve-Souris pour des marchandises, *ayant des comptoirs, des facteurs, des agents, payant le principal et les intérêts,* et *ayant des sergents à leur porte,* n'a ni vérité, ni naturel, ni agrément.... Un Buisson qui sort de son pays avec une Chauve-Souris pour aller trafiquer est une de ces imaginations froides et hors de la nature que la Fontaine ne devait pas adopter. » — « Voilà une association, dit Chamfort, dont l'idée blesse le bon sens. Nul rapport, nul besoin réel entre les êtres qu'elle rassemble, et l'esprit la rejette comme absurde. Comment un Buisson peut-il voyager? Quel besoin a-t-il de faire fortune, lui et ces deux animaux? De ce fond défectueux il ne peut naître que des détails non moins ridicules; tel est celui-ci : *prêts à porter le bonnet vert.* On sait que c'était le symbole des banqueroutiers. La Fontaine baisse beaucoup. » — Chamfort paraît oublier que la Fontaine s'est inspiré de la fable ésopique, et que son seul tort est de n'avoir pas mieux choisi ici son modèle.

Le Buisson, le Canard, et la Chauve-Souris,
    Voyant tous trois qu'en leur pays
      Ils faisoient petite fortune,
Vont trafiquer au loin, et font bourse commune.

Ils avoient des comptoirs, des facteurs¹, des agents 5
    Non moins soigneux qu'intelligents,
Des registres exacts de mise² et de recette.
    Tout alloit bien; quand leur emplette³,
    En passant par certains endroits
    Remplis d'écueils et fort étroits, 10
    Et de trajet très-difficile,
Alla tout emballée au fond des magasins
    Qui du Tartare sont voisins⁴.
Notre trio poussa maint regret⁵ inutile;
    Ou plutôt il n'en poussa point, 15
Le plus petit marchand est savant sur ce point :
Pour sauver son crédit, il faut cacher sa perte.
Celle que, par malheur, nos gens avoient soufferte
Ne put se réparer : le cas fut découvert.
Les voilà sans crédit, sans argent, sans ressource, 20
    Prêts à porter le bonnet vert⁶.

1. Voyez, pour le mot *facteurs*, la note 5 de la page 174 du tome II.

2. De dépense, pour l'achat des marchandises.

3. Objets achetés ou à vendre; qu'ils avaient achetés pour les revendre. Comparez le conte 1 de la II⁰ partie, vers 18.

4. Dans le gouffre enrichi par maint et maint naufrage.
                        (Livre XII, fable III, vers 38.)

— Rapprochez aussi, pour le second vers, la fin de la fable XXII du livre I (et la note 9) :

    .... Dont les pieds touchoient à l'empire des morts.

Le Tartare, suivant Homère et Hésiode, était situé au-dessous de la terre à une distance égale à celle qui la séparait du ciel.

5. Ni l'Académie, ni Richelet, ni Furetière, ni le *Dictionnaire de Trévoux*, ne donnent cette locution expressive, qui n'est pas non plus dans Littré : « pousser un regret. »

6. A propos de ces deux vers (15-16) de sa première satire (1660),

    Ou que d'un bonnet vert le salutaire affront
    Flétrisse les lauriers qui lui couvrent le front,

Boileau a écrit cette note (en 1713) : « Du temps que cette satire

Aucun ne leur ouvrit sa bourse[7].
Et le sort principal[8], et les gros intérêts,
Et les sergents[9], et les procès,
Et le créancier à la porte
Dès devant[10] la pointe du jour,

fut faite, un débiteur insolvable pouvoit sortir de prison en faisant cession, c'est-à-dire souffrant qu'on lui mît, en pleine rue, un bonnet vert sur la tête. » — « Cette coutume, dit Walckenaer, si peu conforme à nos mœurs, d'échapper au châtiment par la honte, nous était venue d'Italie dans le seizième siècle. » Voyez Estienne Pasquier, *Recherches de la France*, Paris, 1643, in-fol., livre IV, chapitre x, p. 376-377 : « La cession de biens est une infamie de faict, non de droict.... Les docteurs d'Italie disent qu'en leur pays celuy qui faisoit abandonnement de ses biens estoit tenu de frapper trois fois du cul sur une pierre en la présence du Iuge : qui estoit une demie amende honorable. Dans la ville de Lucques l'on portoit un chapeau ou bonnet oranger : et en cette France, par la coustume de Laval, un bonnet verd, comme signe que celuy qui faisoit cession de biens estoit devenu pauvre par sa folie.... Or entre nous nostre coustume n'est pas si rude que celle du bonnet verd, mais encore y apportons-nous une ceremonie qui est que celuy qui abandonne ses biens est tenu par mesme moyen d'abandonner sa ceinture en iustice. » Voyez aussi le *Dictionnaire de Trévoux*, tome I, p. 964. Cette obligation pour les cessionnaires de biens de porter le bonnet vert sur la tête était tombée presque partout en désuétude ; mais ils étaient contraints, dans beaucoup de provinces du Royaume, de le porter sur eux, afin de le montrer et de s'en coiffer s'ils en étaient requis.

7. Notons que l'édition originale écrit « bourse » par une *s*, quoique ce mot rime avec « ressource, » et qu'au vers 100 de la fable 1 de ce même livre, elle écrive « réponce, » par un *c*, pour rimer avec « semonce. » La même remarque est applicable aux vers 1-2 de la fable xvi du livre IX.

8. Le capital de la dette : nous rencontrons aussi cette locution vieillie dans la viiie des *Lettres provinciales* de Pascal (tome II, p. 110, de l'édition de 1700, in-12). Comparez livre I, fable 1, vers 14.

9. Les huissiers. On se rappelle les scènes des *Plaideurs* de Racine où l'Intimé se montre déguisé en « sergent ».

10. Dès avant : voyez tome II, p. 35 et note 1. — On sait que le créancier ne peut poursuivre son débiteur qu'après le lever du soleil.

N'occupoient le trio qu'à chercher maint détour
    Pour contenter cette cohorte [11].
Le Buisson accrochoit les passants à tous coups [12].
« Messieurs, leur disoit-il, de grâce, apprenez-nous   30
    En quel lieu sont les marchandises
    Que certains gouffres nous ont prises. »
Le Plongeon [13] sous les eaux s'en alloit les chercher.
L'Oiseau Chauve-Souris [14] n'osoit plus approcher
    Pendant le jour nulle demeure :   35
    Suivi de sergents à toute heure,
    En des trous il s'alloit cacher [15].

11. Ce mot se prend « burlesquement et figurément, » dit Richelet, pour une troupe de toutes sortes de gens, quels qu'ils puissent être. Comparez « la timide cohorte des sergents » dans Boileau (satire V, 1665, vers 117); et le vers 51 du conte XIII de la IIIᵉ partie :

    Que fait autour de notre porte
    Cette soupirante cohorte (*d'amoureux*)?

12. Dans la fable de Lessing intitulée *le Buisson* (livre II, fable XVII), le Buisson retient aussi les passants par ses épines, mais pour un autre motif : « Pourquoi, disait le Saule au Buisson, t'accroches-tu si avidement aux habits des passants? Qu'en veux-tu faire? Quel secours prétends-tu en tirer? — Aucun, dit le Buisson. Aussi je ne veux pas les prendre, mais seulement les déchirer. » — Dans la fable d'Haudent, c'est avec l'espoir de s'en emparer que le Buisson attire à lui les vêtements, « habit, robbe ou plisson », des gens qui passent à sa portée, et afin de « se récompenser » de la perte qu'il a faite.

13. Dans Ésope et dans Faërne, le troisième personnage est, non pas un canard, mais, comme dans ce vers-ci, un plongeon, *mergus*. La Fontaine oublie qu'il a changé ce personnage en canard, ou bien il applique abusivement au canard le nom de plongeon, comme un nom caractéristique.

14. Pour cette apposition, voyez ci-dessus, p. 69 et note 1. — Rapprochez le vers 13 de la fable V du livre II, *la Chauve-Souris et les deux Belettes* :

    Je suis oiseau : voyez mes ailes.

15.   La Souris Chaulue entreprend seullement
    Voler de nuit, en n'osant se monstrer

Je connois maint detteur[16] qui n'est ni souris-chauve[17],
Ni buisson, ni canard, ni dans tel cas tombé,
Mais simple grand seigneur, qui tous les jours se sauve 40
    Par un escalier dérobé[18].

> Durant le jour, de paour de rencontrer
> Ses crediteurs.
>   (HAUDENT.)

— Benserade, dans son CXXIV^e quatrain, résume ainsi toute la fable :

> Le Buisson ruiné de bien et de crédit
> Semble se prendre à tout des pertes qu'il a faites.
> Le Plongeon dans la mer cherche ce qu'il perdit,
> Et la Chauve-Souris se cache pour ses dettes.

16. Un homme qui fait des dettes. Le mot (*debteur*) est aussi dans la fable d'Haudent (vers 13). Voyez également dans Rabelais, chapitre III du tiers livre, tome II, p. 26, 27 et 28, le plaisant discours de Panurge à la loüange des « debteurs et emprunteurs »; Marot, *Épître au Roy pour avoir esté derobé*, vers 92 (tome I, p. 197); et Malherbe, traduction du *Traité des Bienfaits* de Sénèque, tome II, p. 172 : « Vous, qui êtes un créancier, serez condamné envers votre detteur. » Il ne faut pas confondre ce mot, qui malheureusement a vieilli, avec *débiteur*, seul français aujourd'hui, lequel exprime un fait et non une habitude. — *Detteur, debteur,* donné encore par Nicot (*Thrésor de la langue françoyse,* 1606, p. 178), a été proscrit par Vaugelas (*Remarques,* etc., 1687, tome I, p. 939, au mot DETTEUR).

17. Dans le patois de Normandie et d'autres provinces de France on dit encore : « souris-chauve ». Comparez Rabelais, chapitre III du quart livre (tome II, p. 277).

18. La moralité commune à Ésope, à Faërne et à Haudent est que le naturel revient toujours, que la force de l'habitude nous entraîne. La conclusion de la Fontaine n'est ici, comme souvent, qu'une critique à l'adresse de beaucoup de ses contemporains : nous voulons dire des grands seigneurs prodigues qui ne pouvaient tous se débarrasser de leurs créanciers aussi facilement que le Don Juan de Molière, bien qu'ils ne fussent pas plus scrupuleux que lui. Voyez tome II, p. 125 et note 24.

FABLE VIII.

LA QUERELLE DES CHIENS ET DES CHATS[1], ET CELLE DES CHATS ET DES SOURIS.

Haudent, 2⁰ partie, fab. 61, *de la Guerre des Chiens, des Chatz et des Souris.*

Robert cite (tome I, p. CLXXXIX-CXC) la fable d'Haudent, et trouve avec raison qu'elle donne une assez mauvaise idée de son style. « Comme toutes les autres, ajoute le commentateur, il l'avait sans doute traduite du latin ; mais je n'ai pu trouver ce sujet nulle autre part. » Il est bien possible qu'il l'ait imaginée : l'invention, en tout cas, ne lui ferait pas beaucoup d'honneur.

Chamfort traite cette fable de « radotage. » Il se demande « quel rapport il y a entre une querelle de Chiens et de Chats, et le combat des Éléments, dont il résulte une harmonie qu'on ne peut concevoir, et dont le fabuliste ne parle pas. » Voltaire, à l'article FABLE du *Dictionnaire philosophique*, que nous avons cité tout à l'heure (p. 220), dit, avec non moins de sévérité : « Un logis plein de Chiens et de Chats *vivant entre eux comme cousins, se brouillant pour un pot de potage*, semble bien indigne d'un homme de goût. » Ils auraient pu tempérer la rigueur de leur jugement en faveur de quelques plaisants détails.

Désaugiers, dans sa chanson *Chien et Chat*, s'est souvenu de cette fable.

Quoiqu'elle se trouve dans l'édition de 1694, elle fut publiée, comme inédite, en 1696, dans les *OEuvres posthumes*, p. 224, avec d'assez notables variantes.

La Discorde a toujours régné dans l'univers[2] ;
Notre monde en fournit mille exemples divers :
Chez nous cette déesse a plus d'un tributaire.

---

1. Dans les *OEuvres posthumes* : « des Chats et des Chiens ».
2. Chez les Dieux d'abord, puis ici-bas, depuis qu'on l'a fait « déloger des Cieux », comme il est dit au vers 3 de la fable XX du livre VI.

226 FABLES. [F. VIII

    Commençons par les Éléments :
Vous serez étonnés de voir qu'à tous moments   5
      Ils seront appointés contraire[3].
    Outre ces quatre potentats[4],
    Combien d'êtres de tous états
    Se font une guerre éternelle !

Autrefois un logis plein de Chiens et de Chats,   10
Par cent arrêts rendus en forme solennelle[5],
    Vit terminer tous leurs débats[6].
Le maître ayant réglé leurs emplois[7], leurs repas,

---

3. Façon de parler proverbiale tirée du Palais, et signifiant : Ils seront opposés, en contradiction, brouillés ensemble ; proprement : ils pourront être cités en justice comme étant en débat. La Fontaine a écrit *contraire* ; c'est une faute : comme le remarque Littré, il faudrait le pluriel. — Nous rencontrerons le mot « appointeur » dans la fable xxv de ce livre, vers 24 et 29.

Dans les *OEuvres posthumes*, cette fable commence ainsi :

    La Discorde aux yeux de travers,
    Reine du monde sublunaire,
    Rit de voir que notre univers
    Est devenu son tributaire.
    Commençons par les Éléments :
    Vous trouverez qu'à tous moments
    Ils sont en appointé contraire.

N'est-ce pas ici qu'il faut chercher la véritable leçon de ce dernier vers ?

4. L'eau, l'air, la terre et le feu.

5. L'orthographe de nos anciennes éditions (1694-1788) est *solemnelle*. L'Académie, dans les trois premières éditions de son *Dictionnaire*, donne « solemnel » et « solennel », avec préférence pour « solemnel » dans la première et dans la seconde.

6. Le début de la fable est différent chez Haudent :

    Les Chiens voiant que leurs maistres vouloient
    Les chasser hors, vindrent à leur promettre
    De les seruir trop mieulx qu'ilz ne souloient,
    Et de ce faire ilz en passèrent lettre,
    Laquelle aux Chatz fut baillee....

7. « Leur emploi », au singulier, dans les *OEuvres posthumes*.

F. VIII] LIVRE XII. 227

Et menacé du fouet quiconque auroit querelle,
Ces animaux vivoient entre eux comme cousins. 15
Cette union⁸ si douce, et presque fraternelle,
    Édifioit tous les voisins.
Enfin elle cessa. Quelque plat de potage⁹,
Quelque os, par préférence, à quelqu'un d'eux donné,
Fit que l'autre parti s'en vint¹⁰ tout forcené¹¹ 20
    Représenter¹² un tel outrage.
J'ai vu des chroniqueurs¹³ attribuer le cas
Aux passe-droits qu'avoit une Chienne en gésine¹⁴.
    Quoi qu'il en soit, cet altercas¹⁵
Mit en combustion la salle¹⁶ et la cuisine : 25
Chacun se déclara pour son Chat, pour son Chien.

8. OEuvres posthumes : « Une union ».
9. Les OEuvres posthumes portent ici : « Quelque plus de potage ». — On sait quel était autrefois le sens du mot potage : volaille cuite entourée de légumes, trempant dans le bouillon, dans une sauce quelconque; comparez la fable XII du livre III, vers 13; Boileau, satire III, vers 45-46; et Molière, le Bourgeois gentilhomme, acte IV, scène I (tome VIII, p. 159). L'Académie a l'expression : « plat de potage » dans les cinq premières éditions de son Dictionnaire.
10. « S'en vient », dans les OEuvres posthumes.
11. Tout hors de sens; en italien, forsennato.
12. Terme de procédure : mettre sous les yeux du juge.
13. L'orthographe de nos anciennes éditions (1694-1729) est cronicqueurs. L'Académie, qui écrit ce mot par une h, le qualifie de vieux dans ses cinq premières éditions. — Comparez ci-dessus, fable IV, vers 29 : « ....à ce que dit l'histoire ».
14. Voyez livre III, fable VI, vers 19 (tome I, p. 221 et note 3).
15. Cette querelle, cette dispute. Le mot est dans l'Enfer de Marot (tome I, p. 51). La Fontaine l'a répété dans ses stances « en vieil stile », Janot et Catin (tome V M.-L., p. 106). L'Académie le donne dans les six premières éditions de son Dictionnaire (altercats dans la première et la seconde; altercas dans les suivantes). « Il est vieux », disent les quatre premières. Selon la cinquième, « il n'est guère d'usage que dans le style marotique et badin ». Selon la sixième, « il a vieilli ». Nous disons aujourd'hui altercation, mais dans un sens plus restreint.
16. La salle de compagnie ou la salle à manger.

On fit un règlement dont les Chats se plaignirent,
    Et tout le quartier étourdirent.
Leur avocat disoit qu'il falloit bel et bien
Recourir aux arrêts [17]. En vain ils les cherchèrent.   30
Dans un coin où d'abord leurs agents les cachèrent,
    Les Souris enfin les mangèrent [18].
Autre procès nouveau [19]. Le peuple souriquois [20]
En pâtit : maint vieux Chat, fin, subtil, et narquois [21],
Et d'ailleurs en voulant à toute cette race,   35
    Les guetta, les prit, fit main basse [22].

17. Voyez le vers 11.

18. Telle est bien la ponctuation des deux éditions de Paris 1694, contraire à celle de presque tous les éditeurs modernes. Remarquons que, pour la correction, et même pour la clarté de la phrase, cette ponctuation est préférable. Les *OEuvres posthumes* donnent ainsi ces trois vers :

> En vain ils les cherchèrent :
> Car en certain cabas où leurs gens les cachèrent,
>   Les Souris enfin les mangèrent.

19. Dans la fable d'Haudent, la « lettre », la convention, est confiée, comme nous l'avons vu, par les Chiens aux Chats,

> affin d'estre
> Par eulx gardée en lieu seur et escars.
> Mais sur des ayz la sont venus à mettre
> Où les Souris en feirent mille parts.
> Or peu aprez il aduint que les Chiens
> Peurent aux Chatz leurs lettres demander, etc.

20. Même locution dans la fable VI du livre IV, vers 21.

21. *Narquois* n'a guère aujourd'hui que le sens de *moqueur*, mais autrefois signifiait aussi *filou*, *voleur*. — Le poëte dit plus bas, fable XIII, vers 2, en parlant du Renard :

> Fin, subtil, et matois.

22.
> ....Mesmes les Chatz, pour cause et raison telle,
> Contre Souris meurent guerre, laquelle
> On voit encor iusqu'à ce iour durer,
> Voyre, si aspre, importune et cruelle,
> Qu'à chascun coup leur font mort endurer.
>
>   (HAUDENT.)

Le maître du logis ne s'en trouva que mieux.

J'en reviens à mon dire[23]. On ne voit sous les cieux
Nul animal, nul être, aucune créature,
Qui n'ait son opposé[24] : c'est la loi de nature[25].   40
D'en chercher la raison[26], ce sont soins superflus.
Dieu fit bien ce qu'il fit[27], et je n'en sais pas plus.
   Ce que je sais, c'est qu'aux grosses paroles[28]
On en vient sur un rien, plus des trois quarts du temps.
Humains, il vous faudroit encore à soixante ans   45
   Renvoyer chez les barbacoles[29].

23. Comparez livre I, fable xiv, vers 61, et livre VIII, fable xxvii, vers 49 :

      Je reviens à mon texte.

24. Walckenaer rapproche de ces vers ce passage de *l'Astrée* : « Toutes les choses corporelles ou spirituelles ont chacune leurs contraires ou leurs sympathisantes. » (Ire partie, livre v, p. 291 de l'édition de 1615, in-4°.)

25. Même hémistiche au vers 1 de la fable xvii du livre VIII.

26. *OEuvres posthumes* : « En chercher la raison ».

27. C'est presque le début de la fable iv du livre IX :

      Dieu fait bien ce qu'il fait.

28. Les *OEuvres posthumes* font de ce vers un alexandrin, en changeant le premier hémistiche :

      Ce que j'ai toujours vu, c'est qu'aux grosses paroles, etc.

— Pour cette expression, moins communément employée que « gros mots », comparez Saint-Simon (tome II, 1879, p. 240) : « De part et d'autre les grosses paroles commençoient à échapper entre les dents. » Elle « est ancienne dans notre langue, lisons-nous dans le *Dictionnaire de Trévoux*, comme il paroît par un acte du Trésor des chartres ; il est de Philippe le Bel en 1299 : *Si quis alicui verba contumeliosa et grossa dixerit*, etc. » Voyez aussi Ducange, à l'article Grossus : *Grossa verba, convicium atrox, vulgo nostris* « grosses paroles » ; et il renvoie au même acte de Philippe le Bel.

29. Il est évident, par le tour de la phrase, que ce mot, qui est écrit par une majuscule dans nos anciennes éditions, signifie maîtres d'écoles. Il est non moins évident que l'étymologie est

barbam colere, soigner sa barbe, ce qui pourrait fort bien s'appliquer aux maîtres d'écoles, portant barbe longue pour imprimer le respect à leurs écoliers. Rapprochez les *barbatos magistros* dont parle Juvénal (satire XIV, vers 12); c'est ce que les Grecs appelaient : πωγωνοφορία et πωγωνοτροφία. « Mais le fait est, dit Littré, qu'on ne sait d'où la Fontaine a tiré ce mot. » Peut-être de l'opéra intitulé : *Le Carnaval*, mascarade, ballet à neuf entrées (paroles de Molière, etc., musique de Lulli), qui fut représenté pour la première fois en 1675, où l'on voit, à la 2ᵈᵉ entrée, un maître d'école italien nommé *Barbacola*; c'est sans doute ce qui a fait dire à certains commentateurs que le mot était d'origine italienne[a]. Nous lisons aussi dans le tome VII du *Journal de Dangeau*, qui rend compte d'un bal à Marly (4 février 1700, p. 243) : « Monseigneur vint ensuite habillé en enfant et mené par Mme la princesse de Conti, qui étoit en barbacole. » Et le *Mercure* de février (p. 165) fait mention en effet du « vieux maître d'école » qui figurait dans ce divertissement. Enfin, dans une lettre inédite de Boissonade, du 9 mai 1827, nous trouvons, à propos de ce mot, la note suivante dont les explications qui précèdent ne permettent guère d'adopter l'ingénieuse conjecture : « *Barbacoles* signifierait-il les professeurs du collège de Sainte-Barbe? *Barbicoles* répondrait mieux au latin *Barbicolæ*, qui a été fort employé, et l'est encore un peu sur le mont Saint-Hilaire » (ou, plus exactement : dans l'ancienne rue ou l'ancien quartier Saint-Hilaire). Quant aux élèves, on les appelait *Barbarani* et quelquefois *Barbaristæ*.

[a] Ce maître d'école chante, entre autres couplets :

In campagna son venuto
Per tener famosa scuola;
Il mio nom' è conosciuto :
Son il maëstro Barbacola.

(*Recueil général des opéras représentés par l'Académie royale de musique depuis son établissement*, Paris, 1703, tome I, p. 352.)

FABLE IX.

LE LOUP ET LE RENARD.

Les quatre derniers vers de la fable nous en indiquent la source. C'est un thème du duc de Bourgogne; il se trouve au folio 3o du manuscrit déjà cité (Bibliothèque nationale, n° 8511), sous ce titre : *Vulpes pœnitens*, et a été transcrit par Robert (tome II, p. 340). Nous n'en avons qu'un fragment[1] ; mais il est très-probable que la Fontaine connaissait le thème tout entier.

C'est à tort qu'on a voulu rapprocher cet apologue de la fable v du livre X, *le Loup et les Bergers*, et des fables correspondantes (voyez ci-dessus, p. 27) ; le sujet et la moralité sont en réalité dissemblables. Il offre beaucoup plus de rapport, pour la moralité du moins, avec les fables XVIII du livre II et VII du livre IX.

« Voici une fable, dit Chamfort, plus heureuse que les trois précédentes. La Fontaine a déjà établi plusieurs fois qu'on revient toujours à son caractère; mais de toutes les fables où il a cherché à établir cette vérité, celle-ci est sans contredit la meilleure.... La manière dont le Renard répète sa leçon, la comparaison de Patrocle revêtu des armes d'Achille, sont des détails très-agréables et du ton auquel la Fontaine nous a accoutumés. »

> D'où vient que personne en la vie
> N'est satisfait de son état ?
> Tel voudroit bien être soldat
> A qui le soldat porte envie[2].

---

1. *Vulpes quam tædebat artis suæ, quia villicus vicinus caute immi nuebat in dies prædam, decrevit se fieri tyronem in arte luporum. Lupus, cujus in officina dedit operam, in eo animadvertit egregiam nocendi facultatem et incœpit eum instituere. Profer, inquit, rictum immanem; exere linguam arentem et flammeam : dentibus minare....*

2. Imitation de ces vers d'Horace, livre I, satire I, vers 1-12 :

> *Qui fit, Mæcenas, ut nemo, quam sibi sortem*
> *Seu ratio dederit, seu fors objecerit, illa*

Certain Renard voulut, dit-on,
Se faire loup. Hé! qui peut dire
Que pour le métier de mouton³
Jamais aucun loup ne soupire⁴?

Ce qui m'étonne est qu'à huit ans⁵
Un Prince en fable ait mis la chose⁶,
Pendant que sous mes cheveux blancs
Je fabrique à force de temps⁷

> *Contentus vivat, laudet diversa sequentes?*
> « *O fortunati mercatores!* » *gravis annis*
> *Miles ait, multo jam fractus membra labore.*
> *Contra mercator, navem jactantibus austris :*
> « *Militia est potior : quid enim? concurritur; horæ*
> « *Momento cita mors venit, aut victoria læta.* »
> *Agricolam laudat juris legumque peritus,*
> *Sub galli cantum consultor ubi ostia pulsat.*
> *Ille, datis vadibus, qui rure extractus in urbem est,*
> *Solos felices viventes clamat in urbe.*

3. Voyez tome II, p. 319 et note 3 :
> Un citoyen du Mans, chapon de son métier....

4. Et bien! ne mangeons plus de chose ayant eu vie :
Paissons l'herbe, broutons,

dit le Loup de la fable v du livre X (vers 19-20) : c'est le seul rapprochement que nous trouvions à faire entre les deux fables, qui sont dissemblables, comme nous l'avons dit à la notice.

5. Donc quatre ans avant la publication de cette fable (1694) : le jeune prince était né en 1682.

6. Ces vers donneraient à penser que le duc de Bourgogne ne faisait pas, à proprement parler, un thème, mais composait en latin sur un sujet que lui indiquait et que sans doute lui racontait Fénelon. N'est-ce pas justement ce que l'on nommait alors un *thème?* Littré, outre le sens que le mot a aujourd'hui, lui donne celui-ci : « la composition de l'écolier, faite sur le thème donné »; et il cite un passage de *la Comtesse d'Escarbagnas* ᵃ.

7. Vers qui pourrait servir, si l'on n'y veut pas voir simplement une flatterie, à prouver que la paresse légendaire du poëte n'était

---

ᵃ Scène vi, tome VIII du *Molière*, p. 585. Il y aurait peut-être à modifier en ce sens la note 1 de cette page.

Des vers moins sensés que sa prose[8].

Les traits dans sa fable semés
Ne sont en l'ouvrage du poëte[9]
Ni tous ni si bien exprimés :
Sa louange[10] en est plus complète.

De la chanter sur la musette,
C'est mon talent; mais je m'attends
Que mon héros, dans peu de temps,
Me fera prendre la trompette.

Je ne suis pas un grand prophète :
Cependant je lis dans les cieux[11]
Que bientôt ses faits glorieux

pas aussi réelle qu'on se plaît à le répéter d'après lui-même. Voyez Walckenaer, *Histoire de la Fontaine*, tome II, p. 277-278; et Saint-Marc Girardin, *la Fontaine et les fabulistes*, tome I, p. 375-376.

8. Que sa prose latine probablement; mais le jeune prince n'écrivait pas seulement en latin : voyez, à l'*Appendice* de ce volume, la fable intitulée : *Le Voyageur et ses Chiens*. — Ces vers rappellent, mais avec moins de grâce et de poésie, ce charmant passage d'Horace (livre IV, ode II, vers 27-32) :

Ego, apis Matinæ
More modoque,
Grata carpentis thyma per laborem
Plurimum, circa nemus uvidique
Tiburis ripas, operosa parvus
Carmina fingo.

9. *Poëte*, de deux syllabes : comparez tome II, p. 294 et note 20, et p. 386 et note 4.

10. Sa gloire, son mérite. Voyez quelques exemples cités par Littré, au mot Louange, 3°. En latin *laus* avait souvent ce sens.

11. Pour cette façon de parler, comparez les *Poésies diverses*, tome V M.-L., p. 38-39; la seconde ballade, déjà citée, sur la naissance du duc de Bourgogne, etc. Il est inutile de rappeler que la Fontaine ne croyait pas aux horoscopes : voyez la fable XIII du livre II, et la fable XVI du livre VIII, vers 55-92; et ci-dessus, p. 120.

Demanderont plusieurs Homères ; 25
Et ce temps-ci n'en produit guères[12].
Laissant à part tous ces mystères,
Essayons de conter la fable avec succès.

Le Renard dit au Loup : « Notre cher, pour tous[13] mets
J'ai souvent un vieux coq, ou de maigres poulets[14] : 30
    C'est une viande qui me lasse.
Tu fais meilleure chère avec moins de hasard[15] :
J'approche des maisons ; tu te tiens à l'écart.
Apprends-moi ton métier, camarade, de grâce ;
    Rends-moi le premier de ma race 35
Qui fournisse son croc[16] de quelque mouton gras :
Tu ne me mettras point au nombre des ingrats.
— Je le veux, dit le Loup ; il m'est mort un mien frère[17] :
Allons prendre sa peau, tu t'en revêtiras. »
Il vint, et le Loup dit : « Voici comme il faut faire, 40
Si tu veux écarter les mâtins[18] du troupeau. »
    Le Renard, ayant mis la peau,
Répétoit les leçons que lui donnoit son maître.
D'abord il s'y prit mal, puis un peu mieux, puis bien ;
    Puis enfin il n'y manqua rien. 45

12. Comparez l'Épître à Huet, vers 38 et suivants.

13. Nos anciennes éditions, sauf 1709, ont bien ainsi « tous » au pluriel.

14. Ce vers rappelle les lamentations du Renard au commencement de la fable III du livre XI.

15. Avec moins de risques à courir.

16. Voyez ci-dessus, p. 33 et note 18.

17. Pour cette inversion familière, voyez la fable XIV du livre VII, vers 16 ; et les exemples de Corneille, Racine, Voltaire, etc., cités par Littré, à l'article MIEN, 1°.

18. Les mâtins « seraient fort inhabiles à conduire les troupeaux, » comme le remarque M. Marty-Laveaux dans son *Essai*, p. 22, mais ils « sont excellents pour les défendre contre le loup. » Voyez la fable V du livre I, vers 8, et la fable XVIII du livre VIII, vers 43-44.

A peine il fut instruit autant qu'il pouvoit l'être,
Qu'un troupeau s'approcha. Le nouveau Loup y court,
Et répand la terreur dans les lieux d'alentour.
  Tel, vêtu des armes d'Achille,
Patrocle mit l'alarme au camp et dans la ville[19] :   50
Mères, brus[20] et vieillards, au temple couroient tous.
L'ost[21] au peuple bêlant[22] crut voir cinquante loups :
Chien, berger, et troupeau, tout fuit vers le village,
Et laisse seulement une brebis pour gage.
Le larron s'en saisit. A quelque[23] pas de là   55
Il entendit chanter un Coq du voisinage.
Le disciple aussitôt droit au Coq s'en alla,
  Jetant bas sa robe de classe[24],
Oubliant les brebis, les leçons, le régent[25],
  Et courant d'un pas diligent[26].   60

19. Voyez dans Homère, *Iliade*, livre XVI, l'apparition de Patrocle revêtu des armes d'Achille, et l'effet qu'il produit sur les Troyens; et rapprochez la fable III du livre XI, vers 33-42 :

  Tel, et d'un spectacle pareil,
   Apollon, etc.;

et pour cette expression : « mettre l'alarme au camp », la fable XIV du livre II, vers 28. — Cette comparaison est une de ces figures que la Bruyère pouvait avoir en vue quand il disait que la Fontaine savait élever « les petits sujets jusqu'au sublime » (*Discours à l'Académie françoise*, tome II, p. 461).

20. C'est-à-dire les épouses ou les fiancées.

21. L'armée. Voyez livre XI, fable III, vers 36 et note 18, à laquelle on peut ajouter un exemple de Saint-Simon, tome XXI de l'édition de 1873, p. 5.

22. Tel est bien le texte de Paris et de la Haye 1694. Plusieurs éditeurs modernes ont remplacé *au* par *du*, qui se trouve déjà dans les éditions de 1708, de 1729 et de 1788.

23. Tel est bien le texte de nos anciennes éditions.

24. Sa robe d'écolier, la peau de loup sous laquelle il faisait l'apprentissage du métier de loup.

25. Le Loup, son professeur : comparez la fable V du livre XI, vers 5.

26. C'est ainsi que dans la fable indienne dont il est parlé à la

Que sert-il qu'on se contrefasse?
Prétendre ainsi changer est une illusion :
　　L'on reprend sa première trace
　　A la première occasion[27].

De votre esprit, que nul autre n'égale, 65
Prince, ma Muse tient tout entier ce projet[28] :
　　Vous m'avez donné le sujet,
　　Le dialogue, et la morale.

page 432 de notre tome I : *l'Ane vêtu de la peau d'un tigre*, l'Ane, pour avoir entendu le cri d'une ânesse, se met à braire, puis à courir, oubliant son déguisement.

27. *Ad mores facilis natura reverti.*
　　(Claudien, *Poëme contre Eutrope*, livre II, vers 155.)

C'est aussi l'idée développée, comme nous l'avons indiqué dans la notice, à la fin de la fable xviii du livre II, *la Chatte métamorphosée en Femme*, et dans la fable vii du livre IX, *la Souris métamorphosée en Fille*.

28. Voyez la notice en tête de la fable. — Comparez « mon dessein », ci-dessus, p. 213.

FABLE X.

L'ÉCREVISSE ET SA FILLE.

Ésope, fab. 295 et 297, Καρκῖνος καὶ Μήτηρ (Coray, p. 192, sous deux formes : la première est la version d'Aphthonius dont le titre suit). — Babrius, fab. 109, Καρκῖνος καὶ Μήτηρ. — Aphthonius, fab. 11, *Fabula Cancri monens ne suadeantur impossibilia.* — Avianus, fab. 3, *Cancri.* — Novus Avianus, *de Cancris* (édition du Méril, p. 265 et p. 269, sous deux formes). — Burkhard Waldis, livre I, fab. 88. — P. Candidus (Weiss), fab. 115, *Cancri.* — Jacques Regnier, pars 1, fab. 39, *Cancer et Astacus.* — Ysopet-Avionnet, fab. 2, *de l'Écrevisse qui aprenoit son filz a aler* (Robert, tome II, p. 342). — Haudent, 1ʳᵉ partie, fab. 184, *d'une Escreuiche et son Escreuichon.* — Le Noble, conte 79, *des Deux Écrevisses.* — Boursault, *Ésope à la ville,* ou *les Fables d'Ésope,* acte III, scène VI. — Verdizotti, fab. 24, *del Gambero e suo figliuolo.*

Mythologia æsopica Neveleti, p. 330, p. 456.

Dans la fable ésopique intitulée Ἔλαφος καὶ Μήτηρ (Coray, p. 194), *le Cerf et sa Mère,* la morale est toute semblable. La mère s'étonne que son fils ait peur des chiens malgré ses cornes; au même moment un aboiement lointain se fait entendre et elle s'empresse de lui donner l'exemple de la fuite.

« Mère Écrevisse, dit Voltaire (*Dictionnaire philosophique,* article FABLE), qui reproche à sa fille de ne pas aller droit, et la fille qui lui répond que sa mère va tortu, n'a point paru une fable agréable.» — Chamfort ne trouve pas heureuse l'idée qui fait le fond de l'apologue. « Ce ne doit point être un défaut, dit-il, aux yeux de l'Écrevisse de marcher comme elle fait. Elle ne saurait en faire un reproche à sa fille. Sa fille et elle marchent comme elles doivent marcher, par un effet des lois de la nature. C'est un faux rapport que celui qui a été saisi entre les deux Écrevisses, et celui d'une mère vicieuse que sa fille imite. Cet apologue, pour être d'Ésope, ne m'en paraît pas meilleur. Il a réussi parce que cette image offre, en résultat, une très-bonne leçon. » Sans doute; et il ne faut pas chercher d'ailleurs dans les fables une parfaite exactitude scientifique, sinon nous ferions remarquer que l'écrevisse ne marche pas toujours à reculons, mais aussi bien en avant qu'en arrière. — Cette fable peut se rapprocher, pour le fond, du *Loup moraliste*, faussement attribué à Voltaire, et que nous avons mentionné plusieurs fois. Mais elle a une application beaucoup plus générale.

Quant au prologue et à l'épilogue, consacrés à l'éloge de Louis XIV, ils tiennent à peine à la fable, comme l'a remarqué Saint-Marc Girardin (tome II, p. 245).

Les sages quelquefois, ainsi que l'Écrevisse,
Marchent à reculons, tournent le dos au port.
C'est l'art des matelots[1] : c'est aussi l'artifice
De ceux qui, pour couvrir quelque puissant effort,
Envisagent un point directement contraire, 5
Et font vers ce lieu-là courir leur adversaire.
Mon sujet est petit, cet accessoire est grand[2] :
Je pourrois l'appliquer à certain conquérant
Qui tout seul déconcerte une ligue à cent têtes[3].

1. Quand les matelots veulent entrer au port, ils ne lui tournent pas le dos ; mais, si le vent est contraire, ils *courent des bordées*, ils *louvoient* en vue du port. Cependant il leur arrive parfois de lui tourner le dos, comme il est dit, pour fuir devant la tempête et gagner la haute mer moins dangereuse que les côtes.

2. « Si grand, dit Chamfort, qu'il l'est peut-être trop ; si grand, qu'il mériterait l'honneur d'un apologue particulier (voyez ci-dessus, p. 84, note 22, la remarque que nous avons faite au sujet d'une critique semblable de Chamfort exprimée en termes presque identiques). Cet accessoire est trop étranger à l'idée d'éducation qui est ici la principale. »

3. La ligue d'Augsbourg, conclue en 1686 entre l'Empereur, les rois d'Espagne et de Suède, la république de Hollande, les électeurs palatin et de Saxe, les cercles de Bavière, de Souabe, de Franconie, etc.; à laquelle firent adhésion, l'année suivante, le duc de Savoie et presque toute l'Italie, même le Pape ; et, en 1689, l'Angleterre, lorsque Guillaume d'Orange, qui était l'âme de cette coalition, se fut emparé du trône de Jacques II. La France main-

Ce qu'il n'entreprend pas, et ce qu'il entreprend,   10
N'est d'abord qu'un secret⁴, puis devient des conquêtes⁵.
En vain l'on a les yeux sur ce qu'il veut cacher,
Ce sont arrêts du Sort qu'on ne peut empêcher :
Le torrent à la fin devient insurmontable⁶.
Cent dieux sont impuissants contre un seul Jupiter⁷.   15
Louis et le Destin me semblent de concert
Entraîner l'univers⁸. Venons à notre fable.

tint partout la supériorité de ses armes, malgré tous les efforts des puissances coalisées; mais, avec toute sa gloire, cette guerre, qui se termina par la paix de Ryswyk (1697), fut désastreuse : Louis XIV, pour laisser respirer son peuple et ses armées, fut obligé de restituer presque toutes ses conquêtes. Voyez p. 175, note 14.

4. Comparez la *Prise de Gand* (tome V *M.-L.*, p. 207) :

> Louis força ces murs, mais par sa vigilance,
> Par sa valeur, par le secret.

5. « Ce vers, dit Chamfort, dont le tour est très-hardi, est fort beau pour exprimer la rapidité avec laquelle Louis XIV fit plusieurs conquêtes, celle de la Franche-Comté, par exemple (en 1668, en dix-sept jours); le secret du Roi avait été impénétrable jusqu'au moment où l'on se mit en campagne. »

6. Louis est un torrent, dont les plus fortes digues
Ne sauroient arrêter l'effort.

(*Prise de Besançon*, tome V *M.-L.*, p. 205; voyez *ibidem*, p. 206-207.)

7. Allusion aux paroles que prononce Jupiter dans l'assemblée des Dieux, au commencement du VIII° livre de l'*Iliade*. Le Roi est aussi comparé à Jupiter à la fin de la *Prise de Limbourg* (tome V *M.-L.*, p. 205) :

> Où sont ces Ilions qui coûtoient dix années ?
> Limbourg après dix jours tomba sous notre fer.
> Eût-il pu retarder l'arrêt des destinées
> Et la foudre de Jupiter ?

8. Comme Jupiter qui, s'il le voulait, entraînerait avec une chaîne d'or tous les dieux, toutes les déesses, et la terre et la mer ensemble, tandis que tous leurs efforts réunis ne pourraient le faire descendre du ciel en terre : voyez le livre VIII de l'*Iliade*, vers 18-27. — On peut rapprocher de ce passage les vers 41-48 du Prologue d'*Esther* (1689), déjà cité à la page 183.

Mère Écrevisse un jour à sa fille disoit :
« Comme tu vas, bon Dieu ! ne peux-tu marcher droit[9]?
— Et comme vous allez vous-même ! dit la fille :
Puis-je autrement marcher que ne fait ma famille ?
Veut-on que j'aille droit quand on y va tortu[10] ? »

    Elle avoit raison : la vertu
    De tout exemple domestique
    Est universelle, et s'applique
En bien, en mal, en tout[11]; fait des sages, des sots;

  9. « Pour m'enseigner, répond l' « Escreuichon » dans les fables ésopiques,

    Va deuant, i'yrai aprez toy, »

comme traduit Haudent. — Dans le conte de le Noble, il s'agit d'une « mère Écrevisse » qui veut apprendre à sa fille à danser :

    « .... Donnez la main à votre mère,
  Et marchez sur les pas qu'elle va vous tracer. »
  Elle prend à ces mots sa fille pour suivante,
    Et, demandant une courante,
  Se met en mouvement au son des violons;
    Mais au premier pas qu'elle glisse,
    Elle n'avance en écrevisse
    Que du côté de ses talons....

  10.   Allez droit, si vous pouvez;
    Je tâcherai de vous suivre.
            (Boursault.)

— Remarquons que ces mots : « aller tortu » sont bien plus exacts pour peindre la marche capricieuse de l'écrevisse que l'expression « à reculons » du début.

  11. *Sic natura jubet : velocius et citius nos*
Corrumpunt vitiorum exempla domestica, magnis
Quum subeunt animos auctoribus.
          (Juvénal, satire xiv, vers 31-33.)

  — Quant li bien enseigne le mestre,
  Honte est s'il fait chose senestre.
          (Ysopet-Avionnet.)

  — *Qui sçit docere recta, nec recte facit,*
Se perdit ipsum, quos docet secum trahens.
          (J. Regnier.)

Beaucoup plus de ceux-ci. Quant à tourner le dos
A son but, j'y reviens[12]; la méthode en est bonne,
 Surtout au métier de Bellone[13] :
 Mais il faut le faire à propos.   30

12. « Il ne fallait pas y revenir, dit Chamfort. J'en ai dit la raison p.us haut » (voyez la note 2).
13. A la guerre. Comparez ci-dessus, « le métier de Mars », fable 1 de ce livre, vers 9, p. 183 et note 10.

FABLE XI.

L'AIGLE ET LA PIE.

Abstemius, fab. 26, *de Aquila et Piça.* — Haudent, 2° partie, fab. 87, *de la Pie et de l'Aygle.*
Mythologia æsopica Neveleti, p. 545.
La même fable est dans l'*Esopus* de Burkhard Waldis (livre II, fable LVII).

Chez Abstemius et Haudent, la Pie demande à l'Aigle de l'accueillir au nombre de ses familiers, de ses domestiques, et parce qu'elle est « gente et belle, » et parce qu'elle est « habile aussi de la langue » pour les harangues ou messages. Mais l'Aigle l'éconduit : *Hoc facerem, respondit, ni vererer ne quæ intra tegulam fiunt tua loquacitate cuncta efferres.*

Encore un apologue vivement censuré par Voltaire (*Dictionnaire philosophique*, article FABLE) : « La Pie Margot-Caquet-bon bec est encore pire, dit-il (il vient de parler de *la Querelle des Chiens et des Chats;* voyez ci-dessus, fable VIII). L'Aigle lui dit qu'elle n'a que faire de sa compagnie, parce qu'elle parle trop. Sur quoi la Fontaine remarque qu'il faut, à la cour, porter habit de deux paroisses. » Voltaire par ce *Sur quoi* fausse le sens, avec intention de trouver la Fontaine en faute. Après avoir dit que les « gens à l'air gracieux, au cœur tout différent, se rendent odieux » à la cour, notre poëte ajoute avec malice : « quoiqu'il faille dans ces lieux porter habit de deux paroisses. » Cela est très-clair, et il n'y a pas là le décousu, le radotage que Voltaire donne à supposer.

L'Aigle, reine des airs[1], avec Margot[2] la Pie,
Différentes d'humeur, de langage, et d'esprit,
  Et d'habit,

---

[1]. « Princesse des oiseaux, » lui dit l'Escarbot (livre II, fable VIII, vers 8).

[2]. *Margot* ou *Margote*, surnom d'un usage populaire pour désigner la pie.

Traversoient un bout de prairie³.
Le hasard les assemble en un coin détourné. 5
L'Agasse⁴ eut peur; mais l'Aigle, ayant fort bien dîné,
La rassure, et lui dit : « Allons de compagnie;
Si le maître des Dieux assez souvent s'ennuie,
 Lui qui gouverne l'univers,
J'en puis bien faire autant, moi qu'on sait qui le sers⁵. 10
Entretenez-moi donc*a*, et sans cérémonie. »

 3. Non pas de compagnie, mais en même temps, chacune de son côté, ainsi que va le montrer le vers suivant.
 4. La Fontaine a écrit « agasse » par deux *s*. On écrit aussi *agace*, *agache*. Racine, dans une lettre à la Fontaine, du 4 juillet 1662, dit en parlant des Piérides changées en pies (tome VI, p. 492) :

   Être *agaces* leur parut
   Une fort vilaine chose.

C'est, par onomatopée, le vieux nom de la pie, encore usité en Normandie, en Picardie et en Champagne, et, avec des variations d'orthographe, dans plusieurs autres provinces de France. On dit dans le Poitou *ajasse*, dans le Berri *ageasse* ou *aguiasse*, en provençal *agassa*, en languedocien *agasso* ou *agassou*, etc.; en italien, *gazza*. Voyez M. Eugène Rolland, *Faune populaire de la France*, 1879, tome II, p. 131 et suivantes.
 5. Pour cette tournure, voyez tome II, p. 105 et note 11; et comparez la fable XII du livre IV, vers 23. — « La raison que donne l'Aigle du besoin qu'elle a d'être désennuyée est très-plaisante, dit Chamfort, et l'exemple de Jupiter est choisi merveilleusement. » — « L'Aigle sait mieux que personne, dit Saint-Marc Girardin (tome II, p. 3), peindre les ennuis de la royauté, et qui sont le rachat du souverain pouvoir. Qui ne se souvient de l'admirable description que Mme de Maintenon, dans ses *Conversations*, fait de l'ennui de Versailles*a*. » Citons à notre tour le chapitre XXVI des *Mémoires de Mme de Rémusat*, sur la vie de Napoléon Iᵉʳ et de sa cour à Fontainebleau (tome III, p. 233 et suivantes; de l'édition de 1881).
 6. Dans la fable XVIII du livre IX, *le Milan et le Rossignol*, la situation est inverse :

   Ventre affamé n'a point d'oreilles.

a Saint-Marc Girardin veut parler sans doute de l'*Entretien II* qui se trouve aux *Pièces justificatives* des *Mémoires* de la Beaumelle *pour servir à*

Caquet-bon bec[7] alors de jaser au plus dru[8],
Sur ceci, sur cela, sur tout. L'homme d'Horace[9],
Disant le bien, le mal, à travers champs[10], n'eût su
Ce qu'en fait de babil y[11] savoit notre Agasse.   15
Elle offre d'avertir de tout ce qui se passe,
  Sautant, allant de place en place[12],
Bon espion, Dieu sait. Son offre ayant déplu,
  L'Aigle lui dit tout en colère :

  7. Expression plaisante et pittoresque. C'est « un de ces noms heureux, dit Nodier, qui semblent se présenter d'eux-mêmes à l'imagination riante de la Fontaine, et qui pourraient faire dire de lui ce que la Genèse rapporte d'Adam : *Omne quod vocavit.... ipsum est nomen ejus*[a]. » Cette expression comique a été sans doute tirée par le poëte du dicton « Caquet-bon bec, la poule à ma tante », qui se trouve dans la 1re scène du IIIe acte de la *Comédie des proverbes* (1636), et qui est le titre d'un poëme badin de Junquières, publié en 1763.
  8. Comparez la fable vii du livre IV, vers 37, où il est question de gens « caquetants au plus dru. »
  9. C'est ce crieur public, Vulteius Mena, que l'orateur Philippe invite à souper et dont il s'amuse, dans la viie épître du Ier livre d'Horace, vers 70-72, ce Mena, *dicenda, tacenda locutus*.
  10. Voyez tome II, p. 254, note 12.
  11. *Y* n'est pas ici un pléonasme; il se rapporte à « dire le bien, le mal, » du vers précédent; comparez tome II, p. 444, où cet adverbe pronominal se rapporte à l'idée contenue dans un adjectif.
  12. Nodier fait remarquer la succession monotone de ces rimes criardes : *Horace, agasse, passe, place*, dont la consonnance est caractéristique pour exprimer le cri de la famille des *corax*, des *choucas*, etc.

l'histoire de Mme de Maintenon, tome V, p. 136-144 (Hambourg, 1756, n-12); voyez aussi *ibidem*, livre XII, chapitre vi, tome III, p. 303-313.
 [a] Chapitre ii, verset 19. La Fontaine connaissait bien ce verset, lui qui a dit dans sa *Ballade sur le nom de Louis le Hardi* (tome V *M.-L.*, p. 183) :

   Adam qui sur les fonts tint les êtres divers
   Dont il plut au Seigneur de peupler l'univers,
   Adam, parrain banal de toutes ces familles,
   Et qui n'imposoit pas le nom en étourdi....

Dans *le Cas de conscience*, conte iv de la IVe partie, vers 18, il appelle Adam *le Nomenclateur*. Voyez ci-dessus, p. 42, note 4.

« Ne quittez point votre séjour,
Caquet-bon bec, ma mie : adieu ; je n'ai que faire
　　D'une babillarde à ma cour[13] :
　　C'est un fort méchant caractère. »
　　Margot ne demandoit pas mieux.

Ce n'est pas ce qu'on croit que d'entrer chez les Dieux[14] :
Cet honneur a souvent de mortelles angoisses[15].
Rediseurs[16], espions, gens à l'air gracieux,
Au cœur tout différent[17], s'y rendent odieux[18] :

　　13. *Hæc fabula monet linguaces et garrulos domi non habendos.*
(ABSTEMIUS.)
　　14. Même assimilation des rois aux Dieux aux vers 3 et 57 de la fable XI du livre X (ci-dessus, p. 63 et note 5). Dans une lettre à l'abbé Verger, du 4 juin 1688 (tome III *M.-L.*, p. 406), le poëte écrit :

　　　　Que ne suis-je de ces dieux
　　　　Nommés rois en ces bas lieux !

— « Vers excellent, dit Chamfort, mais je n'aime point l'habit de deux paroisses, » ajoute-t-il, en faisant allusion au dernier trait de la fable (voyez ci-dessous, la note 19).
　　15. Rapprochez les vers 25 et suivants de la fable IX du livre X :
　　　　Défiez-vous des rois, etc.
　　16. « Rediseur », dit l'Académie, « qui répète par indiscrétion, par malignité, ce qu'il a entendu dire. » Elle ne donne que dans ses deux dernières éditions ce mot qui est dans Richelet et dans Furetière. Mme de Sévigné l'emploie au même sens (tome VIII, p. 412), et, appliqué à « un écho » (tome IX, p. 278).
　　17. « Hommes alertes, empressés, intrigants, aventuriers, esprits dangereux et nuisibles. » (La Bruyère, *des Grands*, tome I, p. 341.) Ce sont des « pestes de cour », comme il est dit au vers 53 de la fable IX du livre X, des « machineurs d'impostures » (*ibidem*, vers 65). Ailleurs le poëte les appelle « mouches de cour » (fable III du livre IV, vers 39).
　　18. Odieux à leurs victimes, mais non au maître, qui tout au moins s'en servait, moins dégoûté que l'Aigle de notre fable, si nous en croyons Saint-Simon (tome XII, p. 71) : « Louis XIV s'étudioit avec grand soin à être bien informé de ce qui se passoit partout, dans les lieux publics, dans les maisons particulières, dans

Quoiqu'ainsi que la Pie il faille dans ces lieux
  Porter habit de deux paroisses[19].   30

le commerce du monde, dans le secret des familles et des liaisons. Les espions et les rapporteurs étoient infinis. Il en avoit de toute espèce : plusieurs qui ignoroient que leurs délations allassent jusqu'à lui, d'autres qui le savoient, quelques-uns qui lui écrivoient directement en faisant rendre leurs lettres par les voies qu'il leur avoit prescrites, et ces lettres-là n'étoient vues que de lui, et toujours avant toutes autres choses, quelques autres enfin qui lui parloient quelquefois secrètement dans ses cabinets, par les derrières. Ces voies inconnues rompirent le cou à une infinité de gens de tous états, sans qu'ils en aient jamais pu découvrir la cause, souvent très-injustement, et le Roi, une fois prévenu, ne revenoit jamais, ou si rarement que rien ne l'étoit davantage. »

19. Comme le bedeau de deux paroisses réunies, qui avait un habit de deux couleurs. La pie a le dos noir, le ventre et le dessous des ailes blancs (de là le nom de « Pies » ou « Agachies » qu'on donnait aux moines noirs et blancs, qu'on donne encore aux chevaux de ces deux couleurs). Comparez Mme de Sévigné, parlant de deux modes différentes de coiffure : « .... Vos dames sont bien loin de là, avec.... leurs cheveux de deux paroisses » (tome II, p. 165). Selon Furetière, « on dit de deux choses dépariées, qu'on porte ensemble, qu'elles sont de deux paroisses, comme deux bas, deux gants, un pourpoint et un haut-de-chausses de différente parure. » Malgré l'opinion de Chamfort l'expression nous paraît jolie et bien trouvée : quelque habile qu'on soit, quelque déguisement qu'on prenne, ces espions, ces intrigants, se rendent odieux et sont nuisibles, même si l'on a soin de « changer », au besoin, « d'écharpe », ou de « répondre en Normand » (voyez tomes I, p. 143, et II, p. 133) ; si l'on se comporte entre deux partis de manière à paraître leur appartenir à l'un et à l'autre ; si l'on fait comme l'abbé Roquette, dont Molière, assure-t-on, prit son Tartuffe, et dont Saint-Simon disait : « Il avoit été de toutes les couleurs : à Mme de Longueville, à M. le prince de Conti, son frère, au cardinal Mazarin, etc. » (tome V, p. 133).

FABLE XII.

. LE MILAN, LE ROI, ET LE CHASSEUR[1].

A SON ALTESSE SÉRÉNISSIME MONSEIGNEUR LE PRINCE DE CONTI[2].

La Fontaine, au vers 75, nous dit :

Pilpay fait près du Gange arriver l'aventure.

Il semble donc que ce soit à Pilpay (Bidpaï) qu'il ait emprunté ce sujet. Mais on ne trouve dans la version de Bidpaï de 1644 (voyez tome II, p. 81, note 6) aucune fable qui se rapporte à celle-ci. *La femme vertueuse et son esclave*, qu'on rencontre dans les *Contes et fables indiennes de Bidpaï et de Lokman*, 1778, tome II, p. 250-256, recueil postérieur à la Fontaine, n'a avec elle qu'un rapport très-éloigné. Il a beaucoup changé son modèle, quel qu'il fût, comme il le disait lui-même dans un passage de cette pièce qu'il a supprimé depuis : voyez les vers cités à la note 23; voyez aussi la note 42.

Benfey (tome I, p. 573) a confondu cet apologue avec le xie du livre X, *les Deux Perroquets, le Roi, et son Fils*.

« Que signifie, dit Voltaire, un Milan présenté par un Oiseleur à un Roi, auquel il prend le bout du nez avec ses griffes? » (*Dictionnaire philosophique*, article FABLE.) — « Je ne ferai, dit Chamfort, aucune note sur cette fable qui me paraît au-dessous du médiocre, et où l'on ne retrouve la Fontaine que dans ces deux jolis vers :

> Ils n'avoient appris à connoître
> Que les hôtes des bois : étoit-ce un si grand mal? »

— Il va sans dire qu'on peut et doit en appeler de ce double jugement, et réclamer au moins pour quelques charmants détails.

Cette fable a été réimprimée dans les *OEuvres posthumes*, p. 125.

---

1. LE ROI, LE MILAN, ET LE CHASSEUR. (*OEuvres posthumes*. 1696, et 1708, 1788.)

2. Il ne s'agit pas ici, comme l'ont cru Chamfort et quelques autres, du premier prince de Conti, Louis-Armand, né le 4 avril

Comme les Dieux sont bons, ils veulent que les Rois
                Le soient aussi : c'est l'indulgence
                Qui fait le plus beau de leurs droits,
                Non les douceurs de la vengeance³ :
Prince, c'est votre avis. On sait que le courroux   5
S'éteint en votre cœur sitôt qu'on l'y voit naître.
Achille, qui du sien ne put se rendre maître⁴,

1661, mort le 9 novembre 1685, qui avait épousé, le 16 janvier 1680, Mlle de Blois, Anne-Marie de Bourbon, fille légitimée de Louis XIV et de Mme de la Vallière, mais du second prince de Conti, son frère, François-Louis de Bourbon, né le 30 avril 1664, mort le 22 février 1709. Il avait des talents, de la bravoure; mais Louis XIV ne l'aimait pas, et le tint toujours à l'écart. Un moment même, pour l'éloigner, il le destina au trône de Pologne. C'était un des protecteurs de notre poëte. Voyez tome III *M.-L.*, p. 375-376, où il est question d'une lettre « sur le métier » à lui adressée; p. 415-424 et 430-436, où sont trois lettres à lui écrites; tome V, p. 165-167, où on peut lire une épître sur la mort de son frère; et ci-dessous, note 15.

3. Il faut lire l'admirable développement que Bossuet a donné à cette pensée dans l'*Oraison funèbre du prince de Condé* (tome V des *OEuvres complètes*, 1836, p. 337). On peut supposer, sans invraisemblance, qu'en composant cette fable vers le milieu de l'année 1688, comme nous l'établirons plus loin, la Fontaine songeait aux belles paroles de l'orateur, prononcées l'année précédente seulement. Du reste, lui-même, dans l'*Élégie pour Monsieur Foucquet*, que nous avons citée p. 68, avait déjà exprimé cette pensée en vers pleins de grâce et de sentiment; voyez aussi l'*Ode au Roi* (pour le même Foucquet), tome V *M.-L.*, p. 47-48. — « Ceci, dit Chamfort, est d'une meilleure morale que les deux vers (56-57) qui se trouvent dans la fable xi du livre X :

            .... Je sais que la vengeance
    Est un morceau de roi ; car vous vivez en dieux. »

4. On sait qu'Achille était presque toujours en colère,

    Impiger, iracundus, inexorabilis, acer,

comme dit Horace, dans l'*Épître aux Pisons*, vers 121; mais le poëte fait sans doute allusion ici à ses accès de fureur après l'enlèvement de Briséis, sa captive, lorsqu'il se retira sous sa tente et refusa de prendre part à la guerre.

Fut par là moins héros que vous⁵.
Ce titre n'appartient qu'à ceux d'entre les hommes
Qui, comme en l'âge d'or, font cent biens ici-bas⁶. 10
Peu de grands sont nés tels en cet âge où nous sommes⁷ :
L'univers leur sait gré du mal qu'ils ne font pas⁸.
  Loin que vous suiviez ces exemples,
Mille actes généreux vous promettent des temples⁹.

5. Comparez les vers 35-36 de l'épithalame cité plus bas dans la note 15 :

   Conti par qui sont effacés,
   Les héros des siècles passés.

6. Les *OEuvres posthumes* et l'édition de Londres 1708 donnent ainsi ces deux vers :

  Ce titre n'appartient qu'aux bienfaiteurs des hommes :
  L'âge d'or en fit voir quelques-uns ici-bas.

7. « C'est un malheur de notre poésie, dit Chamfort, que, dès qu'on voit le mot *hommes* à la fin d'un vers, on puisse être sûr de voir arriver à la fin de l'autre vers, *où nous sommes*, ou bien *tous tant que nous sommes*. L'habileté de l'écrivain consiste à sauver cette misère de la langue par le naturel et l'exactitude de la phrase où ces mots sont employés. » Nous trouvons en effet cette rime au livre X, fable 1, vers 59-61 ; dans le *Discours à Mme de la Sablière*, à la suite du livre IX, vers 218-221 ; etc. ; mais livre X, fable IX, vers 10-13, c'est le substantif pluriel *sommes* qui rime avec le verbe.

8. « C'est un fort bon vers, dit Chamfort, quoique l'idée en soit assez commune. » Nous ne voyons pas que l'idée soit si commune ; elle nous paraît ingénieuse et fine au contraire. — Montaigne, cité par Solvet, a exprimé la même pensée (livre III, chapitre IX, tome III, p. 472) : « Les princes me donnent prou s'ils ne m'ostent rien, et me font assez de bien quand ils ne me font point de mal : c'est tout ce que j'en demande. » Beaumarchais, dans *le Barbier de Séville*, acte I, scène II, dit à peu près la même chose : « Je me crus trop heureux d'en être oublié (du ministre) ; persuadé qu'un grand nous fait assez de bien quand il ne nous fait pas de mal. » Et c'est pourquoi sans doute Chamfort trouve l'idée commune ; c'est qu'elle était dans l'air et qu'il en avait les oreilles rebattues.

9. La Fontaine en promet peut-être lui-même un peu trop : voyez tome II, p. 87 et note 11 ; ci-dessus, p. 212 et note 2, et ci-dessous, p. 274 et note 7.

Apollon, citoyen[10] de ces augustes lieux[11], 15
Prétend y célébrer votre nom sur sa lyre[12].
Je sais qu'on vous attend dans le palais des Dieux :
Un siècle de séjour doit ici vous suffire[13].
Hymen veut séjourner tout un siècle chez vous.
   Puissent ses plaisirs les plus doux[14] 20
   Vous composer des destinées
   Par ce temps à peine bornées[15]!

10. Voyez ci-dessus, p. 57 et note 3.

11. Ces mots désignent sans doute Versailles, où fut célébré le mariage du prince de Conti, et non l'Olympe, où il « est attendu » (vers 17), car les « temples » du vers précédent peuvent aussi bien être dressés sur la terre que dans l'Empyrée. La mention qui est faite ici d'Apollon est peut-être une allusion au bassin qui porte son nom; ou plutôt à l'encens d'adulation poétique qu'on respirait à la cour du grand Roi.

12. Les quatre vers qui précèdent (13-16) se lisent ainsi dans les *OEuvres posthumes* et dans l'édition de 1708 :

Ils devroient de bonté nous donner plus d'exemples;
Car la valeur chez eux s'acquiert assez de temples.
Vous avez l'un et l'autre, et ces dons précieux
Font qu'il n'est point d'honneurs où votre cœur n'aspire.

13. *OEuvres posthumes* et 1708 : « ici vous doit suffire. » — Comparez les *Géorgiques* de Virgile, livre I, vers 503-504 :

Jam pridem nobis cœli te regia, Cæsar,
  Invidet;

et Horace, ode II du livre I, vers 45-46.

14. *OEuvres posthumes* et 1708 :

Puissent les plaisirs les plus doux.

15. Tout ce passage prouve que cette pièce fut composée à l'époque du mariage du second prince de Conti, neveu du grand Condé, avec Marie-Thérèse de Bourbon, petite-fille du même prince. Or ce mariage, qui était le vœu de Condé mourant, fut célébré le 29 juin 1688. Notre poëte a encore chanté cet hymen dans un épithalame : voyez tome V *M.-L.*, p. 179-182 :

Bourbon, jeune divinité,
Conti, jeune héros, joignent leurs destinées.
Condé l'avoit, dit-on, en mourant souhaité.

Et la Princesse et vous n'en méritez pas moins[16].
  J'en prends ses charmes pour témoins ;
  Pour témoins j'en prends les merveilles   25
Par qui le Ciel, pour vous prodigue en ses présents,
De qualités[17] qui n'ont qu'en vous seuls[18] leurs pareilles
  Voulut orner vos jeunes ans[19].
Bourbon de son esprit ces grâces assaisonne[20] :
  Le Ciel joignit en sa personne   30
  Ce qui sait se faire estimer
  A ce qui sait se faire aimer[21] :
Il ne m'appartient pas d'étaler[22] votre joie ;

16. Les vœux du poëte ne furent pas accomplis. La jalousie du prince et ses intrigues amoureuses troublèrent le bonheur que la Fontaine souhaite ici aux deux époux.

17. Les Œuvres posthumes et l'édition de 1708 ont : « Des qualités ».

18. Seul, (1708, 1788.)

19. Rapprochez l'épithalame déjà cité ; et voyez dans Saint-Simon (tome VI, p. 271-280) le portrait qu'il fait du prince de Conti. — Le texte que nous donnons est celui de l'édition originale de 1694. Dans les Œuvres posthumes, ce vers se lit ainsi :

  Voulut orner ses jeunes ans.

L'édition de Londres 1708, qui reproduit en général le texte des Œuvres posthumes, donne « les », faute d'impression, pour « ses ». — « Tous ces éloges directs, dit Chamfort, ne me paraissent ni ingénieux ni dignes de la Fontaine : et « ce qui sait se faire esti-« mer » joint « à ce qui sait se faire aimer », tout cela me paraît d'un ton trivial et bourgeois. »

20. Dans les Œuvres posthumes et dans l'édition de 1708 :

  Bourbon d'un rare esprit ses grâces assaisonne.

Le texte que nous donnons, y compris le démonstratif ces au lieu du possessif ses, est celui de Paris 1694, de l'édition de la Haye et de 1709 ; les textes de 1729 et de 1788 ont aussi notre leçon, mais avec le possessif au lieu du démonstratif.

21. Œuvres posthumes et 1708 :

  Ce qui sait la faire estimer
  A ce qui sait la faire aimer.

22. « De dire », dans les Œuvres posthumes et dans l'édition

Je me tais donc, et vais rimer
Ce que fit un oiseau de proie[23].

Un Milan, de son nid antique possesseur,

de 1708, qui, au vers suivant, ont : « Je m'en tais ». — Comparez les vers 43-44 de la fable XXVI du livre VIII :
> Il n'est pas besoin que j'étale
> Tout ce que l'un et l'autre dit.

23. Chamfort trouve la transition bien lourde, et il faut avouer qu'il n'a pas tort. « Cela me rappelle, dit-il, une transition aussi brusque, mais plus plaisante, de Scarron, je crois. La voici : « Des « aventures de ce jeune prince à l'histoire de ma vieille gouver- « nante il n'y a pas loin : car nous y voilà. » — Après ces vers, les OEuvres posthumes, l'édition de Londres 1708, celles d'Amsterdam 1722, de Paris 1729, de Copenhague (Paris) 1761, et quelques autres, donnent les dix-neuf suivants, qui ne se trouvent pas dans l'édition de 1694 :

> Je change un peu la chose. Un peu? J'y change tout :
>   La Critique en cela me va pousser à bout ;
> Car c'est une étrange femelle :
> Rien ne nous sert d'entrer en raison avec elle.
> Elle va m'alléguer que tout fait est sacré :
> Je n'en disconviens pas, et me sais pourtant gré
> D'altérer celui-ci. C'est à cette licence
>   Que je dois l'acte de clémence
> Par qui je donne aux Rois des leçons de bonté ;
>   Tous ne ressemblent pas au nôtre.
>   Le monde est un marchand mêlé[a] ;
>   L'on y voit de l'un et de l'autre.
>   Ici-bas le beau ni le bon
> Ne sont estimés tels que par comparaison.
>   Louis seul est incomparable :
> Je ne lui donne point un éloge affecté ;
> L'on sait que j'ai toujours entremêlé la fable
>   De quelque trait de vérité.
> Revenons à l'Oiseau, le fait est mémorable.

— Voyez, à propos de ces vers, la notice placée en tête de la fable.

a Comparez le Menteur de Corneille, acte I, scène I, vers 72 :
> Paris est un grand lieu plein de marchands mêlés ;

et voyez l'explication de cette expression « marchand mêlé » dans le Lexique de la langue de Corneille, au tome XII des OEuvres, p. 72 ; et dans le Dictionnaire de Littré, au mot MARCHAND.

Étant pris vif[24] par un Chasseur,
D'en faire au Prince un don cet homme se propose.
La rareté du fait donnoit prix à la chose.
L'Oiseau, par le Chasseur humblement présenté, 40
    Si ce conte n'est apocryphe,
    Va tout droit imprimer sa griffe
    Sur le nez de Sa Majesté.
— Quoi ! sur le nez du Roi ! — Du Roi même en personne.
— Il n'avoit donc alors ni sceptre ni couronne[25] ? 45
— Quand il en auroit eu, ç'auroit été tout un :
Le nez royal fut pris comme un nez du commun.
Dire des courtisans les clameurs et la peine
Seroit se consumer en efforts impuissants.
Le Roi n'éclata point : les cris sont indécents 50
    A la majesté souveraine[26].
L'Oiseau garda son poste : on ne put seulement
    Hâter son départ d'un moment.
Son maître le rappelle, et crie, et se tourmente,

24. Vivant : comparez la fable III du livre VIII, vers 25.
25. Œuvres posthumes et 1708 :

    Peut-être il n'avoit lors ni sceptre ni couronne.

26. « L'air sérieux et grave est le premier devoir du monarque, dit M. Taine (p. 81). Un homme ou une bête qui porte l'État dans sa tête peut-il être autre chose qu'imposant et sévère ? Jusque sous la griffe du Milan, il sait ce qu'il se doit, et garde sa gravité, au risque de perdre son nez. Louis XIV avait de la tenue même quand on l'opérait de sa fistule, et sa perruque comme ses beaux gestes seront l'éternel exemple de tous les rois. » Cependant, si la Fontaine ne permet pas aux rois de crier, il leur permet de rire : voyez la fin de cette même fable. — Ces derniers vers (44-49) font songer à cette pensée de Pascal (édition Havet, 1852, p. 64) : « La coutume de voir les rois accompagnés de gardes, de tambours, d'officiers, et de toutes les choses qui plient la machine vers le respect et la terreur, fait que leur visage, quand il est quelquefois seul et sans ces accompagnements, imprime dans leurs sujets le respect et la terreur, parce qu'on ne sépare pas dans la pensée leur personne d'avec leur suite. »

Lui présente le leurre[27], et le poing[28]; mais en vain[29]. 55
 On crut que jusqu'au lendemain
Le[30] maudit animal à la serre insolente[31]
 Nicheroit là malgré le bruit,
Et sur le nez sacré voudroit passer la nuit.
Tâcher de l'en tirer irritoit son caprice.   60
Il quitte enfin le Roi, qui dit : « Laissez aller
Ce Milan, et celui qui m'a cru régaler[32].
Ils se sont acquittés tous deux de leur office,
L'un en milan, et l'autre en citoyen des bois[33] :
Pour moi, qui sais comment doivent agir les rois,   65
 Je les affranchis du supplice[34]. »
Et la cour d'admirer[35]. Les courtisans ravis

27. Leurre : terme de fauconnerie. « Morceau de cuir, dit l'Académie, façonné en forme d'oiseau, dont les fauconniers se servent pour rappeler les oiseaux de fauconnerie, lorsqu'ils ne reviennent pas au réclame. » Voyez au vers 24 du conte II de la IIIᵉ partie le participe *leurré* pris au figuré : bien dressé, adroit, rusé; et d'autres exemples figurés de *leurre* et de *leurrer*, cités par M. Marty-Laveaux dans son *Essai*, p. 28.

28. Pour qu'il vienne se placer dessus; c'est sur le poing qu'on porte les oiseaux de fauconnerie.

29. Ce qui est d'autant moins étonnant que le Milan n'a jamais pu être dressé pour la fauconnerie. Voyez M. Eugène Rolland, *les Oiseaux sauvages*, Paris, 1879, p. 22. — Ce vers est remplacé par celui-ci dans les *OEuvres posthumes* et dans l'édition de 1708 :

  Chacun s'empresse, et tous en vain.

30. « Ce », dans les *OEuvres posthumes* et dans l'édition de 1708.

31. Rapprochez « l'autour aux serres cruelles » (livre V, fable XVII, vers 26), et « le peuple vautour.... à la tranchante serre » (livre VII, fable VIII, vers 9).

32. Divertir, amuser : voyez les *Lexiques de Corneille, de la Bruyère, de Sévigné*.

33. Voyez ci-dessus, p. 57 et note 3.

34. Emploi rare et hardi du verbe *affranchir* : délivrer d'un mal qui n'est pas encore arrivé.

35. Nous avons renvoyé à cet hémistiche pour l'infinitif « de narration », tome II, p. 261, fin de la note 20.

Elèvent de tels faits, par eux si mal suivis[36] :
Bien peu, même des rois, prendroient un tel modèle ;
    Et le Veneur[37] l'échappa belle,   70
Coupable[38] seulement, tant lui que l'animal,
D'ignorer le danger d'approcher trop du[39] maître[40].
    Ils n'avoient appris à connoître
Que les hôtes des bois : étoit-ce un si grand mal ?

Pilpay[41] fait près du Gange arriver l'aventure[42].   75
    Là, nulle humaine créature
Ne touche aux animaux pour leur sang épancher.

   36. *Élèvent*, exaltent, vantent.
       — Et la cour d'admirer, et courtisans, ravis,
       D'admirer de tels traits, par eux si mal suivis.
                        (*OEuvres posthumes* et 1708.)
   37. Le Chasseur : *venator*. Comparez livre V, fable xv, vers 4 et 12. Le nom de *veneur* désigne plus ordinairement une sorte de fonctionnaire, d'intendant, attaché à un prince, et chargé de tout l'attirail de la chasse.
   38. *Coupables*, au pluriel, dans l'édition de 1788.
   39. « Le », dans les *OEuvres posthumes* et dans l'édition de 1708.
   40. Rapprochez le vers 25 de la fable précédente :
       Ce n'est pas ce qu'on croit que d'entrer chez les Dieux.
— La ponctuation que nous donnons ici est celle de l'édition de 1694. Walckenaer met un point et virgule au vers 70, deux points au vers 72, et écrit *Coupables*; de sorte que les vers 71 et 72 sont difficiles à rattacher au reste de la phrase.
   41. Voyez ci-dessus, la notice.
   42. Dans les *OEuvres posthumes* et dans les éditions de 1708 et de 1729, au lieu de ce vers, on lit les suivants :
       Si je craignois quelque censure,
       Je citerois Pilpay touchant cette aventure.
       Ses récits en ont l'air[a] : il me seroit aisé
       De la tirer d'un lieu par le Gange arrosé.
           Là, nulle humaine créature, etc.
Ces vers prouvent que la Fontaine ne donnait pas d'abord cette

   [a] Ont l'air de cette aventure, y ressemblent, la rappellent : comparez livre XI fable IX, vers 7.

Le Roi même feroit scrupule d'y toucher[43].
« Savons-nous, disent-ils, si cet oiseau de proie
　　N'étoit point au siége de Troie[44] ?　　　　　80
Peut-être y tint-il lieu d'un prince ou d'un héros[45]
　　Des plus huppés[46] et des plus hauts :
Ce qu'il fut autrefois il pourra l'être encore.
　　Nous croyons, après Pythagore[47],
Qu'avec les animaux de forme nous changeons,　　85
　　Tantôt milans, tantôt pigeons,
　　Tantôt humains, puis volatilles[48]. »

fable comme empruntée directement à Bidpaï. En les retranchant dans l'édition de 1694, il a fait ce qu'il faisait volontiers : il a affirmé que ce sujet lui venait du sage Indien, pour donner à son récit plus d'autorité.

43. Comparez la fable v du livre X, vers 28.

44. Le lecteur remarquera cette distraction du poète qui met ce langage dans la bouche des Indiens. A moins que ce ne soit une inexactitude volontaire, pour rappeler plaisamment le mot de Pythagore, qui prétendait se souvenir d'avoir été Euphorbe, le guerrier troyen tué par Ménélas, au siége de Troie (Diogène de Laërte, *Vie de Pythagore*, § IV).

45. 　Peut-être y tint-il lieu de prince ou de héros.
　　　　(*OEuvres posthumes*, 1708 et 1729.)

46. Voyez les curieux exemples des XIIIᵉ, XIVᵉ, XVᵉ et XVIᵉ siècles que cite Littré, de cette locution figurée, à l'Historique.

47. C'est plutôt Pythagore qui avait emprunté ce système aux Indiens, bien loin de le leur enseigner. La Fontaine a dit ailleurs (livre IX, fable VII, vers 12) :

　　Pythagore chez eux a puisé ce mystère.

Voyez tome II, p. 391 et note 5 ; et les citations et rapprochements faits par Montaigne, au sujet de cette « fantaisie », comme il dit, livre II, chapitre XII, tome II, p. 345-347.

48. Les *OEuvres posthumes* et l'édition de 1708 donnent ainsi ce vers :

　　Tantôt humains, qui volatilles.

Qui s'emploie, on le sait, dans le sens de les uns, les autres ; mais dans ce sens, ordinairement, il se répète, et ne s'emploie pas une seule fois. — *Volatille*, par deux *l*, désigne un oiseau qui se mange ;

Ayant dans les airs leurs familles. »

Comme l'on conte en deux façons
L'accident du Chasseur; voici l'autre manière : 90
Un certain Fauconnier ayant pris, ce dit-on,
A la chasse un Milan (ce qui n'arrive guère),
　　En voulut au Roi faire un don,
　　Comme de chose singulière :
Ce cas n'arrive pas quelquefois en cent ans; 95
C'est le *non plus ultra* de la fauconnerie.
Ce Chasseur perce donc un gros[49] de courtisans,
Plein de zèle, échauffé, s'il le fut de sa vie.
　　Par ce parangon[50] des présents
　　Il croyoit sa fortune faite : 100
　　Quand l'animal porte-sonnette[51],
　　Sauvage encore et tout grossier,
　　Avec ses ongles tout d'acier,
Prend le nez du Chasseur, happe[52] le pauvre sire :
　　Lui de crier; chacun de rire[53], 105

volatile, par une *l*, un être qui vole. La Fontaine, en redoublant la consonne pour la rime, a confondu ici les deux mots. Comparez tome II, p. 365 et note 20.

49. Une foule : voyez les exemples, empruntés à Corneille, à Racine, à Fléchier, à Saint-Simon, que cite Littré, 19°.

50. Ce modèle, cet idéal. On disait autrefois *paragon*, qui signifiait équerre, et, par extension, modèle parfait. Voyez le *Thrésor de la langue françoyse* de Nicot, 1606, p. 469; le *Dictionnaire étymologique* de Ménage; et comparez le vers 35 du conte IV de la IV° partie.

51. On attachait au cou des oiseaux dressés pour la chasse une petite sonnette, qu à leurs pieds des grelots. On peut rapprocher de ce composé l'épithète « porte-maison » appliquée à la Tortue (livre XII, fable xv, vers 101), ou les moutons « porte-laine » (tome V *M.-L.*, p. 132), ou « la gent qui porte crête » (livre VII, fable XIII, vers 8), ou « la gent porte-écarlate » : les Anglais (tome III *M.-L.*, p. 382).

52. Saisit avidement. Comparez les fables VIII du livre V, vers 29, VII du livre VIII, vers 26, etc.

53. Pour ces infinitifs « de narration », voyez tome II, p. 261

Monarque et courtisans. Qui n'eût ri? Quant à moi,
Je n'en eusse quitté ma part pour un empire.
      Qu'un pape rie, en bonne foi
Je ne l'ose assurer; mais je tiendrois[54] un roi
        Bien malheureux, s'il n'osoit rire[55] :   110
C'est le plaisir des Dieux[56]. Malgré son noir sourci[57],
Jupiter et le peuple immortel rit aussi.
Il en fit des éclats[58], à ce que dit l'histoire[59],

et note 20. — Dans les *OEuvres posthumes* et dans les éditions de 1708 et de 1729, ce passage est ainsi donné :

          Il croyoit sa fortune faite,
    Lorsque sur ce Chasseur l'animal se rejette,
        Et de ses ongles tout d'acier,
       Sauvage encore et tout grossier,
       Happe le nez du pauvre sire :
      Lui de crier; chacun de rire, etc.

54. Voyez ci-dessus, p. 85 et note 25.

55.   Seroit-ce bien une misère
      Que d'être pape ou d'être roi?

se demande le poëte (livre X, fable XIII, vers 49-50). Oui, s'ils ne rient point, semble-t-il croire ici, ou s'ils ne rient guère.

56. « Les Dieux ne pleurent ni d'une façon ni d'une autre, reprit Gélaste; pour le rire, c'est leur partage. Qu'il ne soit ainsi : Homère dit en un autre endroit que, quand les bienheureux Immortels virent Vulcain qui boitoit dans leur maison, il leur prit un rire inextinguible : par ce mot d'inextinguible, vous voyez qu'on ne peut trop rire ni trop longtemps; par celui de bienheureux, que la béatitude consiste au rire. » (*Psyché*, livre Ier, tome III M.-L., p. 82.) Voyez, ci-dessous, la note 62.

57. La même expression, appliquée à Jupiter, se trouve dans *Philémon et Baucis*, vers 77 : « avec ces noirs sourcis », orthographe que nous retrouvons à l'avant-dernier vers de ce poëme. La Fontaine a retranché l'*l*, comme ici, pour la rime. Ce mot a été remplacé par *souci* dans les éditions de la Haye 1694, de 1709 et de 1788. — Sur le sourcil de Jupiter, comparez l'*Iliade* d'Homère, livre I, vers 528; et Horace, ode I du livre III, vers 8.

58. Des éclats de rire. Le complément est compris dans le verbe qui est au vers précédent, verbe au singulier, malgré le double sujet, ainsi que *fit* qui suit, et les pronoms *il* et *lui*.

59. Voyez tome II, p. 270, note 4.

Quand Vulcain[60], clopinant[61], lui vint donner à boire[62].
Que le peuple immortel se montrât sage ou non,   115
J'ai changé mon sujet avec juste raison[63];
    Car, puisqu'il s'agit de morale,
Que nous eût du Chasseur l'aventure fatale [64]

60. L'édition de 1694, et celle de la Haye (même année), portent ici « Vulcain », bien qu'ailleurs la Fontaine écrive « Vulcan ». Voyez tome II, p. 318, note 17.

61. Dans *le Songe de Vaux* (tome III *M.-L.*, p. 233), la Fontaine ppelle Vulcain « le vieillard éclopé ».

62.
> Αὐτὰρ ὁ τοῖς ἄλλοισι θεοῖς ἐνδέξια πᾶσιν
> ὠνοχόει, γλυκὺ νέκταρ ἀπὸ κρητῆρος ἀφύσσων.
> Ἄσβεστος δ' ἄρ' ἐνῶρτο γέλως μακάρεσσι θεοῖσιν,
> ὡς ἴδον Ἥφαιστον διὰ δώματα ποιπνύοντα.
>   (Homère, *Iliade*, livre I, vers 597-600.)

63. Tout ce passage, depuis le vers 111, est donné de la manière suivante dans les *OEuvres posthumes*, dans les éditions de 1708 et de 1729, et dans quelques autres du dix-huitième siècle :

> C'est le plaisir des Dieux. Jupiter rit aussi,
> Bien qu'Homère en ses vers lui donne un noir souci[a];
>   Ce poëte assuré en son histoire
> Qu'un ris inextinguible en l'Olympe[b] éclata.
>   Petit ni grand n'y résista,
> Quand Vulcain clopinant s'en vint verser[c] à boire.
> Que le peuple immortel fût assez grave ou non,
> J'ai changé mon sujet avec juste raison.

64. Dans le conte indien cité à la notice, il s'agit d'un fauconnier dont le faucon ne prend pas le nez, mais crève les yeux, au moment où il accuse faussement la femme de son maître d'avoir cédé à ses désirs. Ce maître n'est pas un roi, mais un simple « honnête homme », qui a le désagrément d'avoir pour esclave ce fauconnier vicieux. On voit combien les deux récits ont peu de rapport. Mais la Fontaine, à vrai dire, n'a jamais prétendu s'être inspiré de ce conte indien. C'est l'abbé Guillon qui y renvoie, faute de mieux, pour justifier la mention que le poëte fait de Pilpay, et qui très-probablement n'est pas sérieuse (voyez la variante de la note 42).

[a] Les éditeurs ont sans doute lu aussi *souci* pour *sourci*: voyez la note 57.
[b] En Olympe. (1729.)
[c] Lui vint donner. (1708, 1729.)

Enseigné de nouveau? L'on a vu de tout temps
Plus de sots fauconniers que de rois indulgents[65].   120

65. Le poëte se souvenait-il de Foucquet et de ses vaines suppliques pour cet ami et protecteur? Voyez les premiers vers de la fable et la note 3.

FABLE XIII.

LE RENARD, LES MOUCHES, ET LE HÉRISSON.

Ésope, fab. 314, Ἀλώπηξ καὶ Ἐχῖνος (Coray, p. 208 et 209, sous trois formes : la première, tirée de la *Rhétorique* d'Aristote, livre II, chapitre xx; la seconde de Plutarque, *Si l'homme d'aage se doit encore entremettre et mesler des afaires publiques*, § xiii). — Josèphe, *Histoire des Juifs*, livre XVIII, chapitre v. — Nicéphore, livre I, chapitre xvii. — Abstemius, *Prooemium*. — Faërne, fab. 17, *Vulpes et Erinaceus*. — G. Cognatus, p. 26, *de Herinaceo qui voluit Vulpi muscarum venator esse*. — Μικρόκοσμος, emblème 24, *de Tiberio et Paupere*. — Hégémon, fab. 19, *du Regnard et de l'Herisson*. — Verdizotti, fab. 19, *della Volpe et del Riccio*. — Burkhard Waldis a traité le même sujet (fable lii du livre IV).
Mythologia æsopica Neveleti, p. 533.

C'est, vraisemblablement, à l'un des auteurs indiqués ci-dessus que la Fontaine a emprunté sa fable; lui-même, au dernier vers de la première version qu'il en a faite (voyez, ci-après, note 15), et au vers 27 de la version définitive, nous renvoie à Aristote. Notons que le même sujet, traité, il est vrai, d'une manière un peu différente, se trouve, en latin, parmi les thèmes du duc de Bourgogne (manuscrit, cité plus haut, de la Bibliothèque nationale, fol. 119). Voici ce morceau, transcrit déjà par Robert (tome II, p. 352) :

Vulpes novitia et imperita cecidit in laqueum propter alveos Apum; hæ Apes pupugerunt eam adeo acriter, ut esset cruenta a vertice usque ad pedes : dolebat famam gentis vulpinæ læsam, et pudebat eam tam stolide se captam fuisse. Tum forte vidit Vulpem aliam prætereuntem : « *Amica, inquit, expelle Apes.* » *Veterator respondit :* « *Aliæ Apes avidiores statim te sugerent.* »

On trouvera à l'*Appendice* de ce volume la fable ésopique, telle qu'elle est contée par Aristote; le lecteur comparera, et verra ce que notre poëte a pu lui emprunter. — Nous donnons également, à l'*Appendice*, un apologue attribué par Josèphe à l'empereur Tibère, et cité par Saint-Marc Girardin dans sa 1ʳᵉ leçon, tome I, p. 4-5. — Dans le *Microcosme*, c'est Tibère lui-même qui, rencontrant un

Pauvre, rongé d'ulcères, ordonne à un esclave de chasser les mouches qui le dévorent : le Pauvre fait à l'esclave la même réponse que le Renard au Hérisson.

Comparons enfin, dans le *Recueil général des Estats tenus en France sous les rois Charles VI, Charles VIII, Charles IX, Henry III et Louis XIII* (Paris, 1651, in-4°), la *Harangue prononcée devant le Roy séant en ses Estats généraux, tenus à Blois, le lundy seizième iour de Ianvier mil cinq cens quatre-vingts neuf* (2ᵉ partie du volume, p. 212-213) : « .... Il est impossible qu'un Office enrichisse et honore les hommes tout d'un coup.... Il en adviendra (*d'une honnête gestion*) beaucoup de bons effets, vostre iustice en sera louée, le peuple soulagé, les bons en auront du contentement, les mauvais seront retenus en crainte, et si cela apprendra à tous vos Conseillers d'Estat, Financiers, Officiers de vostre Couronne, aux François et estrangers approchans de votre personne, et frequentans la Cour qu'il ne faut bastir leur fortune à la ruine, foulle et oppression de vos suiets. Que s'ils vouloient ou pouvoient faire ce qui a esté fait du passé, il (*le peuple*) aimeroit mieux ne point changer de siècle, et que les sangsues pleines fussent demeurées. Nous dirons volontiers ce que l'on feint que le Renard respondit à l'Hericon, luy voulant chasser les Mouches de ses playes, qu'il craignoit qu'il n'en vinssent d'autres qui le piquassent et mordissent davantage. »

Coste, dans une note de son commentaire, fait au sujet de cette fable un conte qui, vrai ou faux (nous inclinons à le croire faux), peut servir, comme il dit, à l'expliquer, à l'éclaircir : « Un riche financier qui s'étoit engraissé des malheurs de la France, sous le règne de Louis XIV, se trouvant un jour à la campagne, comme il se promenoit dans ses jardins délicieux, ordre lui vint de se démettre de son emploi. Surpris de cette nouvelle, il dit à celui qui la lui annonçoit : « J'en suis fâché, car, après avoir « fait mes affaires, j'allois faire celles du Roi. » — Le Renard, dans cet apologue, représente le peuple foulé et pressuré par ses magistrats. « Mais alors, dit Chamfort, pourquoi prendre le Renard, le plus fin des animaux ? Il me semble que c'est mal choisir le représentant du peuple, lequel n'est pas, à beaucoup près, si spirituel et si délié. C'est qu'il fallait de l'esprit pour faire la réponse que fait l'animal mangé des Mouches, et, sous ce rapport, le Renard a paru mieux convenir. » Voyez, ci-dessous, note 10, l'interprétation de l'abbé Batteux.

Aux traces de son sang, un vieux hôte[1] des bois,
    Renard fin, subtil et matois[2],
Blessé par des chasseurs, et tombé dans la fange,
Autrefois attira ce parasite ailé
    Que nous avons mouche appelé[3].   5
Il accusoit les Dieux, et trouvoit fort étrange
Que le Sort à tel point le voulût affliger[4],
    Et le fit aux Mouches manger.
« Quoi ! se jeter sur moi, sur moi le plus habile
    De tous les hôtes des forêts[5] !   10
Depuis quand les renards sont-ils un si bon mets ?
Et que me sert ma queue ? est-ce un poids inutile[6] ?
Va, le Ciel te confonde, animal importun !

1. *Vieux* devant une voyelle ou une *h* muette a quelque chose de familier et de rustique, comme le remarquait déjà Henri Estienne (*Du nouveau langage françois*, etc., Genève, 1578, p. 145).
2. Voyez tome II, p. 428 et note 14.
3. Voyez la fable III du livre IV, vers 36, et la fable x du livre VIII, vers 46-47, et note 22. Scarron, dans sa nouvelle intitulée : *Plus d'effets que de paroles* (tome II, p. 152, des *Nouvelles tragi-comiques*, Paris, 1752), dit à propos des mouches et moucherons : « Tous ces insectes ailés qu'on peut appeler les *parasites* de l'air. »
4. Au sens du mot latin : *affligere*.
5. Comparez les « hôtes de ces bois » (livre I, fable II, vers 9). — « Le principal motif du mécontentement de ce Renard, dit Nodier, est bien pris dans les mœurs que le poète lui a attribuées jusqu'ici. L'agression des Mouches lui déplaît moins par son injustice même que parce qu'elle s'exerce sur lui « le plus « habile, etc. » Il trouverait fort bon qu'elles vécussent « sur le « commun. »
6. Dans la fable v du livre V (vers 10-12), le Renard qui a la queue coupée et qui veut la faire couper à ses confrères, tient à peu près le même langage, mais dans une tout autre intention, comme on voit :

    Que faisons-nous, dit-il, de ce poids inutile,
    Et qui va balayant tous les sentiers fangeux ?
    Que nous sert cette queue ?

Que ne vis-tu sur le commun[7]? »
Un Hérisson du voisinage, 15
Dans mes vers nouveau personnage[8],
Voulut le délivrer de l'importunité
Du peuple plein d'avidité :
« Je les vais de mes dards enfiler par centaines,
Voisin Renard, dit-il, et terminer tes peines. 20
— Garde-t'en bien, dit l'autre; ami, ne le fais pas :
Laisse-les, je te prie, achever leur repas.
Ces animaux sont soûls[9]; une troupe nouvelle
Viendroit fondre sur moi, plus âpre et plus cruelle[10]. »

Nous ne trouvons que trop de mangeurs[11] ici-bas : 25

7. Comparez la fable VII du livre VIII, vers 19-20 :

Ils étoient de ceux-là qui vivent
Sur le public ;

et d'autres exemples de « vivre sur », livre IV, fable XII, vers 49 ; livre XI, fable I, vers 39.

8. C'est en effet la seule fable de la Fontaine où il soit question du Hérisson.

9. *Saouls* est ici l'orthographe de nos anciennes éditions. Comparez tome I, p. 134 et note 2, et tome II, p. 252 et note 3. — C'est le mot dont se sert Cassandre dans sa traduction de la *Rhétorique* d'Aristote (édition de 1733, p. 291); il s'employait du reste alors, ainsi que *soûler*, dans le style noble : voyez Corneille, *Don Sanche*, acte V, scène V, vers 1633.

10. Voici l'interprétation ingénieuse, mais un peu forcée, que l'abbé Batteux fait de cet apologue (*Principes de la littérature*, tome II, p. 27, Paris, 1764) : « L'allégorie est visible, dit-il. Le Renard représente le peuple foulé par ses magistrats, qui sont eux-mêmes représentés par les Mouches. Le Hérisson représente les accusateurs des magistrats. Le Renard est malheureux, mais il est sage dans son malheur. Le Hérisson est choisi pour représenter les accusateurs plutôt que tout autre animal, parce qu'étant hérissé de pointes, il pouvoit blesser en voulant guérir : caractère assez ordinaire aux accusateurs en pareil cas, qui veulent changer de maître souvent pour régner à leur tour, et peut-être avec plus de dureté. »

11. Voyez ci-dessus, p. 21 et note 8.

F. XIII] LIVRE XII. 265

Ceux-ci sont courtisans, ceux-là sont magistrats[12].
Aristote appliquoit cet apologue aux hommes[13].
　　Les exemples en sont communs,
　　　Surtout au pays où nous sommes.

12. 　　　....Qui hait les présents?
　　　Tous les humains en sont friands :
　Princes, rois, magistrats.
　　　(Conte XIII de la III⁰ partie, vers 8-10.)

Voyez tome II, p. 46, note 4; p. 243, note 7, où la même citation est faite, moins le troisième vers; p. 405-406 et notes; et rapprochez aussi, parce qu'ils justifient bien l'épithète de « mangeurs » appliquée aux grands seigneurs, aux courtisans, ici et au tome I, p. 180, les vers 43-45 de la fable XIV du livre X.

13. Voyez la notice en tête de la fable, et la traduction du passage d'Aristote que nous citons à l'*Appendice* de ce volume. — Voici la remarque que fait Rulhière à propos de ces vers : « .... Lisez tous les satiriques de ce temps-là : voyez, par exemple, le théâtre de Molière, vous n'y en trouverez pas un seul (un seul financier) sur la scène. Quand la Fontaine dit dans ses fables :

　Nous ne trouvons que trop de mangeurs ici-bas :
　Ceux-ci sont courtisans, ceux-là sont magistrats,

l'occasion étoit belle pour citer les financiers : il n'en dit pas un mot. Mais dans la suite, et quand les temps furent changés, son commentateur[a] les y ajouta dans une note. Ce silence des satiriques sur les financiers, pendant les années où le plus grand nombre de ces emplois étoit possédé par les protestants, n'est-il pas infiniment honorable pour eux? Ce fut après leur expulsion qu'on vit se reproduire les scandaleuses fortunes que vous trouverez notées dans la Bruyère[b]. » (*Éclaircissements historiques sur les causes de la révocation de l'édit de Nantes*, 1788, tome I, p. 173.) N'y a-t-il pas encore une autre raison à ce silence? Qui ne sait que les hommes de lettres alors, particulièrement la Fontaine, avaient trop souvent besoin des hommes de finance? Est-il nécessaire de rappeler, par exemple, la nature des relations de notre poëte avec Foucquet? Voyez tome II, p. 310 et note 15.

[a] Coste : voyez la fin de la notice.
[b] *Des Biens de fortune*, tome I des OEuvres, p. 249-257; voyez aussi l'*Appendice, ibidem*, p. 478, 481, 493.

Plus telles gens sont pleins, moins ils [14] sont importuns [15].

14. Nous avons déjà rencontré *telles gens* suivis de *ils*, au livre III, fable VII, vers 7-8.

15. *Non missura cutem nisi plena cruoris hirudo.*
(HORACE, dernier vers de l'*Art poétique*.)

> *Tum miser : abstineas, inquit, hæc turba quiescat,*
> *Quæ, si forte abeat, nostro quæ sanguine dudum*
> *Jam tumet, accedet subito nova copia, rursus*
> *Et jejuna cohors, nostri quæ sanguinis omne*
> *Quod restat rapiet, magis atque infesta nocebit.*
> *Sic Judex opibus qui scrinia multa replevit :*
> *Non facile ille dato violabit munere leges,*
> *Sed novus, argenti cupidus, sitibundus et auri.*
>   (Μικρόκοσμος.)

— Voici la moralité d'Hégémon ; elle est d'une concision expressive :

> L'homme prudent doit tousiours endurer
> Le tyran saoul, encore qu'il le mine,
> Sans, pour changer, un autre desirer
> Qui affamé causeroit sa ruine.

— On a retrouvé un brouillon de la Fontaine, entièrement écrit de sa main, et qui donne de cette fable une version antérieure à celle-ci. Walckenaer l'a publiée le premier dans les *Nouvelles œuvres diverses de la Fontaine et de François de Maucroix* (1820), p. 119, et dans la première édition (même année) de son *Histoire de la Fontaine*, p. 498. Nous la donnons également ici comme un exemple curieux de la façon dont notre poëte remaniait ses apologues. On verra que la fable achevée n'a gardé que deux vers de la fable ébauchée :

LE RENARD ET LES MOUCHES.

> Un Renard tombé dans la fange,
> Et des Mouches presque mangé,
> Trouvoit Jupiter fort étrange
> De souffrir qu'à ce point le sort l'eût outragé.
> Un Hérisson du voisinage,
> Dans mes vers nouveau personnage,
> Voulut le délivrer de l'importun essaim.
> Le Renard aima mieux les garder, et fut sage.
> « Vois-tu pas, dit-il, que la faim
> Va rendre une autre troupe encor plus importune ?
> Celle-ci, déjà soûle, aura moins d'âpreté. »

> Trouver à cette fable une moralité
> Me semble chose assez commune :

On peut, sans grand effort d'esprit,
En appliquer l'exemple aux hommes.
Que de Mouches voit-on dans le siècle où nous sommes !

Cette fable est d'Ésope, Aristote le dit.

FABLE XIV.

L'AMOUR ET LA FOLIE.

Ewres de Lovïze Labé Lionnoize, Lyon, 1555, in-18, *Débat de Folie et d'Amour.* — Le P. Commire, *Carmina* (1689), tome II, p. 39-41, fab. 12, *Dementia Amorem ducens.*

Le P. Commire a plutôt traduit qu'inspiré la fable de la Fontaine, publiée dès 1685 (voyez la fin de la notice). Le sujet de cette fable paraît emprunté au *Débat de Folie et d'Amour* de Louise Labé, où la querelle se termine de la même façon entre les deux interlocuteurs, et où la décision des juges est la même :

« Folie. — ....Tu n'as rien que le cœur; le demeurant est gouverné par moy. Tu ne sçez quel moyen faut tenir. Et pour te declarer qu'il faut faire pour complaire, ie te meine et condui ; et ne te servent tes yeux non plus que la lumière à un aveugle. Et à fin que tu me reconnoisses d'orenavant, et que me saches gré quand ie te meneray ou conduiray : regarde si tu vois quelque chose de toy mesme?

Folie tire les yeux à Amour.

Amour. — Ô Iupiter, ô ma mere Venus! Iupiter, Iupiter, que m'a servi d'estre Dieu fils de Venus? etc. » (Page 18; voyez aussi p. 64, et *passim*.)

— « Toute cette allégorie est parfaite d'un bout à l'autre, dit Chamfort; et quel dénouement! Est-ce un bien, est-ce un mal, que la Folie soit le guide de l'Amour? C'est le cas de répéter le mot de la Fontaine (vers 10) :

J'en fais juge un amant, et ne décide rien. »

Geruzez est moins enthousiaste : « Cette fable, dit-il, qui appartient à la vieillesse du poëte, renferme encore des traits dignes de son meilleur temps, comme par exemple (vers 9 et 19) :

Ce mal qui peut-être est un bien....
Femme et mère, il suffit pour juger de ses cris, etc. »

— Voltaire, à l'article Fable du *Dictionnaire philosophique*, a dit de cet apologue, en le comparant à quelques autres : « La plus belle fable des Grecs est celle de *Psyché*. La plus plaisante fut celle de *la Matrone d'Éphèse*. La plus jolie parmi les modernes fut celle de la Folie qui, ayant crevé les yeux à l'Amour, est condamnée à lui servir de guide. » On sait que la Fontaine les a racontées toutes les trois.

Chaulieu a fait allusion à notre fable dans les premiers vers de son *Voyage de l'Amour et de l'Amitié* :

> L'Amour, partant de Cythère,
> Pour se rendre auprès d'Iris,
> Inquiet de n'oser faire
> Seul ce voyage à Paris :
> « Viens, dit-il à l'Amitié,
> Viens, chère sœur, par pitié,
> Servir de guide à ton frère,
> Car je ne veux qu'en ce jour,
> Quoi que ce conteur publie,
> Il soit dit que la Folie
> Serve de guide à l'Amour. »

(*OEuvres*, la Haye, 1774, tome II, p. 63 : *Voyage de l'Amour et de l'Amitié, envoyé pour étrennes à Madame****, le premier jour de 1695.)

Est-il besoin de faire remarquer que *ce conteur* est la Fontaine, le conteur par excellence, comme le remarque Solvet ?

Desfontaines s'est inspiré de cette allégorie dans son opéra-comique en trois actes, qui porte le même titre (1782).

Cette fable fut publiée pour la première fois en 1685, dans les *Ouvrages de prose et de poésie des sieurs de Maucroix et de la Fontaine*, tome I, p. 6, avec ce titre où les noms sont intervertis : *La Folie et l'Amour*.

Tout est mystère dans l'Amour,
Ses flèches, son carquois, son flambeau, son enfance :
Ce n'est pas l'ouvrage d'un jour
Que d'épuiser cette science[1].

1. Non-seulement cette science, mais l'amour lui-même ; le poëte a dit d'une de ses Iris :

> Une nouvelle amour
> Est chez Iris l'œuvre de plus d'un jour.
> (*Poésies diverses*, tome V M.-L., p. 210.)

Je ne prétends donc point tout expliquer ici : 5
Mon but est seulement de dire, à ma manière ²,
    Comment l'aveugle que voici ³
(C'est un dieu)⁴, comment, dis-je, il perdit la lumière,
Quelle suite eut ce mal, qui peut-être est un bien ;
J'en fais juge un amant, et ne décide rien. 10

La Folie et l'Amour jouoient un jour ensemble :
Celui-ci n'étoit pas encor privé des yeux.
Une dispute vint : l'Amour veut qu'on assemble
    Là-dessus le conseil des Dieux⁵ ;
    L'autre n'eut pas la patience ⁶ ; 15
    Elle lui donne un coup si furieux,
    Qu'il en perd la clarté des cieux.
    Vénus en demande vengeance.
Femme et mère, il suffit pour juger de ses cris⁷ :

---

2. Brièvement, sans prétendre épuiser le sujet : voyez ci-dessus, p. 84-85 et note 26.

3. « La Fontaine suppose, dit Chamfort, que l'Amour est là, et lui tient compagnie. Cela devrait être quand on écrit une fable aussi charmante que celle-ci. » Nous sommes tenté de croire que cette fable fut composée à l'occasion d'un tableau que le poëte avait en effet sous les yeux, et qui représentait l'Amour conduit par la Folie.

4. « Cette parenthèse est pleine de grâce, dit Chamfort, et les deux vers suivants sont au-dessus de tout éloge. Est-ce un bien, est-ce un mal, que l'Amour soit aveugle ? Question embarrassante, que la Fontaine ne laisse résoudre qu'au sentiment. »

5. *Cieux* ici, et, plus bas, au vers 17, *yeux*, au lieu de *Cieux*, dans les éditions de 1708 et de 1729.

6. A noter l'ellipse de *en* ou l'emploi de l'article au lieu du déterminatif *cette*.

7. Ce vers rappelle, pour la femme, l'hémistiche de Virgile :

    .... *Furens quid femina possit*
    (*Énéide*, livre V, vers 6);

et, pour la mère, le début de la fable xii du livre X.

Les Dieux en furent étourdis[8],
  Et Jupiter, et Némésis[9],
Et les Juges d'Enfer, enfin toute la bande.
Elle représenta l'énormité du cas :
« Son fils, sans un bâton, ne pouvoit faire un pas :
Nulle peine n'étoit pour ce crime assez grande :
Le dommage devoit être aussi réparé. »
  Quand on eut bien considéré
L'intérêt du public, celui de la partie,
Le résultat[10] enfin de la suprême cour
  Fut de condamner la Folie
  A servir de guide à l'Amour[11].

8. Comparez la fable v du livre X, vers 9; et le conte II de la IIIᵉ partie, vers 15-16 :

> Sainte ni saint n'étoit en paradis
> Qui de ses vœux n'eût la tête étourdie.

9. La déesse de la vengeance, fille de la Nuit, suivant les uns, de Jupiter, suivant les autres, ou de l'Érèbe, ou de l'Océan, etc.

10. C'est le mot propre : le résultat de la délibération, du conseil : voyez le *Dictionnaire de l'Académie* et Furetière. Le Cabinet des manuscrits de la Bibliothèque nationale possède plusieurs volumes de *résultats*, c'est-à-dire de procès-verbaux et d'arrêts. Littré ne donne pas ce sens technique.

11. *Paret Tonantis imperio Dementia,*
  Cæcumque ducit ipsa ductore indigens.
  Hæc nos.... fabula venuste monet
  Amantes esse proximos amentibus.
            (COMMIRE.)

FABLE XV.

LE CORBEAU, LA GAZELLE, LA TORTUE, ET LE RAT[1].

A MADAME DE LA SABLIÈRE[2].

Livre des lumières, p. 193-199, et p. 226-232, *Comme il faut rechercher la compagnie des amis, et le profit qu'on reçoit de leurs assistances.* — *Bidpaï*, tome II, p. 262-270, et p. 305-314, *le Corbeau, le Rat, le Pigeon, la Tortue, et la Gazelle.* — *Pantchatantra* de Dubois, p. 138, *la Colombe, le Corbeau, le Rat, la Gazelle, et la Tortue*; de Lancereau, p. 139, et p. 370, *le Corbeau, le Rat, la Tortue, et le Daim;* de Benfey, tome I, p. 304, et tome II, p. 156, *la Tortue, la Gazelle, le Corbeau, et le Rat.* — *Hitopadésa*, p. 15, *le Corbeau, le Rat, la Tortue, et le Daim.* — Doni, *la Filosofia morale*, livre I, fol. 62.

La Fontaine a évidemment emprunté cet apologue au *Livre des lumières* (nous donnons à l'*Appendice* le second des deux fragments cités).

Chamfort en trouve l'idée un peu bizarre; « mais il y a des vers heureux, » dit-il. L'éloge est bien sec. Plus loin, le critique remarque qu'il rappelle celui des *Deux Amis*, et aussi *les Deux Pigeons;* il y met, il est vrai, certaines restrictions : voyez plus bas, note 59. — « On ne peut s'empêcher de remarquer, dit Geruzez, que la Fontaine écrivait cette fable à soixante-douze ans (c'est soixante-

---

1. Dans les *Ouvrages de prose et de poésie*, et dans l'édition de 1708, où elle est placée plus haut, sous le chiffre ccxvi, cette fable est intitulée : LE RAT, LE CORBEAU, LA GAZELLE, ET LA TORTUE.

2. Voyez le *Discours* placé à la suite du livre IX, tome II, p. 454 et note 2. — Comme l'a dit M. Taine (p. 34-35), Mme de la Sablière était la première dans le cœur du poëte, « et elle y resta toujours, ainsi que dans un temple, adorée comme une bienfaitrice, comme une amie, comme une femme, parmi les tendresses et les respects. Nul n'a parlé de l'amitié comme lui, avec une émotion si vraie et si intime. Nulle part elle n'a un élan si prompt et des ménagements si doux. »

quatre qu'il faudrait dire : voyez la fin de la notice). Sa reconnaissance et son amitié pour Mme de la Sablière lui font retrouver, en échauffant son cœur, le talent de son âge mûr. »

Le docteur Netter, déjà cité dans notre tome II, p. 456, a bien voulu nous communiquer une ingénieuse conjecture au sujet de cet apologue, imité du conte oriental, et dont le modèle a été évidemment choisi à dessein : ne ferait-il pas allusion à Mme de la Sablière elle-même, à quelque épisode de sa vie privée, de sa vie intime? Cette « douce société », dont il est question aux vers 54-57, ce sont les amis particuliers, Sauveur, Roberval, Bernier, la Fontaine, que Mme de la Sablière (la Gazelle[3]) réunissait chez elle; elle logeait même les deux derniers; le Chien qui « vint éventer les traces de ses pas » (vers 63-65) serait le marquis de la Fare, qui sut lui inspirer une passion ardente, ou plutôt quelque complaisant ou complice, et le marquis serait le Chasseur lui-même ; Monsieur du Corbeau (vers 78-87), l'ami qui éclaira Mme de la Sablière sur l'inconduite et les infidélités du marquis; le Rat, ajouterons-nous, celui qui l'aida, bien malgré elle, à rompre ses liens (vers 101-102). Quant à la Tortue, qui « maudit ses pieds courts avec juste raison » (vers 98-100), et ne peut que conseiller, avertir (vers 70-77 et 127), c'est le bon, mais indolent la Fontaine. Cette conjecture est loin d'être inadmissible, et elle donne au récit un intérêt bien plus vif et bien plus touchant.

Cette fable, qui, d'après la supposition que nous venons d'émettre, aurait été composée vers la fin de l'année 1679, date de la rupture des deux amants[4], ou l'année suivante, fut publiée pour la première fois en 1685, dans les *Ouvrages de prose et de poésie des sieurs de Maucroix et de la Fontaine*, tome I, p. 13, avec dix vers de plus, que le poëte a retranchés dans l'édition de 1694 : voyez la note 55.

Je vous gardois un temple dans mes vers[5] :

3. Dans une lettre de Mme de Sévigné à Mme de Grignan, du 19 août 1676 (tome V, p. 28), elle est *la tourterelle Sablière*, qui
.... Apprit au ramier le chemin de son cœur.

4. *Lettres de Mme de Sévigné*, tome VI, p. 79.
5. Comparez l'épître à Harlay (tome III *M.-L.*, p. 267) :
.... Cette Iris, Harlay, c'est la dame
A qui j'ai deux temples bâtis,
L'un dans mon cœur, l'autre en mon livre.

J. DE LA FONTAINE, III

Il n'eût fini qu'avecque l'univers [6].
Déjà ma main en fondoit la durée
Sur ce bel art [7] qu'ont les Dieux inventé,
Et sur le nom de la divinité [8]
Que dans ce temple on auroit adorée.
Sur le portail j'aurois ces mots écrits [9] :
PALAIS SACRÉ DE LA DÉESSE IRIS ;

6. La Fontaine semble promettre l'immortalité à ses vers, comme l'ont fait Pindare, dans ses *Pythiques* (ode VI, vers 7-18), Horace, dans son ode XXX du livre III, Ovide, à la fin de ses *Métamorphoses* (livre XV, vers 871-879), etc., etc.

7. L'art de la poésie. — Ces projets imaginaires, ces vœux tout poétiques et tout fictifs d'élever des temples, des autels, sont aussi dans Virgile (*Géorgiques*, livre III, vers 13 : à Auguste); dans Horace (épître 1 du livre II, vers 16 : au même); dans Stace (*Thébaïde*, livre II, vers 728 : à Minerve); dans Ronsard (*Élégie à Marie* : à l'Amour); dans André Chénier (*Art d'aimer*, fragment XIII, vers 19 : aux Muses), etc. « Voiture, dit l'abbé Guillon, a de même élevé en l'honneur de Mme de Rambouillet un de ces temples allégoriques qui ne coûtent point à leurs auteurs de grands frais d'architecture. A vous, lui dit-il :

A vous, il vous faut un temple,
Il sera fait dans un an ;
Et j'en ai déjà le plan. »

Comparez le dernier vers du Prologue du livre VII, à Mme de Montespan :

.... Je ne veux bâtir des temples que pour vous.

Voyez aussi livre XI, fable II, vers 27, et ci-dessus, fable XII, vers 14 et note 9.

8. Mêmes expressions : « divinité », appliquée à Ésope, et « bel art », à l'Apologue, aux vers 5 et 6 du Prologue cité du livre VII.

9. Voyez, entre autres, au vers 2 de la fable VIII du livre V, et au vers 14 de la fable XII du livre X, deux exemples analogues de l'accord du participe avec son régime. — « Il me semble, dit Chamfort, que les six vers suivants ne disent pas grand chose. *Junon* et *le maître des Dieux* qui seraient fiers de porter les messages de la déesse Iris, cela n'ajoute pas beaucoup à l'idée qu'on avait de Mme de la Sablière. Il faut, dans la louange, le ton de la vé-

Non celle-là qu'a Junon à ses gages[10] ;
Car Junon même et le maître des Dieux
Serviroient l'autre, et seroient glorieux
Du seul honneur de porter ses messages.
L'apothéose à la voûte eût paru ;
Là, tout l'Olympe en pompe eût été vu
Plaçant Iris sous un dais de lumière.
Les murs auroient amplement contenu
Toute sa vie[11], agréable matière,
Mais peu féconde en ces événements
Qui des États font les renversements[12].
Au fond du temple eût été son image,
Avec ses traits, son souris, ses appas,
Son art de plaire et de n'y penser pas[13],
Ses agréments à qui tout rend hommage.
J'aurois fait voir à ses pieds des mortels
Et des héros, des demi-dieux encore,

rité. C'est lui seul qui accrédite la louange en même temps qu'il honore et celui qui la reçoit et celui qui la donne. » On peut se contenter de répondre à Chamfort que *poésie* et *vérité* sont deux choses très-distinctes.

10. La servante et la messagère de Junon, que les anciens représentaient assise ou couchée sur l'arc-en-ciel. — Voyez, au tome II, p. 458 et note 7.

11. Auraient été bien assez amples pour contenir, dans ses détails, toute sa vie.

12. On voit que la Fontaine est préoccupé de l'idée de célébrer la vie de sa bienfaitrice, de sa protectrice, quelque peu dramatique qu'elle soit, sauf pour ses familiers, témoins de son amour trahi et de son désespoir.

13. Vers charmant comme on en trouve tant chez notre poëte, qui sont un mélange de grâce et de naturel, et qu'on lui a appliqué avec raison. « Voilà un de ces vers qui font pardonner mille négligences, dit Chamfort, un de ces vers après lequel on n'a presque plus le courage de critiquer la Fontaine. » Il en avait déjà rencontré un assez grand nombre, ce semble, et sa mauvaise humeur eût dû depuis longtemps se laisser désarmer.

Même des dieux¹⁴ : ce que¹⁵ le monde adore
Vient quelquefois parfumer ses autels¹⁶.

14. Entre autres Sobieski, qui devint roi de Pologne. Voyez, à la suite du livre IX, le *Discours*, vers 121, et la note 59. — Sur ces expressions : *dieux, demi-dieux*, appliquées à des mortels, voyez les fables xi du livre X, ii du livre XI, i du livre XII, xii du même livre, *passim*, etc., etc. ; comparez aussi (tome V *M.-L.*, p. 69) l'épître à *S. A. S. Mme la princesse de Bavière*, vers 100-103 ; et ces deux vers d'une réponse de Saint-Évremond à la Fontaine (tome III *M.-L.*, p. 392) :

Je ne parlerai point des rois,
Ce sont des dieux vivants que j'adore en silence.

15. A remarquer ce neutre, plus général, plus collectif que le masculin, et dont on peut rapprocher le vers 13 de la fable vi de ce livre, et le dernier vers de la fable xi du livre VIII.

16. Comparez livre XII, fable i, vers 2 :

Souffrez que mon encens parfume vos autels.

— « Sa société était en effet très-recherchée, dit Chamfort, et cela déplaisait à plus d'une princesse. Mlle de Montpensier, qui ne la connaissait pas, qui même ne l'avait jamais vue, dit dans ses *Mémoires* que « le marquis de la Fare et nombre d'autres passoient « leur vie chez une petite bourgeoise, savante et précieuse, qu'on « appeloit Mme de la Sablière. » Cela veut dire seulement, en style de princesse, que Mme de la Sablière avait de l'esprit et de l'instruction ; qu'elle voyait bonne compagnie à Paris, et n'avait pas l'honneur de vivre à la cour. » Dans les mêmes *Mémoires*, où nous n'avons pas trouvé les lignes citées (sans doute de mémoire et inexactement) par Chamfort, nous rencontrons ce passage : « Il (Rochefort) m'en dit tous les biens du monde (de Lauzun) ;... qu'il étoit fort retiré ; qu'il ne voyoit plus de femmes ; qu'il n'étoit occupé que de faire sa cour ; qu'il alloit quelquefois chez une petite femme de la ville, nommée Mme de la Sablière ; mais qu'elle avoit eu force galants, et en avoit encore ; que c'étoit une paysanne à belle passion, qui étoit fort laide ; que ce n'étoit pas pour elle qu'il y alloit ; que c'étoit pour quelque intrigue à qui elle lui étoit bonne. » (Édition de 1868, tome IV, p. 121-122.) Voyez une réponse à cette imputation de laideur, destinée à dissiper des soupçons jaloux, dans la *Notice biographique*, en tête de notre tome I, p. cviii-cix ; et rapprochez ce passage très-laudatif du *Mercure* de anvier 1693 (elle était morte le 6), p. 299-300 : « Son mérite

J'eusse en ses yeux fait briller de son âme
Tous les trésors, quoique imparfaitement :
Car ce cœur vif et tendre infiniment   30
Pour ses amis, et non point autrement,
Car cet esprit, qui, né du firmament[17],

n'étoit ignoré de personne. Elle s'étoit fait dans le monde une grande réputation d'esprit, et on ne croit pas qu'il reste encore dans Paris trois personnes de son sexe qui en aient une pareille. Aussi avoit-elle un charme particulier dans la conversation et un don de plaire qu'on ne sauroit exprimer. Elle avoit pour amis les gens de la plus grande qualité et du goût le plus exquis. Quelques années avant sa mort elle avoit entièrement rompu avec le monde, et elle s'étoit fait aux Incurables une espèce de retraite et de solitude où elle ne s'occupoit qu'à des œuvres de piété. » C'est après avoir rompu avec la Fare qu'elle s'était retirée aux Incurables, vers le milieu de l'année 1680, mais elle n'avait point quitté sa maison : elle y retournait encore quelquefois ; elle y voyait ses amis, qui eux-mêmes étaient admis à la visiter dans sa retraite : voyez les *Lettres de Mme de Sévigné*, tome VI, p. 475-476 et p. 527-528.

17. C'est une réminiscence de Virgile : notre âme est une émanation de l'âme du monde :

*Igneus est ollis vigor et cœlestis origo
Seminibus.*

(*Énéide*, livre VI, vers 730.)

Rapprochez aussi ces vers de l'*Ode à Madame* (tome V *M.-L.*, p. 42) :

La Princesse tient des cieux
Du moins autant par son âme
Que par l'éclat de ses yeux;

et *ibidem*, p. 40 :

Des trésors du firmament
Cette Princesse se pare,
Et les Dieux, en la formant,
N'ont rien produit que de rare.

— On a critiqué avec raison les quatre rimes masculines de suite; mais nous ne pensons pas que la Fontaine ait laissé là par distraction, comme le dit Geruzez, les vers 30 et 31 ; on perdrait à les supprimer. — Chamfort trouve « déplacé ici » le mot de *firmament* qui lui paraît presque « un mot de théologie. » La critique n'est pas fondée : comparez, outre la dernière citation que nous

A beauté d'homme avec grâces[18] de femme,
Ne se peut pas, comme on veut, exprimer.
Ô vous, Iris, qui savez tout charmer, 35
Qui savez plaire en un degré suprême,
Vous que l'on aime à l'égal de soi-même[19]
(Ceci soit dit sans nul soupçon d'amour[20],
Car c'est un mot banni de votre cour,
Laissons-le donc), agréez que ma Muse 40
Achève un jour cette ébauche confuse[21].
J'en ai placé l'idée et le projet,
Pour plus de grâce[22], au devant d'un sujet
Où l'amitié donne de telles marques,
Et d'un tel prix, que leur simple récit 45
Peut quelque temps amuser votre esprit.
Non que ceci se passe entre monarques :
Ce que chez vous nous voyons estimer
N'est pas un roi qui ne sait point aimer[23] :

venons de faire, la fable II du livre IX, vers 72, la fable XXI du livre XII, vers 20, et le vers 98 du conte II de la V° partie.

18. « Grâces » est au pluriel dans les *Ouvrages de prose et de poésie*, et dans nos anciennes éditions; au singulier dans celle de 1788. — La plupart des écrits, des lettres, des mémoires du temps donnent les mêmes éloges à cette femme aimable entre toutes : voyez Walckenaer, *Histoire de la Fontaine*, tome I, p. 246 et notes.

19. On croit voir percer dans ces protestations si tendres, si enthousiastes, les regrets que, par ses longues et fréquentes absences, Mme de la Sablière causait à ses amis. C'est l'amitié qui la rappelle, c'est l'amitié qui la consolera, la déridera (vers 44-46).

20. « Il ne fallait pas revenir là-dessus, remarque Chamfort, après avoir dit beaucoup mieux et sans apprêt :

Car ce cœur vif et tendre infiniment
Pour ses amis, et non point autrement. »

21. De vous-même, de votre cœur, de votre esprit.

22. Pour lui donner plus d'agrément.

23. Ce serait un jugement bien dur sur les rois, s'il ne fallait entendre : « N'est pas un roi, s'il ne sait point aimer, un roi qui n'aimerait pas, » interprétation plus que probable.

C'est un mortel qui sait mettre sa vie[24]
Pour son ami. J'en vois peu de si bons.
Quatre animaux, vivants[25] de compagnie,
Vont aux humains en donner des leçons[26].

La Gazelle, le Rat, le Corbeau, la Tortue,
Vivoient ensemble unis : douce société[27].
Le choix d'une demeure aux humains inconnue[28]
    Assuroit leur félicité[29].
Mais quoi! l'homme découvre enfin toutes retraites.
    Soyez au milieu des déserts,
    Au fond des eaux, au haut des airs,
Vous n'éviterez point ses embûches secrètes.

24. La mettre comme enjeu, la risquer. La Bruyère a dit de même (*des Biens de fortune*, tome I, p. 249) : « N'envions point à une sorte de gens leurs grandes richesses... : ils ont mis leur repos, leur santé, leur honneur et leur conscience pour les avoir. » Rapprochez le substantif *mise* (fable VII de ce livre, vers 7).

25. « Vivans » est le texte de 1685 et de nos anciennes éditions; « vivant » dans celle de 1788.

26. D'amitié; mais le mot est bien loin; aussi le pronom se rapporte plutôt à l'idée exprimée dans les vers 50-51.

27. « A la bonne heure, dit Chamfort, quoique je la trouve un peu singulière. » Ce sont les personnages de la fable indienne, comme on l'a vu, et, en outre, dans plusieurs versions, un Pigeon ou Colombe, que le Rat délivre également du filet où il est pris.

28. Rapprochez les vers 30-31 de la fable III du livre X :

Un vivier que Nature y creusa de ses mains
Inconnu des traîtres humains....

29. « La Fontaine ne passe point pour misanthrope, remarque Chamfort. C'est qu'il n'a point la mauvaise humeur attachée à ce défaut. Mais nous avons déjà vu plusieurs traits sanglants de satire contre l'humanité, et ce dernier montre assez ce qu'il pensait des hommes. » Assurément il n'y mettait point de malice calculée, et surtout il n'avait point de système sur la méchanceté des hommes. Il ne faut pas en faire un la Rochefoucauld. Mais nous l'avons toujours trouvé prêt à prendre contre ses semblables la défense des animaux : voyez ci-dessus, p. 33 et note 19.

La Gazelle s'alloit[30] ébattre innocemment,
　　　Quand un Chien, maudit instrument
　　　Du plaisir barbare des hommes,
Vint sur l'herbe éventer[31] les traces de ses pas.　　65
Elle fuit, et le Rat, à l'heure du repas,
Dit aux amis restants : « D'où vient que nous ne sommes
　　　Aujourd'hui que trois conviés[32]?
La Gazelle déjà nous a-t-elle oubliés? »
　　　A ces paroles, la Tortue　　　　　　　　　70
　　　S'écrie[33], et dit : « Ah! si j'étois
　　　Comme un Corbeau d'ailes pourvue,
　　　Tout de ce pas je m'en irois
　　　Apprendre au moins quelle contrée,
　　　Quel accident tient arrêtée　　　　　　　　75
　　　Notre compagne au pied léger;
Car, à l'égard du cœur, il en faut mieux juger[34]. »
　　　Le Corbeau part à tire-d'aile :
Il aperçoit de loin l'imprudente Gazelle
　　　Prise au piége, et se tourmentant.　　　　　80
Il retourne avertir les autres à l'instant;
Car, de lui demander quand, pourquoi, ni comment

　30. Comparez, pour cette place du pronom personnel avant le verbe *aller*, la fable x du livre I, vers 2 et 13.
　31. Le même terme est dans le poëme d'*Adonis*, vers 336 (tome II M.-L., p. 380) :

　　　Dryope (*la chienne*) la première évente sa demeure (*la bauge*
　　　　　　　　　　　　　　　　　　　　　　　　　　[*du sanglier*).

　32. Que trois convives : *convié* se dit d'un invité; mais ce sont en effet des invités, répondra-t-on, des hôtes de la Gazelle, si la conjecture de la notice est fondée. Le mot n'en serait pas moins impropre : ce n'est pas un quatrième convié qui manque, c'est l'hôtesse.
　33. Pousse un cri; et, peut-être aussi, se récrie, proteste contre la supposition du Rat : voyez le vers 77.
　34. « C'est là un trait charmant d'amitié, remarque Chamfort, de ne pas croire à l'oubli, aux torts, au refroidissement de ses amis. »

>   Ce malheur est tombé sur elle[35],
> Et perdre en vains[36] discours cet utile moment,
>   Comme eût fait un maître d'école[37],
>   Il avoit trop de jugement.
>   Le Corbeau donc vole et revole.
>   Sur son rapport[38] les trois amis
>   Tiennent conseil. Deux sont d'avis
>   De se transporter sans remise
>   Aux lieux où la Gazelle est prise.
> « L'autre, dit le Corbeau, gardera le logis :
> Avec son marcher lent[39], quand arriveroit-elle ?
>   Après la mort de la Gazelle. »
> Ces mots à peine dits, ils s'en vont secourir
>   Leur chère et fidèle compagne,
>   Pauvre Chevrette de montagne[40].
>   La Tortue y voulut courir :

85

90

95

35. Ce vers ne se trouve pas dans les *Ouvrages de prose et de poésie*, non plus que dans l'édition de Londres 1708. Il est certain qu'on s'en passerait volontiers, et que l'ellipse ne manquerait pas de grâce. Mais les quatre rimes masculines, qui, alors, se suivraient, ne seraient-elles pas bien lourdes ?

36. *Maint*, dans les *Ouvrages de prose et de poésie*, et dans l'édition de 1708.

37. Voyez livre I, fable XIX, et livre IX, fable V.

38. C'est la rapidité d'Horace parlant de l'esclave envoyé par Philippe auprès du crieur Vulteius Mena :

It, redit et narrat.
(Livre I, épître VII, vers 55.)

39. Comparez « le marcher un peu lent » de l'Éléphant (livre VIII, fable XV, vers 12). — Dans les *Ouvrages de prose et de poésie*, et dans l'édition de Londres 1708, on lit : « Avecque sa lenteur ».

40. « Pendant que le Corbeau discouroit, voilà paroître de loin une Gazelle, ou Chevreuil de montagne, qui venoit à eux avec une vitesse incroyable. » (*Livre des lumières*, p. 226.) L'expression de la Fontaine, rapprochée de celle du traducteur, indique bien le modèle que notre poëte avait sous les yeux en composant cette fable. Le vers 121 d'ailleurs le désigne clairement aussi.

La voilà comme eux en campagne,
Maudissant ses pieds courts avec juste raison[41],　　100
Et la nécessité de porter sa maison[42].
Rongemaille[43] (le Rat eut à bon droit ce nom)
Coupe les nœuds du lacs[44] : on peut penser la joie[45].
Le Chasseur vient et dit : « Qui m'a ravi ma proie ? »
Rongemaille, à ces mots, se retire en un trou,　　105
Le Corbeau sur un arbre, en un bois la Gazelle :
　　Et le Chasseur, à demi fou
　　De n'en avoir nulle nouvelle,
Aperçoit la Tortue, et retient son courroux.
« D'où vient, dit-il, que je m'effraie ?　　110
Je veux qu'à mon souper celle-ci me défraie[46]. »

41. Ici la Fontaine, comme nous l'avons remarqué dans la notice, semble se peindre lui-même. « Étant de peu de ressource, dit M. Soullié (*La Fontaine et ses devanciers*, p. 312), mais aimant avec transport, il se croit quitte, et même avec retour ; et toute âme élevée et délicate sera de son avis. »

42. Voyez, ci-dessous, la note 52.

43. Voyez, au tome II, p. 324, le second vers de la fable XXII du livre VIII et la note.

44. *Lacs*, ici, et non *las* comme au tome II, p. 364.

　　Sire Rat accourut, et fit tant par ses dents
　　Qu'une maille rongée emporta tout l'ouvrage.
　　　　(Livre II, fable XI, vers 15-16.)

45. Comparez, pour cette ellipse (*Poésies diverses*, tome V M.-L., p. 65) :
　　　　Dieu sait la vie !
Aux vers 7 de la fable IX du livre I, et 63 de la fable II du livre IX, la même idée est exprimée à peu près dans les mêmes termes, mais le vers suivant la complète.

46. Dans les *Ouvrages de prose et de poésie*, ces trois vers se lisent ainsi :
　　Aperçoit la Tortue ; il dit : « Consolons-nous :
　　Nous souperons, malgré que Jupiter en aie.
　　Je prétends qu'aujourd'hui celle-ci me défraie. »

Le changement a peut-être été fait à cause de la faute qui termine ici le second vers : *aie* pour *ait*, si toutefois c'est une faute,

Il la mit dans son sac. Elle eût payé pour tous[47],
Si le Corbeau n'en eût averti la Chevrette.
   Celle-ci, quittant sa retraite,
Contrefait la boiteuse, et vient se présenter[48]. 115
   L'Homme de suivre, et de jeter
Tout ce qui lui pesoit : si bien que Rongemaille
Autour des nœuds du sac tant opère et travaille,
   Qu'il délivre encor l'autre sœur,
Sur qui s'étoit fondé le souper du Chasseur[49]. 120

Pilpay[50] conte qu'ainsi la chose s'est passée.
Pour peu que je voulusse invoquer Apollon,

comme l'avait décidé Vaugelas, et si la Fontaine n'était pas autorisé à y voir seulement une de ces formes vieillies auxquelles il revenait volontiers. Littré en cite deux exemples de Marot à l'Historique du verbe Avoir, XVIe siècle. L'édition de Londres 1708 a reproduit ce texte primitif.

47. Allusion, si nous développons la conjecture exprimée dans la notice, au courroux qu'éprouva la Fare contre la Fontaine, qu'il soupçonna de l'avoir desservi auprès de sa maîtresse, contre la Fontaine qui connaissait ses relations avec la Champmeslé[a], et qu'il accusa de l'avoir trahi ; au bruit de l'altercation, peut-être Mme de la Sablière (la Gazelle ou Chevrette) accourut au secours du poëte (la Tortue : vers 114-115). Mme de Sévigné se serait trompée dans sa lettre du 14 juillet 1680 (tome VI, p. 527-528) : la pauvre amante délaissée n'aurait pas tout observé, tout deviné d'elle-même ; mais la petite société intime, que le Chasseur maudit avait troublée dans ses plaisirs, aurait réussi, après s'être partagé les rôles, à la convaincre de la vérité et à déterminer une rupture.

48. « Présente une nouvelle amorce », comme le jeune Cerf au vers 75 du *Discours à Mme de la Sablière*, à la suite du livre IX. Voyez une ruse analogue de la Perdrix, *ibidem*, vers 82-91.

49. Mêmes locutions aux vers 40 de la fable XV du livre X, et 40 de la fable V du livre VI : « fonder le souper », « fonder sa cuisine ».

50. Voyez ci-dessus, fable XII, vers 75, et tome II, p. 81, note 6.

[a] Voyez une lettre de la Fontaine à Mlle de Champmeslé de 1678 (tome III M.-L., p. 369) ; et Chaulieu, *Œuvres*, 1774, tome II, p. 194.

J'en ferois, pour vous plaire, un ouvrage aussi long
    Que l'Iliade ou l'Odyssée[51].
Rongemaille feroit le principal héros,   125
Quoique à vrai dire ici chacun soit nécessaire.
Porte-maison[52] l'Infante y tient de tels propos,
    Que Monsieur du Corbeau[53] va faire
Office d'espion, et puis de messager.
La Gazelle a d'ailleurs l'adresse d'engager   130
Le Chasseur à donner du temps à Rongemaille.
    Ainsi chacun en son endroit[54]
    S'entremet, agit, et travaille.
A qui donner le prix? Au cœur, si l'on m'en croit[55].

51. Il pourrait, veut-il dire sans doute, entrer dans les développements prolixes familiers aux conteurs de l'Inde, dérouler comme eux tout un chapelet d'apologues enfilés, confondus, entremêlés l'un dans l'autre comme les boules des jongleurs de ce pays. C'est plutôt à ces fables indiennes qu'il pense en ce moment qu'à l'*Iliade* et à l'*Odyssée*.

52. La Fontaine semble avoir emprunté cette expression à Gilbert Cousin (G. Cognatus), qui appelle la Tortue *domiporta* (p. 38 de l'édition de 1567 : *de Testudine domiporta*), ou à Ronsard : voyez ci-dessus, p. 15 et note 12. Hésiode, dans *les Travaux et les Jours*, vers 571, nomme de même la Tortue : φερέοικον. Voyez aussi Cicéron, *de Divinatione*, livre II, chapitre LXIV. — *L'Infante*, à cause de la solennité, de la gravité tout espagnole de sa démarche.

53. Sur les épithètes, les titres, les particules, dont la Fontaine fait suivre ou précéder les noms de ses bêtes, voyez tome II, p. 408 et note 4.

54. De son côté : comparez l'exemple de Froissart que Littré cite à l'Historique du mot. « En » est bien le texte, et non « dans », comme ont imprimé la plupart des éditeurs.

55.   Le cœur fait tout : le reste est inutile.
            (*Belphégor*, vers 144.)

— Mais quand nous serions rois, que donner à des dieux?
C'est le cœur qui fait tout.
            (*Philémon et Baucis*, vers 82.)

— « C'est donc la Fontaine qui aura ce prix, dit Chamfort; car on ne peut mieux prendre le ton du cœur qu'il ne le prend dans ce dernier morceau. Il rappelle en quelque sorte celui qui termine la fable des *Deux Amis*, celle des *Deux Pigeons*. Mais le sujet ne permettait pas une effusion de sentiments aussi touchante. Il y a entre ce morceau et les deux que je cite la même différence qui se trouve entre l'intérêt d'une société aimable et le charme d'une amitié parfaite. » Si notre supposition est admise, ces restrictions ne paraîtront plus justifiées.

Dans les *Ouvrages de prose et de poésie*, cette fable a dix vers de plus, que voici :

> Que n'ose et que ne peut l'amitié violente[a] ?
> Cet autre sentiment que l'on appelle Amour
> Mérite moins d'honneurs[b] ; cependant chaque jour
>   Je le célèbre et je le chante :
> Hélas ! il n'en rend pas mon âme plus contente.
> Vous protégez sa sœur, il suffit ; et mes vers
> Vont s'engager pour elle à des tons tout divers.
> Mon maître étoit l'Amour ; j'en vais servir un autre,
>   Et porter par tout l'univers
>   Sa gloire aussi bien que la vôtre.

Rapprochez la fin du second *Discours à Mme de la Sablière* (tome V M.-L., p. 156).

Ces vers ont été supprimés par la Fontaine dans les deux textes de 1694 (Paris). L'édition publiée la même année à la Haye, celles de Paris 1709 et d'Anvers 1726 les suppriment également. Ils furent rétablis dans l'édition de Londres 1708, dans celle d'Amsterdam 1727, de Paris 1729 et 1788. Depuis, presque tous les éditeurs (exceptons MM. Marty-Laveaux et Pauly) les ont reproduits dans le texte. La Fontaine les a peut-être retranchés parce qu'ils lui ont paru faibles, et qu'il a trouvé, avec raison, que la fable se terminait mieux par ce beau vers :

> A qui donner le prix ? Au cœur, si l'on m'en croit.

Peut-être aussi a-t-il pensé qu'il ne lui convenait plus de parler à soixante-quatorze ans, comme il parlait dix ans auparavant ; ou plutôt a-t-il eu honte de continuer à parler ainsi, étant revenu, malgré sa promesse, à « l'amour », c'est-à-dire ayant repris son train de vie ordinaire, parce que Mme de la Sablière, son bon génie, n'était plus assez souvent auprès de lui pour le surveiller, pour le diriger. Peut-être enfin a-t-il supprimé ces vers d'un recueil dédié au duc de Bourgogne pour la même raison qui lui a fait retrancher, dans cette même édition de 1694, le prologue de

---

[a] Qui a la force, la violence d'une passion. Elle va jusqu'à provoquer une rupture si cruelle, si peu désirée : voyez la note 47.

[b] Moins d'honneur. (1729.)

Belphégor adressé à la Champmeslé. Quoi qu'il en soit, il nous a paru plus convenable de donner cette fable telle que le poëte l'avait donnée lui-même dans sa dernière édition. Chamfort fait, sans doute à propos de la variante citée, l'observation suivante : « Il paraît que cette fable avait été laissée dans le portefeuille de l'auteur, et qu'elle était faite depuis longtemps ; car il y parle un peu d'amour, ce qui eût été ridicule à l'âge où il était quand ce douzième livre parut. Au reste, peut-être n'y regardait-il pas de si près ; peut-être croyait-il que, tant que l'âme éprouve des sentiments, elle peut les énoncer avec franchise. Il ne songeait point à une vérité triste qu'un autre poëte a, depuis la Fontaine, exprimée dans un vers très-heureux[a] ; la voici :

Quand on n'a que son cœur, il faut s'aller cacher. »

[a] Ce poëte est Voltaire, dans *les Désagréments de la vieillesse* (tome XII des OEuvres, p. 554), et voici ce vers que Chamfort cite inexactement :

On doit s'aller cacher quand on n'a que son cœur.

FABLE XVI.

LA FORÊT ET LE BÛCHERON.

Ésope, fab. 179 et 356, Δρυοτόμοι καὶ Δρῦς, Δρυοτόμοι καὶ Πεύκη, Πεύκη, Δρῦς; (Coray, sous six formes, p. 110-111, p. 230, p. 363-364, p. 407). — Babrius, fab. 38, Πεύκη. — Phèdre, *Appendix Gudii*, fab. 5, *Homo et Arbores*. — Romulus, livre III, fab. 14, *même titre*. — Anonyme de Nevelet, fab. 53, *de Homine et Securi*. — P. Candidus (Weiss), fab. 147, *Securis et Lignator*. — Marie de France, fab. 23, *dou Feures qui fist une coingnie*. — Ysopet I, fab. 50, *du Bois et de la Coignie* (Robert, tome II, p. 362-363). — Haudent, 1ʳᵉ partie, fab. 150, *d'un Rusticque et d'un Boys*; 2ᵉ partie, fab. 41, *d'un Saulx et des coigns faietz de luy*. — Corrozet, fab. 39, *de la Forest et du Rusticque*. — Le Noble, tome II, fab. 55, *du Bûcheron et de la Forêt*. — Verdizotti, fab. 68, *della Selva e 'l Villano*.

Mythologia æsopica Neveleti, p. 237, p. 524.

Burkhard Waldis a traité le même sujet avec une agréable naïveté (livre I, fable xxxix).

Citons aussi la fable de l'Arménien Vartan (voyez tome II, p. 44), *les Bûcherons et les Arbres*, qui est d'une concision élégante; l'auteur entre tout de suite en matière, sans préambule : « Des Bûcherons prirent leurs cognées, s'en allèrent, et entrèrent dans la forêt, où ils commencèrent à abattre des Arbres. Ceux-ci se mirent à dire : « Qu'est-ce qu'ils font? — Malheur à nous, mes frères, « répondit le Cyprès, parce que les manches de ces cognées qui « nous détruisent viennent de nous! » Cette fable te montre, ô homme, qu'il ne faut pas donner des armes à ton ennemi, parce qu'il s'en servira pour te tuer. » (*Choix de fables de Vartan*, 1825, p. 67.)

Nous transcrivons également la fable de Weiss, dont la donnée est toute semblable à celle de la Fontaine :

Lignator a Sylva petivit jam recens
Factæ manubrium securi; Sylva ei

Concessit hunc in usum oleastri stipitem.
Instructa ad hunc modum securi protinus
Ille arbores suis spoliare frondibus
Sylvamque totam passim humi prosternere.
Ibi altæ fertur inquiisse Fraxino
Quercus : « Feramus æquo animo et placide, o soror,
Nobis quod accersivimus ipsemet mali. »

Hostes suos armare qui sapit cavet.

Dans les fables d'Ésope, de Babrius, et dans la seconde fable d'Haudent, que nous avons citées, le sujet est un peu différent : Des Bûcherons fendent un Arbre à l'aide des coins que leur a fournis l'Arbre lui-même ; sur quoi celui-ci s'écrie : « J'en veux moins à la hache qui me frappe qu'à ces coins qui sont sortis de moi. » La morale est facile à déduire : l'offense est plus grave, venant d'un enfant, d'un parent, d'un ami.

M. Taine (p. 186) voit dans *la Forêt et le Bûcheron* un exemple de la manière dont la Fontaine comprenait et sentait la nature ; il y a puisé lui-même l'inspiration d'une de ses pages les plus touchantes : voyez plus bas le morceau que nous citons à la note 5.

Chamfort fait remarquer que « la morale de cet apologue rentre dans celui du *Cerf et la Vigne* (livre V, fable xv), qui est beaucoup meilleur. » Il aurait pu en rapprocher aussi, et plus justement encore, *l'Oiseau blessé d'une flèche* (livre II, fable vi) ; et, pour l'ingratitude en général, la fable I du livre X, *l'Homme et la Couleuvre*.

Nous avons vu dans le cabinet de M. Boutron-Charlard un manuscrit de cette fable signé : DE LA FONTAINE ; c'est une feuille pliée en quatre avec cette suscription : *Pour Madame la duchesse de Bouillon*. Ce manuscrit n'offre d'ailleurs aucune variante.

Elle fut publiée pour la première fois en 1685, dans les *Ouvrages de prose et de poésie des sieurs de Maucroix et de la Fontaine*, tome I, p. 26.

Un Bûcheron venoit de rompre ou d'égarer
Le bois dont il avoit emmanché sa cognée[1].
Cette perte ne put sitôt se réparer

1. L'orthographe de nos anciennes éditions est ici *coignée*. Ailleurs *cognée*, aux fables I du livre V, vers 34 et 40, et I du livre X, vers 77.

F. XVI]   LIVRE XII.   289

Que la Forêt n'en fût quelque temps épargnée.
  L'Homme enfin la prie humblement ²
  De lui laisser tout doucement
  Emporter une unique branche,
  Afin de faire un autre manche :   5
« Il iroit employer ailleurs son gagne-pain ³ ;
Il laisseroit debout maint chêne et maint sapin   10
Dont chacun respectoit la vieillesse et les charmes⁴. »
L'innocente Forêt lui fournit d'autres armes.
Elle en eut du regret. Il emmanche son fer :
  Le misérable ne s'en sert
  Qu'à dépouiller sa bienfaitrice⁵.   15

 2. « Pourquoi cette prière si humble? dit Chamfort. Pourquoi l'Homme n'arrachait-il pas une branche? Cela n'est pas motivé. » Nous avons vu déjà, par plusieurs exemples, que tout n'a pas besoin d'être si rigoureusement motivé dans l'Apologue. Remarquons que la prière hypocrite du Bûcheron rend son ingratitude plus odieuse.

 3.   Un Bûcheron perdit son gagne-pain,
    C'est sa cognée.
  (Livre V, fable I, vers 33-34, tome I, p. 364 et note 13.)

 4. Beau vers tout pénétré du sentiment de la nature. — L'Homme, fait observer Nodier, « finit par la louange ; et elle lui réussit, ce qui arrive presque toujours. »

 5. On se souvient du Cerf qui broute sa *bienfaitrice* (fable XV du livre V, vers 6). — Dans la version de Boursault, qu'il a intitulée *la Forêt et le Paysan*, dont nous ne pouvons savoir la date exacte, car ses fables ont couru longtemps manuscrites*a*, la Forêt pousse la complaisance jusqu'à lui donner à choisir

  Du Tilleul, du Hêtre ou du Chêne.
Un Cormier vieux et dur se trouvant là tout prêt,
Il en prend un morceau, le façonne, l'ajuste,
  Puis d'un bras nerveux et robuste
Il se met en devoir d'abattre la Forêt....

(Tome III, p. 383, du recueil intitulé : *Lettres nouvelles de feu M. Boursault* [nouvelle édition des *Lettres à Babet*], accompagnées de fables, de contes, etc., Paris, 1720.)

 a Voyez une lettre de Chapelain à M. de la Chambre, du 3 juillet 1667 (tome II, p. 518, des *Lettres de Jean Chapelain*, Paris, 1883).

J. DE LA FONTAINE. III
            19

De ses principaux ornements.
Elle gémit à tous moments :
Son propre don fait son supplice[6].

Voilà le train du monde et de ses sectateurs :
On s'y sert du bienfait contre les bienfaiteurs[7].
Je suis las d'en parler[8]. Mais que de doux ombrages

6. « Un arbre aussi bien qu'un homme peut souffrir, dit M. Taine (p. 186-187); l'histoire des grands finit, là comme chez nous, par une grande ruine. Lisez ces vers si touchants :

L'innocente Forêt lui fournit d'autres armes, etc.

Ce n'est pas ici une figure poétique, ni une tristesse d'emprunt amenée par fiction. Ici, comme ailleurs, l'émotion morale ne fait qu'exprimer un aspect physique, et le poëte songe aux attitudes en développant des sentiments. Je ne sais rien de plus touchant que la vue des bois coupés en automne. Les grands arbres abattus, à demi cachés par les herbes, jonchent le sol ; leurs branches brisées et leurs feuilles froissées pendent vers la terre. La sève rouge saigne sur leurs blessures ; ils gisent épars, et parmi les buissons humides on aperçoit de loin en loin les troncs inertes qui montrent la large plaie de la hache. Les bois deviennent alors silencieux et mornes, une pluie fine et froide ruisselle sur les feuillages qui vont se flétrir ; enveloppés dans l'air brumeux, comme dans un linceul, ils semblent pleurer ceux qui sont morts. »

7. *Unde perire queas hostem munire cavebis :*
Qui dat quo pereat, quem juvat hoste perit.
(Anonyme de Nevelet.)

— Nulz homs son ennemi ne doit
Gairrir de chose queleque soit,
Dont peris li puisse venir,
S'il ne se veult pour fol tenir.
(Ysopet I.)

— Il aduient maintes foys aussi
Qu'ung homme sot ou ung testu
Baille à son ennemy ainsi
Le baston dont il est batu.
(Corrozet.)

8. Voyez ci-dessus la notice ; et rapprochez les beaux vers de Virgile (*Géorgiques*, livre III, vers 525 et suivants) :

Quid labor aut benefacta juvant ? etc.

Soient exposés à ces outrages,
Qui ne se plaindroit là-dessus⁹!
Hélas! j'ai beau crier¹⁰ et me rendre incommode,
L'ingratitude et les abus
N'en seront pas moins à la mode¹¹.

9. Comparez ci-dessous le vers 18 de la fable xx :

Ils iront assez tôt border le noir rivage.

De ces regrets touchants du poëte, qui souvent a parlé, avec une si tendre compassion, des souffrances soit des arbres, soit des bêtes, on peut rapprocher l'élégie xxx de Ronsard *contre les Bûcherons de la forest de Gastine* (tome IV, p. 347-348, de l'édition des OEuvres complètes de 1860) :

....Forest, haute maison des oiseaux bocagers!
Plus le Cerf solitaire et les Chevreuls legers
Ne paistront sous ton ombre, et ta verte crinière
Plus du soleil d'esté ne rompra la lumière, etc.

Ou ces vers de Rotrou dans sa *Clorinde* (acte V, scène IV) : Beaux lieux, dit-il,

Qu'on laisse dans vos bois vos dryades en paix
Et que le bûcheron n'en approche jamais.

Citons aussi une lettre de Mme de Sévigné du 27 mai 1680 (tome VI, p. 422-423), où elle déplore les coupes que son fils a fait faire dans les vieux bois du Buron : « Toutes ces dryades affligées que je vis hier, tous ces vieux sylvains qui ne savent plus où se retirer, tous ces anciens corbeaux établis depuis deux cents ans dans l'horreur de ces bois..., tout cela me fit hier des plaintes qui me touchèrent sensiblement le cœur; et que sait-on même si plusieurs de ces vieux chênes n'ont point parlé, comme celui où étoit Clorindeᵃ? » Rappelons enfin la belle poésie de Victor de Laprade intitulée *la Mort d'un Chêne*.

10. Comparez l'avant-dernier vers de la fable vi de ce livre :

Ô temps! ô mœurs! j'ai beau crier....

11. « Cet apologue, dit Nodier, n'est pas seulement dirigé contre les ingrats; il contient une grande leçon de politique, celle qui résulte déjà de la fable xiii du livre IV », *le Cheval s'étant voulu venger du Cerf.*

ᵃ Voyez le chant XIII de *la Jérusalem délivrée* du Tasse.

FABLE XVII.

LE RENARD, LE LOUP, ET LE CHEVAL.

Ésope, fab. 259, Ὄνος καὶ Λύκος (Coray, p. 170-171, p. 390-391, sous cinq formes; la deuxième [1] est la version d'Aphthonius, dont le titre suit). — Babrius, fab. 122, *même titre*. — Gabrias (Ignatius Magister), quatrain 38, Περὶ Λύκου καὶ Ὄνου. — Aphthonius, fab. 9, *Fabula Asini, non esse benefaciendum malis admonens.* — Romulus, livre III, fab. 2, *Leo et Equus.* — Anonyme de Nevelet, fab. 42, *de Leone et Equo.* — Neckam et Baldo, cités par Éd. du Méril (p. 195 et p. 257), fab. 24, *de Leone et Equo*, et fab. 27, *de Mulo et Lupo.* — Philelphe, traduction de J. Baudoin (1659), fab. 13, *du Loup et du Renard.* — Le *Roman de Renart*, édition Méon, tome I, p. 281-284, vers 7521-7610, *C'est de la Jument et de Ysengrin*; et dans le manuscrit de la Bibliothèque nationale, aujourd'hui coté *Français* 371, fol. 128 v°, *C'est d'Ysengrin et de la Jument.* — *Renart le contrefait*, cité par Robert, tome II, p. 365-371, où est racontée l'aventure de Fauve la Jument et de son poulain, avec le Loup et le Renard, au commencement de la septième et dernière branche du poëme (manuscrit de la Bibliothèque nationale, aujourd'hui coté *Français* 1630, fol. 203 r°). — Regnier, satire III, vers 216 et suivants. (On trouvera à l'*Appendice* les vers de Regnier, qui pourraient bien avoir été le vrai modèle de la Fontaine, et que nous aurions déjà dû citer à la fable VIII du livre V.) — Burkhard Waldis, livre I, fab. 32. — Verdizotti, fab. 60, *del l'Asino et del Lupo.* — *Ciento novelle anticke*, nov. 91, *qui conta della Volpe et del Mulo*.

Mythologia æsopica Neveleti, p. 298, p. 328, p. 376, p. 516.

Ménage a tourné ce sujet en vers latins dans ses *Modi di dire italiani*, p. 34, à la fin de ses *Origini della lingua italiana* (Genève, 1685). Il cite (*ibidem*, p. 9), outre l'auteur inconnu des *Ciento novelle*, Stefano Guazzo et Scipione Ammirato, qui, le premier, dans ses Dialogues, et le second, dans ses Proverbes, ont raconté

---

1. Et non « la cinquième », comme il est dit, par erreur, tome I, p. 389.

cette fable, chacun à leur manière; mais, chez tous trois, comme chez Ménage, les acteurs sont le Renard, le Loup, et le Mulet.

Cet apologue rappelle le vIII.ᵉ du livre V, *le Loup et le Cheval*, à la notice et aux notes duquel nous renvoyons (tome I, p. 389-393). On verra que les premières sources indiquées sont communes aux deux apologues (nous ne les avons répétées, en omettant quelques autres également communes, que pour mieux montrer leur parenté), et on fera bien, pour les étudier, de rapprocher les deux commentaires.

« Il est vrai, dit Chamfort, que cette fable a une leçon de plus, celle de la vanité punie. L'avantage aussi que la Fontaine a trouvé en introduisant ici un acteur de plus qu'en l'autre, c'est de faire débiter la morale par le Renard, au lieu que, dans l'autre fable, le Loup se la débite à lui-même malgré le mauvais état de sa mâchoire. » — Dans Philelphe, le Renard, quand il voit le Loup étendu par terre, en tire une singulière leçon : « Or sus, lui dit-il, Monsieur le Loup, voilà le fruit que vous avez cueilli de votre grand savoir. De moi je n'ai jamais rien appris, et votre exemple me fait résoudre à ne jamais rien apprendre. Si j'eusse été docte, il m'en eût pris comme à vous; voilà pourquoi, quand j'aurois cent enfants, et quand ces enfants auroient autant de neveux, tout le plus beau conseil que j'aurois à leur donner, seroit de ne s'amuser jamais à écrire ni à lire : car, à ce que je vois, ceux qui se piquent de trop de suffisance n'en sont ni plus sages ni plus avisés. » C'est à peu près la morale de Regnier, et le vieux proverbe en latin barbare : *Magis magnos clericos non sunt magis magnos sapientes*.

Cette fable fut insérée en 1685 dans les *Ouvrages de prose et de poésie des sieurs de Maucroix et de la Fontaine*, tome I, p. 9. Mais l'année précédente, la Fontaine en avait fait lecture à l'Académie française, le jour de la réception de Boileau, qui eut lieu le 1ᵉʳ juillet 1684; cette lecture fit tant de plaisir qu'on pria la Fontaine de la lire encore une fois. Voyez la *Notice biographique*, tome I, p. cxxvII et note 4.

Un Renard, jeune encor, quoique des plus madrés²,
Vit le premier Cheval qu'il eût vu de sa vie.

2. Artificieux; au sens propre : bigarré, *varius*; plus haut, fable XIII, vers 2, le poëte a appelé le Renard *matois*.

Il dit à certain Loup, franc novice[3] : « Accourez,
    Un animal paît dans nos prés,
Beau, grand ; j'en ai la vue encor toute ravie.
— Est-il plus fort que nous? dit le Loup en riant[4].
    Fais-moi son portrait, je te prie.
— Si j'étois quelque peintre ou quelque étudiant[5],
Repartit le Renard, j'avancerois la joie
    Que vous aurez en le voyant.
Mais venez. Que sait-on? peut-être est-ce une proie
    Que la Fortune nous envoie. »
Ils vont ; et le Cheval, qu'à l'herbe on avoit mis,
Assez peu curieux de semblables amis,
Fut presque sur le point d'enfiler la venelle[6].
« Seigneur, dit le Renard, vos humbles serviteurs
Apprendroient volontiers comment on vous appelle. »
Le Cheval, qui n'étoit dépourvu de cervelle,
Leur dit : « Lisez mon nom, vous le pouvez, Messieurs :
Mon cordonnier l'a mis autour de ma semelle[7]. »

3. Nous rencontrons cette même épithète, mais avec un complément, ci-dessous, fable XVIII, vers 10.
4. D'un mauvais rire, car il flaire déjà une proie.
5. C'est-à-dire, si j'étais capable de faire un portrait à la fois exact et brillant, et qui pût vous tenter, vous allécher ; si mes parents avaient été assez riches pour me faire instruire : voyez les vers 22-23.
6. De s'enfuir. *Venelle* signifie sentier, ruelle, passage étroit, détourné, par où s'enfuient volontiers les malfaiteurs. Nous rencontrons cette même locution « enfiler la venelle », dans Regnier, satire XI, vers 327 ; et dans le conte de la Fontaine intitulé *Belphégor*, vers 309. Sur l'étymologie du mot et l'origine du proverbe, voyez Littré.

7. Compère, ce dit-il, je n'ay point de mémoire ;
    Et comme sans esprit ma grand'mère me vit,
    Sans me dire autre chose au pied me l'escrivit,

répond le Mulet chez Regnier. Ajoutons que c'est la Lionne chez lui qui fait le rôle du Loup, et le Loup celui du Renard (voyez à l'*Appendice*).

Le Renard s'excusa sur son peu de savoir.
« Mes parents, reprit-il, ne m'ont point fait instruire ;
Ils sont pauvres et n'ont qu'un trou [8] pour tout avoir [9] ;
Ceux du Loup, gros Messieurs, l'ont fait apprendre à
   Le Loup, par ce discours flatté,   [lire [10]. »
   S'approcha [11]. Mais sa vanité
Lui coûta quatre dents : le Cheval lui desserre [12]
Un coup ; et haut le pied [13]. Voilà mon Loup par terre [14],
   Mal en point [15], sanglant et gâté [16].
« Frère [17], dit le Renard, ceci nous justifie [18]   30

 8. Leur terrier.
 9. C'est le Loup qui s'excuse dans la satire de Regnier,
       avecq' ceste parole
 Que les loups de son temps n'alloient point à l'escole.
 10. Tour correct, parce que « apprendre » n'a pas ici de régime direct.
 11. Dans les trois auteurs italiens cités par Ménage, le Loup croit que les clous attachés aux fers du Mulet sont des lettres :
   Soleæ putabat clavos esse litteras,
traduit Ménage.
 12. Scarron emploie la même expression dans son *Virgile travesti*, pour traduire le vers 251 du livre VI de l'*Énéide* :
   Maître Æneas un coup desserre
   D'épée ou bien de cimeterre
   Sur le col d'une brebis noire.
 13. Il s'enfuit, il décampe au plus vite.
 14.   Rainsant[a] le pié a destendu
   Et Ysengrin a si feru
   Entre le pis et le musel,
   Tout coi le ieta el prael.
   (*Roman de Renart*, vers 7597-7600.)
 15. En fort mauvais état. C'est le contraire de *bien en point*, qui signifiait autrefois non-seulement « bien portant », mais quelquefois aussi, par extension, « triomphant, superbe ». Comparez le vers 157 du conte VIII de la IIe partie.
 16. *Gâté*, c'est-à-dire défiguré, meurtri.
 17. Voyez tome II, p. 327 et note 15.
 18. Nous prouve être juste.

 [a] C'est le nom de la Jument.

Ce que m'ont dit des gens d'esprit :
Cet animal vous a sur la mâchoire écrit
Que de tout inconnu le sage se méfie[19]. »

19. Très-diverse est la moralité que les fabulistes qui ont précédé la Fontaine ont tirée de cette fable : les uns concluent qu'il ne faut attendre de ses ennemis que du mal, même lorsqu'on leur a fait du bien ; les autres qu'il ne convient pas de nous mêler de ce qui ne nous regarde point, comme fit ce Loup qui voulut se faire passer pour un chirurgien, un « arboriste » : comparez les derniers vers de la fable VIII du livre V. — Voici la fin de la version de Ménage :

Hæc litteratos nos docebat fabula,
Si mens non adsit, nil prodesse litteras.

FABLE XVIII.

LE RENARD ET LES POULETS D'INDE.

Érasme, *Chilia adagia* (Aureliæ Allobrogum, 1606, in-fol.), col. 895. — Haudent, 2ᵉ partie, fab. 54, *des Singes de Mauritanie*. — Thomas Willis, *de Anima brutorum*, etc. (Londini, 1672, in-4°), caput VI, p. 67-68 (voyez à l'*Appendice*).

Le thème du duc de Bourgogne que transcrit Robert (tome II, p. 373), quoique portant le même titre, *Pulli indici et Vulpes* (manuscrit, déjà cité, de la Bibliothèque nationale, fol. 2), ne saurait être la source de cette fable, puisqu'elle fut publiée en 1685, et que le jeune prince n'avait alors que trois ans. Le sujet du thème, d'ailleurs, a beaucoup plus de rapport avec celui du *Chat et un vieux Rat* (livre III, fable XVIII). — « Cette fable est jolie et bien contée, dit Chamfort, mais elle aura peu d'applications, tant qu'il sera vrai de dire qu'on ne guérit pas de la peur. » Ce malheur inévitable lui est commun avec beaucoup de leçons de morale qui constatent le mal et se trouvent souvent impuissantes à le détruire.

Érasme et Haudent mettent en scène des Singes et un Léopard; celui-ci s'étend au pied de l'arbre où les Singes sont juchés et fait le mort; les Singes s'enhardissent peu à peu, descendent, et finissent même par sauter sur le dos et le ventre de leur ennemi; quand il les voit tous réunis autour de lui, le Léopard bondit et en fait un grand carnage.

Dans Willis, dont s'est peut-être inspiré la Fontaine, les acteurs sont un Renard et un Coq d'Inde.

Cette fable fut publiée pour la première fois en 1685, dans les *Ouvrages de prose et de poésie des sieurs de Maucroix et de la Fontaine*, tome I, p. 29.

Contre les assauts d'un Renard
Un arbre à des Dindons servoit de citadelle [1].

1. C'est l'habitude presque constante des dindons sauvages d'être perchés sur des branches, mais ils sont loin d'être aussi stupides

Le perfide ayant fait tout le tour du rempart,
    Et vu chacun en sentinelle ²,
S'écria : « Quoi! ces gens se moqueront de moi³ !
Eux seuls seront exempts de la commune loi!
Non, par tous les Dieux! non. » Il accomplit son dire.
La lune, alors luisant, sembloit, contre le sire,
Vouloir favoriser la dindonnière gent⁴.
Lui, qui n'étoit novice au métier d'assiégeant⁵,
Eut recours à son sac de ruses scélérates⁶,
Feignit vouloir gravir⁷, se guinda sur ses pattes;
Puis contrefit le mort⁸, puis le ressuscité.
    Arlequin⁹ n'eût exécuté
    Tant de différents personnages.

qu'on le croit généralement et que le prétend Buffon, et usent eux-mêmes du moyen qu'emploient le tiercelet, l'émouchet, et d'autres oiseaux (voyez la fin de la note 13), pour s'emparer d'une proie vivante.

2. Sur ces termes de guerre fréquemment employés par notre auteur, voyez l'*Essai* de M. Marty-Laveaux, p. 29-31.

3. Comparez la fable III du livre XI, vers 8-9 :

    Hé quoi! dit-il, cette canaille
    Se moque impunément de moi?

4. Voyez ci-dessus, pour *gent*, p. 31 et note 12; et comparez, pour l'épithète, « la moutonnière créature » de la fable XVI du livre II, vers 14.

5. Tour semblable dans le conte VI de la IIIe partie, vers 273 :

    .... N'étant novice en semblables affaires.

Voyez aussi le vers 52 de la fable V du livre XI. Nous rencontrons la même épithète, mais sans complément, au vers 98 du même conte, et au vers 3 de la fable précédente.

6. Rapprochez la fable XIV du livre IX, vers 15 et 21 (tome II, p. 427-428 et note 10).

7. Construction toute latine.

8.   Voilà notre Renard au charnier se guindant.
            (Livre XII, fable XXIII, vers 45.)

Et il contrefait aussi le mort, comme le Chat de la fable XVIII du livre III. — Voyez ci-dessus le composé *reguinder* (p. 136 et note 13).

9. *Harlequin*, dans nos anciennes éditions, orthographe qu'on

Il élevoit sa queue, il la faisoit briller [10],
  Et cent mille autres badinages,
Pendant quoi [11] nul Dindon n'eût osé sommeiller.
L'ennemi les lassoit en leur tenant la vue
  Sur même objet toujours tendue.
Les pauvres gens [12] étant à la longue éblouis,
Toujours il en tomboit quelqu'un [13] : autant de pris,
Autant de mis à part : près de moitié succombe.
Le compagnon [14] les porte en son garde-manger [15].

Le trop d'attention qu'on a pour le danger
  Fait le plus souvent qu'on y tombe [16].

trouve encore çà et là jusqu'à la fin du dix-huitième siècle. Sur cette orthographe et sur le personnage, voyez le *Dictionnaire critique de biographie et d'histoire* de Jal, à l'article ARLEQUIN.

10. Aux rayons de la lune.

11. Comparez tome II, p. 277 et note 13.

12. Sur cette habitude d'humaniser les animaux, c'est-à-dire de parler d'eux comme s'ils avaient véritablement un caractère humain, voyez ci-dessus, p. 81 et note 5.

13. Willis rapporte comme certain un fait analogue dans les pages de son traité *de l'Ame des bêtes* auxquelles nous renvoyons. Un Renard aperçoit un Coq d'Inde perché sur un arbre et, voulant s'en saisir, il se met à tourner très-rapidement autour de l'arbre. Le Coq suit de l'œil son ennemi, tourne la tête à chaque tour du Renard, et, à la fin étourdi, tombe de l'arbre et est dévoré : c'est la fascination qu'exerce l'émouchet qui, pour éblouir sa proie, décrit autour d'elle de grands cercles qu'il rétrécit graduellement.

14. Le gaillard, le malin : voyez ci-dessus, p. 163 et note 9.

15. C'est en effet l'habitude du renard d'entasser ses victimes dans son terrier : voyez ci-dessus, p. 114, note 25.

16. Voici la morale d'Haudent :

> La fable nous demontre à fuyre
> Un ennemy lequel s'efforce
> Faindre (*dissimuler*) son pouoir et sa force
> Quand souuent il peult beaucoup nuyre.

Nous avons dit que dans sa fable le Léopard fait le mort au pied de l'arbre où sont les Singes.

FABLE XIX.

LE SINGE.

La source de cette petite pièce est inconnue. Robert (tome I, p. ccxl, et tome II, p. 374) pense que peut-être une des fontaines du *Labyrinthe* de Versailles, qui était décorée d'un perroquet et d'un singe habillé en homme, aurait pu en avoir fait naître l'idée. Nous n'y voyons pas d'apparence.

« Un Singe, dit Voltaire (*Dictionnaire philosophique*, article Fable), qui avait épousé une fille parisienne, et qui la battait, est un très-mauvais conte qu'on avait fait à la Fontaine, et qu'il eut le malheur de mettre en vers. » — « Comment est-il possible, dit Chamfort, que la Fontaine ait fait une aussi mauvaise petite fable ? Comment ses amis la lui ont-ils laissé mettre dans ce recueil ? Un Singe qui bat sa femme, qui va à la taverne, qui s'enivre : qu'est-ce que cela signifie ? et quel rapport cela a-t-il avec les mauvais auteurs ? Le froid imitateur, le plagiaire même d'un grand écrivain peut d'ailleurs n'être ni mauvais mari, ni mauvais père, ni ivrogne, etc., enfin ne faire nul tort à la société, que de l'excéder d'ennui. »

Il est probable que cette froide épigramme était dirigée contre un auteur connu : quel auteur ? nous n'avons pu le deviner. L'attaque, dans cette petite pièce, est si déguisée qu'on ne peut la qualifier de cruelle, comme l'a fait Nodier. C'est une énigme, mais qui n'a rien de sanglant. On sait que la Fontaine n'était pas méchant, malgré sa satire et sa ballade contre *le Florentin* (Lulli), et ses vers contre Furetière (voyez tome II, p. 156).

On peut comparer une fable de Boursault également intitulée *le Singe*, qui semble dirigée aussi contre un contemporain, sans doute un confrère, et faire allusion à des événements réels, mais qui n'est pas moins obscure et énigmatique pour nous (tome III, p. 386, du recueil déjà cité : *Lettres nouvelles de feu M. Boursault, accompagnées de fables, de contes*, etc., Paris, 1726) ; et dans le recueil de Daniel de la Feuille deux petites pièces anonymes : *du Singe habillé* (livre II, p. 62) et *le Singe Cupidon* (livre IV, p. 53).

Nous trouvons dans les *OEuvres* de Piron (Paris, 1776, tome VI,

p. 544-546) une fable intitulée : *la Lyre d'Orphée et les Singes*, au sujet des nombreux fabulistes de ce temps, c'est-à-dire des poëtes insipides qui continuaient à se traîner sur les traces de la Fontaine, qui nous semble bien avoir été inspirée par la nôtre : après la mort d'Orphée ses auditeurs se dispersent,

>   Quand un Singe s'écria
>   « Eh! ne bougez, troupe agreste!
>   Ce qui vous charmoit nous reste ;
>   C'est sa lyre et la voilà ;
>   Ce jeu qui rend si célèbre
>   N'est rien moins que de l'algèbre.
>   Je gage y briller aussi. »
>   . . . .
>   Singe à ces mots d'écorcher
>   L'oreille à la compagnie.
>   Oreilles de se boucher.
>   Un autre Singe gaucher
>   Prend la lyre et la manie :
>   Nouvelle cacophonie !
>   Magots de se l'arracher,
>   Rossignols de dénicher.
>   . . . .
>   Lors ce n'est plus que ce cri
>   Par les bois, l'air et la plaine :
>   « O pauvre Orphée ! » Et qui lit
>   Les fables nouvelles dit :
>   « O pauvre Jean la Fontaine ! »

Le Singe parut pour la première fois en 1685, dans les *Ouvrages de prose et de poésie des sieurs de Maucroix et de la Fontaine*, tome I, p. 32.

>   Il est un Singe dans Paris
>   A qui l'on avoit donné femme.
>   Singe en effet d'aucuns maris[1],
>   Il la battoit : la pauvre dame
> En a tant soupiré qu'enfin elle n'est plus. 5
>   Leur fils se plaint d'étrange sorte,

1. De certains maris. Voyez livre VI, fables I, vers 11, et VI, vers 9, et livre IX, fable I, vers 23.

Il éclate en cris superflus :
Le père en rit, sa femme est morte[2] ;
Il a déjà d'autres amours
Que l'on croit qu'il battra toujours ;   10
Il hante la taverne[3] et souvent il s'enivre.

N'attendez rien de bon du peuple imitateur[4],
Qu'il soit singe ou qu'il fasse un livre :
La pire espèce[5], c'est l'auteur[6].

2. Comparez le refrain bien connu de la chanson de Béranger intitulée *De profundis, à l'usage de deux ou trois maris* :

Eh ! gai, gai, gai, etc.

3. Rarement un auteur demeure à la maison,
dit Apollon dans la comédie de *Clymène* (tome IV M.-L., p. 141).
— Voyez ci-dessous, à l'*Appendice* (n° XIII), l'histoire de ce Singe « qu'on appeloit maistre Robert », qui ne cherchait que les moyens d' « avoir de quoy boire » et de pouvoir « s'enfuir au cabaret. »

4.   O imitatores, servum pecus!
              (Horace, livre I, épître xix, vers 19.)

Quelques imitateurs, sot bétail, je l'avoue....
              (La Fontaine, épître à Huet, tome V M.-L., p. 177.)

Et dans sa comédie de *Clymène* (tome IV M.-L., p. 136) :

C'est un bétail servile et sot à mon avis
Que les imitateurs.

Comparez la fin de la fable ix du livre IV, sur les plagiaires. Là, il est vrai, le poëte ajoutait :

Je m'en tais, et ne veux leur causer nul ennui :
Ce ne sont pas là mes affaires.

Mais ici il se fâche : lui-même avait été trop *imité* ; et il s'agit sans doute dans ces vers d'un des nombreux copistes ou *imitateurs* de ses fables, trop ami aussi du cabaret.

5. La pire espèce des deux.

6. Voyez ci-dessus, p. 84 et note 20. — Rapprochons ces deux vers (19-20) du *Singe Cupidon*, cité à la notice :

.... Dans le langage commun,
Singe et copiste ce n'est qu'un.

FABLE XX.

LE PHILOSOPHE SCYTHE.

Aulu-Gelle, *Nuits attiques*, livre XIX, chapitre XII (on trouvera ce morceau à l'*Appendice*). — G. Cognatus, p. 85, *de Thracio quodam indocto rustico, qui cum rubis fructiferas arbores præcidit*. — Eustache Deschamps, ballade 299 (édition Didot, tome II, 1880, p. 159-161), *du Jardinier qui destruit de bons plants*.

La fable rapportée par Aulu-Gelle, et où il s'agit d'un Thrace très-ignorant et très-grossier, *insipiens et rudis*, était dirigée, comme il le dit lui-même, contre les Stoïciens qui prétendaient retrancher de l'âme toutes les passions. On peut en rapprocher Plutarque, *De la vertu morale* (OEuvres morales, traduction d'Amyot, Genève, 1613, tome I, p. 112-113), Cicéron, *Pro Murena*, §§ XXIX-XXXI, où il raille agréablement la sévérité, l'aspérité de Caton, et la lettre CXVI de Sénèque, qui est l'exposé de la doctrine stoïcienne sur ce point. Notre poëte, comme nous le remarquons dans la dernière note, semble s'attaquer, lui, aux hommes de Port-Royal, c'est-à-dire également à des stoïciens ou, pour mieux dire, à des stoïques.

La fable d'Eustache Deschamps n'a qu'un rapport éloigné avec celle de la Fontaine : il s'agit d'un Jardinier qui a l'idée très-singulière d'arracher de son jardin « si bel, si doulz », les *bons plants*, les fleurs odorantes, les fruits savoureux, et de semer à la place des chardons, des ronces et du lierre; mais bientôt les plantes parasites ont tout envahi; c'est en vain que le Jardinier s'efforce de les arracher :

.... Son iardin puis ne fructifia,
Ne plant n'y ot (*eut*) qui peust porter bon fruit;
Ainsi iardin et Iardinier fina :
Qui chetif plant eslieue, il se destruit.

Cette « ballade » est une allégorie contre les princes qui élèvent les ignorants :

Princes, le plant qui bon fruit portera
De viel estoc, cilz vous prouflitera;

304 FABLES. [F. XX

Antez cellui et de iour et de nuit;
Du plant villain d'espine qui poindra
Ne d'ortie branche ne plantez ia :
Qui chetif plant eslieue, il se destruit.

« Après une mauvaise petite pièce, en voici une excellente, dit Chamfort. Ce n'est point, à la vérité, un apologue, mais une fort bonne leçon de morale, et plusieurs vers sont admirables. » — M. Taine (p. 185) retrouve dans cette fable le sentiment vrai de la nature qui animait la Fontaine. « Comme Virgile, il avait pitié des arbres; il ne les excluait pas de la vie. « La plante respire, » disait-il[1]. Pendant qu'une civilisation factice taillait en cônes et en figures géométriques les ifs et les charmilles de Versailles, il voulait leur garder la liberté de leurs bourgeons et de leur verdure. » On peut joindre à cette citation celle que nous avons faite du même critique à la fable XVI de ce livre, note 6.

Cette fable fut publiée pour la première fois en 1685, dans les *Ouvrages de prose et de poésie des sieurs de Maucroix et de la Fontaine*, tome I, p. 34.

Un Philosophe austère, et né dans la Scythie[2],
Se proposant de suivre une plus douce vie,
Voyagea chez les Grecs[3], et vit en certains lieux
Un Sage assez semblable au vieillard de Virgile[4],
Homme égalant les rois, homme approchant des Dieux, 5

1.   Cependant la plante respire.
(*Discours à Mme de la Sablière*, à la suite du livre IX, vers 177.)

2. Les anciens désignaient sous le nom de Scythie les contrées septentrionales de l'Europe et de l'Asie, sans avoir une idée bien nette ni de ces pays ni des mœurs de leurs habitants.

3. Comme le vertueux Anacharsis, célébré et immortalisé par l'abbé Barthélemy.

4.   *Namque sub OEbaliæ memini me turribus arcis,*
    Qua niger humectat flaventia culta Galæsus,
    Corycium vidisse senem, cui pauca relicti
    Jugera ruris erant; nec fertilis illa juvencis,
    Nec pecori opportuna seges, nec commoda Baccho.
    Hic rarum tamen in dumis olus, albaque circum
    Lilia verbenasque premens, vescumque papaver,

Et, comme ces derniers, satisfait et tranquille⁵.
Son bonheur consistoit aux beautés⁶ d'un jardin.
Le Scythe l'y trouva qui, la serpe à la main,
De ses arbres à fruit retranchoit l'inutile,
Ébranchoit, émondoit⁷, ôtoit ceci, cela,   10

> *Regum æquabat opes animis, seraque revertens*
> *Nocte domum, dapibus mensas onerabat inemptis.*
>   (VIRGILE, *Géorgiques*, livre IV, vers 125-133.)

— Voyez tome II, p. 166, note 25, à la fin de laquelle nous avons déjà fait allusion au Vieillard du Galèse.

5. Les anciens, qui mêlaient beaucoup les Dieux aux actions humaines et leur prêtaient volontiers, on le sait, toutes les passions des hommes, par une contradiction assez singulière, leur attribuaient aussi un repos inaltérable. On connaît le beau vers où Didon, reprochant à Énée ce qu'elle considère comme des prétextes pour la quitter, fait allusion à cette tranquillité des Dieux :

> *Scilicet is Superis labor est, ea cura quietos*
> *Sollicitat!*
>   (*Énéide*, livre IV, vers 379-380.)

Voyez tome II, p. 162; et *ibidem*, note 7, une citation du livre II de Lucrèce.

6. Comparez, pour cet emploi élégant du datif, ci-dessus, p. 57 et note 6.

7. Comme le remarque M. Marty-Laveaux dans son *Essai sur la langue de la Fontaine*, p. 6-7, « ces mots sont toujours employés avec le plus rigoureux à-propos. *Ébrancher* (voyez tome II, p. 381 et note 8) est un terme très-général qui signifie seulement ôter des branches, soit, comme ici, afin de soulager l'arbre; soit tout à fait au hasard, comme dans le vers 16 de la fable V du livre IX (à laquelle nous venons de renvoyer). *Émonder*, au contraire, a un sens beaucoup plus restreint. « C'est, suivant Olivier de Serres, « oster le mort et rompu *a*. » C'est pour cela que la Fontaine, rappelant les justes plaintes de l'Arbre contre l'Homme, s'écrie :

Que ne l'*émondoit*-on sans prendre la cognée *b* ?

Le Philosophe scythe ne fait point ces utiles distinctions. De retour chez lui (ci-après, vers 26),

   Il tronque son verger contre toute raison. »

a *Théâtre d'agriculture*, etc., Paris, 1605, p. 722.
b Livre X, fable I, vers 77.

Corrigeant partout la nature,
Excessive à⁸ payer ses soins avec usure⁹.
　Le Scythe alors lui demanda :
« Pourquoi cette ruine ? Étoit-il d'homme sage¹⁰
De mutiler ainsi ces pauvres habitants?   15
Quittez-moi votre serpe, instrument de dommage¹¹ ;
　Laissez agir la faux du Temps :
Ils iront assez tôt¹² border le noir rivage¹³. »

8. Littré ne donne de cette locution que deux exemples, le nôtre et un du chevalier de Méré : « Il est excessif à penser. »
9. Comparez le début de la fable xi du livre IX : *Rien de trop.*
10. Était-ce le fait d'un homme sage? — Étoit-il homme sage. (1708.
11. Rapprochez le « Chien, maudit instrument
　　Du plaisir barbare des hommes. »
　　　　(Livre XII, fable xv, vers 63-64.)
12. *Assez tôt* est le texte des *Ouvrages de prose et de poésie* et des éditions de la Haye 1694, de Londres 1708, de 1709, de 1729, de 1788, etc.; l'édition de Paris 1694 et la réimpression donnent *aussi tôt*, qui semble, sinon une faute, au moins une leçon beaucoup moins bonne.
13. Le rivage infernal : voyez tome II, p. 330 et note 6. — « Ce qui est au-dessus de tout, remarque Chamfort, c'est ce trait de poésie vive et animée, qui suppose que des arbres coupés et, pour ainsi dire, mis à mort, vont revivre sur les bords du Styx. Nul poëte n'est plus hardi que la Fontaine; mais ses hardiesses sont si naturelles, que très-souvent on ne s'en aperçoit pas, ou du moins, on ne voit pas à quel point ce sont des hardiesses. C'est ce qu'on peut dire aussi de Racine. » — « Le vers est beau, dit Geruzez, mais on se figure difficilement que les arbres morts descendent aux enfers. » Si l'on raisonne en philosophe, nous le voulons bien; mais le poëte a son imagination, dont les lois sont plus larges. — « La Fontaine est si bon païen, dit M. Taine (p. 226-227), qu'il invente en mythologie. Hérodote eût pu dire de lui, comme d'Hésiode et d'Homère, qu'il a créé un monde divin. Il donne aux arbres une immortalité « sur les bords du noir rivage. » Comparez, ajoute-t-il plus loin (p. 228), « la mythologie ridicule des auteurs graves », cette mythologie réduite en mascarade et en machines, et il cite, comme un exemple frappant, Mars et Bellone, « recrues bizarres », courant avec Gramont, parmi les escadrons

— J'ôte le superflu, dit l'autre, et l'abattant [14],
    Le reste en profite d'autant. »   20
Le Scythe, retourné dans sa triste demeure,
Prend la serpe à son tour, coupe et taille à toute heure ;
Conseille à ses voisins, prescrit à ses amis [15]
    Un universel abatis.
Il ôte de chez lui les branches les plus belles,   25
Il tronque [16] son verger contre toute raison,
    Sans observer temps ni saison,
    Lunes ni vieilles ni nouvelles [17].
Tout languit et tout meurt.

du Roi, dans *le Passage du Rhin* de Boileau (vers 129). — L'abbé Guillon rapproche, avec raison, de ces vers de la Fontaine un passage d'Ézéchiel (chapitre XXXI, versets 14-18), dont voici le trait le plus saillant : *Omnes arbores morti debentur, inferis destinatæ, in tuba dominum ascensuum in forum ituræ.* Il faut en effet chercher dans la littérature sacrée, qui est si audacieuse, pour trouver un exemple de cette force, une figure aussi grande, aussi étonnante. Notre poète a, il est vrai, admirablement préparé par les vers 14-15 :

    Étoit-il d'homme sage
    De mutiler ainsi ces pauvres habitants?

hardiesse de son vers 18. Aux vers 22-24 de l'ode XIV du livre II d'Horace, il s'agit très-probablement des cyprès qui seront plantés autour du monument funèbre, qui suivront leur maître, *brevem dominum*, jusque-là, mais non sur les bords de l'Achéron ou du Styx, dans le bois lugubre, le bois de mort, hérissé d'arbres stériles, dont Homère parle dans le livre X de l'*Odyssée* (vers 509-510), et Virgile, en son *Enfer* (*Énéide*, livre VI, vers 443-444, 451). — Voyez tome II, p. 39 et note 6; et, ci-dessus, p. 291, la note 9 de la fable XVI.

14. Participe absolu à la façon des Latins. Voyez ci-dessus, p. 159 et note 19.

15. Quand il s'adresse à ses amis, il fait plus que conseiller : il ordonne, il prescrit, sans doute les ayant pour disciples.

16. Voyez ci-dessus, la fin de la note 7; et p. 164 et note 14.

17. Rapprochez ce que Virgile, dans ses *Géorgiques* (livre I, vers 276-286), dit de l'influence des différents âges de la lune sur les travaux des champs.

Ce Scythe exprime[18] bien
Un indiscret[19] stoïcien :
Celui-ci retranche de l'âme
Desirs et passions, le bon et le mauvais,
Jusqu'aux plus innocents souhaits[20].
Contre de telles gens, quant à moi, je réclame.
Ils ôtent à nos cœurs le principal ressort ;
Ils font cesser de vivre avant que l'on soit mort[21].

18. De ce sens figuré : reproduire, représenter quelqu'un, le caractère, le naturel, de quelqu'un, Littré, 3°, ne cite qu'un exemple, de Fléchier.

19. Indiscret : qui ne distingue rien, ni « le bon » ni « le mauvais ».

20. *Utrum satius sit modicos habere affectus, an nullos, sæpe quæsitum est. Nostri illos expellunt.... Conscii nobis imbecillitatis nostræ, quiescamus. Nec vino infirmum animum committamus, nec formæ, nec adulationi, nec ullis rebus blande trahentibus.* (SÉNÈQUE, dans la lettre citée à la notice.)

21. *Sic isti apathiæ sectatores, qui videri se esse tranquillos, et intrepidos, et immobiles volunt, dum nihil cupiunt, nihil dolent, nihil irascuntur, nihil gaudent, omnibus vehementioris animi officiis amputatis, in corpore ignavæ et quasi enervatæ vitæ consenescunt.* (AULU-GELLE, au chapitre cité.) — La Fontaine a exprimé les mêmes idées dans un passage des *Filles de Minée* (vers 488-492) :

Hé quoi ! ce long repos est-il d'un si grand prix ?
Les morts sont donc heureux ? Ce n'est pas mon avis :
Je veux des passions ; et si l'état le pire
Est le néant, je ne sais point
De néant plus complet qu'un cœur froid à ce point.

Comparez, à la fin de *Psyché* (tome III M.-L., p. 176), les vers si connus : « Volupté, volupté, etc. », qui montrent combien cette apathie était contraire à sa nature. — Nous sommes tenté de croire, avec M. Mesnard, que la moralité de cette fable visait la doctrine et l'austérité des solitaires de Port-Royal ; notre poëte était peut-être de tous les hommes le moins fait pour goûter cette âpreté ascétique, ou, si l'on veut, cet héroïsme chrétien : voyez, dans notre tome I, la *Notice biographique*, p. cv.

FABLE XXI.

L'ÉLÉPHANT ET LE SINGE DE JUPITER.

L'origine de cette fable nous est inconnue. Elle pourrait bien venir de l'Orient, mais la Fontaine lui aurait fait subir des modifications, tout au moins dans le nom des bêtes et des dieux qui y figurent. Quant aux fables ésopiques que Robert et l'abbé Guillon lui comparent, elles n'ont aucun rapport avec elle.

Robert (tome I, p. ccxxxix) serait porté à croire qu'elle a dû sa naissance à plusieurs apologues (*lisez :* à un apologue) que l'on trouve sous ce titre : *Simia et Elephas*, dans le recueil autographe des thèmes du jeune duc de Bourgogne (fol. 8), bien que le sujet en soit différent, et rappelle plutôt la fable du *Rat et l'Éléphant.* L'Éléphant figure, il est vrai, dans trois ou quatre de ces petites pièces latines; mais eussent-elles même, ce qui n'est pas, quelque ressemblance avec notre fable, il ne faut pas oublier que celle-ci est de 1685, et que le jeune prince, qui n'avait alors que trois ans, ne faisait pas encore de thèmes latins.

« Cette fable est excellente, dit Chamfort, et on la croirait du bon temps de la Fontaine. La vanité de l'Éléphant, le besoin qu'il a de parler voyant que Gille ne lui dit mot, l'air de satisfaction et d'importance qui déguise mal son amour-propre, le ton qu'il prend en parlant du combat qu'il va livrer, et de sa capitale, tout cela est parfait. La réponse du Singe ne l'est pas moins, et le dénouement du brin d'herbe à partager entre quelques fourmis est digne du reste. » Saint-Marc Girardin, dans sa xiv° leçon (tome II, p. 29-33), cite une anecdote curieuse empruntée au *Voyage en Orient* de Lamartine, et la boutade d'un préfet, homme d'esprit, malgré son importance, qu'il rapproche de cette fable, où « la Fontaine a mis en scène, de la façon la plus piquante, ces échecs de la vanité. » Déjà, dans sa vii° leçon (tome I, p. 223-224), à propos du *Coche et la Mouche*, il avait cité une fort jolie histoire d'un voyageur anglais et d'un journaliste américain, et un trait analogue tiré d'un recueil de M. Bersot. Nous donnons, à l'*Appendice* de ce volume, ces deux morceaux qui trouvent ici une application directe. — Nous avons dit (tome II, p. 286) que Saint-Marc Girardin avait, dans la même xiv° leçon, comparé cet apologue à celui du *Rat et l'Éléphant* (le xv° du livre VIII).

Il fut publié en 1685, dans les *Ouvrages de prose et de poésie des sieurs de Maucroix et de la Fontaine*, tome I, p. 38.

Autrefois l'Éléphant et le Rhinocéros,
En dispute du pas¹ et des droits de l'empire²,
Voulurent terminer la querelle en champ clos³.
Le jour en⁴ étoit pris, quand quelqu'un vint leur dire
      Que le Singe de Jupiter,   5
Portant un caducée, avoit paru dans l'air.
Ce Singe avoit nom Gille⁵, à ce que dit l'histoire⁶.

1. De la préséance. Comparez le vers 8 de la fable xvi du livre VII.

2. Voyez la fable iv du livre II (vers 2), où deux Taureaux se disputent une Génisse « avec l'empire ».

3. « Sans pouvoir reculer, les deux généraux et les deux armées semblent avoir voulu se renfermer dans des bois et dans des marais, pour décider leur querelle, comme deux braves, en champ clos. » (BOSSUET, *Oraison funèbre du prince de Condé*, tome V des *OEuvres*, p. 334.) La situation de nos deux champions est la même. — « Je ne sais, dit Buffon, dans sa description du rhinocéros, si les combats de l'éléphant et du rhinocéros ont un fondement réel; ils doivent au moins être rares, puisqu'il n'y a nul motif de guerre ni de part ni d'autre, et que d'ailleurs on n'a pas remarqué qu'il y eût aucune espèce d'antipathie entre ces animaux (*Pline va dire le contraire*). On en a vu même en captivité vivre tranquillement et sans s'offenser ni s'irriter l'un contre l'autre. » Peut-être; mais, à l'état sauvage, leurs combats ne sont pas rares : *Alter hic genitus hostis elephanto; cornu ad saxa limato præparat se pugnæ, in dimicatione alvum maxime petens, quam scit esse molliorem* (PLINE, livre VIII, chapitre xxix). Voyez aussi Diodore de Sicile, livre III, chapitre xxxv, § 3.

4. De cette rencontre; mais il n'y a pas en réalité d'antécédent exprimé.

5. On est étonné de voir le Singe porter ce nom lorsqu'il est messager de Jupiter, qu'il a un caducée comme Mercure, et probablement des ailes aux talons, remarque Nodier, puisqu'il « paraît dans l'air ». Voyez tome II, p. 371 et note 8.

6. Sur cette incise, voyez ci-dessus, p. 258 et note 59.

Aussitôt l'Éléphant de croire
Qu'en qualité d'ambassadeur
Il venoit trouver Sa Grandeur.   10
Tout fier de ce sujet de gloire
Il attend maître Gille, et le trouve un peu lent
A lui présenter sa créance⁷.
Maître Gille enfin, en passant,
Va saluer Son Excellence⁸.   15
L'autre étoit préparé sur la légation⁹ :
Mais pas un mot. L'attention
Qu'il croyoit que les Dieux eussent à sa querelle¹⁰
N'agitoit¹¹ pas encor chez eux cette nouvelle.
Qu'importe à ceux du firmament¹²   20
Qu'on soit mouche ou bien éléphant ?
Il se vit donc réduit à commencer lui-même :
« Mon cousin Jupiter¹³, dit-il, verra dans peu
Un assez beau combat, de son trône suprême ;
Toute sa cour verra beau jeu.   25
— Quel combat ? » dit le Singe avec un front sévère.

7. L'instruction secrète dont il est chargé, ou plutôt, ici, la lettre confidentielle qui l'accrédite en qualité d'ambassadeur.
8. Remarquez cette gradation : « Sa Grandeur », du vers 10, puis « Son Excellence », gradation qui rappelle la fin de la scène v de l'acte II du *Bourgeois gentilhomme* de Molière.
9. Sur l'ambassade dont il croyait le Singe chargé pour lui par Jupiter : il avait préparé sa réponse.
10. Comparez le commencement de la fable v du livre VIII (tome II, p. 236 et note 6) :

.... Il semble que le Ciel sur tous tant que nous sommes
Soit obligé d'avoir incessamment les yeux, etc.

11. C'est le verbe latin *agitare* employé à la manière latine. C'est ainsi qu'on dit « agiter une question. » Le sens de ces trois derniers vers est clair, mais leur tour n'est pas très-net.
12. Sur ce mot, voyez, ci-dessus, p. 277, la fin de la note 17.
13. L'Éléphant parle de Jupiter comme les rois se parlent entre eux ou parlent les uns des autres.

L'Éléphant repartit : « Quoi ! vous ne savez pas
Que le Rhinocéros me dispute le pas ;
Qu'Éléphantide a guerre avecque Rhinocère[14] ?
Vous connoissez ces lieux, ils ont quelque renom.   30
— Vraiment je suis ravi d'en apprendre le nom,
Repartit maître Gille[15] : on ne s'entretient guère
De semblables sujets dans nos vastes lambris[16]. »
            L'Éléphant, honteux et surpris[17],
Lui dit : « Et[18] parmi nous que venez-vous donc faire ? 35
— Partager un brin d'herbe entre quelques fourmis :
Nous avons soin de tout. Et quant à votre affaire,
On n'en dit rien encor dans le conseil des Dieux[19] :
Les petits et les grands sont égaux à leurs yeux. »

14. Prétendues capitales des Éléphants et des Rhinocéros. La plupart des commentateurs disent que ces deux noms sont de l'invention de la Fontaine ; il n'a tout au plus forgé que le second. Éléphantide, ou Éléphantine (*Elephantis*), est, dans Strabon (livre XVII, chapitre I), dans Pline (livre V, chapitre x), dans Vitruve (livre VIII, chapitre II), etc., etc., une île du Nil, dans la haute Égypte : *Djeziret-el-Sag*, l'île des fleurs, comme l'appellent aujourd'hui les Arabes, située en face d'Assouan (Syène) et au-dessous de la dernière cataracte.

15. Voyez les anecdotes que nous citons dans l'*Appendice* de ce volume. C'est encore l'histoire de Cicéron revenant de son gouvernement de Sicile et fort surpris de voir que le monde n'est pas tout occupé de sa gloire (*Pro Plancio*, § XXVI).

16. Rapprochez, au vers 35 de la fable IV du livre XI : « .... riches lambris ». — « Voilà de quel air on rebute les roitelets de province, » dit M. Taine (p. 111), « ces petits princes qui croient que le monde a les yeux sur leur bicoque. »

17. Comparez le Corbeau, « honteux et confus », de la fable II du livre I.

18. *Et* est bien le texte de nos anciennes éditions. — Eh ! (1788.)

19. Rapprochez ces paroles ironiques de Jupiter, dans Rabelais, lorsque le bûcheron réclame sa cognée perdue : « Vrayement, nous en sommes bien. Nous à ceste heure n'auons aultre faciende, que rendre coingnées perdues? Si fault il luy rendre. Cela est escript es Destins, entendez vous : aussi bien comme si elle valust la duché de Milan. » (Prologue du quart livre, tome II, p. 261.)

FABLE XXII.

UN FOU ET UN SAGE.

Phèdre, livre III, fab. 5, *Æsopus et Petulans*. — Abstemius, fab. 172, *de Philosopho cynico qui percussori suo argentum dedit*. *Mythologia æsopica Neveleti*, p. 419, p. 607.

Il y a dans le cinquième livre du *Pantschatantra*, fable 1, un récit qui a quelque analogie avec celui-ci : Un marchand, cédant aux inspirations d'un songe, frappe d'un coup de bâton et change en un monceau d'or un génie déguisé sous la figure d'un derviche ou religieux mendiant; témoin de ce fait, un barbier frappe aussi d'autres derviches; mais il est aussitôt saisi et empalé. (Lancereau, *le Barbier et les Mendiants*, p. 311 ; voyez aussi l'*Hitopadésa*, traduit par le même, p. 208; il y a une version un peu différente dans le *Pantchatantra* de Dubois, p. 217, et dans celui de Benfey, tome II, p. 321.) — Aulu-Gelle raconte dans ses *Nuits attiques* (livre XX, chapitre XXI) une histoire qui est comme l'inverse de la nôtre : Un certain Lucius Veratius, Romain très-riche, quand il marchait par la ville, se faisait toujours escorter d'un esclave portant une bourse pleine d'argent. Venait-il à rencontrer un homme d'une condition inférieure à la sienne et dont il ne redoutait pas de représailles, il lui donnait un soufflet, puis prenait dans la bourse et lui remettait la somme ordonnée par la loi des Douze Tables pour la réparation de cet outrage.

« Joli petit conte, dit Chamfort, et bonne leçon pour qui peut en profiter; mais j'imagine que les occasions en sont rares. »

« Cette leçon, dit à son tour Nodier, peut être bonne, surtout à la cour; mais elle suppose une petite combinaison que l'on voudrait croire étrangère à l'âme simple de la Fontaine. »

Cette fable a été publiée en 1685 dans les *Ouvrages de prose et de poésie des sieurs de Maucroix et de la Fontaine*, tome I, p. 42. Nous en avons vu un manuscrit dans le cabinet de M. Boutron-Charlard, qui paraissait être de la main de l'auteur, sans que nous puissions toutefois garantir l'authenticité.

Certain Fou poursuivoit à coups de pierre un Sage.
Le Sage se retourne et lui dit : « Mon ami,
C'est fort bien fait à toi, reçois cet écu-ci :
Tu fatigues[1] assez pour gagner davantage.
Toute peine, dit-on, est digne de loyer[2].
Vois cet homme qui passe, il a de quoi payer;
Adresse-lui tes dons, ils auront leur salaire[3]. »
Amorcé par le gain, notre Fou s'en va faire
  Même insulte à l'autre bourgeois.
On ne le paya pas en argent cette fois.

1. Emploi du verbe au neutre. « Plus elles (les troupes) fatiguoient, plus il sembloit qu'elles redoublassent de vigueur. » (RACINE, tome V, p. 343, *Relation de ce qui s'est passé au siège de Namur*.)

2. De salaire : Toute peine mérite salaire. Comparez livre VI, fable XIII, vers 9; livre X, fable I, vers 73; et ces deux vers de Malherbe qui parlent semblablement du *loyer* mérité par la folie :

— .... Seroit-ce raison qu'une même folie
N'eût pas même loyer?
  (*Poésies*, CIII, tome I, p. 281.)

— Dans une scène caractéristique du roman de M. Octave Feuillet, intitulé *Monsieur de Camors*, l'auteur semble s'être souvenu de cette fable, du commencement du moins, mais avoir voulu l'approprier aux mœurs modernes, à l'état particulier des esprits dans notre siècle : Le héros du roman, à la suite d'une folle partie nocturne, veut obliger un chiffonnier qui passe dans la rue à ramasser un louis dans la boue avec ses dents. Pressé par la misère, le chiffonnier obéit. « Hé! l'ami, dit Camors le touchant du doigt, veux-tu gagner cinq louis maintenant?... Donne-moi un soufflet; ça te fera plaisir et à moi aussi! » Le chiffonnier le frappe aussitôt avec une telle force qu'il l'envoie rouler contre la muraille. Camors lui tend les cinq louis. « Garde-les, dit l'autre, je suis payé! » (Édition de 1868, p. 34.)

3. *Æsopo quidam petulans lapidem impegerat.*
« *Tanto, inquit, melior!* » *Assem deinde illi dedit,*
Sic prosecutus : « *Plus non habeo, me Hercule,*
Sed unde accipere possis monstrabo tibi,
Venit ecce dives et potens; huic similiter
Impige lapidem, et dignum accipes præmium. »
  (PHÈDRE, vers 2-7.)

Maint estafier⁴ accourt : on vous happe⁵ notre homme,
On vous l'échine, on vous l'assomme⁶.

Auprès des rois il est de pareils fous :
A vos dépens ils font rire le maître⁷.
Pour réprimer leur babil, irez-vous   15
Les maltraiter⁸ ? Vous n'êtes pas peut-être

4. *Staffiere*, de *staffa*, étrier, laquais armé, qui accompagne le maître, qui tient l'étrier, la bride, comme l'explique ce passage de l'*Apologie pour Hérodote* d'Henri Estienne, chapitre XL, tome II, p. 421 (la Haye, 1735) : « Ce même pape (Clément V) se pourmena par la ville de Bogenci sur Loire, en grande pompe, et ayant entr'autres pour ses conducteurs, ou plustost pour ses estafiers ou laquays, le roy de France et le roy d'Angleterre, l'un à costé dextre, l'autre à senestre : dont l'un tenoit la bride du cheval. Aussi lisons-nous que le susdict empereur Frederic servit d'estafier au pape Adrian IV, predecesseur de cestuy-ci : pour le moins luy tint l'estrier pour descendre. » Rapprochez la Bruyère, *des Grands*, tome I, p. 348 : « Un grand.... s'enivre de meilleur vin que l'homme du peuple : seule différence que la crapule laisse entre les conditions les plus disproportionnées, entre le seigneur et l'estafier. »

5.   ⁷On vous le happe et mène à la potence.
               (*Belphégor*, vers 281.)
Comparez les fables VIII du livre V, vers 29, VII du livre VIII, vers 26, et XII du livre XII, vers 104.

6. Pour cet emploi du pronom indéfini, rapprochez la fable III du livre XI, vers 58-59. — Dans Phèdre l'insolent est crucifié ; chez Abstemius il est percé d'un coup mortel (*letale vulnus accepit*), et il s'écrie, sentant la mort prochaine : *Quanto melius mihi fuisset colapho a Cynico repercuti quam nummo etiam aureo donari!*

7. Comparez les vers 5-7 de la fable VIII du livre IX, tome II, p. 399 et note 4. — Lorsqu'il n'y eut plus de fous attitrés auprès des princes, auprès des grands, il y eut encore des courtisans, des parasites qui en jouaient le rôle, et que la Fontaine connaissait bien.

8. « Dans un exemplaire des *Ouvrages de prose et de poésie des sieurs de Maucroix et de la Fontaine*, je trouve, dit Walckenaer, à la suite de cette fable (tome I, p. 44), une note manuscrite, en

Assez puissant. Il faut les engager
A s'adresser à qui peut se venger⁹.

écriture du temps, ainsi conçue : « Cette fable fut faite contre le
« sieur abbé du Plessis, une espèce de fou sérieux, qui s'étoit mis
« sur le pied de censurer à la cour les ecclésiastiques, et même les
« évêques, et que M. l'archevêque de Reims fit bien châtier. » Il y
a un abbé du Plessis qui fut évêque de Saintes, et qui était grand
pénitencier de l'Église de Paris lorsqu'il fut promu à l'épiscopat.
Mais, en 1685, il était déjà évêque de Saintes, et Walckenaer le
loue, dans une addition, également manuscrite, « de n'avoir employé que les exhortations pour convertir les protestants. » Avant
de l'avoir choisi pour cet évêché, Louis XIV, à ce qu'assure
Moréri, ne l'avait jamais vu. Les livres du temps font mention d'un
autre abbé du Plessis qui demeurait à Paris près le Puits d'Amour
et que l'on citait parmi les « fameux curieux des ouvrages magnifiques. » (*Le Livre commode ou des addresses d'Abraham du Pradel,
philosophe et mathématicien*, 1692, in-8°, p. 67.) Enfin l'abbé de
Marolles, dans ses *Mémoires*, publiés en 1656, nomme parmi ceux
qui lui ont donné des livres un abbé du Plessis, « né d'une famille
noble en Touraine, de la maison de Bleré, esprit agréable et naturellement éloquent, pour (*pour m'avoir donné*) son panégyrique de
M. de Turenne. » (Tome III, p. 275, édition d'Amsterdam, 1755,
in-12.) Ces divers renseignements ne concordent pas très-bien avec
la note citée par Walckenaer. Il s'agit sans doute de quelque
autre abbé du Plessis.

9. Voici la morale de Phèdre :

Successus ad perniciem multos devocat;

et celle d'Abstemius : *Fabula indicat delinquentibus impunitatem peccandi potius quam pœnam interdum nocuisse.*

FABLE XXIII.

LE RENARD ANGLOIS.

A MADAME HARVEY[1].

Abstemius, fab. 146, *de Vulpe capta a Cane, dum se mortuam simulat*. — Le *Roman de Renart*, édition Méon, tome III, p. 82-166, vers 21977-24344, *Comment Renart se muça* (cacha) *ès piaus*.

1. Élisabeth Montagu, veuve de sir Daniel Harvey, mort à Constantinople au service de Charles II, dont il était l'ambassadeur en Turquie. C'était une femme intelligente et spirituelle, qui joua un rôle considérable à la cour d'Angleterre, et elle détermina son amie la duchesse de Mazarin, dont il est parlé à la fin de cette fable, à résider dans ce pays. Elle vint à Paris en 1683, et sans doute la Fontaine la connut chez Ralph Montagu, son frère, ambassadeur d'Angleterre en France. Elle mourut en 1702. — L'orthographe de nos anciennes éditions est *Hervay*; son véritable nom était *Harvey*. — Comparez à l'éloge de Mme Harvey le portrait de Mme de la Sablière au commencement de la fable xv de ce livre XII; et voyez la *Notice biographique* en tête de notre tome I, p. CLX-CLXIV. — « Déjà, en 1683, dit Saint-Marc Girardin (tome I, p. 348-349), Mme Harvey étant venue voir son frère, avait voulu attirer la Fontaine en Angleterre. Comme il semblait qu'il n'était pas assez estimé, surtout à la cour de France, Mme Harvey trouvait qu'il était piquant que l'Angleterre apprît à la France le prix de son poëte en le lui enlevant. En 1683, la Fontaine aimait trop Mme de la Sablière pour la quitter[a], quoiqu'elle fût déjà convertie à la piété et qu'il ne le fût pas encore. Cependant, en homme qui n'avait jamais su résister à une avance, il répondit à l'empressement des Anglais pour lui par la fable du *Renard-anglois*, dans laquelle il loua Mme Harvey, les Anglais, l'Angleterre, et même les renards anglais, qu'il trouve plus fins et plus avisés que les nôtres. »

[a] C'est elle qui avait quitté ses amis, ou du moins elle ne leur faisait plus que de rares visites (voyez ci-dessus, la fin de la note 16 de la fable xv); mais notre poëte, il est vrai, continuait de loger chez elle, bien qu'elle n'y logeât plus presque jamais elle-même.

Voyez l'extrait que nous donnons à l'*Appendice*, d'après le manuscrit de la Bibliothèque nationale aujourd'hui coté *Français* 371, avec la variante de l'édition de Méon, qu'il dit (tome I, p. vi) avoir collationnée sur « douze manuscrits ».

Mythologia æsopica Neveleti, p. 597.

Dans la fable d'Abstemius le Renard ne se pend pas à un gibet; il s'étend dans un champ, après s'être roulé dans la fange, et fait le mort, afin de dévorer les oiseaux qui viendront fondre sur lui; mais un chien survient et le déchire avec ses dents; d'où cette moralité : *Fabula indicat, qui aliis insidias moliuntur, moleste ferre non debere quod ipsi quoque capiuntur.*

Dans le *Roman de Renart*, Renart est rencontré par un chevalier qui allait à la chasse. Celui-ci découple ses chiens : Renart se sauve et vient droit au château du chasseur dont il connaissait bien les êtres, car il y avait mangé maint chapon. Le maître et la meute arrivent presque aussitôt que lui et on le cherche par toute la maison,

Jusques à cueure feu soner ;

mais inutilement. Renart joue plusieurs fois ce mauvais tour au chasseur, toujours avec le même succès; un beau jour il est surpris suspendu, dans une salle du château, à une hart, au milieu de neuf peaux d'autres renards. Très-étonnés de voir dix peaux, au lieu de neuf qu'ils avaient pendues, le chevalier et son veneur s'approchent et reconnaissent Renart. Le veneur veut le faire descendre :

Chent deable li ont fait pendre,
Certes je l'en ferai descendre ;

mais Renart saute et s'enfuit, non sans avoir mordu le veneur, et jure bien, voyant sa cachette découverte, de ne plus remettre les pieds dans ce château.

« Mme Harvey, dit Robert (tome I, p. clxxii, note 2), doit avoir fourni à la Fontaine le sujet de sa fable *le Renard anglois*; car autrement pourquoi aurait-il fait du héros de sa fable un habitant de la Grande-Bretagne ? Cette dame l'avait sans doute empruntée à la version anglaise du *Roman de Renart*, qui devait être bien connue en Angleterre à cette époque, puisque Ogilby.... emploie dans ses fables les surnoms donnés aux animaux dans cet ancien poëme. »

Cette fable fut publiée en 1685 dans les *Ouvrages de prose et de poésie des sieurs de Maucroix et de la Fontaine*, tome I, p. 45.

Le bon cœur est chez vous compagnon du bon sens[2],
Avec cent qualités trop longues à déduire,
Une noblesse d'âme, un talent pour conduire
  Et les affaires et les gens,
Une humeur franche et libre, et le don d'être amie[3]   5
Malgré Jupiter même et les temps orageux[4].
Tout cela méritoit un éloge pompeux;
Il en eût été moins selon votre génie :
La pompe vous déplaît, l'éloge vous ennuie.
J'ai donc fait celui-ci court et simple. Je veux   10
  Y coudre encore un mot ou deux
  En faveur de votre patrie :
Vous l'aimez. Les Anglois pensent profondément[5];
Leur esprit, en cela, suit leur tempérament :

2. Comparez une figure analogue au vers 1 de la fable II du livre VII :

  Que le bon soit toujours camarade du beau.

3. « Expression bien heureuse, dit Chamfort, que la Fontaine a inventée et rendue célèbre. »

4. Malgré les orages de la politique et les foudres de Jupiter, c'est-à-dire malgré les disgrâces qui peuvent atteindre vos amis. — L'édition de 1694, celle de la Haye de la même année, et les textes de 1708, 1709, 1729, 1788, aussi bien que les *Ouvrages de prose et de poésie*, ont ici un point, et rattachent toute cette énumération au premier vers. Walckenaer a eu tort de remplacer le point par une virgule.

5. Rapprochez un passage d'une lettre de la Fontaine à la duchesse de Bouillon (novembre 1687, tome III *M.-L.*, p. 386), où il loue, non la profondeur de pensée, mais le jugement des Anglais. — Louis XV goûtait moins que la Fontaine les penseurs anglais. Lorsque le comte de Lauraguais répondit à cette question du Roi : « Vous venez d'Angleterre. Qu'y avez-vous fait? — Sire, j'y ai appris à *penser*, » il s'attira la repartie, le jeu de mots si connu : « Les chevaux? »

Creusant dans les sujets, et forts d'expériences,   15
Ils étendent partout l'empire des sciences⁶.
Je ne dis point ceci pour vous faire ma cour :
Vos gens⁷ à pénétrer⁸ l'emportent sur les autres ;
  Même les chiens de leur séjour⁹
  Ont meilleur nez que n'ont les nôtres¹⁰.   20
Vos renards sont plus fins ; je m'en vais le prouver
  Par un d'eux, qui, pour se sauver,
  Mit en usage un stratagème
Non encor pratiqué, des mieux imaginés¹¹.
Le scélérat, réduit en un péril extrême,   25

  6. « Rien n'était plus vrai et plus exact, dit Chamfort. La Société royale de Londres, fondée sous Charles II, jetait les fondements de la vraie physique établie sur les expériences et sur les faits. » Voyez, tome II, p. 197, la notice de la fable XVIII du livre VII. La Fontaine songe surtout sans doute ici à Bacon et à Newton.

  7. Ceux de votre nation.

  8. Pour pénétrer, en pénétration. Comparez un tour semblable au vers 16 de la fable X du livre VII.

  9. Voyez ci-dessus, p. 119, où ce mot est pris, non comme ici, au sens de *pays*, *demeure*, mais de « temps de séjour ».

  10. Chamfort trouve la chose étrange, sans oser affirmer qu'elle ne soit pas vraie : « A toute force peut-être les chiens anglais sentent-ils mieux le renard que les nôtres. Ils le chassent plus souvent. » Les Anglais en effet possèdent pour cette sorte de chasse une race spéciale de chiens appelés *fox-hounds* (chiens à renard). Ces chiens lancent à fond de train l'animal, suivis de près par les chasseurs montés, qui cherchent, non à le tuer, mais à le forcer ; de sorte qu'il arrive parfois que le renard lancé, s'enfuyant droit devant lui, à travers la campagne, s'il ne se laisse, à bout de forces, étrangler par la meute, ou ne gagne un trou, est rapporté vivant par le piqueur dans un sac, et peut servir, après quelques jours de repos, à une course nouvelle. Du croisement de ces *fox-hounds* avec nos races françaises on n'a obtenu qu'un chien plus vite, mais moins collé à la voie, et ayant peu de nez.

  11. Ce stratagème, tout nouveau et inconnu dans notre pays, selon la Fontaine, ne passait pas pour être ignoré des renards anciens, ni des renards français, puisqu'il est raconté dans l'épopée toute française du *Roman de Renart*, que nous avons citée.

Et presque mis à bout par ces chiens au bon nez,
    Passa près d'un patibulaire [12].
    Là, des animaux ravissants [13],
Blaireaux, renards, hiboux, race encline à mal faire,
Pour l'exemple pendus, instruisoient les passants [14]. 30
Leur confrère, aux abois, entre ces morts s'arrange [15].
Je crois voir Annibal, qui, pressé des Romains,
Met leurs chefs [16] en défaut, ou leur donne le change,
Et sait, en vieux renard, s'échapper de leurs mains [17].

12. Comparez *la Matrone d'Éphèse*, vers 192 : « mettre au patibulaire ». — Non pas une potence, comme le dit Walckenaer, mais un gibet, une espèce d'échafaudage, pouvant recevoir plusieurs pendus, hommes ou animaux (*patibulum*), ainsi que le représentent les gravures de nos anciens textes. Le mot, d'ailleurs, est adjectif ordinairement : « bois patibulaire », « fourches patibulaires », comme dans ces vers de la comédie de *Ragotin* (acte V, scène XIII) :

..... Je voudrois bien voir la grâce qu'il aura
Au bois patibulaire alors qu'on le pendra.

13. Animaux de proie. « Combien y a-t-il d'hommes qui vivent.... comme des loups, ravissants et impitoyables ! » (LA ROCHEFOUCAULD, *Réflexions diverses*, tome I, p. 307.)

14. Ce mot est évidemment ici appliqué aux animaux plutôt qu'aux hommes.

15. Dans un conte islandais cité par M. Cosquin (8ᵉ partie, p. 390, de ses *Contes populaires lorrains*), un voleur use d'un subterfuge analogue : il fait semblant de se pendre à un arbre, sur le chemin où doivent passer, non ceux qui le poursuivent, mais ceux qu'il veut dépouiller. M. Cosquin ajoute que la même ruse se retrouve dans des contes norvégien, irlandais, saxon, toscan, russe et allemand, auxquels il renvoie. Elle a plus de rapport, à vrai dire, avec celle du Chat « pendu par la patte » de la fable XVIII du livre III.

16. Les *Ouvrages de prose et de poésie*, l'édition de 1694, celle de la Haye de la même année, celles de 1708, de 1709 et de 1729, ont bien « leurs chefs », au pluriel. — Leur chef. (1788.) — Comparez la chasse au cerf, tome II, p. 464-465 et notes.

17. Allusion à la manière dont Annibal, enfermé par Fabius Cunctator, lui échappa à diverses reprises. Voyez Tite-Live, livre XXII, chapitres XVI et XVII; et rapprochez les vers 1930-1931 de *Renart*

Les clefs de meute[18] parvenues
A l'endroit où pour mort le traître se pendit,
Remplirent l'air de cris : leur maître les rompit[19],
Bien que de leurs abois ils perçassent les nues.
Il ne put soupçonner ce tour assez plaisant.
« Quelque terrier, dit-il, a sauvé mon galant[20].
Mes chiens n'appellent[21] point au delà des colonnes[22]
Où sont tant d'honnêtes personnes[23].
Il y viendra, le drôle ! » Il y vint, à son dam[24].
Voilà maint basset[25] clabaudant[26];
Voilà notre Renard au charnier se guindant[27].

le nouuel, édition Méon, où une comparaison semblable est également empruntée à l'histoire ancienne :

Entre Alixandre et le roi Daire
N'ot (*il n'y eut*) assaut onques tant felon.

— Assimilation analogue d'un « sanglier » à un « guerrier » aux vers 417 et suivants d'*Adonis*.

18. Terme de vénerie : les meilleurs chiens d'une meute, ceux qui conduisent les autres, et les redressent quand ils sont en défaut.

19. *Rompre les chiens*, c'est renoncer à la chasse, ramener les chiens quand ils ont perdu la piste, ou les en détourner, la leur faire perdre.

20. *Galant*, par un *t*, est ici l'orthographe de nos anciennes éditions, contrairement à l'usage presque constant de la Fontaine. Même terme appliqué au Renard : *galand*, dans la fable XVIII du livre I, vers 4.

21. *Appeler*, en style de vénerie, donner de la voix, aboyer.

22. Les montants (de pierre, sur nos anciennes gravures) qui supportent la traverse où les animaux sont pendus.

23. Vers à rapprocher du vers 15 de la fable XII du livre VIII, où les mêmes mots sont employés, mais avec une ironie toute différente. Voyez ci-dessus, p. 197 et note 3.

24. Pour sa perte, du latin *damnum*. Même locution dans *le Florentin*, scène VIII (tome IV M.-L., p. 341), et dans le conte XV de la IVe partie, vers 88.

25. Voyez tome II, p. 429 et note 16.

26. Aboyant, proprement sans être sur les voies, en cherchant les voies. Voyez la fin de la note 15 de la page 428 du tome II.

27. Aux fourches patibulaires. — Voyez ci-dessus, p. 298 et

Maître pendu croyoit qu'il en iroit de même
Que le jour qu'il tendit de semblables panneaux;
Mais le pauvret [28], ce coup, y laissa ses houseaux [29].
Tant il est vrai qu'il faut changer de stratagème [30] !
Le Chasseur, pour trouver sa propre sûreté, 50
N'auroit pas cependant un tel tour inventé [31];
Non point par peu d'esprit : est-il quelqu'un qui nie
Que tout Anglois n'en ait bonne provision [32]?

    Mais le peu d'amour pour la vie
    Leur nuit en mainte occasion [33]. 55

    Je reviens à vous [34], non pour dire [35]
    D'autres traits sur votre sujet;

note 8; et rapprochez ce vers de la comédie de *Ragotin* (acte I, scène x) :

    Je me guindois en l'air.

28. Même diminutif au livre IV, fable XI, vers 34.

29. *Houseaux*, bottes ou longues guêtres; expression proverbiale pour dire qu'il y mourut. Rapprochez l'expression inverse : « tirer ses grègues » (tome I, p. 177 et note 6).

30. Chamfort rapproche ce vers de celui-ci :

    N'en ayons qu'un, mais qu'il soit bon,

qui se trouve dans la fable du *Chat et du Renard* (livre IX, fable XIV, vers dernier), et blâme la Fontaine de cette contradiction. Mais nous avons eu l'occasion déjà de remarquer que les préceptes de ce genre, qui ne touchent pas à la morale, peuvent varier à l'infini sans cesser d'être vrais : voyez tome II, p. 426.

31. Sur cette ancienne construction, voyez tome II, p. 274 et note 4.

32. « Quoi! Tous les Anglais ont de l'esprit? s'écrie Chamfort; il n'y a point de sots chez eux? A quoi la Fontaine songeait-il en écrivant cela? »

33. Est-ce encore bien vrai? la Fontaine fait-il allusion à la fréquence des suicides en Angleterre? C'est surtout dans leur littérature que perce ce goût de la mort.

34. « Ce tour est froid, dit Chamfort. Il faut revenir à son ami sans y penser et sans l'y faire songer lui-même. »

35. Pour vous dire. (1709, 1729.)

Tout long éloge[36] est un projet
Peu favorable pour ma lyre[37].
Peu de nos chants, peu de nos vers,
Par un encens flatteur amusent l'univers,
Et se font écouter des nations étranges[38].
Votre prince[39] vous dit un jour
Qu'il aimoit mieux un trait d'amour

60

36. Trop long éloge. (1726.)
37. Voyez ci-dessus, p. 84 et note 23. — Nous donnons ces quatre vers tels qu'ils se lisent dans les *Ouvrages de prose et de poésie* (1685). L'édition de 1694 donne ce passage ainsi :

Je reviens à vous, non pour dire
D'autres traits sur votre sujet,
Trop abondant pour ma lyre.
Peu de nos chants, etc.

Dans ce texte *sujet* ne rime avec rien ; de plus, comme le remarque Boissonade, dans une lettre à Walckenaer, « le vers : *Trop abondant pour ma lyre*, est d'une mesure impaire qui se lie mal avec les autres. » La leçon de 1694 a été reproduite par l'édition imprimée la même année à la Haye, et par celle de Paris 1709 (sauf le premier vers). La leçon de 1685 est donnée par l'édition de Londres 1708 et par celles de 1729 (sauf également le premier vers : voyez la note 35) et de 1788.

38. Les nations étrangères. Voyez Marot, *le Temple de Cupido* (tome I, p. 24) :

J'ay circuy mainte contrée estrange ;

Voiture, *Épître à Mgr le Prince sur son retour d'Allemagne, l'an* 1645 :

.... Votre los se portera
Dans les terres les plus étranges.

Voyez aussi le conte x de la IVe partie, vers 126 :

Messire Jean, est-ce quelqu'un d'étrange ?

et, tome V *M.-L.*, p. 26 et 123, deux autres exemples de notre poëte. L'Académie donne le mot dans ses quatre premières éditions, et remarque qu' « il n'est en usage, en ce sens, que dans ces phrases : terres étranges, nations étranges, venu d'étrange pays. Il est meilleur en poésie, où on s'en sert encore, quoiqu'il soit vieux. »

39. Charles II, qui mourut en 1685, l'année même où fut publiée cette fable. Voyez tome II, p. 202 et note 17.

LIVRE XII.

Que quatre pages de louanges [40]. 65
Agréez seulement le don que je vous fais
  Des derniers efforts de ma Muse.
  C'est peu de chose ; elle est confuse
  De ces ouvrages imparfaits [41].
  Cependant ne pourriez-vous faire 70
  Que le même hommage pût plaire
A celle qui remplit vos climats d'habitants
  Tirés de l'île de Cythère [42] ?
  Vous voyez par là que j'entends
Mazarin, des Amours déesse tutélaire [43]. 75

40. Chamfort trouve toute cette fin dénuée de grâce, et il faut convenir qu'il n'a pas tort. « Le mot de Charles II à Mme Harvey, ajoute-t-il, ce mot seul vaut mieux que tout ce que dit ici la Fontaine à cette dame et à Mme de Mazarin. »

41. Rapprochez la fin de la fable II du livre XII, où le poëte semble regretter l' « imperfection » de son apologue, mais par galanterie pour le jeune prince auquel il est dédié.

42. L'expression est bien peu naturelle. « Les habitants tirés de l'île de Cythère » sont sans doute les Amours.

.... On va faire embarquer ces belles.
Elles s'en vont peupler l'Amérique d'Amours.
  (*Lettre à Saint-Évremond*, tome III *M.-L.*, p. 401.)

L'image est la même dans ces derniers vers, mais bien plus agréablement et clairement exprimée.

43. Comparez, sur les enchantements et les grâces de la duchesse de Mazarin, une lettre à la duchesse de Bouillon de novembre 1687 (tome III *M.-L.*, p. 385-386) :

  Moins d'Amours, de Ris et de Jeux,
Cortége de Vénus, sollicitoient pour elle, etc.

— Hortense Mancini, duchesse de Mazarin, une des nièces du Cardinal, était retirée depuis plusieurs années en Angleterre, où elle rassemblait autour d'elle une petite cour d'admirateurs empressés. Elle avait épousé, en 1661, Armand-Charles de la Porte, duc de la Meilleraye, qui prit le nom et les armes de Mazarin : séparée de son mari, elle plaidait contre lui, et Charles II lui faisait une pension. Elle était née, en 1646, à Rome, et mourut à Chelsea, près de Londres, en 1699. La Fontaine a fait d'elle le portrait suivant dans une lettre adressée à Saint-Évremond, du 18 décembre 1687 (tome III *M.-L.*, p. 398) :

> Hortense eut du Ciel en partage
> La grâce, la beauté, l'esprit ; ce n'est pas tout :
> Les qualités du cœur ; ce n'est pas tout encore :
> Pour mille autres appas le monde entier l'adore,
> Depuis l'un jusqu'à l'autre bout.
> L'Angleterre en ce point le dispute à la France :
> Votre héroïne rend nos deux peuples rivaux.
> O vous, le chef de ses dévots,
> De ses dévots à toute outrance,
> Faites-nous l'éloge d'Hortense !

FABLE XXIV.

DAPHNIS ET ALCIMADURE.

IMITATION DE THÉOCRITE.

A MADAME DE LA MÉSANGÈRE [1].

Théocrite, idylle XXIII, Ἐραστὴς ἢ δύσερως. — Virgile, IIᵉ églogue. — G. Cognatus, p. 92, *Amator non redamatus*. — Baïf, l'*Amour Vangeur* (dans le tiers livre des *Poëmes*, 1573), tome II, p. 155-160, de l'édition Marty-Laveaux, 1883.

Pour peu que l'on compare l'*Amour Vangeur* avec la fable de la Fontaine, dont le sujet est le même, « on verra, dit Sainte-Beuve[2], que l'avantage de la naïveté, sinon de l'originalité, reste tout à fait à Baïf. »

Cette pièce parut pour la première fois, en 1685, dans les *Ouvrages de prose et de poésie des sieurs de Maucroix et de la Fontaine*, tome I, p. 70. La Fontaine l'inséra ensuite dans son recueil de 1694, dont elle forme la vingt-quatrième fable, et d'où elle a passé dans ceux de van Bulderen, de la même année, de 1708 et de 1709. Les frères Sauvage (Paris, 1726, in-4°) ne la rangent pas parmi les

---

1. Marguerite, seconde fille de Mme de la Sablière. Elle avait épousé, en 1678 (*Mercure galant*, de mai de cette année, p. 371), M. Scot de la Mésangère, conseiller au parlement de Normandie. Devenue veuve, elle se remaria, en 1690, au comte de Nocé. Pendant son veuvage, peut-être pour seconder les vœux de sa mère qui désirait la voir remariée, la Fontaine lui adressa cette idylle. C'est à Mme de la Mésangère, c'est à cette beauté célèbre, que Fontenelle dédia, en 1686, ses *Entretiens sur la pluralité des mondes*; c'est elle dont il a fait une de ses interlocutrices, sous le nom de la Marquise. Elle mourut le 30 novembre 1714, sans enfants. Voyez Walckenaer, *Histoire de la Fontaine*, tome II, p. 71-73; et la *Notice biographique*, en tête de notre tome I, p. CLXIV-CLXV.

2. *Tableau historique et critique de la Poésie française et du Théâtre français au XVIᵉ siècle* (1828), tome I, p. 113. L'*Amour Vangeur* de Baïf y est transcrit, p. 373-378.

fables; ils l'ont placée dans leur tome III, p. 303, entre le poëme d'*Adonis* et *Philémon et Baucis*. On la trouve également dans le I*er* volume (p. 150) des *OEuvres diverses* de la Fontaine publiées, en 1729, par la Compagnie des libraires, lesquelles, on le sait, ne contiennent point les fables; dans le tome III (p. 187) des *Fables choisies* éditées la même année par la même compagnie; dans l'édition de 1788, etc.

La Fontaine lui-même, en la publiant en 1685 et en 1694, la donnait comme une imitation de Théocrite. C'est donc là qu'il en faut chercher l'origine. Notons cependant qu'il a aussi pu songer soit à la seconde églogue de Virgile, soit même au récit de G. Cognatus (Gilbert Cousin) que nous avons cité.

Mondonville a écrit sur elle les paroles et la musique d'une pastorale en trois actes et en vers languedociens, portant le même titre, et qui fut représentée devant le Roi, à Fontainebleau, le 29 octobre 1754, et, à l'Opéra, le 29 décembre de la même année (Montpellier, 1758, in-8°), avec le plus grand succès.

« Toute cette pièce est très-agréable, dit Chamfort; mais elle fait peut-être allusion à quelque petit secret de société qui la rendait plus piquante : par exemple, au peu de goût que Mme de la Mésangère pouvait avoir pour le mariage, ou pour quelque prétendant appuyé par sa mère.... L'instruction, qui en résulte, comme apologue, ajoute-t-il dans le manuscrit que Solvet a eu sous les yeux, est tout à fait nulle. Mais qu'on ne croie pas que le sujet n'en comportait aucune, et qu'on se donne la peine de relire le morceau qui termine le chapitre *des Femmes* dans la Bruyère : « Il y avoit à « Smyrne une très-belle fille, etc. [3] »

On ne peut lire cette idylle sans penser à l'élégie, non moins touchante, d'André Chénier, intitulée *le Jeune Malade*.

Une autre idylle : *l'Amour vengé*, qui parut dans quelques éditions étrangères des Fables, telles que celles de Londres, 1708, d'Amsterdam, 1722, de Hambourg, 1731, et qu'elles attribuent à notre poëte, ressemble à celle-ci, mais est loin de l'égaler; elle est d'ailleurs écrite sur un ton badin. Walckenaer l'a insérée dans son édition de 1827, tome VI, p. 201.

3. La Bruyère, tome I, p. 195-198.

Aimable fille d'une mère⁴
A qui seule⁵ aujourd'hui mille cœurs font la cour,
Sans ceux que l'amitié rend soigneux de vous plaire,
Et quelques-uns encor que vous garde l'Amour,
    Je ne puis qu'en⁶ cette préface   5

4. C'est peut-être une réminiscence de ce vers d'Horace (livre I, ode XVI, vers 1) :

    O matre pulchra filia pulchrior.

Mais ici notre poëte n'avait point à mettre la fille au-dessus de la mère.

5. Seule entre toutes les femmes? Serait-ce une sorte de superlatif analogue à l'*unus* des Latins, par exemple dans ce vers de Virgile (*Énéide*, livre II, vers 426-427) :

    *.... Cadit et Rhipeus, justissimus unus
    Qui fuit in Teucris ?*

A qui seule, dit Walckenaer, parce que Mme de la Sablière, sa mère, s'était retirée du monde et vivait dans la dévotion. Nous croyons ces deux explications erronées. *Seule* ne se rapporte pas à la fille (plus encore que la construction grammaticale, le terme *une mère*, qui resterait sans le complément nécessaire, rend cette supposition inadmissible), mais à la mère, à qui seule aujourd'hui on fait la cour, parce que la fille n'accepte encore que les hommages de l'amitié : son deuil de veuve est trop récent. *Sans ceux* qui suit veut dire : *Pour ne pas compter ceux*, *N'étaient ceux qui;* et *vous* s'adresse à la fille. Une autre explication doit être cependant proposée : *seule aujourd'hui* ne ferait-il pas allusion au mariage des deux filles de Mme de la Sablière (Mmes Misson et de la Mésangère), à la mort de son mari, et surtout, quoique d'une façon plus voilée, à son abandon par le marquis de la Fare, qui, à la même époque, vers 1679, avait cessé de l'aimer, avec lequel, à la fin de cette année, elle avait été obligée de rompre, enfin à sa retraite aux Incurables, en 1680, d'où elle ne sortait que bien rarement[a]? N'oublions pas que cette idylle a paru en 1685 et a pu être composée plusieurs années auparavant. Si cette explication était admise, les mots : « seule aujourd'hui » devraient être placés entre deux virgules.

6. Il y a ici un latinisme : *non possum quin.* « Je ne puis, ma

[a] Voyez, en tête de notre tome I, la *Notice biographique*, p. CXXX et CLXIV; et ci-dessus la fable XV de ce livre.

Je ne partage entre elle et vous
Un peu de cet encens qu'on recueille au Parnasse⁷;
Et que j'ai le secret de rendre exquis et doux⁸.
  Je vous dirai donc.... Mais tout dire,
   Ce seroit trop; il faut choisir,   10
   Ménageant ma voix et ma lyre,
Qui bientôt vont manquer de force et de loisir⁹.
Je louerai seulement un cœur¹⁰ plein de tendresse,
Ces nobles sentiments, ces grâces, cet esprit :
Vous n'auriez en cela ni maître ni maîtresse,   15
Sans celle dont sur vous l'éloge rejaillit¹¹.
   Gardez d'environner ces roses
   De trop d'épines, si jamais
   L'Amour vous dit les mêmes choses :

bonne, que je ne sois en peine de vous, » écrit Mme de Sévigné à sa fille (lettre du 12 février 1672, tome II, p. 498). Voyez les *Lexiques de Malherbe* et *de Corneille*, à l'article Pouvoir; et les exemples cités par Littré, 2°.

7. Rapprochez le début du *Discours à Mme de la Sablière*, tome II, p. 458; l'autre *Discours*, à la même, de 1684, où le poëte se compare aux abeilles qui cueillent le miel dans le verger des Muses; ces vers de *Clymène* (tome IV M.-L., p. 136-137) :

  .... Maître Vincent, dont la plume élégante
  Donnoit à son encens un goût exquis et fin;

et les vers 60-61 de la fable précédente.

8. « Cela est très-vrai, dit Chamfort; témoin les quatre [premiers] vers de cette pièce et ceux qui suivent » (15 à 20).

9. *De force*, cela s'entend : la vieillesse approche; *de loisir*, parce que la mort, qui n'est pas loin, ne lui laisse plus grand temps pour chanter. — Ces vers rappellent la fin de la fable xxiii :

  Je reviens à vous, etc.

10. En 1685, la Fontaine avait écrit: « ce cœur »; dans l'édition de 1694, que nous reproduisons, et dans nos autres textes, on lit: « un cœur ».

11. C'est-à-dire sans votre mère. Ce vers est bien près de *Sans ceux* du vers 3; c'est une petite négligence. — *Rejallit* dans nos plus anciennes éditions; c'est aussi l'orthographe de Nicot (1606), mais non de Richelet, de Furetière, ni de l'Académie.

F. XXIV]   LIVRE XII.   331

Il les dit mieux que je ne fais;   20
Aussi sait-il punir ceux qui ferment l'oreille
   A ses conseils¹². Vous l'allez voir.

      Jadis une jeune merveille ¹³
Méprisoit de ce dieu le souverain pouvoir :
      On l'appeloit Alcimadure :   25
Fier et farouche objet¹⁴, toujours courant aux bois,
Toujours sautant aux prés¹⁵, dansant sur la verdure,
      Et ne connoissant autres lois
Que son caprice; au reste, égalant les plus belles,
      Et surpassant les plus cruelles;   30
N'ayant trait qui ne plût¹⁶, pas même en ses rigueurs :
Quelle l'eût-on trouvée au fort¹⁷ de ses faveurs¹⁸!
Le jeune et beau Daphnis, berger de noble race¹⁹,

   12. Ces vers montrent bien que le poëte s'adresse à une jeune veuve, laquelle, dit-il, ne doit point toujours rester rebelle à l'amour. Voyez les notes 1 et 5; et comparez les conseils du père à sa fille dans la fable XXI du livre VI.
   13. Même expression au vers 500 des *Filles de Minée* :

      Il regarde en tremblant cette jeune merveille;

et dans le sonnet *pour Mlle de Poussay* (tome V *M.-L.*, p. 64) :

      Il est beau de mourir des coups d'une merveille....

   14. Voyez ci-dessus, p. 57 et note 5.
   15. Pour cet emploi de la préposition *à*, voyez, tome II, p. 353 et note 12, et ci-dessus, p. 125 et note 3.
   16. Toujours sûre de plaire, quoi qu'elle fît, quoi qu'elle dît. — Remarquez le *pas* explétif qui suit.
   17. Voyez les nombreux exemples de cette locution donnés par Littré, 33°.
   18. Ces deux vers rappellent celui-ci que Racine met dans la bouche d'Hermione :

      Je t'aimois inconstant, qu'aurois-je fait fidèle?
         (*Andromaque*, acte IV, scène v, vers 1365.)

   19. On connaît ces bergers de la poésie antique, espèces de demi-dieux ou tout au moins fils de rois, comme Pâris, dont la beauté

L'aima pour son malheur[20] : jamais la moindre grâce
Ni le moindre regard, le moindre mot enfin,   35
Ne lui fut accordé par ce cœur inhumain[21].
Las de continuer une poursuite vaine,
    Il ne songea plus qu'à mourir.
    Le désespoir le fit courir
    A la porte de l'inhumaine.   40
Hélas! ce fut aux vents qu'il raconta sa peine[22];

reflète la noble origine, et dont parle Segrais dans ces jolis vers de sa 1re églogue :

    Climène, il ne faut pas mépriser nos bocages;
    Les Dieux ont autrefois aimé nos pâturages,
    Et leurs divines mains, aux rivages des eaux,
    Ont porté la houlette et conduit les troupeaux.
    L'aimable déité qu'on adore en Cythère
    Du berger Adonis se faisoit la bergère;
    Hélène aima Pâris, et Pâris fut berger,
    Et berger, on le vit les déesses juger.
    Quiconque sait aimer peut devenir aimable.

20. Dans Théocrite et dans Virgile, c'est un berger qui excite cet amour et ces transports : leur Alexis est l'Alcimadure de la Fontaine.

21. A ces vers nobles et graves opposez l'ironie des vers 4-8 de la fable xv du livre IX :

    Jamais œillade de la dame, etc.;

et comparez ce passage de la version citée de Baïf :

    .... De tous points dure en toute rigueur,
    Ne luy monstroit nul semblant de faueur,
    N'en doux parler, n'en douce contenance,
    Ne luy donnant d'amour nulle allegeance:
    Non un clin d'œil, non un mot seulement,
    Non de sa leure un petit branlement,
    Non le laissant tant approcher qu'il touche
    Tant soit petit à sa main de sa bouche,
    Non luy laissant prendre un petit baiser
    Qui peust d'amour le tourment apaiser.
    Mais tout ainsi que la beste sauuage
    Fuit le chasseur, se cachant au bocage,
    Elle, farouche et pleine de soupçon,
    Fuioit cet homme en la mesme façon.

22. *Musis amicus, tristitiam et metus*

On ne daigna lui faire ouvrir
Cette maison fatale, où, parmi ses compagnes,
L'ingrate, pour le jour de sa nativité [23],
    Joignoit aux fleurs de sa beauté   45
Les trésors des jardins et des vertes campagnes [24].
« J'espérois, cria-t-il, expirer à vos yeux ;
    Mais je vous suis trop odieux,
Et ne m'étonne pas qu'ainsi que tout le reste

    Tradam protervis in mare Creticum
    Portare ventis.
             (HORACE, livre I, ode XXVI, vers 1-3.)

Voyez ci-dessus, p. 57 et note 10, à laquelle on peut joindre cet exemple :

    Il renonce aux cités, s'en va dans les forêts,
    Conte aux vents, conte aux bois ses déplaisirs secrets.
            (*Les Filles de Minée*, vers 215-216.)

Comparez aussi la fable I du livre II, vers 43-44, la fable IV du livre VIII, vers 43 ; et *Galatée*, acte II, scène III :

    .... Hélas !
    Je parle aux vents : Acis ne m'entend pas.

23. Pour l'anniversaire de sa naissance. Ce mot ne s'emploie plus que dans la langue de l'Église pour parler de la naissance de Jésus-Christ, de la Vierge, de quelques saints. Autrefois il était également usité dans la langue profane. Nicot (*Thrésor de la langue françoyse*, 1606), à la fin de l'article NAISTRE, cite ces locutions : « Le jour de la nativité d'un chascun ; le propre jour de sa nativité ; faire le banquet le jour de sa nativité. » Le *Dictionnaire de Trévoux* donne cet exemple de Saint-Amant : « la nativité des temps ».

24. La Fontaine joue sur le mot *fleurs*. — Ces vers rappellent ce quatrain (le 17e) de l'ode burlesque de Scarron, *Héro et Léandre* :

    Avec l'émail de nos prairies,
    Quand on le sait bien façonner,
    On peut aussi bien couronner
    Qu'avec l'or et les pierreries ;

et le début du chant II de *l'Art poétique* de Boileau :

    Telle qu'une bergère, au plus beau jour de fête,
    De superbes rubis ne charge point sa tête, etc.

Vous me refusiez même un plaisir si funeste[25]. 50
Mon père, après ma mort, et je l'en ai chargé,
　　Doit mettre à vos pieds l'héritage
　　Que votre cœur a négligé.
Je veux que l'on y joigne aussi le pâturage,
　　Tous mes troupeaux, avec mon chien[26] ; 55
　　Et que du reste de mon bien
　　Mes compagnons fondent un temple
　　Où votre image se contemple,
Renouvelants[27] de fleurs l'autel à tout moment.
J'aurai près de ce temple un simple monument[28] ; 60

25. Les plaintes de l'amant sont très-touchantes dans Baïf; lorsque je serai mort, dit-il à l'inhumaine :

> Au moins des yeux répan moy quelque pleur,
> Quelque souspir tire moy de ton cœur.
> Si ta rigueur se peut faire tant molle,
> Pers à moy sourd quelque douce parolle :
> Et donne moy, pour ton dueil appaiser,
> Et le premier et le dernier baiser.

26. N'ai-je point quelque agneau dont vous ayez desir?
　Vous l'aurez aussitôt : vous n'avez qu'à choisir.
　　　　　　　　　　(SEGRAIS, églogue I.)

— Tiens, prends cette corbeille et nos fruits les plus beaux ;
Prends notre Amour d'ivoire, honneur de ces hameaux ;
Prends la coupe d'onyx à Corinthe ravie ;
Prends mes jeunes chevreaux, prends mon cœur, prends ma
Jette tout à ses pieds ; apprends-lui qui je suis ;　[vie ;
Dis-lui que je me meurs, que tu n'as plus de fils.
　　(ANDRÉ CHÉNIER, *le Jeune Malade*, vers 115-120.)

27. « Renouvellans, » avec une *s*, selon l'orthographe presque constante de la Fontaine, dans les anciennes éditions. — Ce verbe est écrit avec deux *l*, comme dans nos anciens textes, dans Richelet, dans Furetière, et dans les deux premières éditions du *Dictionnaire de l'Académie*. — Remarquons cette locution hardie, quoique très-claire : « Renouveler l'autel de fleurs ».

28. Un tombeau : comparez le vers 71 de *la Matrone d'Éphèse*, le vers 92 de *l'Amour vengé*, le vers 20 de la traduction paraphrasée de la prose *Dies ræ* (tome V *M.-L.*, p. 198) ; et les exemples cités par Littré, 3º.

On gravera sur la bordure[29] :
DAPHNIS MOURUT D'AMOUR. PASSANT, ARRÊTE-TOI,
PLEURE, ET DIS : « CELUI-CI SUCCOMBA SOUS LA LOI
    DE LA CRUELLE ALCIMADURE. »
A ces mots, par la Parque il se sentit atteint[30] :   65
Il auroit poursuivi; la douleur le prévint.
Son ingrate sortit triomphante et parée.
On voulut, mais en vain, l'arrêter un moment
Pour donner quelques pleurs au sort de son amant :
Elle insulta toujours au fils de Cythérée[31],   70
Menant dès ce soir même, au mépris de ses lois,
Ses compagnes danser autour de sa statue.
Le dieu tomba sur elle et l'accabla du poids :
    Une voix sortit de la nue,
Écho redit ces mots dans les airs épandus[32] :   75
« Que tout[33] aime à présent : l'insensible n'est plus[34]. »

    29. Voyez *Psyché*, livre II (tome III *M.-L.*, p. 136) : « ....Sur la bordure du mausolée.... Sur la bordure de l'autre tombe. »
    30. Dans Théocrite l'amant malheureux se pend à la porte d'Alexis. Il est plus touchant de voir, comme ici, la douleur qu'il éprouve suffire à terminer sa vie.
    31. Voilà des vers qui, pour le tour, le mouvement, l'harmonie, rappellent tout à fait le style d'André Chénier plusieurs fois cité à propos de cette idylle.
    32. Voyez tome II, p. 459 et note 15.
    33. Sur cet emploi du neutre, voyez ci-dessus, p. 218 et note 6; et comparez la fable XXII du livre IV, vers 7. — Dans l'idylle de *l'Amour vengé*, dont nous avons parlé à la fin de la notice, la conclusion est différente : lorsqu'elle apprend que le Berger est mort, la Bergère « devient sensible », et veut courir après l'ombre de son amant; éperdue, fondant en larmes, elle se pâme, expire, et « Caron lui passe l'onde noire. »
    34. Dans l'idylle grecque, c'est la voix de « l'insensible » écrasé et englouti dans les flots qui fait entendre ces mots :

Χαίρετε τοὶ φιλέοντες· ὁ γὰρ μισῶν ἐφονεύθη.
Στέργετε δ' ὔμμες ἄϊται· ὁ γὰρ θεὸς οἶδε δικάζειν.

    — ....En passant auprès d'une coulonne

Cependant de Daphnis l'ombre au Styx descendue
Frémit et s'étonna la voyant accourir.
Tout l'Érèbe [35] entendit cette belle homicide
S'excuser au berger [36], qui ne daigna l'ouïr [37]   80
Non plus qu'Ajax Ulysse, et Didon son perfide [38].

> (Dessus laquelle en beau marbre Dione
> Tenoit la main de sa fille Venus,
> Qu'accompagnoyent Plaisir et Desir nus),
> Plaisir s'ebranle et chet sur la cruelle,
> Et de son pois ecrazant sa ceruelle,
> La terrassa; la pauure sous le coup
> Perdit la vie et la voix tout à coup.
>   Riez, amans, puisque cette ennemie
> De tout amour est justement punie;
> Filles, aimez, puisque pour n'aimer point
> Une cruelle est traittee en ce point.
>   (Baïf.)

35. Tantôt pris par les poëtes pour l'enfer même, comme ici, tantôt pour une partie des enfers.

36. Le poëte ne nous dit pas si elle subit aux enfers les supplices réservés « à ceux de qui l'âme

> A violé les droits de l'amoureuse flamme,
> Offensé Cupidon, méprisé ses autels,
> Refusé le tribut qu'il impose aux mortels.
> Là souffre un monde entier d'ingrates, de coquettes.
> . . . .
> Par de cruels vautours l'inhumaine est rongée;
> Dans un fleuve glacé la volage est plongée;
> Et l'insensible expie en des lieux embrasés
> Aux yeux de ses amants les maux qu'elle a causés. »
>   (Psyché, livre II, tome III M.-L., p. 158-159.)

37. Dans *l'Amour vengé*, le Berger l'écoute, mais l'interrompt aussitôt par cette repartie ironique :

> Dans le fleuve d'oubli, dit-il, je viens de boire.
>   Si j'aimois avant mon trépas,
>   C'est ce que j'aurois peine à croire;
> Mais je sais bien, Chloris, qu'au moins je n'aime pas.
>   Maux et chagrins ici finissent :
> Surtout du dieu d'amour nous ignorons les lois;
> Et si dans ces bas lieux nous aimons quelquefois,
>   C'est lorsque les Dieux nous punissent.

38. « Deux silences cités comme sublimes, dit Chamfort, l'un

dans l'*Odyssée*, l'autre dans l'*Énéide*. » C'est une allusion à la descente aux Enfers et d'Ulysse et d'Énée. Voyez le livre XI de l'*Odyssée*, vers 563-564, et le livre VI de l'*Énéide*, vers 450 et suivants. Ulysse évoque l'ombre d'Ajax, son ennemi, mais celui-ci refuse de l'entendre et s'enfuit. Énée rencontre l'ombre de Didon ; mais cette reine infortunée se détourne de lui et demeure les yeux fixés à terre. — André Chénier semble s'être inspiré de ces vers à la fin de son élégie intitulée *Lycoris*, où il dit, s'adressant au fleuve Léthé :

> Viens me verser la paix et l'oubli de mes maux.
> Ensevelis au fond de tes dormantes eaux
> Le nom de Lycoris, ma douleur, mes outrages.
> Un jour peut-être aussi, sous tes riants bocages,
> Lycoris, quand ses yeux ne verront plus le jour,
> Reviendra tout en pleurs demander mon amour ;
> Me dire que le Styx me la rend plus sincère,
> Qu'à moi seul désormais elle aura soin de plaire ;
> Que cent fois, rappelant notre antique lien,
> Elle a vu que son cœur avait besoin du mien.
> Lycoris à mes yeux ne sera plus charmante....

— Comme nous l'avons déjà dit plus haut, au commencement de ce livre, viennent, à la suite de cette fable, et avant *le Juge arbitre*, dans le recueil publié par la Fontaine en 1694, 1° *Philémon et Baucis*, 2° *la Matrone d'Éphèse*, 3° *Belphégor* (moins le préambule adressé à la Champmeslé), et 4° *les Filles de Minée*. Ces différents morceaux, que le poëte avait insérés là pour grossir son volume un peu mince, ont été détachés des fables par tous les éditeurs modernes. Nous les en détachons également.

FABLE XXV.

LE JUGE ARBITRE, L'HOSPITALIER, ET LE SOLITAIRE.

Les Vies des saints Pères des déserts et de quelques saintes, etc., traduites en françois par M. Arnauld d'Andilly, Paris, 1647-1653, in-4°, tome II, p. 496 (voyez à l'*Appendice*).

Comme le remarque Robert (tome I, p. cxcvii), le goût de notre poëte pour le merveilleux s'accorda sans doute avec la dévotion tardive de ses dernières années pour lui conseiller la lecture d'un ouvrage plein d'aventures touchantes et surnaturelles, traduit par cet Arnauld d'Andilly, frère du grand Arnauld. Cette fable fut publiée pour la première fois, en 1693, dans le *Recueil de vers choisis* du P. Bouhours, p. 328. La Fontaine l'inséra lui-même à la fin de son volume de 1694, après *les Filles de Minée*. La même année, elle fut rééditée, comme le recueil tout entier, à la Haye, par Isaac van Bulderen; et par Daniel de la Feuille, dans ses *Nouvelles fables choisies*, 1re partie, p. 3. En 1696, Mme Ulrich la donnait encore, comme inédite, dans les *OEuvres posthumes*, p. 272.

« On pourrait finir par un apologue plus parfait, mais non par de meilleurs vers, » dit Chamfort en commentant avec admiration quelques passages de cette fable. — Dans sa xv° leçon (tome II, p. 48-51), Saint-Marc Girardin, analysant cet apologue avec son bon sens et sa finesse habituels, fait remarquer comment, chez la Fontaine, pour qui « le calme, le repos, la retraite, et j'allais presque dire, ajoute-t-il, l'insouciance universelle est la meilleure manière de déjouer les caprices de la Fortune,... l'éloge de la vie contemplative est tempéré par le souvenir de la vie active et par l'aveu qu'il est bon en ce monde d'avoir un état. » Comparez la fin de la fable iv du livre XI, où le même éloge n'est tempéré par rien.

Trois Saints, également jaloux de leur salut,
Portés d'un même esprit[1], tendoient à même but.

---

1. Rapprochez, au livre VIII, fable x, vers 23 :
   L'Ours, porté d'un même dessein, etc.

Ils s'y prirent tous trois par des routes diverses ² :
Tous chemins vont à Rome ³ ; ainsi nos concurrents ⁴
Crurent pouvoir choisir des sentiers différents.   5
L'un, touché des soucis, des longueurs, des traverses
Qu'en apanage on voit aux procès attachés ⁵,
S'offrit de ⁶ les juger sans récompense aucune ⁷,
Peu soigneux d'établir ici-bas sa fortune.

2. Le texte que nous donnons est celui de l'édition de 1694, reproduit par les éditions de van Bulderen de la même année, de 1708, de 1709, de 1729, de 1788, etc. Le recueil du P. Bouhours, celui de Daniel de la Feuille et les *Œuvres posthumes* donnent ce vers ainsi :

Ils suivirent pourtant des routes bien diverses.

3. « C'est un vieux proverbe, dit Chamfort, qui devient ici plaisant, appliqué à la canonisation. »

4. Ils étaient « concurrents », non dans le sens où ce mot s'entend d'ordinaire : ils ne se disputaient pas une place, une récompense ; mais, comme dit le poëte, « portés d'un même esprit, ils tendoient à même but. » C'est le sens étymologique et simple du latin *concurrere*, courir ensemble, courir vers un but commun. Comparez ci-dessus, p. 113 et note 21.

5. Rapprochez les derniers vers de la fable XXI du livre I :

.... On nous mange, on nous gruge,
On nous mine par des longueurs, etc.;

et aussi la fin de la fable IX du livre IX :

Mettez ce qu'il en coûte à plaider aujourd'hui, etc.

6. Se proposa pour. Voyez les exemples de Descartes, de Sévigné, de Massillon, que cite Littré, 8°, de cet emploi, assez rare, du réfléchi *s'offrir* avec *de*.

7. « Ce vers, dit Chamfort, aurait pu donner l'idée de la petite comédie intitulée *le Procureur arbitre*, dont le héros se conduit de la même manière. » Dans cette comédie en un acte, en vers, de Philippe Poisson, jouée en 1728, qui semble bien en effet avoir été inspirée par notre fable, le héros, Ariste, déclare que, loin de traîner les procès en longueur, il les arrête, et n'a du procureur que l'habit (scène II) :

J'exerce mes talents sous un plus noble titre ;
De tous les différends je suis ici l'arbitre :

Depuis qu'il est des lois, l'homme, pour ses péchés,   10
Se condamne à plaider la moitié de sa vie[8] :
La moitié ? les trois quarts, et bien souvent le tout.
Le conciliateur crut qu'il viendroit à bout
De guérir cette folle et détestable envie[9].
Le second de nos Saints choisit les hôpitaux.   15
Je le loue ; et le soin de soulager ces maux [10]
Est une charité que je préfère aux autres.
Les malades d'alors, étant tels que les nôtres[11],
Donnoient de l'exercice au pauvre Hospitalier[12] ;

> Et sans huissier ni clerc, avocat ni greffier,
> Je dispense les lois en mon particulier.

Et plus loin (scène XVIII) :

> Je suis assez payé lorsque je rends service :
> Le plaisir d'obliger est mon droit de justice.

8. Au lieu des six vers qui précèdent, et qui se trouvent dans les éditions de 1694 (Paris et la Haye), 1708, 1709, 1729, et 1788, le P. Bouhours, Daniel de la Feuille et les *OEuvres posthumes* donnent les quatre suivants :

> L'un, touché[a] des soucis, des longueurs, des traverses
> Qu'en apanage on voit aux procès attachés,
> Se fit arbitre-né. L'homme, pour ses péchés,
> Se condamne à plaider la moitié de sa vie.

9. Les trois recueils que nous venons de citer donnent ce vers ainsi :

> De guérir cette aveugle et perverse manie.

10. « Ces maux », dans les éditions de 1694 (Paris et la Haye), dans le P. Bouhours, dans Daniel de la Feuille, comme dans l'édition de Londres 1708. « Les maux », dans les *OEuvres posthumes* et dans les éditions de 1709, 1729, 1788.

11. « Manière bien plaisante, dit Chamfort, d'expliquer pourquoi les malades d'alors étaient insupportables. Le ton de satire appartient absolument à la Fontaine. »

12. Ce mot signifie simplement ici : qui soigne des malades dans les hôpitaux, et en même temps, comme on le verra plus bas (vers 30), qui dirige les hôpitaux. L'Académie ne donne dans cette acception que le féminin « Hospitalière », mais elle rappelle

---

[a] Les *OEuvres posthumes* ont : « troublé ».

Chagrins, impatients, et se plaignant sans cesse[13] :   20
« Il a pour tels et tels un soin particulier,
   Ce sont ses amis; il nous laisse. »
Ces plaintes[14] n'étoient rien au prix[15] de l'embarras
Où se trouva réduit l'appointeur de débats[16] :
Aucun n'étoit content; la sentence arbitrale   25
   A nul des deux[17] ne convenoit :
   Jamais le Juge ne tenoit
   A leur gré la balance égale[18].

que les chevaliers de certains ordres militaires, institués originairement pour recevoir les pèlerins, étaient appelés « les Hospitaliers ».

13. Après ce vers, les *OEuvres posthumes* en ajoutent un bien inutile et qui fait singulièrement languir la phrase :

On les entendoit s'écrier.

14. Dans le P. Bouhours, dans Daniel de la Feuille et dans les *OEuvres posthumes*, il y a : « Ces propos », au lieu de « Ces plaintes », et, plus bas, *des* devant *débats*.

15. Même locution au vers 11 de la fable XVIII du livre III, et au vers 18 du conte III de la V° partie; et, absolument, sans être suivie d'un complément, au vers 52 de la fable V du livre XI, et au vers 24 de la fable VII du livre VII.

16. Celui qui appointait, accommodait les procès. — Comparez le chapitre XLI du tiers livre de Rabelais (tome II, p. 194-198) : *Comment Bridoye narre l'histoire de l'apoincteur de procès.* — Furetière (1690) attache à ce mot un sens défavorable : « *Appointeur* se dit odieusement de ces juges extraordinaires qui ne viennent à l'audience que rarement, et pour faire appointer la cause d'une partie qu'ils veulent favoriser, en cas qu'elle baste mal. Durant qu'il ne falloit que quatre appointeurs pour empêcher le jugement d'une cause, ces gens étoient fort dangereux. » Et il ajoute : « *Appointeur* se dit quelquefois de ces gens qui s'empressent à faire toutes sortes d'accommodements. » Ce mot n'a pas été admis par Richelet ni dans le *Dictionnaire de l'Académie*, qui donnent *appointement* et le verbe *appointer*, que nous avons rencontré au vers 6 de la fable VIII du livre XII.

17. A aucune des deux parties.

18. A la place des quatre vers qui précèdent, les trois recueils mentionnés n'en donnent que deux :

Nul ne lui savoit gré; l'arbitrale sentence
Toujours, selon leur compte, inclinoit la balance.

De semblables discours rebutoient l'appointeur :
Il court aux hôpitaux, va voir leur directeur[19] : 30
Tous deux ne recueillant que plainte et que murmure,
Affligés, et contraints de quitter ces emplois,
Vont confier leur peine au silence des bois[20].
Là, sous d'âpres rochers, près d'une source pure,
Lieu respecté des vents, ignoré du soleil[21], 35
Ils trouvent l'autre Saint, lui demandent conseil.
« Il faut, dit leur ami, le prendre de soi-même[22].
  Qui mieux que vous sait vos besoins?
Apprendre à se connoître est le premier des soins
Qu'impose à tous mortels[23] la Majesté[24] suprême[25]. 40

19. « Le directeur », dans les trois recueils, au lieu de « leur directeur », qui est le texte de 1694 (Paris et la Haye), de 1708, 1709, 1729, 1788.

20. Variante des trois textes cités :
   Tous deux ne recueillant que plainte et que murmure,
   Pour ne point retomber dans ce qu'ils ont souffert,
   Cherchent à s'établir dans le fond d'un désert.

21. Comparez les vers 151-152 du *Poëme de la captivité de saint Malc* :
   Jamais désert ne fut moins connu des humains ;
   A peine le soleil en savoit les chemins.

22. « C'est là, dit Chamfort, un des meilleurs conseils que le Sage pût donner, et je voudrais que la Fontaine eût composé un ou deux apologues pour en faire sentir l'importance. » Chamfort semble avoir oublié qu'il y a bien quelque chose de ce sage conseil dans la fable 1 du livre III, *le Meunier, son Fils, et l'Ane*. — Ce vers se lit autrement dans les trois recueils :
   Mes amis, leur dit-il, demandez-le à vous-même.

23. Tous les textes anciens portent : « à tous mortels », au pluriel. Walckenaer, qui avait mis le singulier dans son édition de 1827, se proposait de le corriger.

24. Variante des trois recueils : « Puissance », au lieu de « Majesté ».

25.   *E cœlo descendit* Γνῶθι σεαυτόν.
           (Juvénal, satire xi, vers 27.)

C'est l'inscription du temple de Delphes : « Connais-toi toi-même », et a maxime de Socrate.

Vous êtes-vous connus dans le monde habité[26] ?
L'on ne le[27] peut qu'aux lieux pleins de tranquillité :
Chercher ailleurs ce bien est une erreur extrême.
   Troublez l'eau : vous y voyez-vous ?
Agitez celle-ci. — Comment nous verrions-nous ?   45
   La vase est un épais nuage
Qu'aux effets du cristal[28] nous venons d'opposer.
— Mes frères, dit le Saint, laissez-la reposer,
   Vous verrez alors votre image.
Pour vous mieux contempler demeurez au désert[29]. » 50
   Ainsi parla le Solitaire.

 26. Rapprochez le vers 22 de la fable XXVI du livre VIII et la note.

 27. Voyez ci-dessus, p. 10 et note 36, dont la fin se trouve confirmée par ce rapprochement de *l'on* et de *le* qui n'est pas exigé ici par la mesure.

 28. La Fontaine emploie fréquemment ce mot pour dire l'eau, avec ou sans complément : voyez la fable IX du livre VI, vers 1, *Adonis*, vers 150 et 468, *Psyché*, tome III M.-L., p. 21, 23, 24, etc., etc.

 29. Ce mot est aussi employé absolument au vers 38 de la fable IV du livre XI :

Je lui voue au désert de nouveaux sacrifices,

au sommeil, non à la contemplation. On sait que les solitaires de Port-Royal, en souvenir, il est vrai, des anciens solitaires, appelaient leur retraite « le désert ».

 — Pour mieux vous contempler habitez un lieu coi,

dans le P. Bouhours et dans Daniel de la Feuille. Les *OEuvres posthumes* donnent, par suite d'une faute d'impression peut-être :

 Pour mieux vous *contenter* habitez un lieu coi.

Voyez le premier vers de la variante de la note 32, qui nécessite ce changement de rime. — Ces vers ont été imités par Voltaire dans son *Poëme sur la Loi naturelle* (2ᵉ partie, tome XII, p. 164). Il compare également les cœurs agités aux eaux troublées par les vents :

 De nos désirs fougueux la tempête fatale
 Laisse au fond de nos cœurs la règle et la morale.
 C'est une source pure : en vain dans ses canaux

Il fut cru ; l'on suivit ce conseil salutaire.

Ce n'est pas qu'un emploi ne doive être souffert[30].
Puisqu'on plaide, et qu'on meurt, et qu'on devient malade,
Il faut des médecins, il faut des avocats. 55
Ces secours, grâce à Dieu, ne nous manqueront pas :
Les honneurs et le gain, tout me le persuade[31].
Cependant on s'oublie[32] en ces communs besoins.
Ô vous dont le public emporte tous les soins,
    Magistrats, princes et ministres, 60
Vous que doivent troubler mille accidents sinistres,
Que le malheur abat, que le bonheur corrompt[33],

    Les vents contagieux en ont troublé les eaux ;
    En vain sur sa surface une fange étrangère
    Apporte en bouillonnant un limon qui l'altère ;
    L'homme le plus injuste et le moins policé
    S'y contemple aisément quand l'orage est passé.

30. « La Fontaine, dit Chamfort, a senti l'objection prise du tort que l'on ferait à la société, si le goût de la retraite devenait trop général. Il nie que cela puisse arriver :

    Ces secours, grâce à Dieu, ne nous manqueront pas :
    Les honneurs et le gain, tout me le persuade.

Et il revient de nouveau au plaisir de prêcher l'amour de la retraite. »

31. Comparez la fin de la fable VI de ce livre.

32. On oublie de se recueillir, de penser à soi-même. — Dans les trois recueils cités, tout ce passage, depuis le vers 53, diffère notablement du texte que nous suivons, qui est celui de 1694 ; voici comment il est donné :

    Ce n'est pas que chacun doive fuir tout emploi.
    Puisqu'on plaide et qu'on meurt, il faut qu'on se propose
    D'avoir des appointeurs, et d'autres gens aussi.
        On n'en manque pas, Dieu merci :
    L'ambition d'agir, et l'or, sur toute chose,
    N'en font naître que trop pour les communs besoins.

33. « Quelle force de sens dans ces vers ! s'écrie Chamfort ; et surtout ce vers admirable qui suit :

    Vous ne vous voyez point, vous ne voyez personne. »

Vous ne vous voyez point, vous ne voyez personne.
Si quelque bon moment à ces pensers[34] vous donne,
  Quelque flatteur vous interrompt.   65

Cette leçon sera la fin de ces ouvrages[35] :
Puisse-t-elle être utile aux siècles à venir !
Je la présente aux rois, je la propose aux sages[36] :
  Par où saurois-je mieux finir ?

On peut rapprocher de cette conclusion éloquente une épître *à M. le Surintendant*, où les mêmes idées sont exprimées familièrement (tome V *M.-L.*, p. 25) :

  Le Roi, l'État, votre Patrie,
  Partagent toute votre vie ;
  Rien n'est pour vous, tout est pour eux.
  Bon Dieu ! que l'on est malheureux
  Quand on est si grand personnage !
  . . . .
  A jouir pourtant de vous-même
  Vous auriez un plaisir extrême.
  Renvoyez donc, etc.

Comparez aussi la célèbre élégie aux nymphes de Vaux (*ibidem*, p. 45).

34. Mot employé plusieurs fois par la Fontaine : dans les fables I du livre III, vers 12, et XXVI du livre VIII, vers 1 ; dans *les Filles de Minée*, vers 185, etc., etc., et qui exprime plus ici que *pensées*. Voyez tome II, p. 341, note 2.

35. Daniel de la Feuille écrit : « cet ouvrage », au lieu de « ces ouvrages ». C'est une faute évidente, puisque, deux vers plus loin, il laisse « sages » au pluriel.

36. Ce vers rappelle le 23ᵉ de la fable XX de ce livre, où il y a une nuance tout aussi délicate. « Le Philosophe scythe

  Conseille à ses voisins, prescrit à ses amis », etc.

LE SOLEIL ET LES GRENOUILLES[1].

IMITATION D'UNE FABLE LATINE.

Le P. Commire, *Opera posthuma*[2], tome II, p. 134, fab. 26, *Sol et Ranæ* (avec la fable de la Fontaine, en regard, suivie de celle de Furetière). On peut rapprocher de cet apologue satirique, que nous donnons à l'*Appendice*, la poésie intitulée *Hollandiæ deficientis suspiria et supremæ voces* (tome I, p. 248, du même recueil), et l'allégorie du *Coq* (*Gallus*: ibidem, tome II, p. 142), accompagnée d'une traduction de Fontenelle sous ce titre : *le Coq vainqueur*.

Cette fable est antérieure à celles qui composent le douzième livre; elle parut la première fois en 1672, chez F. Muguet, imprimeur du Roi et de Mgr l'Archevêque, 3 pages in-8°, signées des initiales D.L.F. La fable anonyme du P. Commire, dont elle est une imitation, avait paru également en 1672, imprimée sur une feuille volante, et se dissimula sous ce titre: *Appendix ad fabulas Phædri, ex Bibliotheca Leidensi, etc. Juxta exemplar editum Amstelodami, typis Buninganis, ad insigne Josue*. Parisiis, 1672, 7 pages in-4°. Elle fut même réimprimée par Wolf, en 1707, à la suite de son édition de *Phèdre*, comme étant de cet ancien fabuliste.

C'était une allusion très-directe aux démêlés, alors naissants, des Hollandais avec Louis XIV, dont le soleil, comme l'on sait, était l'emblème. Elle excita, sans doute par ordre, la verve des poëtes du temps, et plusieurs traductions en furent faites, entre autres, par la Fontaine, Furetière et le P. Bouhours : nous pensons du moins qu'il faut attribuer à ce dernier celle qu'il donne dans son *Recueil de vers choisis* (Paris, 1693), p. 14, sans nom d'auteur, à la suite de celle de la Fontaine.

Daniel de la Feuille, dans la première partie de son recueil

---

1. Nous avons rejeté, sans les numéroter, à la fin des Fables *le Soleil et les Grenouilles* et *la Ligue des Rats*, qui ne se trouvent pas dans le recueil de 1694, et que la plupart des éditeurs ont intercalées cependant dans le livre XII, sous les numéros XXIV et XXV ou XXIV et XXVI.

2. Parisiis, 1704, 2 volumes in-12.

(Amsterdam, 1694), p. 30, en donne également une après la fable de notre poëte. Celui-ci avait laissé de côté son imitation, peut-être comme indigne de lui, peut-être aussi parce qu'il lui préféra la fable qu'il avait déjà faite sous le même titre, et à peu près sur le même sujet, mais dans un tout autre esprit (voyez livre VI, fable XII). Ce qu'il y a de certain, c'est qu'elle ne se trouve point dans le nouveau recueil qu'il donna en 1678-1679, et qu'il ne la fit pas imprimer non plus dans celui de 1694 ; c'est pourquoi elle n'est pas dans celui de van Bulderen de la même année. Cependant, l'année précédente, le P. Bouhours, comme nous l'avons dit, l'avait insérée dans son *Recueil de vers choisis* (p. 12), avec le nom de la Fontaine, et, en 1694, Daniel de la Feuille, dans sa première partie (p. 28). En 1696, elle est publiée encore, comme inédite, par Mme Ulrich, dans les *OEuvres posthumes* de notre poëte, p. 220. On ne la trouve ni dans l'édition des fables donnée à Amsterdam en 1700, ni dans celle de Paris, 1709 ; mais elle est dans celle de Londres, 1708, des frères Sauvage, Paris, 1726, de 1729, de 1755-59 (Montenault), de 1788, et dans le *Fablier françois ou élite des meilleures fables depuis la Fontaine* (Paris, 1772), p. 1. Depuis, tous les éditeurs l'ont reproduite, et ils ont eu raison.

Saint-Marc Girardin, dans sa XXIIe leçon (tome II, p. 221, note 1), cite la fable du P. Commire, et aussi quelques vers de celles de Furetière et du P. Bouhours. On peut dire avec lui que la fable et les imitations manquaient de générosité puisque le seul tort des Hollandais était de ne vouloir pas « sacrifier à la France l'indépendance qu'ils avaient conquise sur l'Espagne. » Mais l'orgueil de Louis XIV s'irritait de se voir contrarié par ce petit État, et tous les poëtes latins et français du temps attaquèrent à l'envi ces fiers républicains et célébrèrent cette guerre de Hollande qui nous paraît aujourd'hui injuste et impolitique.

Saint-Marc Girardin fait remarquer aussi qu'à force de songer aux Hollandais Commire a oublié qu'il s'agissait des Grenouilles dans sa fable, et que leurs guerres avec les Taureaux et avec les Poissons choquaient la vraisemblance. « La Fontaine, ajoute-t-il, a ôté à l'allégorie du Père jésuite ce qu'elle avait de pompeux et de faux : il est plus simple, mais il n'est ni piquant ni gracieux.... Il n'a jamais profité à la fable de prendre pour inspiration la passion politique du moment.... La figure politique du monde change sans cesse ; la figure morale de l'homme est toujours la même. »

L'acteur Raimond Poisson s'est inspiré du même sentiment passionné ou des mêmes préjugés que le P. Commire, dans sa comédie en un acte, en vers : *la Hollande malade* ou *la Comtesse de Hollande*, jouée en 1672, imprimée en 1673 (Paris, Promé, in-12), et imitée d'une autre pièce allégorique, *le Comte d'Hollande*, tragi-comédie de Jacques Pousset de Montauban, non représentée (Paris, G. de Luynes, 1654, in-12). Dans la comédie de Poisson, la Hollande, dangereusement malade, cherche d'abord à se guérir avec du vin d'Espagne qu'elle prend par en haut, et, quand il est gâté, par en bas; puis elle appelle à son secours des médecins étrangers : espagnol, anglais, allemand, « bref jusques au françois ». L'Allemand désespère de la guérir et s'en va ; l'Espagnol lui donne une prise de son *catholicon*, qui la fait tomber en pâmoison ; l'Anglais et le Français la font « danser » (comparez la fin de la notice et la note 14 de la fable x du livre X), et, quand elle est à bout de forces, porter aux Incurables.

On peut rapprocher le *Virelai sur les Hollandais* (tome V M.-L., p. 93), composé par la Fontaine dans la même année 1672 :

    A vous, marchands de fromage, etc.

Sur les préludes de la guerre de Hollande, voyez, dans l'édition de Molière de notre collection, le commencement de la scène 1 de *la Comtesse d'Escarbagnas*, tome VIII, p. 552-554, et notes ; et, sur ses causes, le Saint-Simon de la même collection, tome IV, p. 242-245 et notes, et Additions et corrections, *ibidem*, p. 535-536.

Les filles du limon[3] tiroient du roi des astres
    Assistance et protection :
Guerre ni pauvreté, ni semblables désastres
Ne pouvoient approcher de cette nation[4] ;
Elle faisoit valoir[5] en cent lieux son empire.   5

3. « La gent marécageuse », comme il est dit au vers 7 de la fable IV du livre III. Le poëte a, au contraire, appelé les abeilles « ces filles du Ciel », au vers 5 de la fable XII du livre IX.
4. Rapprochez, tome I, p. 256, le « peuple des Souris », ci-dessus, p. 82, la « nation des Lapins », celles « des Belettes » et « des Chats », tome I, p. 286, etc., etc.
5. Elle faisait sentir, respecter.

Les reines des étangs⁶, Grenouilles veux-je dire
    (Car que coûte-t-il d'appeler
    Les choses par noms honorables⁷?),
Contre leur bienfaiteur⁸ osèrent cabaler,
    Et devinrent insupportables.   10
L'imprudence, l'orgueil, et l'oubli des bienfaits,
    Enfants de la bonne fortune,
Firent bientôt crier cette troupe importune :
    On ne pouvoit dormir en paix.
      Si l'on eût cru leur murmure,   15
      Elles auroient, par leurs cris,
      Soulevé grands et petits

    6.   Les citoyennes des étangs,
au livre VI, fable XII, vers 9.

    7. La Fontaine a emprunté ce trait au début des *Aventures du baron de Fæneste* d'Agrippa d'Aubigné : « Fæneste. Dou beneybous ensi? — Enay. Je ne vien pas de loin; je me pourmène autour de ce clos. — Fæneste. Comment, Diavle, clos! Il y a un quart d'hure que je suis emvarracé le long de ces murailles, et bous ne le nommez pas un parc! — Enay. Comment voudriez-vous que j'appelasse celui de Monceaux, ou de Madric? — Fæneste. Encores ne coustera-t-il rien de nommer les choses par noms honoravles. » (Livre I, chapitre 1.) Notre poëte s'est servi de la même expression dans une lettre au prince de Conti du 18 août 1689 : « Comme il ne coûte rien d'appeler les choses par noms honorables, » etc. (tome III *M.-L.*, p. 421-422). — Comparez le début du conte IV de la IVᵉ partie :

            Les gens du pays des fables
            Donnent ordinairement
            Noms et titres agréables.
            Assez libéralement, etc.

Les exemples abondent dans les fables de la Fontaine de ces « noms honorables » donnés aux bêtes.

    8. Dans nos anciennes éditions : « bienfaicteur » ou « bienfaiteur »; le P. Bouhours donne « bienfacteur ». On lit *bienfacteur* et *bienfaicteur* dans les trois premières éditions du *Dictionnaire de l'Académie*; *bienfaicteur* seul dans la quatrième; *bienfaiteur* à partir de la cinquième. Comparez tome I, p. 47, note 2, et tome II, p. 41, note 7.

Contre l'œil de la Nature[9].
« Le Soleil, à leur dire[10], alloit tout consumer ;
 Il falloit promptement s'armer,   20
 Et lever des troupes puissantes. »
 Aussitôt qu'il faisoit un pas,
 Ambassades croassantes[11]
 Alloient dans tous les États :
 A les ouïr, tout le monde,   25
 Toute la machine ronde[12]
 Rouloit sur les intérêts
 De quatre méchants marais[13].

9. La même expression est déjà dans la fable xviii du livre VII, vers 18 (voyez tome II, p. 200 et note 11) :

Que seroit-ce à mes yeux que l'œil de la Nature ?

Voyez aussi le vers 181 du conte iii de la V⁰ partie : « yeux qui brillent dans les cieux. » — Aux rapprochements déjà indiqués joignons ceux-ci : Cicéron, dans son plaidoyer *pour Publius Cornelius Sylla* (§ xi), appelle Rome *lumen gentium* (comparez les exemples de Gabriel Naudé et de Bossuet cités par Littré, à l'article OEIL, 13°) ; le Christ, dans saint Jean l'Évangéliste, se nomme lui-même en plusieurs endroits : τὸ φῶς τοῦ κόσμου. Nous lisons dans Macrobe (*Saturnaliorum* livre I, chapitre xxi).... *Hinc Osirin Ægyptii, ut solem esse asserant, quoties hieroglyphicis litteris suis exprimere volunt, insculpunt sceptrum, inque eo speciem oculi exprimunt, et hoc signo Osirin monstrant ; significantes hunc Deum Solem esse, regalique potestat sublimem cuncta despicere ; quia solem Jovis oculum appellat antiquitas.* Voyez enfin le *Lexique de Corneille*, tome XII des *OEuvres*, p. 126.

10. Voyez livre VII, fable 1, vers 48, et ci-dessus, fable xviii, vers 7, où *dire* est aussi employé substantivement.

11. Le recueil du P. Bouhours, celui de Daniel de la Feuille, les *OEuvres posthumes*, l'édition de Londres 1708, celles des frères Sauvage (1726), de 1729 et de 1788, s'accordent pour donner « croassantes », et non « coassantes », comme l'a mis Walckenaer, et comme il le faudrait écrire aujourd'hui. Voyez livre II, fable iv, vers 5 (tome I, p. 139 et note 2).

12. Même expression au vers 8 de la fable xvi du livre I : voyez tome I, p. 107 et note 5.

13. Le chiffre *quatre* n'a point ici de signification précise, pas plus que « *quatre* sous », pour dire peu d'argent. C'est un terme

Cette plainte téméraire
Dure toujours; et pourtant 30
Grenouilles devroient[14] se taire,
Et ne murmurer pas tant :
Car si le Soleil se pique[15],
Il le leur fera sentir;
La République aquatique[16] 35
Pourroit bien s'en repentir[17].

de dénigrement, de mépris. — « Marais », dans les *OEuvres posthumes* et dans les éditions de 1708, 1729, 1788; « marets », dans Daniel de la Feuille; « marests », dans le P. Bouhours et le P. Commire, 1704, où cette fable, comme nous l'avons dit, est transcrite en regard de la fable latine. Le *Dictionnaire* de Furetière (1690) et celui de l'Académie (1694) ont les deux orthographes : *marest* et *marais*. Voyez tome I, p. 140, note 6.

14. Il y a « devroient » dans le P. Bouhours et dans Daniel de la Feuille; nos autres éditions ont « doivent ».

15. Se sent offensé et se fâche. Littré, 33°, cite deux exemples, l'un de Regnier, l'autre de Molière, de l'emploi absolu de ce verbe réfléchi.

16. Comparez, tome I, p. 309 : « la chose publique aquatique », et, ci-dessus, p. 20, « le peuple aquatique ».

17. .... Mais le Dieu, souriant de cette folle guerre :
« Tous vos traits, leur dit-il, vont retomber sur vous. »
Aussitôt, animé d'un trop juste courroux,
De ces noires vapeurs il forme son tonnerre,
    En grêle il épaissit les airs....
  Les malheureuses sous les eaux,
  Dans la bourbe et dans les roseaux
  Vont en vain chercher des asiles....
                  (Furetière.)

LA LIGUE DES RATS.

Cette fable est, comme la précédente, une allusion aux démêlés des Hollandais avec Louis XIV. Comme la précédente aussi, elle paraît avoir été composée vers l'époque des événements auxquels elle fait allusion. La Fontaine ne l'a pas insérée dans son recueil de 1694; elle ne se trouve pas non plus dans la reproduction qui fût faite de ce recueil la même année par Isaac van Bulderen, ni dans l'édition de Paris 1709. Mais, dès le mois de décembre 1692, le *Mercure galant* l'avait publiée (p. 241), sans nom d'auteur, il est vrai. En 1694, Daniel de la Feuille l'insère dans son recueil, 1re partie, p. 21, sous ce titre : *les Rats;* en 1696, elle est réimprimée dans les *OEuvres posthumes*, p. 266; puis reproduite par l'édition de Londres 1708, et par celle des frères Sauvage, en 1726. Depuis, tous les éditeurs l'ont conservée. Il ne serait pas impossible que notre poëte l'eût supprimée par une raison analogue à celle que nous indiquions pour la fable précédente. Il avait déjà deux fois traité à peu près le même sujet dans son premier recueil, et d'une façon bien plus remarquable : voyez livre II, fable II, *Conseil tenu par les Rats*, et livre III, fable XVIII, *le Chat et un vieux Rat*.

M. Taine (p. 132-133) fait un commentaire satirique de cet apologue, en l'appliquant, non sans vérité peut-être, mais avec plus d'esprit encore et de malice, à la bourgeoisie fanfaronne et poltronne (voyez ci-après, note 13).

> Une Souris craignoit un Chat
> Qui dès longtemps la guettoit au passage.
> Que faire en cet état? Elle, prudente et sage,
> Consulte son voisin : c'étoit un maître Rat,
>   Dont la rateuse[1] seigneurie   5

1. Ce mot semble être de l'invention de la Fontaine, mais a pu lui être suggéré par Marot :

   Secouru m'as fort lyonneusement;
   Or secouru seras rateusement.

(Fable du Lyon et du Rat, dans l'*Épître à son amy Lyon Jamet*,

S'étoit logée en bonne hôtellerie,
Et qui cent fois s'étoit vanté, dit-on,
    De ne craindre de chat ou chatte [2]
    Ni coup de dent, ni coup de patte.
« Dame Souris, lui dit ce fanfaron,   10
    Ma foi, quoi que je fasse,
Seul, je ne puis chasser le Chat qui vous menace :
Mais assemblant tous les Rats d'alentour [3],
Je lui pourrai jouer d'un mauvais tour [4]. »
La Souris fait une humble révérence ;   15
    Et le Rat court en diligence
A l'office, qu'on nomme autrement la dépense,
    Où maints Rats assemblés
Faisoient, aux frais de l'hôte, une entière bombance [5].
    Il arrive, les sens troublés,   20
    Et les poumons tout essoufflés [6].

citée à l'*Appendice* de notre tome I, p. 444.) Comparez le « peuple *souriquois* », ci-dessus, p. 228 et note 20.

2. Les *OEuvres posthumes* et Daniel de la Feuille donnent ainsi ce vers :

    De ne craindre de chat ni chatte.

Presque tous les éditeurs modernes, c'est-à-dire des deux derniers siècles, le donnent ainsi :

    De ne craindre ni chat ni chatte.

3. .... Je vais avertir tous les Rats du pays.
            (Livre VII, fable XVI, vers 15.)

4. Comparez le vers 95 du conte v de la IVe partie :

    Coquin, dit-il, tu m'as joué d'un tour.

Sur cet idiotisme, voyez Littré, à l'article JOUER, 20°. — Les *OEuvres posthumes* écrivent :

    Mais assemblons tous les Rats d'alentour,
    Je lui pourrai jouer d'un mauvais tour.

5. Locution semblable dans la comédie de *Ragotin*, acte I, scène 1 (tome IV M.-L., p. 232) :

    ....La chère fut entière.

6. « Et tous les poumons essoufflés », dans les *OEuvres posthumes*.

« Qu'avez-vous donc? lui dit un de ces Rats; parlez.
— En deux mots, répond-il, ce qui fait [7] mon voyage,
C'est qu'il faut promptement secourir la Souris;
   Car Raminagrobis[8]   25
 Fait en tous lieux un étrange ravage[9].
  Ce Chat, le plus diable des Chats[10],
S'il manque de souris, voudra manger des rats. »
Chacun dit : « Il est vrai. Sus! sus! courons aux armes! »
Quelques Rates[11], dit-on, répandirent des larmes.   30
N'importe, rien n'arrête un si noble projet :
   Chacun se met en équipage[12];
Chacun met dans son sac un morceau de fromage[13];

7. Motive.
8. Voyez ci-dessus, p. 215 et note 4.
9. « Carnage », dans les *OEuvres posthumes*.
10. Comme Rodilard, qui « passoit,
   Chez la gent misérable,
  Non pour un chat, mais pour un diable. »
     (Livre II, fable II, vers 7-8.)
 11. Ce mot, comme le remarque M. Delboulle, est dans le *Roman de la Rose*, vers 14641; et dans le poëme d'*Aiol* (treizième siècle), vers 8861 :
  Tant as mangiet compeus[a] de soris et de rates....
Marot s'en est servi dans l'*Épître à Lyon Jamet*, déjà citée à la note 1 :
  Adonc le Rat, sans serpe ne couteau,
  Y arriua ioyeux et esbaudy,
  Et du Lyon, pour vray, ne s'est gaudy,
  Mais despita chatz, chates et chatons,
  Et prisa fort ratz, rates et ratons.
Il est aussi dans une traduction de Pline, du seizième siècle, d'Antoine du Pinet (livre XXIX, chapitre VI); et même dans le *Dictionnaire de Trévoux* (1771), au figuré : « Ma petite rate, ma petite amie. » L'Académie ne l'a pas adopté.
 12. Voyez tome II, p. 287 et note 9.
 13. Quelques commentateurs ont vu dans cette circonstance une allusion directe aux Hollandais, allusion qui dut paraître autrefois très-plaisante. Rapprochez le premier vers du virelai cité à la fin de

a Un composé, un mélange.

Chacun promet enfin de risquer le paquet[14].
    Ils alloient tous comme à la fête, 35
    L'esprit content, le cœur joyeux.
    Cependant le Chat, plus fin qu'eux,
  Tenoit déjà la Souris par la tête.
    Ils s'avancèrent à grands pas
    Pour secourir leur bonne amie :
    Mais le Chat, qui n'en démord pas[15], 40
Gronde et marche au-devant de la troupe ennemie.
    A ce bruit, nos très-prudents Rats,
    Craignant mauvaise destinée,
Font, sans pousser plus loin leur prétendu fracas[16], 45
    Une retraite fortunée.

la notice de la fable précédente. — « La guerre est votée d'acclamation, dit M. Taine (p. 133) : on court aux armes. « Quelques Rates (entendez des échevines) répandirent des larmes », dit-on. N'importe, les maris sont trop contents de se croire gens de guerre. Ils se sont monté la tête de leur projet héroïque. Ils y tiennent et l'achèveront. En attendant, ils s'équipent, sans oublier ce qu'ils connaissent le mieux, ce qui est essentiel, j'entends la victuaille. « Chacun met dans son sac un morceau de fromage. » La Fontaine garde jusqu'aux plaisanteries fanfaronnes et au ton trivial de ces recrues improvisées, qui, « l'esprit content, le cœur joyeux, » vont à la guerre « comme à la fête, » et promettent « de risquer le paquet. » Mais, quand le Chat s'avance en grondant, les galants chevaliers du beau sexe reprennent subitement leur circonspection commerciale, et font « une retraite fortunée, » laissant « leur bonne amie » entre les pattes du Matou. Nous savons maintenant à quoi nous en tenir sur l'esprit militaire de la bourgeoisie. » Comparez un passage des *Mémoires de Retz* sur la poltronnerie des bourgeois de Paris, des milices parisiennes, pendant le blocus de 1649 (tome II, p. 316 et note 4).

14. *Risquer le paquet*, tout risquer, corps et biens, en s'engageant dans une affaire douteuse : voyez les exemples de Sévigné (*hasarder le paquet*) et de Saint-Simon (*risquer le paquet*) que cite Littré, à l'article PAQUET, 1°.

15. Au propre, puisqu'il tient la Souris par la tête.

16. Le fracas qu'ils prétendaient faire.

Chaque Rat rentre dans son trou ;
Et si quelqu'un en sort, gare encor le Matou[17] !

17. L'allégorie que renferme cet apologue était trop claire au temps où écrivait la Fontaine pour qu'il en tirât une moralité. Le dernier vers en tient lieu.

FIN DES FABLES.

APPENDICE

APPENDICE.

I. — Page 1.

(Livre X, fable 1.)

Mélanchthon raconta un jour, à la table de Luther, la fable suivante : « Un Paysan traversant une forêt rencontra une caverne où se trouvait un Serpent. Une grande pierre roulée devant empêchait l'animal d'en sortir. Il supplia le Paysan d'enlever la pierre, lui promettant la plus belle récompense. Le Paysan se laissa tenter, délivra le Serpent et lui demanda le prix de sa peine, à quoi le Serpent répondit qu'il allait lui donner la récompense que le monde donne à ses bienfaiteurs, qu'il allait le tuer. Tout ce que le Paysan put obtenir par ses supplications fut qu'ils remettraient leur différend au jugement du premier animal qu'ils rencontreraient. Ce fut d'abord un vieux Cheval qui n'avait plus que la peau et les os. Pour toute réponse, il dit : « J'ai consumé « tout ce que j'avais de force au service de l'homme ; pour ré- « compense, il va me tuer, m'écorcher. » Ils rencontrèrent ensuite un vieux Chien que son maître venait de rouer de coups ; ce nouvel arbitre donna même décision. Le Serpent voulait alors tuer son bienfaiteur. Celui-ci obtint qu'ils prendraient un nouveau juge, et que la sentence de ce dernier serait décisive. Après avoir marché quelques pas, ils virent venir à eux un Renard. Dès que le Paysan l'aperçut, il invoqua son secours et lui promit tous ses poulets, s'il rendait une décision favorable. Le Renard, ayant entendu les parties, dit qu'avant de prononcer il fallait remettre toutes choses dans leur premier état ; que le Serpent devait retourner dans la caverne pour entendre le jugement. Le Serpent consentit, et, dès qu'il y fut, le Paysan boucha le trou de son mieux. Le Renard vint la nuit suivante prendre les poulets qui lui étaient promis ; mais la femme et les valets du Paysan le tuèrent. » Mélanchthon ayant fini ce conte, le Docteur dit : « Voilà bien l'image de ce qu'on voit dans le monde. Celui que vous avez sauvé de la potence vous fait pendre. Si je n'avais d'autre exemple, je n'aurais qu'à penser à Jésus-Christ qui, après avoir racheté le monde entier du péché, de la mort, du diable et de l'enfer, fut crucifié par les siens mêmes. »

(LUTHER, *Tischreden*, Francfort, 1568, in-fol., p. 56. — *Mémoires de Luther écrits par lui-même, traduits et mis en ordre* par Michelet, Paris, 1833-1835, in-8°, tome III, p. 275-277.)

II. — Page 45.

(Livre X, fable IX.)

CRÉSUS.

..... C'est ton trésor, Ésope ; avant qu'on l'ouvre,
Et que ce qu'il renferme à mes yeux se découvre,
Fais-m'en, je t'en conjure, un sincère détail.
C'est le prix de tes soins, le fruit de ton travail :
Cette épreuve t'est rude et me fait violence.

ÉSOPE.

Cette épreuve à l'envie imposera silence ;
Et je ne puis, Seigneur, en être mieux vengé,
Qu'en la rendant témoin de tout le bien que j'ai.
Tout ce que je dirois lui sembleroit frivole.

TIRRÈNE.

Qu'attendez-vous, Seigneur, à nous tenir parole ?
De sa fausse fierté faites-le repentir.

CRÉSUS.

Eh bien! puisqu'on m'y force, il y faut consentir.
Ouvrons....
(*Après avoir ouvert la cassette et vu ce qu'elle contient.*)
Ciel! quel spectacle est-ce ici que l'on m'offre ?
Gardes!

UN GARDE.

Seigneur!

CRÉSUS.

Voyez ce qu'enferme ce coffre.
(*Le garde cherche dans le coffre, et n'y trouve que l'habit d'Ésope quand il étoit esclave.*)
Est-ce là le trésor qu'on m'oblige à chercher ?

ÉSOPE.

Oui, Seigneur ; vous voyez ce que j'ai de plus cher.
C'est l'habit que j'avois quand par un sort propice

APPENDICE.

Il vous plut me choisir pour me rendre service.
Habit vil, mais qu'on porte avec tranquillité,...
Qui jamais contre moi n'eût soulevé l'envie
Si je l'eusse porté pendant toute ma vie,
Et que je redemande à Votre Majesté
Avec plus de plaisir que je ne l'ai quitté.
Comme je n'ai rien fait pour m'attirer la haine
Dont vouloient m'accabler Trasybule et Tirrène,
C'est de mon crédit seul dont ils sont mécontents,
Et tous deux ne font rien qu'on n'ait fait de tout temps.
Quelque soin qu'il se donne et quelque bien qu'il fasse,
Quel ministre est aimé pendant qu'il est en place ?
Et, quand de sa carrière il a fini le cours,
Ceux qui le haïssoient le regrettent toujours.
D'un si dangereux poste approuvez ma retraite :
Je connois, mais trop tard, la faute que j'ai faite.
Que ferois-je à la cour, moi qui ne suis, Seigneur,
Hypocrite, jaloux, médisant ni flatteur?

CRÉSUS.

Pour ta retraite, non ! tu m'es trop nécessaire.
Mais pourquoi cet habit, et qu'en voulois-tu faire ?
Quel bizarre plaisir t'obligeoit à le voir ?

ÉSOPE.

L'orgueil suit de si près un extrême pouvoir
Que souvent dans la place où j'avois l'honneur d'être
De ma foible raison je n'étois pas le maître.
Souvent l'éclat flatteur de ce rang fortuné
M'élevant au-dessus de ce que je suis né,
Pour être toujours prêt à rentrer en moi-même,
Je gardois ce témoin de ma misère extrême ;
Et, quand l'orgueil sur moi prenoit trop de crédit,
Je redevenois humble en voyant mon habit.

(BOURSAULT, *Ésope à la cour*, comédie, 1701, acte V, scène IV.)

III. — Page 73.

(Livre X, fable XIII.)

Il y eut autrefois deux amis résolus de ne se point quitter ; ils voyageoient ensemble, et, en chemin faisant, rencontrèrent une fort belle fontaine au pied d'une montagne. Le lieu leur parut agréable, et [ils] le choisirent pour se reposer ; et, après s'être délassés, se mirent à considérer ce qu'il y avoit de plus remarquable aux environs. Par hasard ils jetèrent la vue sur une pierre blanche, où ils virent une écriture en lettres d'azur, qui contenoit ces paroles :

« Voyageurs! nous vous avons préparé un excellent festin pour votre bienvenue, et un présent très-agréable, mais il faut se jeter dans cette fontaine, sans crainte, et passer de l'autre côté, où vous rencontrerez un Lion d'une pierre blanche, lequel vous prendrez sur vos épaules, et le porterez tout d'une course au haut de cette montagne, sans craindre la rencontre et poursuite des bêtes féroces qui vous aborderont, ni les épines poignantes qui vous piqueront, parce qu'aussitôt que vous serez en haut, vous posséderez toute sorte de bonheur. Si on ne marche, on n'arrive point au gîte, et, si on ne travaille, on n'a jamais ce qu'on desire. »

Ganem, c'étoit le nom de l'un des deux, dit à l'autre, qui s'appeloit Salem : « Frère, voici un moyen pour terminer nos courses et nos peines ; prenons courage et voyons si ce qui est contenu aux lettres de ce Talisman est faux ou véritable.

SALEM.

Cher ami, ce n'est pas faire en homme d'esprit que de se fier sur une simple écriture, et, sous prétexte de quelque grand gain sans apparence, s'aller jeter dans un éminent péril.

GANEM.

Ami, ceux qui ont tant soit peu de courage méprisent les périls pour essayer tout; on ne sauroit cueillir la rose sans être piqué des épines.

SALEM.

Mais il faut entreprendre les choses de telle façon que, comme on en sait le commencement, on en sache aussi la fin, non pas s'aller jeter dans cette fontaine qui semble un abîme et commencer une chose de laquelle vous ne savez pas l'issue. Un homme d'esprit ne remue jamais un de ses pieds que l'autre ne soit assuré. Peut-être que cette écriture est faite à plaisir, et aussi peut-être, quand vous aurez passé ce petit lac, ce Lion de pierre seroit si grand et si pesant que vous ne le pourriez porter, et, quand tout cela vous seroit aisé, il peut encore arriver que vous ne pourriez porter votre fardeau d'une course au haut de la montagne. Mais posons le cas que tout cela vous succédera, quand vous aurez tout fait de votre côté, vous n'en savez pas la fin. Pour moi, je ne veux pas vous suivre en cette entreprise, et je tâcherai de vous en détourner.

GANEM.

Mon dessein ne sera pas changé pour le discours des hommes,

et, puisque tu ne veux pas me suivre, au moins aie le plaisir de me regarder faire. »

Salem, le voyant résolu dans son entreprise, lui dit : « O cher ami, je sais bien que vous ne voulez pas me croire, et moi je n'ai pas le courage de vous voir périr. » Et aussitôt il chargea ce qu'il avoit et se mit à continuer son chemin. Ganem, désespéré, vient au bord de la fontaine, se plonge dans cette profonde mer, avec intention de périr ou de rapporter quelque belle perle. Il trouva que c'étoit un abîme, mais, ayant toujours bon courage, à force de nager, il se mit à bord. Il prit un peu haleine, et vint au Lion de pierre, le leva de toute sa force, et, d'une course, le porta au sommet de la montagne, non sans grand'peine. Étant là, il aperçut de l'autre côté une fort belle ville, et bien située, laquelle pendant qu'il considéroit, tout d'un coup, sortit de ce Lion de pierre un cri si effroyable qu'il fit trembler la montagne et les campagnes d'autour. Ce cri parvenu à l'oreille des citoyens de cette ville, ils sortirent tous en troupe, et vinrent où étoit Ganem, lequel, confus et étonné, les regardoit venir. Les citoyens s'approchèrent de lui, et quelques-uns des plus apparents l'abordèrent avec de grandes révérences et louanges, le mirent sur un fort beau cheval bien paré, et, avec des grandes soumissions, le menèrent à la ville, où arrivés, le lavèrent avec de l'eau de rose et lui firent vêtir des habits royaux, le déclarant roi absolu de tout le pays. Il demanda le sujet de son élection. On lui dit que les doctes du pays avoient fait un Talisman dans la fontaine qu'il avoit passée et sur le Lion qu'il avoit porté au haut de la montagne, de sorte que quiconque se voudra hasarder, comme fait Sa Majesté, quand le roi du pays est mort, aussitôt le Lion se met à crier et avertir les habitants de la ville, pour l'aller querir, et le couronner pour leur roi. « Il y a longtemps que cette coutume dure jusques aujourd'hui que le sort est tombé sur Votre Majesté. Régnez donc à présent absolument. » Alors le Ganem reconnut que ses peines n'avoient pas été perdues.

(*Livre des lumières ou la Conduite des Rois*, composé par le sage Pilpay, Indien..., Paris, M.DC.XLIV, in-12, p. 62-66.)

IV. — Page 80.

(Livre X, fable xiv.)

DU RAPPORT DES HOMMES AVEC LES ANIMAUX.

Il y a autant de diverses espèces d'hommes qu'il y a de diverses espèces d'animaux, et les hommes sont, à l'égard des autres hommes, ce que les différentes espèces d'animaux sont entre elles et à l'égard les unes des autres. Combien y a-t-il d'hommes qui vivent du sang et de la vie des innocents : les uns comme des tigres, toujours farouches et toujours cruels; d'autres comme des lions, en gardant quelque apparence de générosité; d'autres comme des ours, grossiers et avides; d'autres comme des loups, ravissants et impitoyables; d'autres comme des renards, qui vivent d'industrie, et dont le métier est de tromper !

Combien y a-t-il d'hommes qui ont du rapport aux chiens ! Ils détruisent leur espèce; ils chassent pour le plaisir de celui qui les nourrit; les uns suivent toujours leur maître, les autres gardent sa maison. Il y a des lévriers d'attache[1] qui vivent de leur valeur, qui se destinent à la guerre, et qui ont de la noblesse dans leur courage; il y a des dogues acharnés qui n'ont de qualités que la fureur; il y a des chiens, plus ou moins inutiles, qui aboient souvent, et qui mordent quelquefois; il y a même des chiens de jardinier[2]. Il y a des singes et des guenons qui plaisent par leurs manières, qui ont de l'esprit, et qui font toujours du mal; il y a des paons qui n'ont que de la beauté, qui déplaisent par leur chant, et qui détruisent les lieux qu'ils habitent.

Il y a des oiseaux qui ne sont recommandables que par leur ramage et par leurs couleurs. Combien de perroquets qui parlent sans cesse et qui n'entendent jamais ce qu'ils disent; combien de pies et de corneilles qui ne s'apprivoisent que pour dérober; combien d'oiseaux de proie qui ne vivent que de rapines; combien d'espèces d'animaux paisibles et tranquilles qui ne servent qu'à nourrir d'autres animaux !

1. Lévriers que l'on emploie à courre la grosse bête, le loup et le sanglier, par exemple.
2. Gens qui ne savent ni faire, ni laisser faire, comme les chiens qui, gardant les jardins, ne mangent ni légumes ni fruits, et n'en laissent pas prendre.

Il y a des chats toujours au guet, malicieux et infidèles, et qui font patte de velours; il y a des vipères dont la langue est venimeuse et dont le reste est utile[1]; il y a des araignées, des mouches, des punaises et des puces, qui sont toujours incommodes et insupportables; il y a des crapauds qui font horreur et qui n'ont que du venin; il y a des hiboux qui craignent la lumière.

Combien d'animaux qui vivent sous terre pour se conserver! Combien de chevaux qu'on emploie à tant d'usages, et qu'on abandonne quand ils ne servent plus; combien de bœufs qui travaillent toute leur vie pour enrichir celui qui leur impose le joug; de cigales qui passent leur vie à chanter; de lièvres qui ont peur de tout; de lapins qui s'épouvantent et se rassurent en un moment; de pourceaux qui vivent dans la crapule et dans l'ordure; de canards privés qui trahissent leurs semblables et les attirent dans les filets[2]; de corbeaux et de vautours qui ne vivent que de pourriture et de corps morts!

Combien d'oiseaux passagers qui vont si souvent d'un monde à l'autre, et qui s'exposent à tant de périls pour chercher à vivre! Combien d'hirondelles qui suivent toujours le beau temps; de hannetons inconsidérés et sans dessein; de papillons qui cherchent le feu qui les brûle! Combien d'abeilles qui respectent leur chef, et qui se maintiennent avec tant de règle et d'industrie! Combien de frelons, vagabonds et fainéants, qui cherchent à s'établir aux dépens des abeilles! Combien de fourmis dont la prévoyance et l'économie soulagent tous leurs besoins! Combien de crocodiles qui feignent de se plaindre pour dévorer ceux qui sont touchés de leurs plaintes! et combien d'animaux qui sont assujettis parce qu'ils ignorent leur force!

Toutes ces qualités se trouvent dans l'homme, et il exerce à l'égard des autres hommes tout ce que les animaux dont on vient de parler exercent entre eux.

(LA ROCHEFOUCAULD, *Réflexions diverses*, XI, tome I des *OEuvres*, dans notre collection, Paris, 1868, p. 307-310.)

1. La vipère était un remède autrefois fort employé. Voyez le tome VI des *Lettres de Mme de Sévigné*, p. 58, et le tome VII, p. 420-421.
2. Voyez dans l'*Histoire naturelle* de Buffon, annotée par Flourens, Paris, 1854, tome VIII, p. 467 et suivantes, une intéressante description de cette chasse, où l'auteur désigne ces canards privés par le nom consacré de *traîtres*.

V. — Page 93.

(Livre XI, fable 1.)

« ....Tout au contraire, il faut chasser de l'étendue des terres, où vous voudrez établir votre domination, tous ceux qui peuvent prétendre à la qualité de rois ou disputer de rang et de naissance avec vous; ou plutôt il faudra tâcher à les prendre, après quoi vous en égorgerez la plupart, et vous en réserverez quelques-uns que vous tiendrez dans votre sérail; ceux-ci serviront seulement pour être tirés l'un après l'autre et monter sur le trône si le destin ne vous donne point de lignée. — Mais quoi, dit le Lion, ce procédé est bien cruel, et comme toute cruauté a en soi quelque chose de lâche, moi, qui suis naturellement généreux, j'aurois de la peine à m'y résoudre. — Trop somptueux monarque, repartit le Renard, n'ayez point ces foibles considérations, car elles font perdre l'envie de régner : il faut bien encore d'autres choses plus odieuses pour conserver un empire par la force et la terreur, et surtout quand on veut être conquérant ou restaurateur d'un État. Toutes les choses que fait un souverain sont justes (du moins à ce que lui font accroire ses courtisans et ses gens d'affaires); que si quelqu'un en juge autrement, il n'en dira mot; ou s'il en parle, on sait bien les moyens de le faire taire. — Mais, dit le Lion, où as-tu appris ces lâches moyens, et qui sont si contraires à cette liberté qui est le premier et le plus beau présent de la nature? — Je les ai apprises, répondit le Renard, chez les plus grands politiques de la terre : car ce sont ceux qui ont étendu le plus loin leur domination, je veux dire chez les Turcs, parmi lesquels j'ai été nourri dès ma plus tendre jeunesse. »

(Extrait d'un morceau intitulé *Allégorie*, qui se trouve dans le *Recueil de quelques pièces nouvelles et galantes*, Cologne, 1667, in-12, 2° partie, p. 128-154. C'est un dialogue entre le Lion et le Renard, où celui-ci veut enseigner à l'autre le moyen de reconquérir et de conserver sa royauté usurpée par l'Homme.)

VI. — Page 154.

(Livre XI, fable VIII.)

La végile de quaresme-prenant, vi une merveille que je vous vueil raconter ; car ce jour meismes fu mis en terre messires Hues de Landricourt, qui estoit avec moy à baniere (*portant bannière*). Là où il estoit en biere en ma chapelle, six de mes chevaliers estoient apuié sur plusours saz pleins d'orge ; et pour ce que il parloient haut en ma chapelle et que il faisoient noise (*bruit*) au prestre, je lour alai dire que il se teussent, et lour dis que vileinne chose estoit de chevaliers et de gentilzhomes qui parloient tandis que l'on chantoit la messe. Et il me commencièrent à rire, et me distrent en riant que il li remarioient sa femme. Et je les enchoisonnai (*réprimandai*) et leur dis que tiex (*telles*) paroles n'estoient ne bones ne beles, et que tost avoient oublié leur compaingnon. Et Diex en fist tel vengeance que l'endemain fu la grans bataille dou quaresme-prenant, dont il furent mort ou navrei à mort, par quoy il convint lour femmes remarier toutes six.

(JOINVILLE, *Histoire de saint Louis*, publiée pour la Société de l'Histoire de France, par M. Natalis de Wailly, Paris, 1868, in-4°, p. 105-106.)

VII. — Page 161.

(Livre XI, fable IX.)

Noctua posuerat sedem in trunco cavo pini antiquæ et curiosæ ; forte cepit sorices quam plures : « Hos subito deglutire, inquit, summa stultitia : ægrotarem usque ad nauseam, deinde perirem fame. Si servem jugulatos, putrefient ; si vivos, effugient. » Tum provida et sagax avis rostro adunco abscidit pedes eorum : sic ademit eis facultatem fugæ, et voravit singulos singulis diebus.

(*Thèmes de Mgr le duc de Bourgogne*, manuscrit *Latin* 8511 de la Bibliothèque nationale, fol. 102.)

VIII. — Pages 180-181.

(Livre XII, fable 1.)

GRYLLUS.

Dieu te gard, Ulysses.

ULYSSES.

Et toi aussi vrayement, Gryllus.

GRYLLUS.

Que veux-tu enquerir de nous?

ULYSSES.

Ie sai que vous auez esté hommes, et pourtant ai-ie pitié de vous voir tous tant que vous estes en cest estat : mais encore plus, comme il est vraisemblable, ceux qui ayans esté Grecs estes tombez en telle calamité : si ai maintenant suplié Circé, que desliant ceux d'entre-vous qui le voudront estre, et les remettant en leur ancienne forme, elle leur donne congé de s'en venir quand et nous.

GRYLLUS.

Tai-toi, Ulysses, et ne di rien dauantage : car nous aussi t'auons en grand mespris, voyans que c'est bien à fausses enseignes qu'on t'a par ci deuant tenu pour habile homme, plus auisé et plus sage que les autres, veu que tu as eu peur de changer de pis en mieux, sans y auoir premierement bien pensé, ne plus ne moins que les enfans craignent les drogues que les medecins leur ordonnent, et fuyent les sciences qui les peuuent rendre de maladifs et fols sains et sages : aussi as-tu reietté arriere l'estre transmué d'une forme en vne autre, et maintenant encore trembles-tu de peur redoutant de coucher auec Circé, pour crainte qu'elle ne face de toi, sans que tu t'en prenes garde, vn Pourceau ou vn Loup ; et nous veux persuader qu'au lieu que nous viuons maintenant en abondance et iouissance de tous biens, nous les quittions et abandonions, ensemble celle qui nous les a procurez, pour nous en aller quand et toi, en redeuenans hommes derechef, c'est-à-dire le plus misérable et le plus calamiteux animal qui soit au monde.

ULYSSES.

Il semble, Gryllus, que ce bruuage-là que te donna Circé ne t'a pas seulement corrompu la forme du corps, mais aussi le discours de l'entendement, et qu'il t'a rempli la ceruelle d'estranges et totalement déprauées opinions : ou il faut dire que le plaisir que tu prens à ce corps, pour le long temps qu'il y a desia que tu y es, t'a ensorcelé.

GRYLLUS.

Ce n'est ni l'un ni l'autre, ô roy des Cephaliens, mais s'il te plait discourir par raison plustost que par iniures, nous t'aurons bien tost osté de ceste opinion, en te prouuant par viues raisons, pour l'experience que nous auons de l'vne et de l'autre vie, qu'à bonne cause nous aimons mieux ceste-ci que celle-là.

ULYSSES.

Quant à moy, ie suis tout prest de l'ouïr.

GRYLLUS.

Et moy de le dire. Mais premierement il faut commencer à parler des vertus, pour lesquelles ie voi que vous vous plaisez merueilleusement, comme voulans dire que vous estes beaucoup plus parfaits et plus excellens en iustice, en prudence et en magnanimité, et autres vertus que ne sont les animaux. Ie te prie donc, homme tressage, respons-moi, car i'ouï dernierement que tu racontois à Circé du pays des Cyclopes, comme la terre y est si bonne et si fertile, que, sans estre labouree ni ensemencee aucunement, elle porte d'elle-mesme toute sorte de fruits. Ie te demande donc laquelle est-ce que tu estimes le plus, celle-là, ou bien celle d'Ithace montueuse et aspre, qui ne vaut qu'à nourrir des cheures, et qui, apres plusieurs façons et plusieurs trauaux, à grand'peine rend à ceux qui la cultiuent vn bien peu de maigres fruits qui ne valent pas la peine qu'on y prend, et ne sois pas marri si tu es contraint de respondre contre ce que te fait estimer l'amour que tu portes à ton pays.

ULYSSES.

Il ne faut point mentir, que i'aime et tiens singulierement cher mon pays et le lieu de ma naissance, mais ie louë et estime encore plus ce pays là.

GRYLLUS.

Or bien nous dirons donc que le plus sage des hommes est d'auis qu'il y a des choses qu'il faut louër et priser, et d'autres qu'il faut choisir et aimer ; et croi que tu confesseras qu'autant en faut-il respondre de l'ame comme de la terre, que la meilleure est celle qui sans labeur rend un fruit croissant de soi-mesme.

ULYSSES.

Et bien, suposons que cela aussi soit ainsi.

GRYLLUS.

Tu confesses donc desia que l'ame des animaux est mieux disposee et plus parfaite pour produire la vertu, attendu que sans estre poussee, ni comandee, ni enseignee, qui est autant comme

J. DE LA FONTAINE. III

dire sans estre labouree, ni ensemencee, elle produit et nourrit la vertu qui selon nature conuient à vn chacun.

ULYSSES.

Et quelle est la vertu, Gryllus mon ami, dont les animaux sont capables?

GRYLLUS.

Mais plus tost deuois-tu demander de quelle vertu ne sont-ils capables, voire et d'auantage que le plus sage des hommes? Mais considerons premierement, si tu veux, la vaillance pour laquelle tu te glorifies et te plais merueilleusement, et ne te caches point de honte quand on te surnomme le vaillant et le preneur de villes, veu que tu as tousiours, mal-heureux que tu es, plustost par belles paroles, ruses et tromperies, afiné les hommes qui ne sauoyent faire la guerre, que rondement et genereusement, et qui ne sauoyent que c'estoit de fraude ni menterie, voulans atribuer à finesse le nom de vertu, laquelle ne sait que c'est de fraude ni de tromperie. Car tu vois les combats des animaux, tant contre les hommes que des vns contre les autres, comment ils sont sans aucune ruse ni artifice, auec vne ouuerte et nue hardiesse, et comme d'vne naïue magnanimité ils se defendent et reuenchent contre leurs ennemis, sans qu'il y ait loi qui les y apelle, ne qu'ils ayent peur d'estre en iugement repris de lascheté ni de couardise, ains par vn instinct naturel.... De prier son ennemi, ni de lui demander pardon, ou confesser d'estre veincu, il n'en est point de nouuelles, ni ne vid-on iamais qu'vn Lyon s'aseruist à vn autre Lyon, ni vn Cheual à vn autre Cheual, à faute de cœur, comme fait vn Homme à vn autre Homme, se contentant facilement de viure en seruitude proche parente de couardise.... Par où il apert que les animaux sont nez et bien disposez de nature pour estre vaillans et hardis, et, au contraire, que la hardiesse et franchise de parler est aux hommes contre nature : ce que tu pourras, ô bon Ulysses, conoistre et comprendre par cest argument-ci, c'est qu'entre les animaux la nature pese autant d'vn costé que d'autre, quant au courage et à la hardiesse, et ne cede point la femele au masle soit à suporter les trauaux pour le recouurement de viures, soit à combatre pour la defense de ses petis.... Et toi-mesme plusieurs fois as veu des Lyonnes et des Leopardes, comme elles ne cedent en rien de force et de hardiesse à leurs masles, non pas comme ta femme Penelopé, laquelle demeure au long d'vn foyer assise pres du feu, cependant que tu es hors de ta maison à la guerre, sans auoir cœur de faire au moins autant de defense que les arondelles, alencontre de ceux qui la vienent destruire elle et sa maison.... En vous la vaillance est vne couardise sage, et la hardiesse vne crainte acompagnee de la science d'euiter vn danger par vn autre. Brief..., pourquoi est-ce que vos poetes apellent ceux qui combatent vaillamment contre leurs ennemis, cœurs de Lyons, ou Loups acharnez, et ressemblans au Sanglier en furie, et neantmoins encore pense-ie que c'est vne façon de parler excessiue en comparaison, comme quand ils apellent les vistes, pieds de vent, ou les beaux, faces d'ange : aussi acomparent-ils par exces les bons combatans à ceux qui sont en cela beaucoup plus excellens que les hommes, dont la cause est pource que la colere est comme la trempe et le fil de la vaillance, et les animaux l'employent toute pure et simple ès combats, là où en vous elle estant touiours meslee auec quelque peu de discours de la raison, comme l'eau dedans le vin, elle s'esuanouit au fort des dangers, et faut à l'occasion....

ULYSSES.

Comment, Gryllus, tu as, à ce que ie voi, esté autrefois vn grand orateur, veu qu'encore maintenant parlant en groin de pourceau, tu as si vaillamment argué et disputé sur le suiet proposé. Mais que n'as-tu aussi tout d'vn train discouru de la temperance?

GRYLLUS.

Pour autant que i'estimois que tu voulusses premierement refuter ce que i'auois desia dit, mais ie voi bien que tu desires ouïr parler de la temperance, d'autant que tu es mari d'vne treschaste femme.... Mais.... il y a dix mille Corneilles, qui auec leur craillement se moqueroyent de la chasteté et continence de Penelopé, et monstreroyent que ce n'est pas chose dont on deust faire conte; car chacune d'elles, si son masle vient à mourir, ne demeure pas veufue, sans retourner à s'aparier, pour vn peu de temps, ains par neuf aages entiers d'hommes, de maniere qu'il s'en faut neuf fois que ta belle Penelopé ne merite autant d'honeur de continence, que la moindre Corneille qui soit au monde.... La temperance.... est vn retrenchement et vn reglement des cupiditez, asauoir retrenchement des estrangeres et des superflues, c'est-à-dire non necessaires, et un reglement qui, par election de temps et temperature de moyens, regit les naturelles et necessaires.... Il y a vn autre genre de cupiditez, qui ne sont ni naturelles, ni necessaires, ains coulees de dehors par vne ignorance de bien, par vne vaine opinion, et celles-là sont en si grand nombre, que elles chassent presque toutes les naturelles, ne plus ne moins que si en vne cité il y auoit si grand nombre d'estrangers, qu'ils forçassent les naturels habitans. Là où les animaux ne donnans entree aucune, ni communication quelconque aux estrangeres afections en leurs ames, et en toute leur vie, et toutes leurs actions estans fort esloignees de toute vanité de gloire et d'opinion..., vrai est qu'ils ne se tiennent pas si promptement, ne si curieusement que font les hommes, mais au demeurant quant à la temperance et quant à estre mieux reglez en leurs cupiditez, qui ne sont ni en grand nombre, ni peregrines et foraines, ils l'obseruent beaucoup plus exactement et plus diligemment. Qu'il ne soit ainsi, il a iadis esté un temps que ie n'estois pas moins espris et estourdi de la cupidité de posseder de l'or que tu es maintenant.... Il me souuient que t'ayant vne fois veu en Candie acoustré magnifiquement d'vne belle robe, ie ne souhaitai point ta prudence, ni ta vertu, ains la beauté de ton saye, qui estoit fort delicatement tissu et futilement ouuré, et ton manteau d'escarlate, qui estoit si proprement plissé, i'estois raui et esblouï de le voir si beau : la boucle mesme, qui estoit d'or, auoit ie ne sai quoi de singulier, et estoit, ce croi-ie, quelque excellent sculpteur qui auoit pris plaisir à la grauer; i'allois apres toi pour le voir, aussi enchanté comme les femmes qui sont amoureuses. Mais maintenant estant deliuré de toutes ces vaines opinions-là, et en ayant le cerueau purgé, ie passe par dessus l'or et l'argent, sans en faire conte non plus que d'autres pierres; et quant à vos beaux habillemens et vos draps de broderie et de tapisserie, i'en fais si peu d'estime que i'aimerois mieux vne profonde fange et molle à me veautrer à mon aise, pour dormir quand ie suis saoul. Et n'y a pas vne de ces cupiditez-là, et apetis extraordinaires venus de dehors, qui ait place en nos ames, ains pour la pluspart notre vie se passe auec les cupiditez et voluptez necessaires ; et quant à celles qui sont bien naturelles, mais non pourtant necessaires, nous n'en vsons ni desordonnément, ni insatiablement. Et discourons de celles-là premierement. Quant est donc à la volupté qui procede du sentiment des choses bien odorantes, et qui, par le flair qu'elles rendent, esmeuuent le sentiment, outre le plaisir qu'elle nous aporte, sans qu'il nous couste rien, encore aporte-elle quand et quand vne vtilité, pour sauoir discerner nostre nourriture; car la langue est bien iuge, comme on le dit, de la saueur douce, aspre ou aigre, quand les ius vienent à se mesler et confondre parmi la faculté de discerner, mais nostre odorement, deuant que venir à gouster les ius et saueurs, est iuge de la force et qualité de chaque chose, et les sent beaucoup plus exquisement que tous ceux qui font les essais deuant les Princes et les Rois, et ce qui nous est propre, le reçoit au dedans, ce qui nous est estrange, le reiette au dehors, et ne le nous laisse pas seulement toucher, ni contrister et ofenser nostre sentiment, ains acuse et condamne la mauuaise qualité deuant qu'elle nous porte aucun dommage. Au demeurant elle ne nous donne fascherie quelconque, comme elle fait à vous, en vous contraignant de mesler ensemble, pour faire des parfums, de la cinnamone, de l'aspic, de la lauande, de la cannelle, et certaines fueilles et cannes d'Arabie, et les incorporer les vnes auec les autres, par vne exquise science et subtilité d'apothicairerie ou de parfumerie, forçant les drogues de nature toute diuerse de se brouiller et se mesler ensemble, en achetant de grosse somme de deniers vne volupté qui ne sent point son homme, ains plustost sa fille, et qui est totalement inutile; mais quoiqu'elle soit telle, si est-ce qu'elle a corrompu et gasté non seulement toutes les femmes, mais aussi la pluspart des hommes, tellement qu'ils ne veulent pas habiter auec leurs propres femmes mesmes, sinon qu'elles soyent parfumees de toutes bonnes odeurs et senteurs, quand elles vienent pour coucher auec eux. Au contraire, les Layes atirent leurs Sangliers, et les Cheures leurs Boucs, et les autres femelles leurs masles, auec leurs propres odeurs, sentant la rosee pure et nette des prez et de la verdure des champs, et se ioignent ensemble pour engendrer, auec vne caresse et volupté commune et reciproque, sans que les femelles facent les mignardes afetees, ne qu'elles desguisent ou couurent l'enuie qu'elles en ont, de tromperies, ou de sorcelleries, ou de refus; et semblablement les masles y viennent aussi poussez de la fureur d'amour et de l'ardeur d'engendrer, sans acheter à pris d'argent, ni à grand peine et trauail, et longue suietion et seruitude, l'acte de generation, ains l'exerçant sans fallace ne feintise, sans l'acheter, en temps et saison, lorsque la nature à la primeuere excite et boute hors la concupiscence generatiue des animaux, ne plus ne moins qu'elle fait la sèue et les boutons des arbres, et puis l'esteint incontinent, car ni la femelle depuis qu'elle est pleine ne cerche plus le masle, ni le masle ne la pourchasse plus, tant est la volupté parmi nous de peu de pris et de recommandation, se referant le tout à la nature.... Du boire et du manger..., nous ne prenons iamais le plaisir que ce ne soit auec quelque vtilité; mais vous, cerchans plustost la volupté au boire et manger, que non pas ce qui est necessaire pour la nourriture selon nature, en estes punis puis apres par plusieurs grieues et longues maladies, lesquelles procedantes d'vne source qui est la repletion, remplissent vos corps de toutes sortes de vens, qui sont puis apres bien fort mal-aizez à purger. Car premierement à chaque genre de beste, il y a chaque sorte de nourriture qui lui est propre : aux vnes l'herbe, aux autres les racines, aux autres les fruits; et celles qui viuent de chair ne touchent iamais à autre sorte de pasture, ni ne vont point oster aux plus infirmes et plus debiles leur nourriture, ains les en laissent paistre, comme nous voyons que le Lyon laisse paistre le Cerf, et le Loup la Brebis, selon leur naturel. Mais l'Homme estant par son apetit desordonné des voluptez, et par sa gloutonnie, tiré à toutes choses, tastant et essayant de tout comme ne sachant encore quelle est sa propre et naturelle pasture, il est seul de toutes creatures viuantes qui mange de tout. Et premierement il se paist de chair, sans qu'il en soit aucun besoin ni aucune necessité, atendu qu'il peut en la saison cueillir, vendanger, moissonner des plantes, des vignes et des semences, de toutes sortes de fruits, les vns sur les autres, iusques à s'en lasser pour la grande quantité ; et neantmoins, par delices et par cercher ses apetis, apres estre trop saoul, il va encore cercher des autres viures, qui ne lui sont ni necessaires, ni propres, ni nets et mondes, en tuant les bestes beaucoup plus cruellement que ne font les plus sauuages animaux de rapine. Car le sang, le meurtre, la chair, est propre pasture pour vn Milan, vn Loup et vn Dragon; mais à l'Homme, c'est sa friandise. Il y a d'auantage, car vsant de toutes sortes de bestes, ils ne font pas comme les animaux de proye qui s'abstienent de la plus part, et font la guerre à vn petit nombre pour la necessité de se paistre; mais il n'y a ni oyseau en l'air, ni poisson en l'eau, en maniere de parler, ni beste sur la terre, qui eschape d'estre porté sur vos belles tables que vous apellez amiables et hospitales. Mais vous me direz que cela est comme vne sausse de vostre nourriture ; soit ainsi, mais quel besoin donques estoit-il par curiosité de friandise inuenter encore et vser d'autres sausses pour les manger? La prudence des bestes est bien autre, car elle ne donne lieu à art quelconque qui soit inutile ne vaine, et encore celles qui sont necessaires ne leur vienent point de dehors, ni ne leur sont point enseignees par des maistres mercenaires pour vn pris d'argent, ni ne faut point que l'exercitation viene à coller et atacher maigrement vne proposition auec l'autre; ains tout à vn coup d'elle-mesme la nature les produit comme naturelles et nees auec elles. On dit que tous les Égyptiens sont medecins; mais vn chacun des animaux non seulement a en soi l'art et science de se medeciner soy-mesme, quand il est malade, mais aussi de se nourrir et de se defendre, de combatre et de chasser, et se contregarder.... Et si d'auanture tu es dificile à croire que nous aprenons les arts, ie te dirai d'auantage que nous les enseignons : comme les Perdris enseignent leurs petis, pour eschaper, à se renuerser dessus le dos et mettre au deuant de eux auec leurs pieds vne mote de terre pour se cacher dessous; et les Cicoignes, sur les toicts des maisons, ne voyons-nous pas ordinairement comme celles qui sont ia toutes grandes monstrent aux petis comment il faut voler ? Et semblablement, les Rossignols enseignent à leurs petis à chanter, de maniere que ceux qu'on prend dedans le nid, et qui sont nourris entre les mains des hommes, n'en chantent puis apres pas si bien, pource qu'on les a ostez, auant qu'il en fust temps, de l'escole, hors de dessous le maistre. Brief, depuis que ie suis descendu dedans ce corps, ie me suis grandement esmerueillé de ces propos et discours des Sophistes qui maintienent et enseignent que tous animaux, excepté l'Homme, n'ont point de discours de raison ni d'entendement.

ULYSSES.

De sorte que tu es bien changé donc maintenant, et nous monstres par viues raisons qu'une Brebis est raisonnable, et un Asne a de l'entendement.

GRYLLUS.

Ouy certes, Ulysses ; par ces argumens-là tu peux bien colliger que la nature des bestes n'est pas du tout priuee de discours de raison ni d'entendement, ne plus ne moins qu'entre les arbres il n'y en a point qui soyent plus ou moins animez que les autres d'ame sensitiue, ains tous esgalement sont priuez du sentiment, il n'y en a pas vn entre eux qui l'ait : aussi entre les animaux il ne s'en trouueroit pas vn plus tardif à faire choses d'entendement, ni plus indocile que l'autre, si tous n'estoyent participans du discours de la raison, mais l'vn plus que l'autre. Et s'il y a de rudes bestes et lourdes, pense que les finesses et ruses des autres les recompensent ; comme si tu viens à comparer le Regnard, le Loup, ou les Abeilles, auec la Brebis et l'Asne, c'est tout autant que si tu conferois Polyphemus auec toi, ou Homere le Corinthien auec ton grand pere Autolycus ; car ie ne pense pas qu'il y ait si grande distance de beste à beste, comme il y a de grand interualle de homme à homme en matiere de prudence, de discours de raison et de memoire.

ULYSSES.

Mais prens garde, Gryllus, qu'il ne soit bien estrange, et que ce ne soit forcer toute verisimilitude, de vouloir conceder l'vsage de raison à ceux qui n'ont aucune intelligence ne pensement de Dieu....

(*Les Œuvres morales de Plutarque, translatées de grec en françois,* par Jacques Amyot, Genève, M.DC.XIII, in-4°, tome I, p. 854-866 : *Que les bestes brutes vsent de la raison : en forme de deuis.*)

IX. — Pages 180-181.

(Livre XII, fable 1.)

....La supériorité de rang fait-elle la supériorité de bonheur? La raison qui nous élève au-dessus des bêtes fait-elle que, pour être plus élevés, nous sommes plus heureux?

Vous savez le grand aphorisme de Rousseau dans son *Discours sur l'inégalité des conditions humaines :* « L'état de réflexion est un état contre nature, et l'homme qui réfléchit est un animal dépravé. » Je ne veux pas combattre aujourd'hui ce paradoxe. Je prends seulement la conclusion, et je dis : Si l'homme qui réfléchit est un animal dépravé, l'animal, qui ne réfléchit pas, est plus heureux que l'homme, et alors il vaut mieux assurément être animal qu'être homme : c'est la moralité de la fable des *Compagnons d'Ulysse.*

....J'ai bien des réflexions à faire sur cette fable. Et d'abord ce Lion, si fier d'avoir griffes et dents, et de mettre en pièces quiconque l'attaque, me paraît fort proche parent du Lion de Voltaire dans sa satire *du Lion et du Marseillais.* Seulement le Lion de Voltaire est plus philosophe que celui de la Fontaine. Fidèle à la doctrine de Voltaire, il aime à se moquer de l'humanité et de son sort ici-bas. Il est des philosophes qui plaignent la condition humaine. Voltaire s'en raille à plaisir. Toutes ses satires se résument dans *Candide*, si elles le précèdent ; ou elles en émanent, si elles le suivent.... Le Lion qui veut dévorer le Marseillais et qui lui prouve qu'il en a le droit, est évidemment le frère de Candide, ou Candide lui-même, qu'une autre Circé a métamorphosé.

Curieux rapprochement à faire entre tous les railleurs ou tous les censeurs de la condition humaine : le Lion de Voltaire dit au Marseillais que, puisque l'Homme s'est arrogé le droit de manger les dindons, le Lion a bien le droit de manger l'Homme. Le monde est un état de guerre, et le droit du plus fort est le droit qui varie le moins. Le Loup de la Fontaine raisonne de la même manière. L'Homme mange les moutons : pourquoi ne les mangerais-je pas aussi? Les hommes font bien pis : ils s'égorgent mutuellement.

Rousseau ne fait pas un tableau plus flatteur de la société telle qu'elle s'est faite, aussitôt que l'homme est sorti de l'état de nature, c'est-à-dire de l'état où l'homme n'était pas encore un animal dépravé, n'ayant pas réfléchi. La société est aussi l'état de guerre, comme dit le Loup de la Fontaine; non pas de guerre ouverte et les armes à la main, mais de guerre sourde, intestine, et qui n'est pas moins pernicieuse....

Qui ne se persuadera, en lisant cette vive censure de la société, qu'il vaut mieux, comme l'Ours de la Fontaine, être un honnête animal vivant au fond des forêts que d'être homme et de faire partie de l'humanité? La Fontaine, au surplus, est-il le premier qui, dans sa fable des *Compagnons d'Ulysse*, ait posé la question de la préférence à donner à la condition de l'animal sur la condition de l'homme? Non. Avant lui, un écrivain italien du seizième siècle, Gelli, dans ses dialogues intitulés *Circé*, avait montré d'une façon très-piquante les compagnons d'Ulysse transformés en animaux et refusant de redevenir hommes.... Après la Fontaine, Fénelon reprit la même question dans son dialogue d'*Ulysse et de Gryllus*.... On voit que Rousseau, dans sa préférence pour la condition des animaux sur la condition des hommes, a de nombreux et d'illustres devanciers. Seulement ses devanciers font en faveur de l'humanité des réserves qu'il a tout à fait abandonnées, craignant sans doute d'énerver son paradoxe, s'il le tempérait.

Examinons rapidement les dialogues de Gelli et de Fénelon, en notant les différences qui les séparent de Rousseau.

Dans Gelli, la première scène est entre Ulysse et un de ses compagnons que Circé a changé en huître. Ulysse a beau lui représenter quel animal imparfait est une huître, l'Huître se trouve heureuse dans son état et ne veut pas redevenir homme. Ulysse alors aborde un autre de ses compagnons, métamorphosé en taupe, et essaye de lui prouver qu'il vaut mieux être homme que taupe; la Taupe résiste.

ULYSSE.

«Eh! ma pauvre Taupe, tu as fait comme l'Huître: avec la forme humaine tu as perdu la raison. Veux-tu voir si je te dis la vérité? Considère un peu quels animaux vous êtes; si encore vous étiez complets, je vous trouverais quelque raison.

LA TAUPE.

Que nous manque-t-il donc?

ULYSSE.

Ce qui vous manque? à l'huître, le sens de l'ouïe, de l'odorat, et, ce qui est bien important, le pouvoir de se transporter d'un lieu dans un autre; à toi, la vue, dont tu sais cependant tout le prix, puisqu'elle nous procure plus de connaissances qu'aucun autre sens.

LA TAUPE.

Nous ne sommes pas incomplets pour cela; il vous plaît de nous appeler ainsi par comparaison avec ceux qui sont pourvus de tous les sens; mais, pour être imparfaits, il faudrait qu'il nous manquât un sens nécessaire à notre espèce.

ULYSSE.

Mais encore ne vaudrait-il pas mieux les avoir tous?

LA TAUPE.

Non, assurément. La vue, à moi qui suis taupe? L'ouïe, l'odorat à l'huître, et le pouvoir d'aller d'un lieu dans un autre? Écoute un peu, et tu comprendras que nous avons raison. Dis-moi: pourquoi la nature vous a-t-elle donné la faculté de vous mouvoir, si ce n'est pour chercher ce qui vous manque?

ULYSSE.

Évidemment la nature n'a pas eu d'autre but, aussi dit-on que chaque mouvement naît d'un besoin.

LA TAUPE.

Ainsi donc, si vous trouviez près de vous tout ce qui vous est nécessaire, vous ne changeriez jamais de place.

ULYSSE.

Pourquoi faire?

LA TAUPE.

Eh bien! pourquoi l'huître aurait-elle besoin de se mouvoir, si partout elle rencontre à côté d'elle tout ce qui lui est nécessaire? que ferait-elle de l'odorat, puisque la nature lui fournit de quoi se nourrir sans qu'elle ait à rechercher si telle chose lui convient ou non? Et moi, qui veux demeurer sous la terre, où je trouve de quoi me contenter, quel besoin ai-je de la vue?

ULYSSE.

Tu peux n'en pas avoir besoin; mais encore devrais-tu la souhaiter?

LA TAUPE.

A quoi bon, si cette faculté ne convient pas à ma nature? Il me suffit d'être parfaite dans mon espèce. Mais toi, par exemple, as-tu jamais ambitionné l'éclat d'une étoile, les ailes d'un oiseau?

ULYSSE.

Rien de tout cela ne nous convient.

LA TAUPE.

Mais encore, si les autres hommes avaient reçu ces dons de la nature, tu les souhaiterais pour toi?

ULYSSE.

Assurément.

LA TAUPE.

Et moi aussi, je voudrais voir, si les autres taupes voyaient;

mais, puisqu'elles n'ont pas cette faculté, je n'y pense pas, bien loin de la désirer. Ne te fatigue donc plus à me prouver que je dois reprendre la forme humaine; parfaite pour mon espèce, je vis sans penser au monde, et veux rester comme je suis. A ne compter que les déplaisirs, la vie des hommes ne vaut pas la nôtre. Suis donc ta destinée; pour moi, je vais me retirer un peu plus avant sous la terre. »

Ulysse s'adresse alors à un Serpent. En vain il lui dit qu'il aurait désormais la mémoire et l'imagination, au lieu d'avoir seulement la perception des choses présentes : le Serpent refuse, malgré ces belles promesses, de redevenir homme.

LE SERPENT.

« Merci, Ulysse, tu prends trop de peine; je n'accepte pas la faveur que tu m'offres; elle m'assujettirait à mille infirmités, et je ne pourrais plus jouir de rien tranquillement. Au moindre accident, je sentirais mille douleurs, et, ce qui est bien pis, il faudrait encore me tenir en garde contre la mort; car enfin à chaque instant je peux m'estropier. Me vois-tu réduit à vivre contrefait et infirme? »

Vrais élèves de Rousseau, les animaux de Gelli craignent de réfléchir de peur de se dépraver, c'est-à-dire de redevenir hommes. C'est par la réflexion, en effet, que l'animal entre dans l'humanité; dans Gelli, il s'arrête prudemment sur le seuil de cette porte comme d'une porte de malheurs et de soucis.

Refusé par le Serpent, Ulysse va trouver le Lièvre. Le Lièvre est un penseur et un songeur : il ne doit pas craindre de réfléchir. Mais le Lièvre non plus ne veut pas changer de condition. Il sait toutes les misères de l'humanité; il sait que nos plaisirs ne sont que des douleurs déguisées ou oubliées.

LE LIÈVRE.

« Tu me vantes vos plaisirs, Ulysse; mais les hommes n'y trouvent-ils pas, quelle que soit leur condition, plus d'amertume que de douceur? Un vieux poëte grec l'a dit : « Le plaisir qu'on ren-
« contre dans le monde n'est pas le vrai plaisir; c'est la douleur sous
« le costume du plaisir. »

ULYSSE.

Je voudrais bien savoir comment ton poëte prouve ce qu'il avance.

LE LIÈVRE.

Écoute et tu l'apprendras. Lorsque la boîte apportée par Pandore s'ouvrit sur la terre, tous les maux, toutes les misères de la vie humaine étaient déjà sortis quand le plaisir sortit à son tour. Il se mit à courir le monde, séduisant tous les hommes; si bien que, pour le suivre, de toutes parts on désertait la route du ciel. Jupiter, irrité, résolut d'enlever le plaisir à la terre et de le rappeler parmi les Dieux : il envoya les Muses après lui, et les neuf Sœurs, l'attirant par leurs divines harmonies, le ramenèrent dans l'Olympe, mais, en route, il avait dû laisser tomber sa robe sur la terre, rien d'impur, aucun ornement corruptible ne pouvant trouver place au ciel. Cependant la douleur, repoussée de tous côtés, allait errant à travers le monde : cette robe frappa ses regards ; la pensée lui vint de s'en revêtir ; dès qu'on ne pourrait plus la connaître, on ne songerait plus à la chasser. Voilà donc la robe mise, et c'est ainsi que depuis ce jour la douleur, parcourant le monde sous le costume du plaisir, trompe éternellement les hommes[1].

ULYSSE.

Mais quelle est la morale de cette fable?

LE LIÈVRE.

C'est que toutes les choses que les hommes regardent comme des plaisirs portent une douleur avec elles ; et la raison en est que tous les plaisirs du monde sont au fond des douleurs, revêtues d'une apparence de plaisir qui les dissimule. Enchantés par cette tromperie, les hommes s'y abandonnent avec ardeur, et l'expérience qu'ils en font leur laisse plus d'amertume que de joie. »

N'ayant pu persuader le Lièvre, Ulysse s'adresse à un Bouc qui le refuse comme les autres. « Si je m'adressais à quelque animal femelle, se dit Ulysse, peut-être serais-je plus heureux? » Et il entre en conversation avec la Biche. C'est celle-là surtout qui ne veut pas redevenir femme :

LA BICHE.

« Et n'avons-nous pas raison ? ne voyons-nous pas les femmes traitées chez vous en esclaves ou en servantes, quand elles devraient être vos compagnes, ainsi que la justice l'exige ? Prenez au hasard parmi les différentes espèces d'animaux : vous n'en trouverez aucune où la femelle ne soit, non pas l'esclave, mais la compagne du mâle, partageant ses plaisirs comme ses fatigues. L'homme seul veut être appelé maître et seigneur ; au fond, il n'est qu'un tyran aussi injuste qu'insupportable, lui qui ose ainsi traiter sa femme parce que la nature l'a faite moins forte et moins résolue. »

En vain Ulysse se récrie et veut prouver à la Biche que les hommes regardent les femmes comme leurs compagnes.

---

1. Cette gracieuse allégorie n'est ni dans Hésiode ni dans l'*Anthologie* aux endroits où il est question du mythe de Pandore.

LA BICHE.

« Agréable compagnie, en effet : l'une toujours esclave, l'autre toujours maître ! Et, pour comble de misère, ne faut-il pas encore que nous achetions au poids de l'or notre servitude? car vous avez imaginé cette belle loi : quand l'une de nous veut s'unir à quelqu'un de vous autres, ou, pour parler votre langage, devenir sa compagne, il faut qu'elle lui compte une dot.

ULYSSE.

Mais si on a établi cet usage, c'est seulement dans votre intérêt.

LA BICHE.

Dans notre intérêt ! quand les autres payent pour qu'on leur obéisse, nous payerons, nous, pour qu'on nous commande ! »

Il n'y a qu'une chose qui pourrait décider la Biche à redevenir femme, ce serait qu'elle aurait le plaisir de parler.

Quant au Lion de Gelli qui refuse plus obstinément qu'aucun autre animal de redevenir homme, ce n'est pas seulement parce qu'il a griffes et dents, comme celui de la Fontaine, et qu'il met en pièces quiconque l'attaque; il est plus philosophe que son confrère, et il semble savoir d'avance par cœur le discours de Rousseau sur l'inégalité des conditions humaines. Qu'est-ce en effet qui fait l'inégalité des conditions ici-bas ? c'est le développement de l'intelligence, c'est la réflexion, c'est l'industrie, c'est le travail des mains aidé du travail de l'esprit. Les conditions humaines sont inégales, dit Rousseau, parce que l'homme se développe, et il se développe surtout dans la société. « L'inégalité, étant presque nulle dans l'état de nature, tire sa force et son accroissement du développement de nos facultés et des progrès de l'esprit humain.... » Écoutons le Lion de Gelli, vrai disciple ou vrai précurseur de Rousseau :

LE LION.

« Sans doute nous n'avons pas, comme vous, la raison pour remédier à toutes les maladies de l'âme, sinon complètement, au moins en partie ; mais nous n'avons pas non plus votre malice, qui en accroît la malignité ; nous n'avons pas vos appétits désordonnés, insatiables ; beaucoup de choses que vous connaissez nous sont inconnues. Dis-moi un peu : comment l'ambition se glisserait-elle chez nous ? Étant tous égaux, personne parmi nous ne songe à mépriser son voisin ; nous ne reconnaissons ni royauté, ni aucune de ces distinctions honorifiques dont la poursuite pourrait nous entraîner à quelque injustice, comme cela se voit trop souvent chez vous. Pour la jalousie, entre animaux d'une même espèce, tous égaux entre eux, elle ne saurait exister ; et, à l'égard des espèces voisines, nous n'y songeons même pas, n'ayant aucun moyen de connaître ou d'apprécier leur félicité. Quant à être avares, nous ne savons pas même distinguer le *mien* et le *tien*. »

Ainsi l'égalité, grâce à l'absence des idées, des sentiments et des désirs propres à l'âme humaine, voilà l'idéal de Rousseau ; et c'est cette égalité sans passions et sans réflexions que préconise aussi le Lion philosophe de Gelli.

Il n'est pas jusqu'au Chien, toujours ami de l'homme, qui ne regrette qu'Ulysse n'ait pas été converti aussi en bête : il serait bien plus heureux.

LE CHIEN.

« Je suis bien fâché que Circé ne vous ait pas accordé le même bonheur qu'à moi.

ULYSSE.

Et quel est donc ce grand bonheur ?

LE CHIEN.

Celui d'avoir été comme moi métamorphosé par Circé en quelque bête.

ULYSSE.

Comment ! tu crois que c'est un bonheur de perdre la forme humaine pour prendre celle d'une bête brute ?

LE CHIEN.

C'est mon sentiment, et ce serait aussi le vôtre si vous aviez éprouvé comme moi les douceurs de notre condition. Si vous n'en êtes pas persuadé, donnez-moi un moment d'audience, et je vais vous le faire voir clairement. »

Voyez comme le dialogue a marché. Au commencement, c'était Ulysse qui ne doutait pas de persuader à ses compagnons de redevenir hommes ; et voici maintenant que le Chien essaye de persuader à Ulysse qu'il aurait mieux valu pour lui d'être changé en bête comme les autres. Ulysse, ébranlé par les raisonnements de ses compagnons et surtout par leur refus de redevenir hommes, Ulysse se laisse prêcher par le Chien la supériorité des animaux sur les hommes. La prééminence de l'espèce humaine va-t-elle donc être détruite ? Le privilége qui nous distingue des animaux, la raison, ne doit-elle plus être considérée que comme la cause de tous nos maux ? que faut-il croire ? après avoir tant plaidé pour les animaux, il est temps que Gelli conclue pour l'homme, si c'est là la conclusion à laquelle il veut arriver. Telle est, en effet, sa conclusion un peu imprévue, et c'est l'Éléphant qu'il prend pour interprète. L'Éléphant est une bête avisée et qui accepte de redevenir homme, « pour avoir des notions universelles, au lieu des notions particulières propres à l'animal. »

Ainsi le dénouement des dialogues de Gelli est favorable à la prééminence de l'humanité, et le dernier chapitre du roman est, comme à l'ordinaire, en l'honneur de la morale. Il était temps. Rendons cependant justice à l'auteur italien : à voir l'élévation et la force des pensées de l'Éléphant, nous devons le croire sincèrement convaincu de la supériorité de l'homme sur les animaux, pourvu que l'homme n'abjure pas les droits de sa raison et ne dégrade pas son âme par l'ignorance ou par les passions. Citons quelques passages de ce dernier dialogue, qui est la conclusion de l'ouvrage :

L'ÉLÉPHANT.

« Il suffit, Ulysse, ne m'en dis pas davantage. Délivre-moi au plus vite de cette enveloppe grossière et rends-moi ma première forme ; j'ai trop perdu quand Circé m'a changé en éléphant.

ULYSSE.

Je t'accorde la grâce que tu demandes, en vertu du pouvoir qu'elle m'a donné.

AGLAPHÈME (*l'Éléphant redevenu homme*).

O la belle chose ! ô la merveilleuse chose d'être homme ! comme j'en suis convaincu aujourd'hui plus que jamais, maintenant que j'ai éprouvé l'une et l'autre condition ! Combien la lumière semble belle à qui vit depuis longtemps dans les ténèbres ! Comme le bien paraît meilleur quand on a connu et pratiqué le mal ! Cent fois malheureux et infortunés ceux qui, pour un peu de ces jouissances que les sens nous procurent, consentent à vivre comme des bêtes ! Je te remercie, Ulysse, du fond de mon cœur ; c'est ta sagesse qui m'a fait connaître la vérité, c'est ton éloquence qui m'entraîne à te suivre. Puissent les Dieux récompenser dignement le service que tu m'as rendu ! mais je sens la nature qui m'inspire ; elle m'apprend que la reconnaissance de l'homme est due avant tout au Créateur ; c'est donc lui que je veux remercier mille fois de m'avoir fait connaître l'imperfection des autres créatures et la perfection de l'homme pour me donner envie d'y revenir. »

Alors, dans le transport de sa reconnaissance, Aglaphème chante un hymne plus philosophique encore que poétique, et qui finit par cette strophe :

« L'homme qui est votre animal propre et particulier, ô moteur éternel, chante aujourd'hui votre toute-puissance et désire de toutes les forces de son âme qu'on vous rende à jamais toute sorte de gloire et d'honneur.

ULYSSE.

N'aviez-vous pas, lorsque vous étiez éléphant, cette connaissance de la première cause de l'univers ?

AGLAPHÈME.

Non, je ne l'avais pas ; mais, dès que j'ai eu repris la forme d'homme, je l'ai sentie naître dans mon âme comme une propriété qui m'était naturelle, ou, pour parler plus juste, elle m'est revenue. Je commence à croire que la première cause a aimé l'homme plus que toutes les autres choses, puisqu'elle lui a donné une nature fort élevée au-dessus des autres créatures; et qu'ainsi la fin de l'homme ne doit pas être semblable à celle des autres animaux, qui n'ont pas comme lui la connaissance de cette première cause. »

Ainsi par le corps et par les sens nous sommes inférieurs aux animaux; et, tant que nous ne tenons compte que de ce qui dépend du corps et de ce qui concerne la vie matérielle, mieux vaut être animal qu'être homme. Nous ne sommes supérieurs aux bêtes que par l'âme et par son rapport avec Dieu. C'est par là que, comme le dit éloquemment l'Éléphant, l'homme est proprement l'animal de Dieu. Cette conclusion de Gelli est aussi celle de Fénelon dans son charmant dialogue d'*Ulysse et Gryllus* :

ULYSSE.

« N'êtes-vous pas bien aise, mon cher Gryllus, de me revoir, et d'être en état de reprendre votre ancienne forme?

GRYLLUS.

Je suis bien aise de vous voir, favori de Minerve; mais, pour le changement de forme, vous m'en dispenserez, s'il vous plaît.

ULYSSE.

Hélas! mon pauvre enfant, savez-vous bien comment vous êtes fait? Assurément, vous n'avez point la taille belle : un gros corps courbé vers la terre, de longues oreilles pendantes, de petits yeux à peine entr'ouverts, un groin horrible, une physionomie très-désavantageuse, un vilain poil grossier et hérissé! Enfin vous êtes une hideuse personne; je vous l'apprends, si vous ne le savez pas. Si peu que vous ayez de cœur, vous vous trouverez trop heureux de redevenir homme.

GRYLLUS.

Vous avez beau dire, je n'en ferai rien; le métier de cochon est bien plus joli. Il est vrai que ma figure n'est pas fort élégante, mais j'en serai quitte pour ne me regarder jamais au miroir. Aussi bien, de l'humeur dont je suis depuis quelque temps, je n'ai guère à craindre de me mirer dans l'eau, et de m'y reprocher ma laideur : j'aime mieux un bourbier qu'une claire fontaine.

ULYSSE.

Cette saleté ne vous fait-elle point horreur? Vous ne vivez que d'ordure; vous vous vautrez dans des lieux infects; vous êtes toujours puant à faire bondir le cœur.

GRYLLUS.

Qu'importe? tout dépend du goût. Cette odeur est plus douce

pour moi que celle de l'ambre, et cette ordure est du nectar pour moi.

ULYSSE.

J'en rougis pour vous. Est-il possible que vous ayez sitôt oublié tout ce que l'humanité a de noble et d'avantageux?

GRYLLUS.

Ne me parlez plus de l'humanité : sa noblesse n'est qu'imaginaire; tous ses maux sont réels, et ses biens ne sont qu'en idée. J'ai un corps sale et couvert d'un poil hérissé, mais je n'ai plus besoin d'habits; et vous seriez plus heureux dans vos tristes aventures, si vous aviez le corps aussi velu que moi, pour vous passer de vêtement. Je trouve partout ma nourriture, jusque dans les lieux les moins enviés. Les procès et les guerres, et tous les autres embarras de la vie, ne sont plus rien pour moi. Il ne me faut ni cuisinier, ni barbier, ni tailleur, ni architecte. Me voilà libre et content à peu de frais. Pourquoi me rengager dans les besoins des hommes?

ULYSSE.

Il est vrai que l'homme a de grands besoins; mais les arts qu'il a inventés pour satisfaire à ses besoins se tournent à sa gloire et font ses délices.

GRYLLUS.

Il est plus simple et plus sûr d'être exempt de tous ces besoins, que d'avoir les moyens les plus merveilleux d'y remédier. Il vaut mieux jouir d'une santé parfaite sans aucune science de la médecine, que d'être toujours malade avec d'excellents remèdes pour se guérir.

ULYSSE.

Mais, mon cher Gryllus, vous ne comptez donc plus pour rien l'éloquence, la poésie, la musique, la science des astres et du monde entier, celle des figures et des nombres? Avez-vous renoncé à notre chère patrie, aux sacrifices, aux festins, aux jeux, aux danses, aux combats, et aux couronnes qui servent de prix aux vainqueurs? Répondez.

GRYLLUS.

Mon tempérament de cochon est si heureux, qu'il me met au-dessus de toutes ces belles choses. J'aime mieux grognonner (*sic*) que d'être aussi éloquent que vous. Ce qui me dégoûte de l'éloquence, c'est que la vôtre même, qui égale celle de Mercure, ne me persuade ni ne me touche. Je ne veux persuader personne; je n'ai que faire d'être persuadé. Je suis aussi peu curieux de vers que de prose; tout cela est devenu viande creuse pour moi. Pour les combats du ceste, de la lutte et des chariots, je les laisse volontiers à ceux qui sont passionnés pour une couronne, comme les enfants pour leurs jouets : je ne suis plus assez dispos pour remporter le prix; et je ne l'envierai point à un autre moins chargé de lard et de graisse. Pour la musique, j'en ai perdu le goût; et le goût seul décide de tout : le goût qui vous y attache m'en a détaché; n'en parlons plus. Retournez à Ithaque; la patrie d'un cochon se trouve partout où il y a du gland. Allez, régnez, revoyez Pénélope, punissez ses amants : pour moi, ma Pénélope est la truie qui est ici près; je règne dans mon étable, et rien ne trouble mon empire. Beaucoup de rois dans des palais dorés ne peuvent atteindre à mon bonheur; on les nomme fainéants et indignes du trône quand ils veulent régner comme moi, sans se mettre à la gêne, et sans tourmenter tout le genre humain.

ULYSSE.

Vous ne songez pas qu'un cochon est à la merci des hommes, et qu'on ne l'engraisse que pour l'égorger. Avec ce beau raisonnement, vous finirez bientôt votre destinée. Les hommes, au rang desquels vous ne voulez pas être, mangeront votre lard, vos boudins et vos jambons.

GRYLLUS.

Il est vrai que c'est le danger de ma profession; mais la vôtre n'a-t-elle pas aussi ses périls et ses alarmes? Je m'expose à la mort par une vie douce dont la volupté est réelle et présente; vous vous exposez de même à une mort prompte par une vie malheureuse, et pour une gloire chimérique. Je conclus qu'il vaut mieux être cochon que héros. Apollon lui-même dût-il chanter un jour vos victoires, son chant ne vous guériroit point de vos peines, et ne vous garantiroit point de la mort. Le régime d'un cochon vaut mieux.

ULYSSE.

Vous êtes donc assez insensé et assez abruti pour mépriser la sagesse, qui égale presque les hommes aux Dieux?

GRYLLUS.

Au contraire, c'est par sagesse que je méprise les hommes. C'est une impiété de croire qu'ils ressemblent aux Dieux, puisqu'ils sont aveugles, injustes, trompeurs, malfaisants, malheureux et dignes de l'être, armés cruellement les uns contre les autres, et autant ennemis d'eux-mêmes que de leurs voisins. A quoi aboutit cette sagesse que l'on vante tant? elle ne redresse point les mœurs des hommes; elle ne se tourne qu'à flatter et à contenter leurs passions. Ne vaudroit-il pas mieux n'avoir point de raison, que d'en avoir pour exécuter et pour autoriser les choses les plus déraisonnables? Ah! ne me parlez plus de l'homme : c'est le plus injuste, et par conséquent le plus déraisonnable, de tous les animaux. Sans flatter notre espèce, un cochon est une assez bonne personne : il ne fait ni fausse monnoie ni faux contrats; il ne se parjure jamais; il n'a ni avarice ni ambition ; la gloire ne lui fait point faire de conquête injuste; il est ingénu et sans malice; sa vie se passe à boire, manger et dormir. Si tout le monde lui ressembloit, tout le monde dormiroit aussi dans un profond repos, et vous ne seriez pas ici; Pâris n'auroit jamais enlevé Hélène ; les Grecs n'auroient point renversé la superbe ville de Troie après un siége de dix ans ; vous n'auriez point erré sur mer et sur terre au gré de la fortune, et vous n'auriez pas besoin de conquérir votre propre royaume. Ne me parlez donc plus de raison, car les hommes n'ont que de la folie. Ne vaut-il pas mieux être bête que méchant fou?

ULYSSE.

J'avoue que je ne puis assez m'étonner de votre stupidité.

GRYLLUS.

Belle merveille, qu'un cochon soit stupide! Chacun doit garder son caractère. Vous gardez le vôtre d'homme inquiet, éloquent, impérieux, plein d'artifice, et perturbateur du repos public. La nation à laquelle je suis incorporé est modeste, silencieuse, ennemie de la subtilité et des beaux discours ; elle va, sans raisonner, tout droit au plaisir.

ULYSSE.

Du moins vous ne sauriez désavouer que l'immortalité réservée aux hommes n'élève infiniment leur condition au-dessus de celle des bêtes. Je suis effrayé de l'aveuglement de Gryllus, quand je songe qu'il compte pour rien les délices des Champs Élysées, où les hommes sages vivent heureux après leur mort.

GRYLLUS.

Arrêtez, s'il vous plaît. Je ne suis pas encore tellement cochon, que je renonçasse à être homme, si vous me montriez dans l'homme une immortalité véritable ; mais pour n'être qu'une ombre vaine après ma mort, et encore une ombre plaintive, qui regrette jusque dans les Champs Élysées, avec lâcheté, les misérables plaisirs de ce monde, j'avoue que cette ombre d'immortalité ne vaut pas la peine de se contraindre. Achille, dans les Champs Élysées, joue au palet sur l'herbe; mais il donneroit toute sa gloire, qui n'est plus qu'un songe, pour être l'infâme Thersite au nombre des vivants. Cet Achille, si désabusé de la gloire et de la vertu, n'est plus qu'un fantôme ; ce n'est plus lui-même : on n'y reconnoît plus ni son courage ni ses sentiments ; c'est un je ne sais quoi qui ne reste de lui que pour le déshonorer. Cette ombre vaine n'est non plus Achille que la mienne n'est mon corps. N'espérez donc pas, éloquent Ulysse, m'éblouir par une fausse apparence d'immortalité. Je veux quelque chose de plus réel; faute de quoi je persiste dans la secte brutale que j'ai embrassée. Montrez-moi que l'homme a en lui quelque chose de plus noble que son corps, et qui est exempt de la corruption; montrez-moi que ce qui pense en l'homme n'est point le corps, et subsiste toujours après que cette machine grossière est déconcertée; en un mot, faites voir que ce qui reste de l'homme après cette vie est un être véritable et véritablement heureux; établissez que les Dieux ne sont point injustes et qu'il y a au delà de cette vie une solide récompense pour la vertu, toujours souffrante ici-bas : aussitôt, divin fils de Laërte, je cours après vous au travers des dangers; je sors content de l'étable de Circé, je ne suis plus cochon, je redeviens homme, et homme en garde contre tous les plaisirs. Par tout autre chemin, vous ne me conduirez jamais à votre but. J'aime mieux n'être que cochon gros et gras, content de mon ordure, que d'être homme foible, vain, léger, malin, trompeur et injuste, qui n'espère d'être après sa mort qu'une ombre triste et un fantôme mécontent de sa condition[1]. »

Quand on lit ce dialogue, on se prend à croire que Fénelon a en même temps fait et réfuté d'avance le discours de Rousseau sur l'inégalité des conditions. Oui, l'homme qui réfléchit est un animal dépravé, si la destinée de l'homme est d'être un animal borné aux besoins matériels; oui, si toutes les fins de l'homme sont sur cette terre, Gryllus et tous les animaux de Gelli et de la Fontaine ont raison contre Ulysse, Rousseau contre la réflexion, le Lion de Voltaire contre le Marseillais; de telle sorte qu'à prendre la grave et belle conclusion de Fénelon, de toutes les choses nécessaires à la vie terrestre, la vie céleste devient la plus nécessaire, puisque, s'il n'y avait pas une vie qui suit la mort, la vie qui la précède n'aurait vraiment plus elle-même ni cause ni raison d'être.

(Saint-Marc Girardin, xxe leçon, tome II, p. 153-180.)

1. Dialogue vi.

APPENDICE.

X. — Pages 180-181.

(Livre XII, fable 1.)

ULYSSE, UN LOUP.

ULYSSE.
Voilà un de mes Grecs. Il a la physionomie d'une bête fauve. Qui êtes-vous, animal mon ami?

LE LOUP.
Je suis un loup des plus consciencieux.

ULYSSE.
La triste figure!

LE LOUP.
Qui vous a dit que j'étois triste?
Vous devez l'être, sur mon âme,
Bien plus que moi, vous qui parlez.

ULYSSE.
Pourquoi donc?

LE LOUP.
C'est que vous allez
Retrouver votre femme.

ULYSSE.
Comment, misérable Loup? Je crois que tu me trouves plus à plaindre que toi?

LE LOUP.
Oh! pour cela, oui. Premièrement, dans l'honnête république des Loups on ne parle jamais de faire pendre.

ULYSSE.
Ce n'est pas manque de bons sujets pour cela.

LE LOUP.
Du temps que j'étois homme je l'ai une fois échappé belle.
Le vrai mérite en vérité
Chez vous est maltraité.
Hélas! très-peu s'en est fallu
Que l'on ne m'ait pendu!

ULYSSE.
Hé, qui étois-tu?

LE LOUP.
J'étois un scrupuleux procureur.

FABLES.

ULYSSE.

Je t'entends. C'est-à-dire que tu dévorois tes parties.

LE LOUP.

Non. Je ne faisois que les gruger.

ULYSSE.

La distinction est d'une conscience délicate.

LE LOUP.

Oh! ç'a toujours été mon foible que la conscience.

ULYSSE.

Je vois bien que ce n'étoit pas ton fort.

LE LOUP.

Ma foi, j'ai gagné à ma métamorphose : j'exerce ici mes talents avec impunité.

ULYSSE.

Mais il me semble que dans ces bois le gibier ne vient pas te chercher.

LE LOUP.

Voilà le diable. Il m'évite avec soin; au lieu qu'étant procureur, les hommes venoient se mettre sous ma dent. Que je mangeois de friands morceaux !

> Quand un procureur a faim,
> Partout il pâture;
> Et, s'il trouve en son chemin
> Ou la veuve ou l'orphelin,
> La bonne aventure,
> O gué,
> La bonne aventure !

ULYSSE.

Tu as l'air d'en avoir bien expédié.

LE LOUP.

Pas tant que je l'aurois voulu.

ULYSSE.

Ho çà, babillard, veux-tu redevenir homme?

LE LOUP.

Non. J'aime mieux croquer ici sûrement ce que je rencontre que d'avoir des mesures à garder avec la Justice.

ULYSSE.

O l'indigne Loup! Je ne sais qui me tient que....

LE LOUP, *s'en allant.*

Va. Si j'étois plus affamé que je ne suis, je te ferois voir ce que c'est qu'un loup enté sur un procureur.

(*Les Animaux raisonnables*, pièce en un acte [par Fuselier et Legrand], scène III, tome III, p. 10-14, du *Théâtre de la Foire ou l'Opéra-comique, contenant les meilleures pièces qui ont été représentées aux foires de Saint-Germain et de Saint-Laurent*, Paris, 1721, in-12.)

ULYSSE, UN COCHON.

ULYSSE.

Cochon, mon ami.

LE COCHON, *d'un air gai.*

Plaît-il, cher Ulysse ?

ULYSSE.

Quel gros réjoui !

LE COCHON.

A votre service.

ULYSSE.

Tu me parois bien gaillard.

LE COCHON.

Oh ! je suis un égrillard. Je suis le plaisant de mon étable.

ULYSSE.

Écoute, gros Cochon, qui étois-tu avant que d'être métamorphosé en porc?

LE COCHON.

J'étois financier.

ULYSSE.

O ciel ! quel changement !

LE COCHON.

Pas si grand que vous pensez. Quoique changé en cochon, je m'imagine être toujours financier.

ULYSSE, *riant.*

Effectivement, Circé t'a conservé ta jolie panse.

LE COCHON.

Mon esprit délicat et mes louables inclinations. Je bois, je mange, et cetera.

ULYSSE.

Tout cela est bien ; mais il n'est rien tel que d'être homme. Veux-tu retourner dans la Grèce avec moi?

LE COCHON.

Je ne suis pas si fou.

ULYSSE.

Tu vivras dans ma cour.

LE COCHON.

Je serois votre esclave. Vivent nos étables! nous y sommes tous camarades comme cochons.

ULYSSE.

Suis-moi, mon cher, tu seras mon favori.

LE COCHON.

Votre valet. Je veux rester cochon toute ma vie; c'est ma première vocation.

ULYSSE.

Encore un coup, mon ami, quitte ta sale figure. Viens avec moi dans Ithaque. Je t'y donnerai un bon emploi et une belle femme.

LE COCHON.

> Quand vous me pourriez donner
> Circé, votre mie,
> Pour me faire abandonner
> Mon aimable truie,
> Je dirois, sans barguigner :
> Reprenez votre Circé;
> J'aime mieux ma truie,
> O gué,
> J'aime mieux ma truie.

ULYSSE.

O le cochon de cochon! quoi, sagouin, après avoir tâté des mets les plus exquis, tu peux t'accommoder de....

LE COCHON.

Allez, allez. Il n'est viande que d'appétit. Je viens de faire un repas charmant; je viens de manger des truffes excellentes,

> Et autre chose itout....
> Je n'oserois le dire :
> Et autre chose itout.
> J'en ai pris tout le soû.

ULYSSE, *le chassant.*

Va-t'en au diable, vilain Cochon.

(*Ibidem*, scène v, p. 14-18.)

APPENDICE.

XI. — Pages 180-181.

(Livre XII, fable 1.)

LE LION ET LE MARSEILLAIS.

Un jour un Marseillais, trafiquant en Afrique,
Aborda le rivage où fut jadis Utique.
Comme il se promenait dans le fond d'un vallon,
Il trouva nez à nez un énorme Lion,
A la longue crinière, à la gueule enflammée,
Terrible, et tout semblable au lion de Némée.
Le plus horrible effroi saisit le voyageur :
Il n'était pas Hercule, et, tout transi de peur,
Il se mit à genoux et demanda la vie.
Le monarque des bois, d'une voix radoucie,
Mais qui faisait encor trembler le Provençal,
Lui dit en bon français : « Ridicule animal,
Tu veux donc qu'aujourd'hui de souper je me passe!
Écoute : j'ai dîné, je veux te faire grâce
Si tu peux me prouver qu'il est contre les lois
Que ce soir un lion soupe d'un Marseillais. »
Le marchand, à ces mots, conçut quelque espérance.
Il avait eu jadis un grand fonds de science,
Et, pour devenir prêtre, il apprit le latin ;
Il savait Rabelais et son saint Augustin.
D'abord il établit, selon l'usage antique,
Quel est le droit divin du pouvoir monarchique ;
Qu'au plus haut des degrés des êtres inégaux
L'homme est mis pour régner sur tous les animaux ;
Que la terre est son trône, et que, dans l'étendue,
Les astres sont formés pour réjouir sa vue.
Il conclut qu'étant prince, un sujet africain
Ne pouvait, sans pécher, manger son souverain.
Le Lion, qui rit peu, se mit pourtant à rire,
Et voulant par plaisir connaître cet empire,
En deux grands coups de griffe il dépouilla tout nu
De l'univers entier le monarque absolu.
Il vit que ce grand roi lui cachait sous le linge
Un corps faible monté sur deux fesses de singe ;
A deux minces talons deux gros pieds attachés,
Par cinq doigts superflus dans leur marche empêchés ;
Deux mamelles sans lait, sans grâce, sans usage ;
Un crâne étroit et creux couvrant son plat visage,

Tristement dégarni du tissu de cheveux
Dont la main d'un barbier coiffa son front crasseux.
Tel était en effet ce roi sans diadème,
Privé de sa parure et réduit à lui-même.
Il sentit en effet qu'il devait sa grandeur
Au fil d'un perruquier, aux ciseaux d'un tailleur.
« Ah! dit-il au Lion, je vois que la nature
Me fait faire en ce monde une triste figure ;
Je pensais être roi : j'avais certes grand tort,
Car vous êtes le maître en étant le plus fort.
Mais songez qu'un héros doit dompter sa colère ;
Un roi n'est point aimé s'il n'est point débonnaire.
Dieu, comme vous savez, est au-dessus des rois;
Jadis, en Arménie, il vous donna des lois,
Lorsque, dans un grand coffre, à la merci des ondes,
Tous les animaux purs, ainsi que les immondes,
Par Noé, mon aïeul, enfermés si longtemps,
Respirèrent enfin l'air natal de leurs champs :
Dieu fit avec eux tous une étroite alliance,
Un pacte solennel. — Oh! la plate impudence!
As-tu perdu l'esprit par excès de frayeur?
Dieu, dis-tu, fit un pacte avec nous? — Oui, Seigneur
Il vous recommanda d'être clément et sage,
De ne toucher jamais à l'homme, son image;
Et, si vous me mangez, l'Éternel irrité
Fera payer mon sang à Votre Majesté.
— Toi, l'image de Dieu! toi, magot de Provence!
Conçois-tu bien l'excès de ton impertinence?
Montre l'original de mon pacte avec Dieu.
Par qui fut-il écrit? en quel temps? dans quel lieu?
Je vais t'en montrer un plus sûr, plus véritable :
De mes quarante dents vois la file effroyable,
Ces ongles dont un seul pourrait te déchirer,
Ce gosier écumant prêt à te dévorer,
Cette gueule, ces yeux d'où jaillissent des flammes.
Je tiens ces heureux dons du Dieu que tu réclames.
Il ne fait rien en vain : te manger est ma loi;
C'est là le seul traité qu'il ait fait avec moi.
Ce Dieu, dont mieux que toi je connais la prudence,
Ne donne pas la faim pour qu'on fasse abstinence.
Toi-même as fait passer sous tes chétives dents
D'imbéciles dindons, des moutons innocents,
Qui n'étaient pas formés pour être ta pâture.
Ton débile estomac, honte de la nature,
Ne pourrait seulement, sans l'art d'un cuisinier,
Digérer un poulet, qu'il faut encor payer.
Si tu n'as point d'argent, tu jeûnes en ermite;
Et moi, que l'appétit en tout temps sollicite,

APPENDICE.

Conduit par la nature attentive à mon bien,
Je puis t'avaler cru sans qu'il m'en coûte rien,
Je te digérerai sans faute en moins d'une heure.
Le pacte universel est qu'on naisse et qu'on meure ;
Apprends qu'il vaut autant, raisonneur de travers,
Être avalé par moi que rongé par les vers.
— Sire, les Marseillais ont une âme immortelle :
Ayez dans vos repas quelque respect pour elle.
— La mienne apparemment est immortelle aussi.
Va, de ton esprit gauche elle a peu de souci :
Je ne veux point manger ton âme raisonneuse,
Je cherche une pâture et moins fade et moins creuse :
C'est ton corps qu'il me faut : je le voudrais plus gras,
Mais ton âme, crois-moi, ne me tentera pas.
— Vous avez sur ce corps une entière puissance ;
Mais, quand on a dîné, n'a-t-on point de clémence ?
Pour gagner quelque argent j'ai quitté mon pays ;
Je laisse dans Marseille une femme et deux fils ;
Mes malheureux enfants, réduits à la misère,
Iront à l'hôpital si vous mangez leur père.
— Et moi, n'ai-je donc pas une femme à nourrir ?
Mon petit lionceau ne peut encor courir,
Ni saisir de ses dents ton espèce craintive ;
Je lui dois la pâture : il faut que chacun vive.
Eh ! pourquoi sortais-tu d'un terrain fortuné,
D'olives, de citrons, de pampres couronné ?
Pourquoi quitter ta femme et ce pays si rare,
Où tu fêtais en paix Magdeleine et Lazare ?
Dominé par le gain, tu viens dans mon canton
Vendre, acheter, troquer, être dupe et fripon ;
Et tu veux qu'en jeûnant ma famille pâtisse
De ta sotte imprudence et de ton avarice !
Réponds-moi donc, maraud ? — Sire, je suis battu.
Vos griffes et vos dents m'ont assez confondu ;
Ma tremblante raison cède en tout à la vôtre.
Oui, la moitié du monde a toujours mangé l'autre :
Ainsi Dieu le voulut, et c'est pour notre bien.
Mais, Sire, on voit souvent un malheureux chrétien,
Pour de l'argent comptant qu'aux hommes on préfère,
Se racheter d'un Turc et payer un corsaire.
Je comptais à Tunis passer deux mois au plus.
A vous y bien servir mes vœux sont résolus :
Je vous ferais garnir votre charnier auguste
De deux bons moutons gras, valant vingt francs au juste.
Pendant deux mois entiers ils vous seront portés,
Par vos correspondants chaque jour présentés ;
Et mon valet chez vous restera pour otage.
— Ce pacte, dit le Roi, me plaît bien davantage

Que celui dont tantôt tu m'avais étourdi.
Viens signer le traité; suis-moi chez le cadi;
Donne des cautions. Sois sûr, si tu m'abuses,
Que je n'admettrai point tes mauvaises excuses,
Et que, sans raisonner, tu seras étranglé
Selon le droit divin dont tu m'as tant parlé. »

Ce marché fut signé; tous les deux l'observèrent,
D'autant qu'en le gardant tous les deux y gagnèrent.
Ainsi, dans tous les temps, Nosseigneurs les Lions
Ont conclu leurs traités aux dépens des moutons.

(Voltaire, *OEuvres*, tome XIV, p. 207-218.)

XII. — Page 200.

(Livre XII, fable III.)

Bernard, marchant genevois, vend du vin brouillé et demy d'eau, lequel, par la volonté divine, perd la moitié de l'argent qu'il en avoit receu.

.... En Gênes, ville renommée et fort marchande, demeuroit un nommé Bernard..., homme avare et fort adonné à l'usure et faux contracts, lequel ayant fait grand amas des vins qui croissent au mont Falisque, qui sont des meilleurs de tout le païs, delibera en charger une pleine navire et la mener en Flandres, en espérance d'en retirer un tel proffit, qu'il gaigneroit la moitié dessus. Cestuy estant donc un jour party du port de Gênes avec bon vent et prospère, navigea tant heureusement, que peu de jours après il arriva à quelques milles du lieu auquel il vouloit aller; où jettant les ancres, arresta son vaisseau, et, descendu en terre, fist si miraculeusement multiplier son vin, que d'un tonneau il en fist deux; puis, levant les ancres et donnant les voiles au vent, singla par telle bonasse, qu'en peu de temps il print port en Flandres, où, pource qu'il y avoit grand disette de vin, en moins de rien debita le sien aux habitans, à son mot, encore bien heureux qui en pouvoit avoir pour de l'argent, si que de ceste vente il emplit deux sacz de beaux escus au soleil, dont il estoit joyeux à merveille, et n'estoit jamais content s'il ne les voyoit pour le moins une fois le jour à descouvert.

Or un jour, comme il retournoit en son païs, et se voyant esloigné de la terre flamande et en pleine mer, luy print envie veoir et conter ses escus, de mode qu'ayant prins les sacz où ils estoient, les renversa sur une table, et se mirant à la lueur de leur lustre, se mist à les manier, conter et reconter plus de cent fois; ce faict, et estant las de remuer les doigts, les remit en leurs sacz, qu'il lia fort etroittement, puis sortit pour aller prendre l'air.

Advint qu'un gros Singe qui estoit enchainé en ce vaisseau, aiant pris garde à tout ce qu'avoit faict ce marchant, trouva moyen se deslier, et, voyant Bernard absent, saulte sur la table où estoient les sacz aux escus, et, s'en estant saisi, grimpe amont l'arbre de la navire et entre en la gabie, où avec belles dents il desnoue les sacz, en tire les escus, et se met à les manier, comme s'il les eust voulu conter, imitant en toutes ses façons les gestes du marchant, qui, n'ayant plus de contenance, et ne sçachant que faire, mouroit de desplaisir, regardant d'un œil piteux la grace et bonne mine que tenoit ce nouveau financier au maniement de ses deniers : lequel cependant [il] n'osoit poursuivre ne faire suivre, de peur de l'irriter, et qu'il ne jettast tout en la mer, pensant que l'expedient le plus certain estoit de laisser passer la fantasie à cet animal quinteux, et se soubsmettre à sa discretion ; lequel, après avoir tourné, viré, brouillé et manié cet argent, le remit dedans les sacz, qu'il lia bien fort; puis, en prenant l'un, le jetta dans la mer, et laissa cheoir l'autre au vaisseau, comme voulant signifier que ce qu'il avoit jetté en la mer appartenoit à l'eau mise au vin, et que ce qu'il avoit rendu au marchant estoit le prix de son vin pur. Ainsi l'eau eut le prix de l'eau, et Bernard celuy du vin.

(*Les facétieuses Nuits* de Straparole, traduites par Jean Louveau et Pierre de Larivey, VIIIe nuit, fable IV, tome II, p. 148-150, de la réimpression de 1857.)

XIII. — Page 200.

(Livre XII, fable III.)

On nourrissoit en notre maison un grand Singe, qui n'avoit pas plus de douze ou quatorze ans, mais qui estoit malicieux pour son âge....

Ce Singe, qu'on appelloit maistre Robert, alloit souvent se mettre en guet dans la salle des gardes du prince, lorsqu'il y voyoit jouer aux dez, pour ramasser subtilement l'argent qui tomboit quelquefois à terre, et s'enfuir au cabaret : car il estoit fort grand yvrogne. Et comme cela ne luy réussissoit pas souvent, il cherchoit partout d'autres moyens pour avoir de quoy boire. Il s'offrit un jour une belle occasion pour cet effet : le prince estoit allé en une certaine expédition, accompagné de beaucoup de gens de guerre; il s'arresta dans une petite ville pour faire faire montre à son armée, et maistre Robert, qui suivoit partout monté sur un des chariots de bagage, descendit où l'on avoit marqué les offices du général, et par malheur ce fut fort près de la maison que prist le payeur des gens d'armes. Ce méchant animal qui ne cherchoit que de pouvoir aller s'enyvrer, entendit bientost que l'on comptoit de l'argent chez ce thrésorier, et se présenta deux ou trois fois à la porte, pour essayer d'y faire quelque rafle et de s'enfuir; mais on luy ferma tousiours l'huys au nez; enfin le payeur et son commis estant sortis pour quelqu'affaire, après avoir bien fermé les portes de leur logis, maistre Robert prit fort bien son temps, et montant par un degré qui estoit aux offices, jusques sur les tuilles de la maison, trouva l'invention de descendre dans la chambre du payeur, dont les fenestres avoient esté laissées ouvertes. La première qu'il fit, ce fut de remplir ses bouges de pistoles qu'il trouva estalées sur la table, comme cela parut après, et s'estant muny de ce dont il s'imaginoit avoir besoin pour trafiquer au cabaret, il prit un sac de pièces d'or, et montant sur la couverture de la maison, se mit à les jetter à poignées. Au commencement ce n'estoit que pour avoir le plaisir de les voir tomber, et faire bruit sur le pavé; mais ensuite ce fut pour avoir le divertissement de voir tout le monde se battre à qui en auroit. Cela le fit rentrer dans la chambre, pour aller querir d'autres sacs quand celui-là fut vuidé, et le nombre fut si grand des personnes qui se pressèrent pour arriver à l'endroit où maistre Robert faisoit largesse, qu'on ne pouvoit plus entrer dans la rue. Tellement que le payeur tout transi de douleur et son commis fondant en larmes, ne purent approcher de leur maison, et furent de loin spectateurs du désastre, sans pouvoir jamais y donner ordre.

(TRISTAN L'HERMITE, *le Page disgracié*, 2ᵉ partie, chapitre XLI, Paris, 1643, in-12.)

APPENDICE.

XIV. — Page 233.

(Livre XII, fable IX.)

L'abbé Proyart, dans sa *Vie du Dauphin père de Louis XV*, et le *Journal de Paris*, du 4 août 1782, ont publié la fable suivante attribuée au duc de Bourgogne, « et dont un curieux, qui la conservait précieusement depuis longues années, a bien voulu faire part au public, » dit Solvet, qui la transcrit avec quelques inexactitudes. Si ce morceau est authentique, c'est en effet un curieux échantillon de la façon dont l'élève de Fénelon maniait la langue française; mais on peut soupçonner que la main du précepteur a passé par là. Quoi qu'il en soit, voici cette fable :

LE VOYAGEUR ET SES CHIENS.

Lycas avoit à traverser une sombre et épaisse forêt, repaire ordinaire des bêtes féroces, et fameuse dans les environs par mille aventures tragiques. Lycas étoit prudent : il prend pour escorte trois dogues vigoureux, de tout temps fidèles serviteurs de leur bon maître. Il falloit des vivres pour la route : il s'étoit muni de quatre pains, l'un pour lui, les autres pour ses compagnons de voyage. Arrivé à mi-chemin, il s'assied, pour se reposer, sur le bord d'un clair ruisseau. A l'instant, il voit sortir d'une caverne voisine un monstre d'une espèce inconnue aux humains : aussitôt il lâche son escorte, et le monstre est terrassé. Tout glorieux du service rendu à leur maître, les trois champions s'approchent pour lui en demander récompense. Lycas, plein de reconnoissance, donne à Vorax le pain qu'il lui destinoit. Vorax s'en saisit, et s'enfonce dans la forêt. Cerbère reçoit le sien, et disparoît comme un éclair. Gargas, c'étoit le nom du dernier, Gargas s'attendoit à même pitance; il y avoit le même droit; il la sollicitoit par maintes et maintes caresses; mais Lycas commence à entrer en quelque défiance, et craint de se trouver sans défense au milieu de la forêt. Il appelle ses chiens, et les échos d'alentour répètent au loin les noms de Cerbère et de Vorax : point de nouvelles. Nos gaillards, en recevant si copieuse pitance, se sont senti un attrait irrésistible pour la vie douce et retirée : de longtemps maître Lycas ne les verra plus à sa suite. Mais que fera-t-il donc pour Gargas? faudra-t-il, dans la crainte de le rendre infidèle, le laisser mourir de faim? Lycas a l'âme trop bonne, il est trop équitable. Il prend un milieu : il donne à Gargas une partie de son pain, et lui laisse espérer l'autre. Gargas, toujours reconnoissant et toujours fidèle, suit son maître, et le défend bravement pendant sa route. Lycas, échappé au danger, jura, au pied de l'arbre consacré à Jupiter, que si jamais il traversoit la forêt, il ne donneroit plus leur pain à ses compagnons de voyage que par morceaux.

Princes, avez-vous trouvé des guides capables de vous diriger et de vous défendre dans la forêt de ce monde? Gardez-vous bien de les mettre en état de se passer de vous que lorsque vous pourrez vous-mêmes vous passer de leurs services.

(*Vie du Dauphin père de Louis XV*, par l'abbé Proyart, Paris, M.DCC.LXXXII, in-12, tome I, p. 31-33; et *Journal de Paris* du 4 août 1782.)

XV. — Page 261.

(Livre XII, fable XIII.)

Ésope défendant à Samos devant l'assemblée du peuple un démagogue contre une accusation capitale, s'exprima ainsi : « Un Renard, après avoir traversé une rivière, tomba dans une fosse ; ne pouvant en sortir, il y souffrit longtemps ; et les tiques vinrent en grand nombre s'attacher à sa peau. Un Hérisson, errant en ces lieux, le vit, et, ému de compassion, lui offrit de lui enlever les tiques qui le tourmentaient. Le Renard n'accepta pas ; et comme le Hérisson lui demandait la cause de son refus. — « C'est parce « que celles-ci, répondit le Renard, sont déjà repues de mon « sang, et ne m'en ôtent maintenant presque plus ; tandis que, si « tu les enlèves, il en viendra d'autres affamées qui boiront le peu « de sang qui me reste. » — « Et vous, citoyens de Samos, ajoutait Ésope, vous n'avez plus à craindre que ce démagogue vous nuise, car il est enrichi ; mais, si vous le mettez à mort, il en viendra d'autres qui seront pauvres, et qui vous ruineront en volant la fortune publique[1]. »

(ARISTOTE, *la Rhétorique*, livre II, chapitre XX, traduction de M. Barthélemy Saint-Hilaire, tome I, 1870, p. 303-304.)

1. Comme le remarque M. Barthélemy Saint-Hilaire, « le reste de la for-

APPENDICE.

XVI. — Page 261.

(Livre XII, fable XIII.)

Tibère n'aimait pas à changer les gouverneurs de provinces; il les laissait volontiers longtemps en place, et, quand on lui demandait pourquoi, il racontait l'apologue suivant : « Un jour un blessé était couché à terre, et il y avait sur ses plaies un grand nombre de mouches. Un voyageur qui passait eut pitié de lui, et, croyant qu'il était trop faible pour chasser les mouches, il s'approcha et se mit à lui rendre ce bon office. Le blessé le conjura alors de n'en rien faire. Le voyageur lui ayant demandé pourquoi il ne voulait pas qu'on le délivrât de cette souffrance : « Tu me « feras plus de mal encore, répondit-il, en chassant les mouches « qui sont sur mes plaies; car, comme elles sont déjà pleines de « mon sang, elles ne me piquent plus avec la même furie qu'en « commençant, et elles me laissent un peu de relâche. Mais, si tu « chasses celles-là, il en viendra d'autres à jeun et affamées, qui, « me trouvant déjà épuisé, me suceront jusqu'à me faire mou- « rir. » Et voilà pourquoi Tibère ne renouvelait pas souvent les gouverneurs de provinces. Il aimait mieux que les provinces fussent sucées par des mouches rassasiées que par des mouches affamées.

(FLAVIUS JOSÈPHE, *Antiquités judaïques*, traduites sous le titre d'*Histoire des Juifs*, livre XVIII, chapitre V, VI ou VIII, suivant les diverses éditions.)

XVII. — Page 272.

(Livre XII, fable XV.)

.... Pendant que le Corbeau discouroit, voilà paroître de loin une Gazelle, ou Chevreuil de montagne, qui venoit à eux avec une vitesse incroyable. La Tortue crut, aussi bien que les deux autres, qu'elle étoit poursuivie de quelque chasseur, ce qui les fit séparer.

tune publique » correspondrait bien mieux à ce qui précède. C'est la leçon d'Abstemius : *Quidquid hic vobis reliquit eripient.*

La Tortue se glisse dans l'eau, le Rat se fourre dans un trou, et le Corbeau vola sur une branche. La Gazelle vint s'arrêter tout court au bord de la fontaine. Cependant le Corbeau regardoit de tous côtés, pour voir s'il verroit venir quelqu'un, mais, n'apercevant personne, il appela la Tortue, qui vint incontinent dessus l'eau, et, voyant la Gazelle, qui regardoit dans l'eau sans boire : « Buvez hardiment, car l'eau est très-nette. Dites-moi, je vous prie, pourquoi êtes-vous si échauffée et harassée ?

LA GAZELLE.

C'est que je viens de me sauver d'entre les mains d'un Chasseur qui m'a bien persécutée.

LA TORTUE.

Ne vous écartez pas d'ici, soyez une de nos amies, afin qu'en vous chérissant nous vous apportions quelque consolation ; car les sages disent que le nombre des amis amoindrit les peines, et il est certain que, si vous avez mille amis, il ne les faut compter que pour un, car l'amitié ne nuit jamais ; et si, au contraire, vous avez un ennemi, comptez-le pour mille, tant il est dangereux d'avoir un ennemi. »

Après ce discours, voilà le Rat et le Corbeau qui s'approchent, et font grand accueil à la Gazelle, qui, les voyant si hospitaliers et de si bonne humeur, se mit avec eux, et [ils] passoient le temps fort à leur aise.

Un jour le Corbeau, le Rat et la Tortue s'assemblèrent à leur ordinaire au bord de la fontaine pour deviser selon qu'ils avoient accoutumé ; mais la Gazelle ne s'y trouva pas, ce qui les mit fort en peine, ne sachant quel accident lui pourroit être arrivé. Ils prièrent le Corbeau de prendre un vol en l'air, pour voir s'il la pourroit découvrir, ce que le Corbeau fit très-volontiers, et revint tout incontinent dire que la pauvre Gazelle étoit attrapée dans un filet qu'un Chasseur lui avoit tendu. Cette nouvelle les affligea d'une telle sorte qu'ils étoient quasi au désespoir.

Après s'être bien inquiétés, le Corbeau et la Tortue dirent : « O cher ami, parlant au Rat, il n'y a que vous qui puisse délivrer notre pauvre amie : il faut vitement l'aller dégager, avant que le Chasseur ait mis la main dessus. — Vous m'offensez, ce dit le Rat, de me faire une telle prière : ne perdons point de temps et allons vite. »

Et aussitôt le Rat et le Corbeau s'y en vont. Étant arrivés, Zirac commence à ronger les liens qui tenoient les pieds de la Gazelle, et, pendant cet exercice, voilà la Tortue qui arrive. La Gazelle ne 'eut pas plutôt aperçue qu'elle fit un grand cri : « Pourquoi vous êtes-vous hasardée à venir ici ?

LA TORTUE.

Comment voulez-vous que j'endure davantage une absence qui m'est insupportable?

LA GAZELLE.

O chère amie, votre arrivée en ce lieu me met plus en peine que ma prise : car si le Chasseur arrive maintenant, comment ferez-vous pour vous sauver? Pour moi je suis déjà quasi déliée, et mon agilité me délivrera d'entre ses mains. Le Corbeau n'est pas en peine de cela, car ses ailes l'empêcheront d'être pris. Pour ce qui est du Rat, il n'a qu'à se fourrer dans un trou ; il n'y a que vous pour qui je ne trouve point d'expédient, car votre pesanteur, vous empêchant de fuir, sera cause de votre prise. »

Pendant ces discours, voilà le Chasseur qui paroît : la Gazelle qui étoit déjà détachée gagna pays, le Corbeau s'élance en l'air, et le Rat se retira dans un trou ; et la pauvre Tortue demeura là. Le Chasseur étant arrivé trouve son filet tout découpé et sa chasse échappée, ce qui le mit fort en peine, ne sachant comme cela se pouvoit faire. Il se mit à regarder d'un côté et d'autre pour voir s'il découvriroit quelque chose. Pendant qu'il cherchoit l'auteur de ces désordres, il aperçut la pauvre Tortue. « Il n'est pas raisonnable, dit-il en soi-même, de s'en retourner les mains vuides ; il faut emporter cette Tortue : j'en tirerai toujours quelque chose. » Il la prit donc, et la mit dans son sac, et puis la jeta sur son épaule, et s'en alla.

Incontinent après, ces trois amis se rassemblèrent, et, voyant que la Tortue étoit enlevée, se mirent à faire des plaintes et des soupirs si pitoyables qu'ils en eussent touché les choses les plus insensibles, et versèrent tant de larmes qu'ils en eussent noyé les plus grosses villes. Après les regrets, le Corbeau prenant haleine : « Encore faut-il songer à quelque remède, dit-il, s'adressant à la Gazelle, car tous nos regrets ne soulageront pas notre pauvre compagne : il la faut donc aller délivrer. Les grands disent que quatre sortes de gens ne sont connus qu'en quatre occasions : les vaillants et courageux dans les combats et bataillons (*sic*) ; les gens de probité, à l'heure qu'on traite de quelque affaire où il s'agit de donner sa parole ; l'amitié d'une femme, à l'heure qu'il arrive quelque disgrâce à son mari ; et un vrai ami dans l'extrême nécessité. Voilà donc cette amie en nécessité : il la faut secourir. — J'ai songé un bon expédient, dit le Rat parlant à la Gazelle : c'est qu'il faut que vous alliez vous présenter devant le Chasseur, lequel, aussitôt qu'il vous verra, ne manquera pas de mettre à terre son sac, avec dessein de vous prendre. Cependant vous ferez la boiteuse, vous éloignant de lui petit à petit ; lui, en vous suivant, s'éloignera de son sac, ce qui me donnera le temps de mettre en liberté notre bonne amie. »

La Gazelle trouva ce moyen très à propos, aussi bien que le Corbeau. Elle alla donc passer devant le Chasseur, toute boiteuse et languissante. Mon galand crut la tenir, la voyant si foible, ce lui sembloit, et, mettant son sac à terre, se mit à courir après la Gazelle, qui s'éloignoit à mesure que l'autre s'approchoit. Cependant le Rat, voyant l'homme bien loin, s'approche du sac et ronge le lien qui le tenoit fermé : de façon que la Tortue sort et se cache dans un buisson. De l'autre côté le Chasseur, s'étant bien lassé en la poursuite de sa bête, et voyant qu'il ne la pouvoit pas attraper, s'en revint à son sac, qu'il trouva défait, et vit que la Tortue n'y étoit plus. Il fut tout saisi de crainte et d'étonnement, et crut s'être rencontré dans la région des Lutins et des Esprits, voyant une Gazelle tantôt se délivrer de ses filets, et tantôt se présenter devant lui, en faisant la boiteuse, et à présent la Tortue, qui n'a nulle force, rompre les liens du sac et s'esquiver. Toutes ces considérations lui imprimèrent une telle frayeur dans l'esprit qu'il se mit à fuir comme si on l'eût tenu au cul et aux chausses; pendant que ces quatre intimes amis se rassemblèrent avec une grande réjouissance et résolution de ne s'entrequitter qu'à la mort.

(*Livre des lumières ou la Conduite des Rois*, p. 226-232.)

XVIII. — Page 292.

(Livre XII, fable xvii.)

.... Sçais-tu, pour sçavoir bien, ce qu'il nous faut sçavoir
C'est s'affiner le goust de cognoistre et de voir,
Apprendre dans le monde et lire dans la vie
D'autres secrets plus fins que de philosophie;
Et qu'avecq' la science il faut un bon esprit.
    Or entends à ce point ce qu'un Grec en escrit :
Jadis un Loup, dit-il, que la faim espoinçonne,
Sortant hors de son fort, rencontre une Lionne,
Rugissante à l'abord, et qui monstroit aux dents
L'insatiable faim qu'elle avoit au dedans.
Furieuse elle approche, et le Loup, qui l'advise,
D'un langage flateur luy parle et la courtise ;
Car ce fut de tout temps que, ployant sous l'effort,

APPENDICE.

Le petit cede au grand, et le foible au plus fort.
Luy, di-je, qui craignoit que, faute d'autre proye,
La beste l'attaquast, ses ruses il employe.
Mais en fin le hazard si bien le secourut
Qu'un Mulet gros et gras à leurs yeux apparut.
Ils cheminent dispos, croyant la table preste,
Et s'approchent tous deux assez près de la beste.
Le Loup qui la cognoist, malin et deffiant,
Luy regardant aux pieds, luy parloit en riant :
« D'où es-tu? qui es-tu? quelle est ta nourriture,
Ta race, ta maison, ton maistre, ta nature ? »
Le Mulet, estonné de ce nouveau discours,
De peur ingénieux, aux ruses eut recours ;
Et comme les Normans, sans lui respondre : « Voire !
Compère, ce dit-il, je n'ay point de mémoire ;
Et, comme sans esprit ma grand mere me vit,
Sans m'en dire autre chose, au pied me l'escrivit. »
 Lors il leve la jambe au jarret ramassée;
Et d'un œil innocent il couvroit sa pensée,
Se tenant suspendu sur les pieds en avant.
Le Loup qui l'apperçoit se leve de devant,
S'excusant de ne lire, avecq' ceste parole
Que les loups de son temps n'alloient point à l'escole,
Quand la chaude Lionne, à qui l'ardente faim
Alloit précipitant la rage et le dessein,
S'approche, plus sçavante, en volonté de lire.
Le Mulet prend le temps, et du grand coup qu'il tire,
Luy enfonce la teste, et, d'une autre façon,
Qu'elle ne sçavoit point, luy apprit sa leçon.
Alors le Loup s'enfuit, voyant la beste morte ;
Et de son ignorance ainsi se reconforte :
« N'en desplaise aux Docteurs, Cordeliers, Jacobins,
Pardieu, les plus grands clercs ne sont pas les plus fins! »

(MATHURIN REGNIER, satire III, vers 211-256.)

XIX. — Page 297.

(Livre XII, fable XVIII.)

Multæ sunt admirandæ historiæ quæ de Vulpis astutia et technis ab ipso pro victu acquirendo adhiberi solitis feruntur. Hic, ut Gallinas intra catenæ qua alligatur ambitum alliciat, cruribus exporrectis jacens, se mortuum simulat, dein eas propius accedentes improviso aggreditur.

Porro nunciatum audivi quod Vulpes quidam silvestris, ut Gallum indicum super arboris ramo pernoctantem in captum suum vocaret, hoc dolo usus erat. Arboris truncum gyratione celeri circumiens, oculo intento avem continuo suspiciebat, quo facto, Gallus ut Vulpem circuitus facientem usque intuitu suo assequatur, simul caput suum circum ducebat, donec vertigine affectus e sublimi in fauces hostis sui corrueret: dico Vulpi insitum esse ut avibus domesticis tanquam prædæ suæ inhiet; ut vero insidias ejus modi illis struat, hoc notionibus, sensu, experientia, imitationeque prius acquisitis, cumque instinctu naturali complicatis debetur.

Verisimile est quod Vulpes priori experientia didicerat Gallinas ipsum instar mortui jacentem haud pertimescere; quod casu compererat, cum antea defessus, aut somnum capescens, humi decumberet. Pariter forsan, cum circa arborem cursitaret, gradum quo ad Gallum ascenderet quærens, præda in fauces ejus decidit; quare postea cum prædam captat easdem actionum series repetit; quippe quod antea factum noverat, id ipsum denuo fieri præsumit. In utroque casu, aliisque similibus, totius rei gestæ, sive moliminis ratio, in has propositiones resolvitur: Vulpes prædam oculis objectam quoquo possit modo captare satagit, hanc olim aliquando, hujus aut illius modi technis, casu quodam inventis, capta verat. Hæ sunt præmissæ, quarum prior a natura, et secunda a sensu experientia suggeritur; unde conclusio sequitur: ergo Vulpes pro captanda præda sua iisdem technis denuo utetur. Juxta hujus modi analyticen intricatissima brutorum facinora, quæ ratiocinium continere videntur, explicari, atque in notiones animæ sensitivæ competentes reduci possunt.

(THOMAS WILLIS, *de Anima brutorum quæ Hominis vitalis ac sensitiva est exercitationes duæ*, caput VI : *de Scientia brutorum*; Londini, 1672, in-4°, p. 67-68.)

XX. — Page 303.

(Livre XII, fable xx.)

[*Herodes Atticus*] *dicebat,.... sensus istos motusque animi, qui, cum immoderatiores sunt, vitia fiunt, innexos implicatosque esse vigoribus quibusdam mentium et alacritatibus; ac propterea, si omnino omnes eos imperitius convellamus, periculum esse, ne eis adhærentes bonas quoque et utiles animi indoles amittamus. Moderandos esse igitur, et scite considerateque purgandos censebat, ut ea tantum quæ aliena sunt, contraque naturam videntur, et cum pernicie agnata sunt, detrahantur; ne profecto id accidat, quod cuipiam Thraco insipienti et rudi, in agro, quem emerat, procurando, venisse usu fabula est. Homo Thracus, inquit, ex ultima barbaria, ruris colendi insolens, cum in terras cultiores, humanioris vitæ cupidine, commigrasset, fundum mercatus est, oleo atque vino constitutum. Qui nihil admodum super vite aut arbore colenda sciret, videt forte vicinum rubos late atque alte obortos excidentem, fraxinos ad summum prope verticem deputantem, soboles vitium e radicibus caudicum super terram fusas revellentem, stolones in pomis aut in oleis proceros atque decretos amputantem : acceditque prope, et cur tantam ligni atque frondium cædem faceret, percontatus est. Et vicinus ita respondit : « Ut ager, inquit, mundus purusque fiat, ejusque arbor atque vitis fœcundior. » Discedit ille a vicino gratias agens, et lætus, tanquam adeptus rei rusticæ disciplinam. Tum falcem ibi ac securim capit; atque ibi homo miser imperitus vites suas sibi omnes et oleas detruncat : comasque arborum lætissimas, uberrimosque vitium palmites decidit, et frutecta atque virgulta simul omnia, pomis frugibusque gignendis felicia, cum sentibus et rubis, purificandi agri gratia, convellit; mala mercede doctus audaciam, fiduciamque peccandi imitatione falsa eruditus. Sic, inquit, isti apathiæ sectatores, qui videri se esse tranquillos et intrepidos et immobiles volunt, dum nihil cupiunt, nihil dolent, nihil irascuntur, nihil gaudent, omnibus vehementioris animi officiis amputatis, in corpore ignavæ et quasi enervatæ vitæ consenescunt.*

(AULU-GELLE, *Noctes atticæ*, livre XIX, chapitre XII.)

XXI. — Page 309.

(Livre XII, fable XXI.)

.... Cette idée de notre importance, qui nous trompe tous, me rappelle je ne sais plus quel voyageur anglais aux États-Unis, rencontrant le rédacteur en chef du *Times* de Broughton, petite ville de je ne sais plus quel État. « Eh bien, dit le rédacteur du *Times* de Broughton au voyageur, comment va la reine Victoria? — Je l'assurai que, d'après les dernières nouvelles reçues, Sa Majesté allait fort bien. — Mon dernier article a dû la fâcher un peu;

mais que voulez-vous? nous autres Américains, nous sommes habitués à dire la vérité à tout le monde. Mon prochain article lui fera plaisir; je suis reconcilié avec elle. Et votre Palmerston, le *Times* de Broughton lui a fait passer, je pense, bien des mauvais quarts d'heure? — Il me fut impossible, dit le voyageur anglais, de persuader à ce brave homme que le *Times* de Broughton ne faisait ni tant de peine ni tant de plaisir à la reine Victoria. » Je trouve, ajoute en note Saint-Marc Girardin, dans le recueil intitulé *Littérature et morale*, par M. Bersot (p. 132-133), le trait suivant tiré d'un voyageur en Afrique : « A propos du scheik de Bornou, quelle jolie scène raconte Denham, et comme on voit bien que la vanité n'a pas de couleur! « Il nous questionna sur l'objet de notre voyage et montra une satisfaction évidente quand nous lui donnâmes l'assurance d'avoir entendu parler du Bornou et de lui. Se tournant alors vers l'un de ses conseillers : « C'est « sans doute, lui dit-il, depuis mes victoires sur les Baghirmys. » Sur quoi son bogah-farby ou maître de la cavalerie, celui des chefs qui s'était le plus distingué dans les batailles, vint s'asseoir vis-à-vis de nous et nous demanda gravement : « A-t-il aussi en-« tendu parler de moi, votre roi? » Non moins gravement nous répondîmes que oui, et cette réponse fit merveille pour notre cause. Une acclamation générale s'éleva; de tous côtés on répétait : « Ah! votre roi doit être un grand homme! »

(SAINT-MARC GIRARDIN, VIIe leçon, tome I, p. 223-224.)

.... Qu'est-ce qu'une œuvre? qu'est-ce qu'un nom? Et non-seulement ce nom, si retentissant que nous croyions qu'il soit, finira bien vite dans le temps, quand nous ne serons plus; mais il ne va guère loin dans l'espace, même quand nous le portons encore. M. de Lamartine raconte, dans son *Voyage d'Orient*, qu'étant allé visiter lady Stanhope dans le Liban, elle lui demanda son nom. « Je le lui dis. — Je ne l'avais jamais entendu, reprit-elle avec l'accent de la vérité. — Voilà, milady, ce que c'est que la gloire! J'ai composé quelques vers dans ma vie, qui ont fait répéter un million de fois mon nom par tous les échos littéraires de l'Europe; mais cet écho est trop faible pour traverser votre mer et vos montagnes, et ici je suis un homme tout nouveau, un homme complètement inconnu, un nom jamais prononcé. »

M. de Lamartine fut quelque peu étonné, quoiqu'il ne le dise pas, que son nom fût tout à fait inconnu dans le Liban. Nous en sommes tous là.

.... Je demandais un jour à un préfet, homme de beaucoup d'esprit, pourquoi il ne venait pas plus souvent à Paris, et pourquoi, quand il y venait, il n'y restait pas plus longtemps. Il me répondit : « D'abord, ma place est dans mon département, et nous sommes, comme les évêques, obligés à résidence ; mais, de plus, à vous parler franchement, je n'aime pas beaucoup votre monde de Paris. — Pourquoi cela ? — Tenez, reprit-il en riant, vous aimez les observations morales. En voici une que j'ai faite sur moi-même. Dans mon département, je suis Monsieur le Préfet, et c'est quelque chose. A Paris, dans un salon, on annonce M. le préfet de..., personne ne tourne la tête. C'est impatientant. » Ce que c'est que la gloire ! Ce que c'est aussi que la puissance ! nous nous surfaisons tous le bruit de notre nom ; nous croyons tous que le monde s'occupe de nous. Les uns pensent que leur renommée va au moins jusqu'aux barrières de Paris : elle ne passe pas la Seine et s'arrête sur la rive gauche. Il y a des noms pour chaque quartier, pour chaque rue, pour chaque maison. Chacun a sa petite sphère de célébrité, et, tant qu'il y reste, il est heureux. Mais nous voulons tous en sortir, croyant que nous sommes connus hors de notre village. C'est là que les échecs nous attendent ; c'est là que notre vanité se heurte contre l'ignorance et l'inattention. « Je suis Monsieur un tel, disons-nous d'un petit air modeste. — Je ne connais pas, » répond l'interlocuteur. Quel désappointement ! Consolez-vous, vanités de clochers ou de salons ! Cela est arrivé à M. de Lamartine : il a dit son nom, et il a trouvé que son nom n'était point connu. C'était dans le Liban, il est vrai, et vous, c'est partout. Il n'y a qu'une différence du plus au moins.

La Fontaine a mis en scène, de la façon la plus piquante, ces échecs de la vanité dans sa fable de *l'Éléphant et le Singe de Jupiter*.... Il y a là un vers sublime :

.... Et parmi nous que venez-vous donc faire ?
— Partager un brin d'herbe entre quelques fourmis.

Mais comme ce sublime est simple ! Comme le poëte le trouve sans le chercher ! quelle réfutation de l'orgueil par un mot ! Soyez éléphant, soyez fourmi, peu importe : Dieu a soin également de tous les êtres.

L'insecte vaut un monde : ils ont autant coûté,

a dit M. de Lamartine[1]. Ne vous mesurez donc pas sur la grandeur que vous vous attribuez, ou même sur celle que les hommes vous reconnaissent. Mesurez-vous devant Dieu : qu'êtes-vous alors ?

Les petits et les grands sont égaux à ses yeux.

1. II⁰ méditation : *l'Homme*, vers 58.

Que les petits pourtant ne tournent point en insolence contre les grands cette égalité universelle. Les petits ne sont pas dispensés d'être humbles. Un Rat, un jour, s'étonnait qu'on admirât tant la masse pesante de l'Éléphant :

>Comme si d'occuper ou plus ou moins de place
>Nous rendoit, disoit-il, plus ou moins importants !
>Mais qu'admirez-vous tant en lui, vous autres hommes ?
>Seroit-ce ce grand corps qui fait peur aux enfants ?
>Nous ne nous prisons pas, tout petits que nous sommes,
> D'un grain moins que les Éléphants[1].

Et le Rat aurait continué cette belle déclamation sur l'égalité, si un Chat, s'élançant sur lui, ne l'avait croqué.

Quelle est la conclusion à tirer des deux fables ? que les Éléphants, quoique grands, ne doivent pas être orgueilleux, et que les Rats, quoique petits, ne doivent être ni envieux ni insolents.

(Ibidem, xive leçon, tome II, p. 29-33.)

XXII. — Page 318.

(Livre XII, fable xxiii.)

>.... Or vous dirons, se Deux me gart,
>Quelle meschance aduint Renart :
>En la salle une hart auoit
>Où ix pels *(peaux)* de wolpil *(renard)* pendoit :
>La s'estoit Renart acrapés
>Qui tantes fois les ha gabés *(raillés, nargués)* ;
>Et li Sires qui s'en prit garde
>A son venéour *(veneur)* dit : Regarde,
>Quantes pels auons de wolpil ?
>Sire, ix en auons, fait-il.
>Nocf, Deable ! i'en i voi dis.
>Cil saute auant tous esbahis :
>C'est venu tout droit celle part
>Et a choisi *(regardé)* sire Renart
>Qui a la hart pendus estoit.
>A grant effort se soustenoit
>Durement aus dens et aus piés.

1. Livre VIII, fable xv, vers 22-27.

APPENDICE.

Li veneres (*veneur*) s'est meruilliés
Con dam Renart est desloiaux
Qui s'est pendu auec les piaux.
Chent deable li ont fait pendre :
Certes ie l'en ferai descendre.
La main giette, prendre le veult, etc.

(*Roman de Renart*, cité par Robert, tome II, p. 383, et revu sur le manuscrit de la Bibliothèque nationale, aujourd'hui coté *Français* 371, fol. 79 v°.)

Nous donnons à la suite la version de l'édition Méon (vers 22 783-22 823), avec quelques corrections :

.... Endementres que (*pendant que*) il mangoient,
Deus brachez (*chiens de chasse*) vinrent, si abaient;
Durement glatissent (*glapissent, aboient*) les bestes
Et contremont lieuent les testes.
Li sire les a regardé,
Son veneor a apelé,
Et si li a meintenant dit :
Dis ià, fet-il, se Dex t'aït (*t'assiste*),
Quantes paux auons de gorpil?
Nos en auons nuef, ce fait-il.
Nuef, Deable ! j'en i voi dis.
De ces brachez sui esbaïs
Qui issi les fait abaiant.
Lor saut li Cheualiers auant,
Sor les paux les vit arester,
Et vit le ventre respirer
Del Gorpil qui penduz estoit :
A la hardiere (*crémaillère, grosse corde*) moult estroit
Se tint et as denz et as piez.
Li veneres s'est merueilliez
Qui bien l'auoit reconeu :
Seignor, fet-il, auez veu,
Par mon seignor saint Lienart,
Li Gorpil se pent à la hart,
A cele perche auec ces piax ;
Por ce glatissent li chaiax (*petits chiens*).
Mès or estez (*Maintenant donc attendez*), ie l'irai prendre,
Vos le me verrez ià descendre.
   Adonc est reuenuz ariere ;
Vit Renart pendre à la hardiere.
Les meins gete, prendre le veut,
Et Renart enuers li s'aquent.
Au hardel par les piez se pend,
Celui par le poe as denz prent,

Si le mort et si le destreint,
L'ongle en la goule li remeint (*reste*).
Quand ce ot (*eut*) fet, si sailli ius (*en bas*),
Foïz s'en est, n'atendi plus,
Parmi la porte el bois entra,
Onc puis laicns (*céans*) ne retorna,
Or en a perdu le repere.

XXIII. — Page 338.

(Livre XII, fable xxv.)

Que le repos de la solitude rend les hommes capables de connoître leurs péchés.

Trois jeunes hommes qui étudioient ensemble et étoient extrêmement amis s'étant rendus solitaires, l'un choisit de s'employer à réconcilier ceux qui auroient quelque différend, suivant cette parole de l'Évangile : *Bien heureux sont les pacifiques.* L'autre résolut de s'occuper à visiter les malades. Et le dernier se retira dans la solitude pour y demeurer en repos. Le premier travaillant à ce que j'ai dit et voyant qu'il ne pouvoit rien gagner sur l'esprit de la plupart de ceux qu'il exhortoit de vivre en paix avec leur prochain, il en conçut un tel déplaisir, qu'il se retira vers celui qui assistoit les malades : mais il le trouva aussi tout découragé de ce que son dessein ne lui réussissoit pas mieux qu'à lui. Enfin ils s'en allèrent voir celui qui étoit dans le désert, et, lui ayant raconté leurs peines, le prièrent de leur dire de quelle sorte lui avoit succédé son entreprise. Avant que de leur répondre, il mit de l'eau dans un verre, et puis leur dit : « Considérez cette eau, je vous prie. » Ce qu'ayant fait, ils virent qu'elle étoit trouble. Quelque temps après il leur dit : « Regardez maintenant comme elle est claire. » Ils la regardèrent et se virent dedans ainsi que dans un miroir. Alors il ajouta : « Celui qui demeure parmi la multitude ressemble à cette eau, car l'agitation et le trouble l'empêchent de voir ses péchés. Mais, lorsqu'il se tient en repos, et principalement dans la solitude, il se rend capable de les discerner et de les connoître. »

(ARNAULD D'ANDILLY, *les Vies des saints Pères des déserts*, etc., Paris, 1647-1653, in-4°, tome II, p. 496-497.)

XXIV. — Page 346.

(Première fable additionnelle au livre XII.)

SOL ET RANÆ.

Ranæ paludis incolæ, ambiguum genus
Limoque cretum, res in immensum suas
Favore Solis auxerant, et jam boves,
Vicina circum quæ tondebant gramina,
Ipsasque ripis pepulerant metu feras.
Quin se profundo credere ausæ gurgiti,
Facto siluros atque thynnos agmine,
Et provocarant sæpe et sæpe vicerant.
Hinc fastus illas cepit et superbia,
Majusque crimen, gratiarum oblivio.
Patroni solis invidere gloriæ
Ingrata gens occœpit, ac liventibus
Oculis tueri mundo adoratum jubar;
Nec se protervis abstinent conviciis :
Nam sive ad Indi littora obvertit rotas,
Equos Ibero sive lavit flumine ;
Sive arduam Leonis ascendit domum,
Lunæve radiis cornua offudit suis,
Ranæ coaxant et clamore incondito
Queruntur omnia perdere. Ultrices simul
Minantur iras, ni stet immotus polo.
Pergenti terras flammeo non segnius
Lustrare curru perfidæ tentant viam
Obstruere. Fundo ab imo, cœnosos lacus
Ulvasque putres et solo resides aquas
Pedibus petulcis commovent : cœlo vapor
Consurgit ater et diem caligine
Turbat serenum. Risit astrorum parens :
« Et ista vestrum tela recident in caput,
Procaces, inquit, bestiæ. » Ergo colligit
Quos dissiparat radios, inque fulmina
Nigros vapores, inque densam grandinem,
Momento vertit, et miseras tristi opprimit
Ranas procella. Frustra juncis corpora
Certant opacis tegere; frustra, sub luto
Defossæ, sperant publicæ stragi eripi :
Sol rapidus haurit cuncta, et ipsas ignibus
Absumit undas. Ranæ semiustæ crepant,

Milvisque et corvis dulce præbent pabulum.
Quarum una fertur cæteris consultior
Dixisse moriens : « Jure pœnam exsolvimus,
Quæ pro benefactis sola reddidimus mala.
At vos, nepotes, discite vereri Deos. »

(LE P. COMMIRE, *Opera posthuma*, Parisiis, 1704, in-12, tome II, p. 134.)

TABLES

TABLE DES FABLES

PAR ORDRE ALPHABÉTIQUE.

A

	Tomes. Pages.
Aigle et la Pie (l')	III, 242
Aigle et le Hibou (l')	I, 420
Aigle et l'Escarbot (l')	I, 148
Aigle, la Laie, et la Chatte (l')	I, 220
Alouette et ses Petits, avec le Maître d'un champ (l')	I, 353
Amour et la Folie (l')	III, 268
Ane chargé d'éponges et l'Ane chargé de sel (l')	I, 158
Ane et le Chien (l')	II, 299
Ane et le petit Chien (l')	I, 281
Ane et ses Maîtres (l')	II, 35
Ane portant des reliques (l')	I, 407
Ane vêtu de la peau du Lion (l')	I, 431
Animal dans la Lune (un)	II, 196
Animaux malades de la peste (les)	II, 88
Araignée et l'Hirondelle (l')	III, 34
Astrologue qui se laisse tomber dans un puits (l')	I, 166
Avantage de la science (l')	II, 307
Avare qui a perdu son trésor (l')	I, 344

AVERTISSEMENT :
Des livres VII à XI.................. II, 79

B

Bassa et le Marchand (le)	II, 302
Belette entrée dans un grenier (la)	I, 250

Berger et la Mer (le)	I, 267
Berger et le Roi (le)	III, 45
Berger et son troupeau (le)	II, 451
Besace (la)	I, 77
Bûcheron et Mercure (le)	I, 361

C

Cerf et la Vigne (le)	I, 410
Cerf malade (le)	III, 217
Cerf se voyant dans l'eau (le)	II, 28
Chameau et les Bâtons flottants (le)	I, 302
Charlatan (le)	II, 62
Chartier embourbé (le)	II, 58
Chat et le Rat (le)	II, 323
Chat et le Renard (le)	II, 425
Chat et les deux Moineaux (le)	III, 196
Chat et un vieux Rat (le)	I, 254
Chat, la Belette, et le petit Lapin (le)	II, 183
Chatte métamorphosée en femme (la)	I, 184
Chauve-Souris et les deux Belettes (la)	I, 141
Chauve-Souris, le Buisson, et le Canard (la)	III, 220
Chêne et le Roseau (le)	I, 124
Cheval et l'Ane (le)	II, 52
Cheval et le Loup (le)	I, 389
Cheval s'étant voulu venger du Cerf (le)	I, 318
Chien à qui on a coupé les oreilles (le)	III, 42
Chien qui lâche sa proie pour l'ombre (le)	II, 55
Chien qui porte à son cou le dîné de son maître (le)	II, 242
Cierge (le)	II, 416
Cigale et la Fourmi (la)	I, 57
Coche et la Mouche (le)	II, 139
Cochet, le Chat, et le Souriceau (le)	II, 15
Cochon, la Chèvre, et le Mouton (le)	II, 269
Colombe et la Fourmi (la)	I, 164
Combat des Rats et des Belettes (le)	I, 286
Compagnons d'Ulysse (les)	III, 178
Conseil tenu par les Rats	I, 133
Contre ceux qui ont le goût difficile	I, 129
Coq et la Perle (le)	I, 118
Coq et le Renard (le)	I, 175
Corbeau et le Renard (le)	I, 61

TABLE DES FABLES.

Corbeau, la Gazelle, la Tortue, et le Rat (le).......... III, 272
Corbeau voulant imiter l'Aigle (le).................... I, 178
Cour du Lion (la).................................... II, 127
Curé et le Mort (le).................................. II, 155
Cygne et le Cuisinier (le)............................ I, 235

D

Daphnis et Alcimadure............................... III, 327
DÉDICACES :
    A Madame de Montespan...................... II, 79
    A Monseigneur le Dauphin...................... I, 1
    Au même...................................... I, 55
    A Monseigneur le duc de Bourgogne............. III, 172
    Au même, qui avoit demandé à M. de la Fontaine une fable qui fût nommée *le Chat et la Souris*... III, 211
    Pour Monseigneur le duc du Maine............. III, 100
Démocrite et les Abdéritains.......................... II, 340
Dépositaire infidèle (le).............................. II, 351
Deux Amis (les)...................................... II, 264
Deux Aventuriers et le Talisman (les)................. III, 73
Deux Chèvres (les)................................... III, 206
Deux Chiens et l'Ane mort (les)...................... II, 336
Deux Coqs (les)...................................... II, 169
Deux Mulets (les).................................... I, 68
Deux Perroquets, le Roi, et son Fils (les)............. III, 59
Deux Pigeons (les)................................... II, 358
Deux Rats, le Renard, et l'œuf (les)................. II, 473
Deux Taureaux et une Grenouille (les)................ I, 139
Devineresses (les).................................... II, 178
Dieux voulant instruire un fils de Jupiter (les)........ III, 100
Discorde (la)... II, 68
DISCOURS :
    A Madame de la Sablière...................... II, 454
    A Monsieur le duc de la Rochefoucauld........ III, 80
Dragon à plusieurs têtes, et le Dragon à plusieurs queues (le) I, 94

E

Écolier, le Pédant, et le Maître d'un jardin (l')......... II, 380
Écrevisse et sa Fille (l')............................... III, 237
Éducation (l')... II, 332
Éléphant et le Singe de Jupiter (l')................... III, 309
Enfant et le Maître d'école (l')....................... I, 115
Enfouisseur et son Compère (l')........................ III, 22

   Épilogues :
     Des livres I à VI................................. II, 77
     Du livre XI....................................... III, 166

F

Faucon et le Chapon (le)............................... II, 318
Femme noyée (la)....................................... I, 247
Femmes et le Secret (les).............................. II, 238
Fermier, le Chien, et le Renard (le)................... III, 109
Fille (la)... II, 114
Forêt et le Bûcheron (la).............................. III, 287
Fortune et le jeune Enfant (la)........................ I, 400
Fou et un Sage (un).................................... III, 313
Fou qui vend la sagesse (le)........................... II, 398
Frelons et les Mouches à miel (les).................... I, 120

G

Geai paré des plumes du Paon (le)...................... I, 298
Génisse, la Chèvre, et la Brebis, en société avec le Lion (la). I, 74
Gland et la Citrouille (le)............................ II, 374
Goutte et l'Araignée (la).............................. I, 225
Grenouille et le Rat (la).............................. I, 306
Grenouille qui se veut faire aussi grosse que le Bœuf (la). I, 65
Grenouilles qui demandent un roi (les)................. I, 213

H

Héron (le)	II, 110
Hirondelle et les petits Oiseaux (l')	I, 81
Homme entre deux âges, et ses deux Maîtresses (l')	I, 109
Homme et la Couleuvre (l')	III, 1
Homme et la Puce (l')	II, 235
Homme et l'Idole de bois (l')	I, 295
Homme et son image (l')	I, 91
Homme qui court après la Fortune, et l'Homme qui l'attend dans son lit (l')	II, 160
Horoscope (l')	II, 290
Huître et les Plaideurs (l')	II, 401

I

Ingratitude et l'injustice des hommes envers la Fortune (l')	II, 173
Ivrogne et sa Femme (l')	I, 223

J

Jardinier et son Seigneur (le)	I, 276
Jeune Veuve (la)	II, 72
Juge arbitre, l'Hospitalier, et le Solitaire (le)	III, 338
Jupiter et le Métayer	II, 12
Jupiter et le Passager	II, 420
Jupiter et les Tonnerres	II, 312

L

Laboureur et ses Enfants (le)	I, 394
Laitière et le Pot au lait (la)	II, 145
Lapins (les)	III, 80
Lice et sa Compagne (la)	I, 146
Lièvre et la Perdrix (le)	I, 416
Lièvre et la Tortue (le)	II, 31

Lièvre et les Grenouilles (le)........................ I, 171
Ligue des Rats (la)................................. III, 352
Lion (le)... III, 93
Lion abattu par l'Homme (le)........................ I, 231
Lion amoureux (le)................................. I, 261
Lion devenu vieux (le).............................. I, 242
Lion et l'Ane chassant (le).......................... I, 188
Lion et le Chasseur (le)............................ II, 6
Lion et le Moucheron (le)........................... I, 154
Lion et le Rat (le)................................. I, 161
Lion, le Loup, et le Renard (le)..................... II, 222
Lion, le Singe, et les deux Anes (le)................ III, 124
Lion malade et le Renard (le)....................... II, 44
Lion s'en allant en guerre (le)...................... I, 424
Lionne et l'Ourse (la).............................. III, 69
Loup devenu Berger (le)............................ I, 210
Loup et la Cigogne (le)............................. I, 228
Loup et l'Agneau (le).............................. I, 88
Loup et le Chasseur (le)............................ II, 346
Loup et le Chien (le)............................... I, 70
Loup et le Chien maigre (le)........................ I, 407
Loup et le Renard (le)............................. III, 132 et 231
Loup et les Bergers (le)............................ III, 27
Loup, la Chèvre, et le Chevreau (le)................ I, 326
Loup, la Mère, et l'Enfant (le)..................... I, 329
Loup plaidant contre le Renard par-devant le Singe (le). I, 136
Loups et les Brebis (les)........................... I, 239

M

Mal marié (le)..................................... II, 101
Marchand, le Gentilhomme, le Pâtre, et le Fils de roi (le). III, 87
Mari, la Femme, et le Voleur (le).................. II, 431
Médecins (les)..................................... I, 402
Membres et l'Estomac (les)......................... I, 205
Meunier, son Fils, et l'Ane (le).................... I, 197
Milan et le Rossignol (le).......................... II, 447
Milan, le Roi, et le Chasseur (le).................. III, 247
Montagne qui accouche (la)......................... I, 396
Mort et le Bûcheron (la)............................ I, 106
Mort et le Malheureux (la)......................... I, 103

TABLE DES FABLES.

Mort et le Mourant (la).................... II, 205
Mouche et la Fourmi (la).................. I, 270
Mulet se vantant de sa généalogie (le)......... II, 23

O

Obsèques de la Lionne (les)................. II, 279
OEil du Maître (l')....................... I, 348
Oiseau blessé d'une flèche (l')............... I, 144
Oiseleur, l'Autour, et l'Alouette (l')........... II, 48
Oracle et l'Impie (l')..................... I, 341
Oreilles du Lièvre (les)................... I, 375
Ours et l'Amateur des jardins (l')............ II, 256
Ours et les deux Compagnons (l')............ I, 426

P

Paon se plaignant à Junon (le)............... I, 181
Parole de Socrate....................... I, 333
Pâtre et le Lion (le)..................... II, 1
Paysan du Danube (le)................... III, 138
Perdrix et les Coqs (la).................. III, 39
Petit Poisson et le Pêcheur (le).............. I, 372
Phébus et Borée........................ II, 8
Philomèle et Progné..................... I, 244
Philosophe scythe (le)................... III, 303
Poissons et le Berger qui joue de la flûte (les)..... III, 55
Poissons et le Cormoran (les)............... III, 18
Pot de terre et le Pot de fer (le)............. I, 368
Poule aux œufs d'or (la).................. I, 404
Pouvoir des Fables (le)................... II, 227
Préface :
    Des livres I à VI..................... I, 8

Q

Querelle des Chiens et des Chats, et celle des Chats et
des Souris (la)....................... III, 225

R

Rat de ville et le Rat des champs (le).	I, 85
Rat et l'Éléphant (le)	II, 285
Rat et l'Huître (le)	II, 251
Rat qui s'est retiré du monde (le)	II, 106
Renard anglois (le)	III, 317
Renard ayant la queue coupée (le)	I, 378
Renard et la Cigogne (le)	I, 112
Renard et le Bouc (le)	I, 217
Renard et le Buste (le)	I, 323
Renard et les Mouches (le)	III, 266, note 15
Renard et les Poulets d'Inde (le)	III, 297
Renard et les Raisins (le)	I, 233
Renard, le Loup, et le Cheval (le)	III, 292
Renard, le Singe, et les Animaux (le)	II, 19
Renard, les Mouches, et le Hérisson (le)	III, 261
Rien de trop	II, 411
Rieur et les Poissons (le)	II, 248

S

Satyre et le Passant (le)	I, 385
Savetier et le Financier (le)	II, 215
Serpent et la Lime (le)	I, 412
Simonide préservé par les Dieux	I, 98
Singe (le)	III, 300
Singe et le Chat (le)	II, 441
Singe et le Dauphin (le)	I, 290
Singe et le Léopard (le)	II, 369
Soleil et les Grenouilles (le)	II, 38, et III, 346
Songe d'un Habitant du Mogol (le)	III, 117
Souhaits (les)	II, 119
Souris et le Chat-Huant (les)	III, 161
Souris métamorphosée en fille (la)	II, 389
Statuaire et la Statue de Jupiter (le)	II, 384

T

Testament expliqué par Ésope.................... I, 191
Tête et la Queue du Serpent (la)................. II, 192
Thésauriseur et du Singe (du).................... III, 200
Tircis et Amarante............................... II, 273
Torrent et la Rivière (le)....................... II, 328
Tortue et les deux Canards (la).................. III, 12
Trésor et les deux Hommes (le)................... II, 435
Tribut envoyé par les Animaux à Alexandre........ I, 312

V

Vautours et les Pigeons (les).................... II, 134
Vie d'Ésope le Phrygien (la)..................... I, 23
Vieillard et l'Ane (le).......................... II, 52
Vieillard et les trois jeunes Hommes (le)........ III, 154
Vieillard et ses Enfants (le).................... I, 335
Vieille et les deux Servantes (la)............... I, 381
Vieux Chat et la jeune Souris (le)............... III, 214
Villageois et le Serpent (le).................... II, 40
Voleurs et l'Ane (les)........................... I, 96

FIN DE LA TABLE DES FABLES.

TABLE DES MATIÈRES

CONTENUES DANS LE TROISIÈME VOLUME.

FABLES.

LIVRE DIXIÈME.

Fable I.	L'Homme et la Couleuvre................	1
Fable II.	La Tortue et les deux Canards..............	12
Fable III.	Les Poissons et le Cormoran...............	18
Fable IV.	L'Enfouisseur et son Compère.............	22
Fable V.	Le Loup et les Bergers...................	27
Fable VI.	L'Araignée et l'Hirondelle................	34
Fable VII.	La Perdrix et les Coqs...................	39
Fable VIII.	Le Chien à qui on a coupé les oreilles.......	42
Fable IX.	Le Berger et le Roi......................	45
Fable X.	Les Poissons et le Berger qui joue de la flûte.	55
Fable XI.	Les deux Perroquets, le Roi, et son Fils. ...	59
Fable XII.	La Lionne et l'Ourse....................	69
Fable XIII.	Les deux Aventuriers et le Talisman........	73
Fable XIV.	Discours à M. le duc de la Rochefoucauld. — Les Lapins...........................	80
Fable XV.	Le Marchand, le Gentilhomme, le Pâtre, et le Fils de roi............................	87

TABLE DES MATIÈRES.

LIVRE ONZIÈME.

Fable i.	Le Lion...................................	93
Fable ii.	Pour Monseigneur le duc du Maine. — Les Dieux voulant instruire un fils de Jupiter..	100
Fable iii.	Le Fermier, le Chien, et le Renard........	109
Fable iv.	Le Songe d'un Habitant du Mogol.........	117
Fable v.	Le Lion, le Singe, et les deux Anes........	124
Fable vi.	Le Loup et le Renard....................	132
Fable vii.	Le Paysan du Danube....................	138
Fable viii.	Le Vieillard et les trois jeunes Hommes.....	154
Fable ix.	Les Souris et le Chat-Huant...............	161
Épilogue..		166

LIVRE DOUZIÈME.

Nota..		171
A Monseigneur le duc de Bourgogne...................		172
Fable i.	Les Compagnons d'Ulysse................	178
Fable ii.	Le Chat et les deux Moineaux............	196
Fable iii.	Du Thésauriseur et du Singe	200
Fable iv.	Les deux Chèvres......................	206
A Monseigneur le duc de Bourgogne, qui avoit demandé à M. de la Fontaine une fable qui fût nommée *le Chat et la Souris*..		211
Fable v.	Le vieux Chat et la jeune Souris...........	214
Fable vi.	Le Cerf malade.........................	217
Fable vii.	La Chauve-Souris, le Buisson, et le Canard...	220
Fable viii.	La Querelle des Chiens et des Chats, et celle des Chats et des Souris.................	225
Fable ix.	Le Loup et le Renard....................	231
Fable x.	L'Écrevisse et sa Fille	237
Fable xi.	L'Aigle et la Pie	242

TABLE DES MATIÈRES.

Fable xii.	Le Milan, le Roi, et le Chasseur............	247
Fable xiii.	Le Renard, les Mouches, et le Hérisson......	261
Le Renard et les Mouches...............................		266, note 15
Fable xiv.	L'Amour et la Folie......................	268
Fable xv.	Le Corbeau, la Gazelle, la Tortue, et le Rat..	272
Fable xvi.	La Forêt et le Bûcheron.................	287
Fable xvii.	Le Renard, le Loup, et le Cheval..........	292
Fable xviii.	Le Renard et les Poulets d'Inde...........	297
Fable xix.	Le Singe...............................	300
Fable xx.	Le Philosophe scythe....................	303
Fable xxi.	L'Éléphant et le Singe de Jupiter..........	309
Fable xxii.	Un Fou et un Sage......................	313
Fable xxiii.	Le Renard anglois...	317
Fable xxiv.	Daphnis et Alcimadure..................	327
Fable xxv.	Le Juge arbitre, l'Hospitalier, et le Solitaire..	338
Le Soleil et les Grenouilles		346
La Ligue des Rats...'.................................		352
Appendice..		357
Table des *Fables* par ordre alphabétique.................		417

FIN DE LA TABLE DES MATIÈRES.

10638. — IMPRIMERIE A. LAHURE
Rue de Fleurus, 9, à Paris

La Fontaine, Jean de 3
Œuvres

www.ingramcontent.com/pod-product-compliance
Lightning Source LLC
Chambersburg PA
CBHW050902230426
43666CB00010B/1994